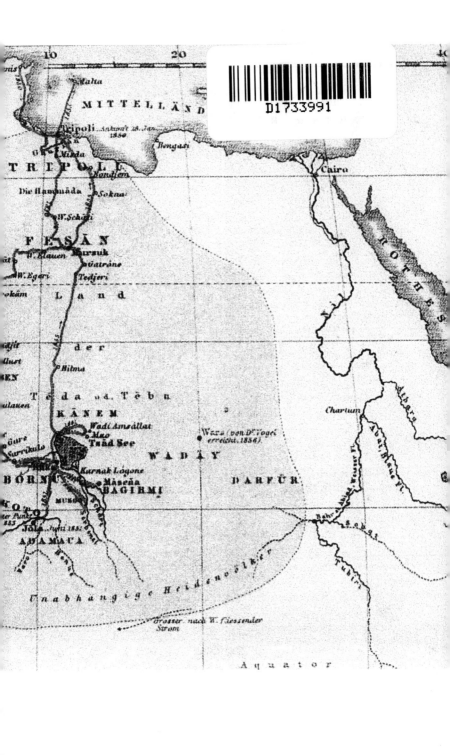

Christoph Marx
Von Berlin nach Timbuktu

Christoph Marx

Von Berlin nach Timbuktu

Der
Afrikaforscher Heinrich Barth

Biographie

WALLSTEIN VERLAG

Bibliografische Information der Deutschen Nationalbibliothek
Die Deutsche Nationalbibliothek verzeichnet
diese Publikation in der Deutschen Nationalbibliografie;
detaillierte bibliografische Daten sind im Internet
über http://dnb.d-nb.de abrufbar.

© Wallstein Verlag, Göttingen 2021
www.wallstein-verlag.de
Vom Verlag gesetzt aus der Aldus und der Adobe Jenson Pro
Umschlag: Susanne Gerhards, Düsseldorf
Umschlagbild: Ansicht von Timbuktu 1853,
Gravur von Heinrich Barth. Barth 1857/8 IV: 451
Druck und Verarbeitung: Hubert & Co, Göttingen
ISBN 978-3-8353-5009-0

Inhalt

»Wer unter Völkerschaften des verschiedensten Charakters und der verschiedensten Glaubensformen gelebt hat und bei allen in ihrer Weise treffliche Menschen gefunden hat, der wird sich vor Einseitigkeit der Anschauung menschlicher Lebensverhältnisse bewahren.«

Heinrich Barth, 1859

Einleitung

Alexander von Humboldt (1769-1859), der berühmteste Forschungsreisende seiner Zeit, sprach Heinrich Barth in einem Brief als »theu-
rer Reise-College« an, »der uns einen Welttheil aufgeschlossen hat«.[1]
Barth war in verschiedener Hinsicht sein Kollege, denn ein halbes
Jahrhundert vor Barths großer Afrikareise hatte Humboldt selbst
eine lange Forschungsreise durch Süd- und Mittelamerika absolviert.
Doch die beiden hatten mehr miteinander gemeinsam als die Durchführung bahnbrechender Reisen, denn sie waren in erster Linie
Wissenschaftler. Sie gehören damit einer Entwicklung an, die mit den
Weltumseglungen und der Erforschung des Pazifik einsetzte und die
man als »zweites Entdeckungszeitalter« bezeichnet hat.[2] Mit diesem
Begriff ist eine Form systematischer Erforschung bislang unbekannter Teile der Welt gemeint. Es unterschied sich vom ersten, mit Ko-
lumbus beginnenden Entdeckungszeitalter, weil die Forschungsreisen
wissenschaftlich grundiert und von den Ideen der Aufklärung motiviert waren. Dieses zweite Entdeckungszeitalter umfasste knapp 100
Jahre. Es begann mit James Cook (1728-1779) und den beiden Natur-
forschern Reinhold und Georg Forster (1754-1794), erreichte seinen
Höhepunkt mit der Forschungsreise Alexander von Humboldts in
Süd- und Mittelamerika und fand seinen Abschluss mit der großen
Afrikareise Heinrich Barths. Setzt man mit Barths Tod eine Zäsur in
der Geschichte der Afrikareisen, verändert sich die bis heute verbreitete Perspektive, Barth als einen Vorboten des Imperialismus zu
identifizieren. Der auffallende Unterschied zwischen Barth und späteren Afrikareisenden lässt sich so viel nachvollziehbarer erklären:
seine grundsätzliche Offenheit in der Begegnung mit Afrikanerinnen
und Afrikanern, der humanitäre Impuls seiner Forschungen, der
wissenschaftliche Charakter des ganzen Unternehmens.

Als Barth im Alter von 44 Jahren 1865 starb, wurde es schnell
still um ihn – gerade weil er nicht mehr ins imperialistische Zeitalter passte und sich mit seiner differenzierten Darstellung afrikanischer Gesellschaften und deren Geschichte nicht für die koloni-
alistische Expansion der Europäer instrumentalisieren ließ. Als
einige verdienstvolle Autoren in den 1960er Jahren versuchten,
Barth anlässlich seines 100. Todestages sowohl in Großbritannien

als auch in Deutschland wiederzuentdecken, waren die Erfolge
höchst bescheiden.[3] Das lag möglicherweise daran, dass Forschungsreisen zu der Zeit kein Interessenfeld der historischen Forschung
waren und keine aktuelle Kolonialismusdiskussion eine Anschluss-
fähigkeit eröffnet hätte. Die historische Last des Kolonialismus er-
schloss sich auch in den gerade unabhängig gewordenen afrikanischen Staaten erst im Lauf der folgenden Jahrzehnte.

Darum wurde die Frage nach Barths Verhältnis zum Imperialismus interessanter, als die europäische Kolonialherrschaft insgesamt
stärker thematisiert und problematisiert wurde. Barth erschien
manchen jetzt als direkter Vorläufer der späteren imperialistischen
Eroberer, seine Forschungen als Vorarbeiten für die Ausbreitung
europäischer Macht in Afrika. Dabei wurde und wird auf seine gelegentlichen Bemerkungen Bezug genommen, in denen er für Ko-
lonisierung eintrat. Allerdings beachten die meisten Autoren nicht,
dass Barth »Kolonisieren« im Sinn von Besiedeln verstand und
nicht als »Kolonialisieren«, nämlich die Unterwerfung der Afrikaner unter eine europäische Fremdherrschaft. Viele Historiker be-
rücksichtigen den Bedeutungswandel des Begriffs Kolonisieren
nicht hinreichend und sitzen dergleichen Missverständnissen auf.[4]
Besiedeln konnte nämlich auch heißen, dass Barth die Besiedlung
einer Region durch andere Afrikaner befürwortete und nicht unbedingt ein Fürsprecher europäischer Ansiedlung in Afrika war.

Die Aufteilung Afrikas durch die europäischen Mächte war ein
unvorhergesehener und plötzlich einsetzender Vorgang, der die
Zeitgenossen überraschte und die Historiker lange beschäftigte. Für
Barth lag diese Aufteilung außerhalb seines Erwartungshorizonts.
Deutsche Interessen ließen sich kaum anmelden, weil es Deutschland in seiner Zeit gar nicht gab. Zur Expansion Frankreichs in
Afrika hatte Barth ein zwiespältiges Verhältnis: Einerseits trat er
für verstärkten Austausch und Verkehr zwischen Afrika und Europa ein, andererseits lehnte er den militärischen Charakter des
französischen Vorgehens ab. Deren weitgehendes Unverständnis
für die afrikanische Kultur und namentlich für den Islam hieß er
keineswegs gut.

Gerade weil Barth den späteren Imperialismus nicht vorhersehen
konnte, ist es sinnvoller, ihn dem zweiten Entdeckungszeitalter
zuzuordnen.

Die hier vorgelegte Biographie geht über die bisherigen hinaus, weil sie Barth nicht nur als Afrikaforscher in den Blick nimmt. In der überschaubaren Forschungsliteratur über Barth steht seine große Afrikareise verständlicherweise im Zentrum, viele Bücher beschränken sich jedoch darauf.

Mittlerweile ist der umfangreiche Briefwechsel Barths erschlossen und online zugänglich: www.heinrich-barth.ub.uni-due.de. Durch die systematische Auswertung der ca. 1700 Briefe lassen sich Barths Leben, seine Forschungen, politischen Ansichten, privaten Verhältnisse und seine wissenschaftliche Karriere leichter und gleichzeitig intensiver rekonstruieren, als das bislang möglich war. Darum werden in diesem Buch seine Reise um das Mittelmeer sowie die späteren Reisen, die er unternahm, ebenso untersucht wie seine wissenschaftlichen Arbeiten und seine Aktivitäten als Organisator von Forschungsreisen. Außerdem wurden Barths kleinere Publikationen in verschiedenen Zeitschriften mit herangezogen. Ihre Lektüre ließ erkennen, dass sich seine wissenschaftliche Konzeption weiterentwickelte und Barth nicht nur der Autor von empirisch gesättigten Darstellungen im Genre des Reiseberichts war, sondern zu einer systematischeren Forschung überging. Sein früher Tod im Alter von 44 Jahren hat leider verhindert, dass er die bereits geplanten größeren Arbeiten abschließen konnte. Auch kehrte er in späteren Jahren zu seinem ursprünglichen Interessengebiet, dem Mittelmeerraum, zurück und veröffentlichte Aufsätze und Vorträge, aus denen sich die konzeptionelle Fortentwicklung in beiden Themenfeldern, Afrika und Mittelmeer, rekonstruieren lässt.

Mit Barths Tod brach seine wissenschaftliche Karriere kurz vor ihrem eigentlichen »Take-Off« ab, was maßgeblich dazu beitrug, dass er für die Wissenschaftsgeschichte uninteressant erschien und vergessen wurde. Diese Darstellung seines Lebens, seiner Reisen, seiner wissenschaftlichen Konzeption und seines breit gefächerten Engagements zur Forschungsförderung wird hoffentlich helfen, ihn wiederzuentdecken – denn es lohnt sich.

Herkunft, Jugend und Studium
1821-1845

Die Geschichte eines Welterkunders beginnt in der Stadt, die im Zeitalter der Segelschiffe das Tor zur Welt war: Hamburg, die größte Hafenstadt im deutschsprachigen Raum, eine Stadt der Kaufleute und Seefahrer. Hamburg nutzte die napoleonische Zeit, die Auflösung des Alten Reiches und vieler überkommener Bindungen, um sich zu erneuern. Der alte Dom wurde abgerissen, die Befestigungen geschleift, die Stadt expandierte, auf der Elbchaussee richteten sich die Wohlhabenden in ihren repräsentativen Landhäusern ein. Hamburg wurde ab 1845 mit Gaslaternen beleuchtet, die Reichen benutzten sie auch schon in ihren Häusern. Fernhandel und Handwerk prägten aber weiterhin die Wirtschaft. Durch die napoleonische Besetzung der Stadt hatte Hamburg zwei Drittel seines Schiffsbestands verloren, und zunächst fehlte das Kapital für einen Neuanfang aus eigener Kraft. Darum investierten britische Kaufleute in den Handel und in die Schifffahrt, sie gründeten Firmen oder Dependencen, weshalb die Stadt ökonomisch lange mit England verbunden blieb. Durch die Unabhängigkeit der ehemaligen spanischen Kolonien in Süd- und Mittelamerika erlebte der Handel mit den neuen Staaten, insbesondere mit Brasilien, einen deutlichen Aufschwung, der die bereits blühenden kommerziellen Beziehungen zu den USA ergänzte und erweiterte.[1] 1847 wurde die Hamburg-Amerikanische Packetfahrt-Actien Gesellschaft (HAPAG) als Gemeinschaftsunternehmen von 33 Kaufleuten gegründet.[2] Entlang von Handel und Handwerk verlief eine soziale Polarisierung, denn während Kaufleute vom Aufschwung des internationalen Kommerzes profitierten und zu teilweise beträchtlichem Wohlstand kamen, blieb das Handwerk ein auf die Stadt selbst bezogenes Gewerbe. Gleichwohl gab es auch hier einzelne Meister, die, etwa im Bauwesen, reich wurden. Allerdings hatten deren Gesellen kaum etwas vom Aufschwung, sie lebten wegen des knappen Wohnraums in beengten und überteuerten Wohnungen. So vertiefte sich im Verlauf des 19. Jahrhunderts die Klassenspaltung erheblich, da Pauperismus in Hamburg verbreitet war, die Arbeiter extrem ausgebeutet wurden und nicht am wachsenden Reichtum der nach London zweitgrößten Hafenstadt Europas partizipierten.

Die Familie Barth

Der soziale Graben war jedoch nicht gänzlich unüberbrückbar, gelegentlich gelang es Handwerkern, ihn zu überspringen und in die Kaufmannschaft aufzurücken. Meist griffen ihnen wohlhabende Unterstützer unter die Arme, d. h. man brauchte Beziehungen und Kontakte, kurz: Patronage. Ein Beispiel dafür war Johann Christoph Heinrich Barth (1787-1856) aus Willmersdorf in Thüringen.[3] Er kam aus armen, dörflichen Verhältnissen und wurde, als beide Eltern starben, 1801 zu seinem Onkel Johann Heinrich Ludwig Barth nach Hamburg geschickt, um dort das Metzgerhandwerk zu erlernen.[4] Hamburg, um 1800 mit ca. 160.000 Einwohnern eine der größten Städte im deutschsprachigen Raum, bot als Hafenstadt mehr Möglichkeiten, zu Wohlstand zu kommen, als andere Städte. Barth nutzte die Chancen, die ihm die neue Umgebung bot, er blieb für den Rest seines Lebens in der großen, weltoffenen Hafenstadt und arbeitete sich vom Metzger und Fleischhändler zum geachteten Import-Export-Kaufmann hoch, er wurde wohlhabend. Offenbar begann er mit dem Verkauf von Räucherfleisch, ob er sein Geschäft dann weiter diversifizierte, ist leider nicht überliefert. Als sehr begabtem Geschäftsmann gelang es ihm, sich aus der Armut eines Handwerkergesellen hochzuarbeiten. Möglicherweise übertrieb der preußische Gesandte Bunsen etwas, als er ihn dem Foreign Office gegenüber als »einen sehr reichen Mann« bezeichnete,[5] doch muss sein Reichtum nicht unbeträchtlich gewesen sein, denn Christoph Barths Schwiegersohn Gustav Schubert fühlte sich zunächst »inmitten des mich umgebenden Wohlstandes« als »armer Schlucker«.[6] Ihren Kindern vermittelten die Eltern »strenge Moralität, Gewissenhaftigkeit, peinliche Ordnungsliebe, Sinn für Häuslichkeit und Familienleben«.[7]

Barth senior profitierte bei seinen Geschäftsbeziehungen von den alten Kontakten der Hansestadt nach Großbritannien. Zwar hatte auch er nach dem großen Brand 1842 finanzielle Engpässe und war auf Mieteinnahmen angewiesen, doch schon drei Jahre

*Die Eltern Johann Christoph Heinrich Barth
und Carolina Charlotte Elisabeth, geb. Zadow*

später konnte er seinem Sohn Heinrich eine mehrjährige Mittelmeerreise bezahlen, die viel teurer wurde, als ursprünglich veranschlagt. Dem jüngeren Sohn Ludwig finanzierte er ein Landgut und die Geschwister erbten nach dem Tod ihrer Eltern so viel, dass Heinrich Barth einige Jahre davon leben und von seinem eigenen Geld Zuschüsse zu Afrikaexpeditionen geben konnte.

Dabei hatte Barth senior es nicht leicht gehabt, denn der Aufstieg war ihm wahrlich nicht in die Wiege gelegt. Noch in späten Jahren zeigen seine Briefe, dass er nur über eine geringe Bildung verfügte. Die Haltung des sozialen Aufsteigers, bei dem sich Ambition und Stolz auf das Erreichte mit dünnhäutiger Reizbarkeit verbanden, wenn seine Leistung nicht anerkannt wurde, prägte auch seinen Sohn Heinrich und lässt manche Reaktion verständlicher werden, die man oft dessen »schroffem« Charakter zuschrieb.

Christoph Barth heiratete 1814 in Hamburg Carolina Charlotte Elisabeth Zadow (1789 oder 1791-1862), die Tochter eines Schuhmachers aus Hannover, von der ein Foto erhalten ist, aber die sonst kaum Spuren hinterlassen hat. Der Sohn Heinrich hatte zu seinem Vater zeitlebens ein besonders inniges, von Bewunderung geprägtes Verhältnis, während die Mutter in seinen Briefen zwar erwähnt

wird, aber nie mit der gleichen Anteilnahme. Möglicherweise hing
dies mit ihrem labilen Gesundheitszustand zusammen, denn sie
verbrachte oft viele Wochen im Ferienhaus an der Elbe, während ihr
Mann in Hamburg seinen Geschäften nachging.[8]

Das Paar wurde mit fünf Kindern gesegnet, wobei zwischen den
Geschwistern teilweise große Altersunterschiede lagen. Henriette,
die älteste, und Ludwig, den jüngsten, trennte ein Altersabstand von
16 Jahren. Ob in die Jahre zwischen den Geburtstagen der Geschwister noch weitere Geburten fielen, ist nicht bekannt, doch bei
der damaligen hohen Kindersterblichkeit ist es auffällig, dass alle
fünf bekannten Barth-Geschwister das Erwachsenenalter erreichten. Darum ist nicht auszuschließen, dass es noch früh verstorbene
Geschwister gab, die in der Familienkorrespondenz keine Erwähnung fanden. Henriette (8.11.1816-3.4.1888), Heinrich Barths älteste Schwester, war intellektuell interessiert, erhielt aber als Frau
nicht die Chance, die höhere Schule zu besuchen und ihre Begabung
weiterzuentwickeln, auch wenn Bruder Heinrich zumindest ansatzweise Frauen dieses Recht zubilligte. In seinen Briefen von der
ersten Reise, die ihn 1840 nach Italien führte, richtete Heinrich
zuweilen das Wort direkt an Henriette, da er mit ihr das Interesse
an der Antike, aber auch an der italienischen Kunst teilte. »Von den
schönsten Statuen, die hier sind, werdet auch wohl Ihr, wenigstens
Schwester Henriette, Viel gehört haben.«[9] Die beiden verband auch
die Begeisterung für Literatur, wobei Goethe obenan stand, dessen
italienische Reise Barths Route zweifellos vorbestimmt haben
dürfte, während seine Schwester von dem gelobten Land nur träu-
men durfte. Ähnlich wie ihr jüngerer Bruder galt Henriette als
»schroff«,[10] was vielleicht einer der Gründe war, dass sie unverhei-
ratet blieb: Ihre Schwester Mathilde hätte »der guten, lieben
Schwester ein besseres Loos gewünscht, einen bestimmten Wir-
kungsbereich. Sie fühlt leider so oft eine unendliche Leere, eine
Sehnsucht nach einem gleich gestimmten Herzen[,] die natürlich
im Elternhause bei diesen beiden einfachen Leuten nicht gestillt
werden kann.«[11]

Drei Jahre nach ihr, am 26. März 1819, wurde der älteste Sohn,
Theodor, geboren, über den so wenig bekannt ist, dass die älteren
Biographen, sogar Barths Schwager Gustav v. Schubert, der 1897,
über dreißig Jahre nach Barths Tod, die erste Darstellung seines

Lebens verfasste, ihn völlig übersahen und nur von vier Geschwistern wussten.[12] Theodor hat kein einziges Selbstzeugnis hinterlassen, keinen Brief, kein Bild; er bleibt eine schattenhafte Figur, der bald aus dem Leben der Familie entschwand. Heinrich hatte offenbar ein sehr gespanntes Verhältnis zu diesem Bruder, denn in einem der Briefe an seinen Schwager berichtete er: »Wir Beide haben eigentlich keine Bruderliebe und Freundschaft in unserer Kindheit genossen. Bei Theodor entwickelte sich von früh an eine so rohe Natur, daß ich fast nur in feindliche Berührung mit ihm trat.«[13]

Theodor erlernte das Handwerk des Vaters und wurde Metzger. Offenbar war er leichtsinnig und gab Geld aus, das er nicht hatte. Im Dezember 1839 war von Schulden die Rede, nicht zum ersten Mal, denn der Vater bezahlte sie zwar, ging aber auf deutliche Distanz zu seinem in Nürnberg lebenden Sohn, dem er die Rückkehr nach Hamburg nicht gestatten wollte. Heinrich machte sich zum Fürsprecher seines älteren Bruders, denn »alle Hoffnung gebe ich in Rücksicht auf ihn noch nicht auf, obgleich er immer älter und älter wird«. Falls er nach Berlin käme, wollte Barth ihm gut zureden, »jedoch das ist eben das Schlimme bei ihm, daß er keine festen Vorsätze hat und sich wie ein Rohr vom Winde hin und hertreiben läßt«.[14]

Nur in wenigen späteren Briefen fand Theodor Erwähnung, aber trotz der frühen Entfremdung reagierte Heinrich erfreut auf Nachrichten über seinen Bruder: »Freilich möchte ich ihn gern einmal wieder sehn und mit ihm sprechen; wenn er mir nur erst antwortete, worauf ich schon lange warte.«[15] Anscheinend fasste Theodor wieder Tritt, denn Vater Barth war mit der weiteren Entwicklung seines Ältesten zufrieden und Heinrich schrieb ein Jahr später: »Daß Du von Theodor die beßten Hoffnungen hegst, macht mir außerordentliche Freude. Wenn er sich brav und tüchtig zeigt, wirst Du ihm gewiß Alles so angenehm, wie möglich, machen.«[16] Ein paar Jahre später wanderte Theodor aus, nachdem diese Möglichkeit schon früher besprochen, aber verworfen worden war.[17] Ein Theodor Barth, geb. um 1819 und von Beruf Metzger, wird auf der Passagierliste des Schiffes »St. Pauli« geführt, das am 26. Dezember 1842 von Stade nach Nelson in Neuseeland segelte, wo es am 14. Juni 1843 eintraf.[18] Das Datum seiner Ankunft in Neuseeland war der Familie genau bekannt und die Abfahrt eines Schiffes am

30. Juni von Wellington ebenso, was darauf hindeutet, dass Theodor sich nur wenige Monate in Neuseeland aufhielt und dann weiter nach Australien fuhr.[19] Offenbar fand er keine Anstellung in seinem erlernten Beruf und hatte Schwierigkeiten, in Neuseeland Fuß zu fassen, weshalb er mit einer von mehreren Gruppen deutscher Einwanderer 1845 in Richtung Australien weiterzog. Möglicherweise hatte Theodor erneut Schulden gemacht und musste deswegen Deutschland verlassen, denn Heinrich gab ein Jahr später seiner Hoffnung Ausdruck, dass die Briefe der Familie »den vielfach verschuldeten aber doch lieben Bruder in einer nicht zu kläglichen Lage antreffen«.[20] Die Familie war beunruhigt, als die Post von der anderen Seite der Welt ausblieb: »Wegen Theodor wirst auch du einigermaßen bekümmert sein, daß nach so langer Zeit noch keine Nachricht eingetroffen ist. Es muß doch recht bald Etwas kommen, und dann hoffentlich um so erfreulicher. Was wird der Alles erlebt und gesehn haben! Wenn er nur dadurch verständiger und energischer geworden ist und seinen guten Seiten das Uebergewicht über die schlechten gegeben hat.«[21] Ab 1846 wird sein Name noch mehrfach in der Lokalpresse in Adelaide und in South Australia im Zusammenhang mit nicht abgeholter Post erwähnt,[22] was ein Hinweis darauf sein könnte, dass er nicht mehr lebte. Nach 1847 verschwand er aus der Familienkorrespondenz und wurde nie mehr erwähnt.

Während Theodor ein Handwerk erlernt hatte, muss Heinrichs Intelligenz und Begabung schon in der Kindheit aufgefallen sein, denn der Vater setzte früh seine ganze Hoffnung und projizierte seine eigenen Aufstiegsambitionen auf seinen begabten zweitältesten Sohn Johann Heinrich, der am 16. Februar 1821 um 23 Uhr geboren und am 1. April in der St. Nicolai-Kirche in Hamburg getauft wurde.[23]

Doch zunächst zu den jüngeren Geschwistern: Seine zweite Schwester, Mathilde (28.6.1825-28.5.1894), war Heinrichs Liebling, was sicherlich auch an dem geringen Altersunterschied lag. Während Henriette zehn Jahre älter war, war Mathilde eine Spielkameradin gewesen und später die zärtlich umsorgte jüngere Schwester, zu deren Beschützer Heinrich sich aufwarf. Er achtete Henriette, aber an Mathilde hing er sehr. Als einzige Erinnerung an die Familie nahm er auf der Afrikareise ein Daguerrotyp seiner Schwester mit.[24] Noch bis in die Zeit nach der Afrikareise machte Heinrich

Heinrichs Schwester Mathilde und ihr Mann Gustav v. Schubert,
der erste Biograph Heinrich Barths

sich Sorgen um ihre schwache Gesundheit. Welche Beschwerden sie genau hatte, lässt sich aus den vagen Bemerkungen nicht mehr rekonstruieren, in der Familienkorrespondenz ist nur von häufigen Erkältungen und langer Bettlägerigkeit die Rede. Sie war wie Heinrich selbst an Musik interessiert und spielte gut Klavier. Ähnlich wie Henriette interessierte sie sich für Literatur und Theater.[25] 1849 heiratete Mathilde den sächsischen Offizier Gustav Schubert und wurde Mutter von zwei Söhnen.

Schließlich gab es noch das Nesthäkchen, den jüngsten Sohn Ludwig, am 18.4.1832 geboren (gest. 14.6.1892), geradezu ein Nachzügler. Später erwarb er sich ähnlich wie Theodor den Ruf eines Taugenichts, der leichtfertig Geld ausgab, das schöne Leben liebte und offenbar nicht viel von der Arbeit hielt. Heinrich und die beiden Schwestern kostete es viel Nerven und Aufwand, den Bruder aus seinen finanziellen Notlagen zu befreien und ihm zu einer gefestigten Existenz als Landvermesser und Landwirt zu verhelfen.

Zudem heiratete Ludwig als 23-Jähriger Amelie Lierow und musste eine wachsende Familie von schließlich sieben Kindern ernähren.

Heinrich war eine Art Leitname in der Familie, denn er taucht in allen Generationen, bei Männern wie Frauen auf, auch Ludwigs ältester Sohn sollte den Namen seines berühmten Onkels tragen. Dieser hieß Johann mit erstem Vornamen, das war in der Zeit allgemein üblich. Doch galt der zweite Vorname als der eigentliche, wie es sich bei vielen berühmten Männern findet, man denke nur an Sebastian Bach oder Wolfgang Goethe. Barth hat seinen Vornamen Johann nie benutzt, er nannte sich stets und ausschließlich Heinrich.

Sein Vater Johann Christoph Barth war ein sozialer Aufsteiger, der auf das von ihm Erreichte sicherlich stolz war, zählte er doch zu den arrivierten Bürgern der Hansestadt. Doch strebte Barth senior für seine Familie nach Höherem und pflanzte gezielt die eigenen Ambitionen in seinen vielversprechenden zweitältesten Sohn Heinrich. Das Mittel zum weiteren Aufstieg war die Bildung, die ihm selbst fehlte und deren Mangel er als Hemmnis empfand, wie die Entschuldigungen für seine fehlerhaften Briefe erkennen lassen. Christoph Barth sollte nicht enttäuscht werden, denn Heinrich war mehr als nur wissensdurstig, er war schon früh geradezu fanatisch bildungsbeflissen, was auf Kosten seiner Freundschaften in der Schule ging.

Schulzeit

Barth besuchte bereits als Fünfjähriger eine Privatschule und ging ab 1832 auf das Johanneum, bis heute das angesehenste und traditionsreiche Gymnasium der Stadt, was allein schon ein Beleg für die Ambitionen seines Vaters war.[26] 1529 gegründet, war das Johanneum die Eliteschule schlechthin, der 1826 errichtete Neubau befand sich auf dem Gelände des abgerissenen Domes in der Innenstadt. Wie sehr sich der gesellschaftliche Aufstieg an der Bildung bemaß, wird sichtbar, wenn man bedenkt, dass es in der Zeit noch keine Schulpflicht gab und der Besuch einer Schule, und besonders eines so exquisiten Gymnasiums wie des Johanneum, vom Geldbeutel der Eltern abhing. Barths Vater war auch später immer bereit, seinen Sohn Heinrich zu fördern, bis hin zur Finanzierung der Mittelmeerreise von 1845-1847 und kräftiger Zuschüsse zur großen Afrikaexpedition.

Heinrichs Interessen richteten sich frühzeitig auf den Bildungskanon, der an humanistischen Gymnasien in dieser Zeit vermittelt wurde.[27] Er lernte Latein und Griechisch und konnte bald die antiken Schriftsteller im Original lesen. Englisch soll er bereits mit 14 Jahren fließend gesprochen haben, vermutlich auch Französisch, denn er berichtet später nie von Französischunterricht und bewegte sich in Frankreich wie ein Fisch im Wasser. Ob er sich schon in der Schule mit der arabischen Sprache beschäftigte, wie Mitschüler munkelten,[28] ist nicht belegt und eher unwahrscheinlich.

Barth war vor allem an den historischen und philologischen Fächern interessiert, weniger an den Naturwissenschaften, in denen er sich erst im Erwachsenenalter die Kenntnisse aneignen musste, die er benötigte, als er die Geographie zu seinem wissenschaftlichen Metier erwählte. Er besaß eine für einen Schüler außergewöhnlich umfangreiche Büchersammlung, die er ständig durch Zukäufe bei Auktionen vergrößerte. Neben den Büchern selbst verschlang er auch Bibliographien, die er auswendig hersagen konnte. Das erschien seinen Mitschülern einigermaßen seltsam, er verfügte über ein »erstaunliches Gedächtnis«, doch hatten seine Mitschüler trotzdem »keine hohe Meinung von Barth; er galt der Mehrzahl seiner Mitschüler als ein Pedant«, der sogar mit einer »ernsten morosen Miene« Sport betrieb. Tatsächlich war er schon als Schüler ein rechter Bücherwurm, der jeden Tag viele Stunden studierte und sich auf diese Weise eine umfassende Bildung aneignete.[29]

Nach Heinrich Barths plötzlichem Tod erinnerte sich ein früherer Klassenkamerad, dass keiner seiner Mitschüler seinen späteren Aufstieg zur europäischen Berühmtheit vorausgeahnt hätte, obwohl er »kein gewöhnlicher Schüler« war. Dies bezog sich aber eher darauf, dass er zu den meisten seiner Mitschüler wenig Kontakt unterhielt. Barth stand in den Pausen »meist am Ende der Bank, auf der er seinen Platz hatte, eine vornehme Zurückhaltung gegen seine Mitschüler beobachtend und nur mit diesem und jenem seiner näheren Bekannten, die an ihn herantraten, ein Wort wechselnd. Selten verzog sich seine Miene zu einem vornehmen Lächeln, herzlich lachen habe ich ihn nie hören.«[30] Eine Zeitlang wohnte er während seiner Schulzeit am Johanneum bei dem dortigen Lehrer und promovierten Theologen Cornelius Müller in Pension.[31]

Nicht nur die Eltern und die jüngere Schwester waren oft krank, auch Heinrich war eher schwächlich und kränkelte häufig. Es ist bezeichnend für seinen Charakter, dass er das nicht hinnahm, sondern sein starker Wille brach sich schon früh Bahn, denn er machte »allerlei Uebungen mit den Armen, brachte dieselben möglichst nahe auf dem Rücken zusammen, um den Brustkasten hervortreten zu lassen und übte so in diesen Pausen eine Zimmer-Gymnastik, welche ihm als Correctiv für das viele Sitzen in den Unterrichtsstunden dienen sollte, ohne daß er nöthig hätte sich in die Spiele der Mitschüler auf dem Klassenhofe zu mischen.« Zielgerichtet kräftigte er seinen Körper »durch vieles, auch im Winter fortgesetztes, kaltes Baden und Schwimmen, sowie durch eifrige Theilnahme an den Turnübungen«.[32] Im Alter von zehn Jahren trat Barth der Hamburger Turnerschaft bei.[33] Seine Zielstrebigkeit war unübersehbar, aber sie hatte noch kein erkennbares Ziel.

Ein solches fand er in der Schule nicht, denn obwohl das Johanneum eine hoch angesehene Eliteschule war, blickte Barth später mit scharfer Kritik auf die Paukerei zurück, die dort gepflegt wurde. Von lebendigem Verständnis der Welt war »der Unterricht, den ich, der Unterricht, den die meisten meiner Altersgenossen bekommen, wenigstens dort in Hamburg, hölleweit entfernt. Eingefercht wurden wir in der Schule in gedankenlose Phrasen, die Sprachen, dieses unergründlich tiefe und staunenswerthe Organ des Menschen, allen seinen Gedanken Ausdruck zu geben, seine Theilnahme, seine Liebe seinem Nebenmenschen darzustellen, als ein todtes Material, wie ein Stück Holz wurden sie uns eingepaukt, die herrlichsten Schöpfungen des menschlichen Geistes[,] abgetödtet wurden sie uns aufgetischt, um sie mit Ekel hinunterzuschlucken.«[34]

Barth schloss die Schule am 4. Oktober 1839 mit dem Abitur ab und war erleichtert: »Nicht zu jung habe ich die Schule verlassen – ja wäre ich auch nur kurze Zeit länger dort geblieben, ich wäre gänzlich verkommen, erstorben wäre ich an Geist und Körper – aber zu unreif, zu verdummt durch den geistlosesten, hohlsten Unterricht war ich, um den freien Flug zu erfassen, den die Wissenschaft genommen hat.«[35]

Stolz auf seine Leistungen und mit einem gehörigen Selbstbewusstsein als der zu Höherem Ausersehene in der Familie ausgestattet, konnte der gerade 19-Jährige seine Eltern mit etwas altklugen Ratschlägen wie diesen beehren: »Liebe Mutter, Dir empfehle ich dann das Inn[e]re des Hauses um so sorgfältiger zu hüten und d[en] lieben Kleinen [Ludwig] unter Schloß und Riegel zu halten; diesen Lieben empfehle ich fleißigen Fortschritt auf ihrer Bahn.«[36] Doch wurde es ihm angesichts der hohen Erwartungen seines Vaters zuweilen etwas mulmig, wenn er sah, »wie ungeheuer Ihr mich überschätzt und was für übertriebene Hoffnungen Ihr von Eurem Söhnlein habt. Ich muß wahrhaftig fürchten, Euren Erwartungen bei Weitem nicht zu genügen. Leicht ist es, Einen einzunehmen, der Wenig erwartet, schwer aber, oder unmöglich, zu hoch gespannten Hoffnungen zu genügen. Mein Wille freilich ist mächtig und ich möchte gerne recht hoch hinaus.«[37] Obwohl er in der Schule eher ein Einzelgänger war, war er kein verschlossener, introvertierter Charakter, denn zeit seines Lebens schloss er schnell Bekanntschaften, ging auf andere Menschen zu und hatte durchaus die Begabung, andere an sich zu binden und sie für sich zu interessieren.

Auch zeigte er, der zeitlebens, aber wider Willen, Junggeselle blieb, als Jugendlicher das altersübliche Interesse an Mädchen, die er kavaliersmäßig auf dem Heimweg begleitete, so dass er bei Gleichaltrigen sogar als eine Art »Experte« galt. Sein Jugendfreund Wilhelm Danzel zog ihn zu Rate, als er die etwas delikate Aufgabe erhielt, die jungen Töchter eines reichen Bürgers nach Italien zu begleiten, wo er den Cicerone abgeben sollte, gleichzeitig mit seinen Kenntnissen aber weitergehende Absichten verfolgte, »denn daß es keine der unbedeutendsten hiesigen Familien ist, die jetzt nach Italien geht, kannst du denken«.[38] Barth verstand seines Freundes Absichten nur zu genau, nämlich »zweien jungen Schönen in diesem liebreizenden Lande die Herzen zu stehlen«.[39] Ob der junge Barth Liebschaften hatte, ist nicht bekannt, doch fühlte er sich zeitlebens, wie er es in einem Brief ausdrückte, »zu den Weibern hingezogen«, schließlich hatte »das weibliche Gemüth du[rch] seine wunderlich anziehende Naivität und Weichheit für mich ganz besonderen Reiz«. Gegenüber Danzel bestätigte er: »Du meinst, ich kenne die Sphäre von jungen Mädchen – darin hast du vielleicht nicht Unrecht«, aber ohne dass er konkreter wurde.[40] Etwas wehmütig reagierte er, als er schon Student in Berlin war, auf die Nachricht aus der Heimatstadt, dass »die beiden jungen Mädchen, die ich zuweilen das Glück hatte nach Hause zu begleiten, [...] Bräute« geworden waren.[41]

Die Familie Barth wohnte in der Hamburger Innenstadt am Hopfenmarkt und hatte ein Sommerhäuschen an der Elbe, wohin sie während der warmen Jahreszeit zog. »Ihr seid bei diesem herrlichen, vielleicht nur ein Wenig zu trockenem Frühlingswetter, hoffentlich schon recht lange draußen; ich wünsche es Euch herzlich, daß Ihr diese schönen Frühlingstage an der Elbe nicht möget versäumt haben. Ich bitte Euch dringend, so Viel Ihr nur irgend könnt, das Landleben dort zu genießen; es hat auf Euch stets einen überaus trefflichen Einfluß geübt«,[42] schrieb er im Mai 1843 aus Berlin. Heinrich liebte, wie der Rest der Familie, das Leben in der freien Natur, fern von der Großstadt und am Strand der Elbe. Während seiner Mittelmeerreise 1845-1847 malte er sich immer wieder sehnsüchtig aus, wie seine Eltern und Geschwister »behaglich« und »gemütlich« den Sommer miteinander verbrachten.

Studium in Berlin

Unmittelbar im Anschluss an das erfolgreiche Abitur nahm Barth 1839 sein Studium auf. Da es in Hamburg keine Universität gab, besuchte er die angesehenste Hochschule Preußens, die 1810 gegründete Berliner Universität. Diese entwickelte sich zu einem Magneten für aufstrebende Intellektuelle, und ein Lehrstuhl in Berlin war die Krönung vieler akademischer Karrieren. Die Universität weitete ihren Fächerkanon systematisch aus und richtete gerade in den Naturwissenschaften neue Professuren ein, so dass es keine bessere Adresse für einen aufstiegsorientierten jungen Mann gab als Berlin. Als eine Art Musteruniversität, an der die neuen Bildungskonzepte Wilhelm von Humboldts umgesetzt wurden, hatte Preußen durch eine geschickte Berufungspolitik berühmte Köpfe nach Berlin geholt, allen voran den Philosophen Georg Friedrich Hegel, der allerdings schon 1831 einer Choleraepidemie zum Opfer fiel. Als Barth 1839 nach Berlin kam, waren noch Wissenschaftler der frühen Jahre an der Universität tätig, von denen zwei seine wichtigsten Lehrer werden sollten, der Altphilologe August Boeckh und der Geograph Carl Ritter.

Barths Interesse galt, wie schon seine Beschäftigung mit der Antike während der Schulzeit erkennen ließ, der Altertumskunde, neben der Alten Geschichte den Sprachen Latein und Griechisch, was er bei dem Spezialisten für lateinische Literatur, Karl Zumpt, studierte. Aber er hörte auch Jakob Grimm über die Germania des Tacitus; bei August Boeckh und bei Karl Lachmann studierte er römische und griechische Literatur. Zur Altertumskunde zählte die Archäologie, die er bei Eduard Gerhard (1795-1867) studierte, dem Herausgeber der für das Fach wichtigen »Archäologischen Zeitung«. Für Barth bildeten die Altertumswissenschaften eine untrennbare Einheit.[43] Das Lehrer-Schüler-Verhältnis zu Gerhard, Boeckh und Ritter wandelte sich nach seiner Promotion zu einer lebenslangen kollegialen Freundschaft.[44]

Daneben besuchte Barth zahlreiche andere Vorlesungen, deren Themen Zeugnis über seine breit gelagerten Interessen ablegen. Die Namen der Dozenten bilden geradezu ein »Who is Who« der Geisteswissenschaften an der Berliner Universität dieser Zeit: Er hörte Logik und Metaphysik bei dem hegelianischen Philosophen Karl Werder, bei Joseph Schelling Philosophie der Mythologie und Philosophie der Offenbarung, zudem Geschichte der Philosophie bei Friedrich Adolf Trendelenburg (1802-1872). Er belegte historische Vorlesungen bei Leopold von Ranke (1795-1886), deutsche Rechtsgeschichte bei Carl Gustav Homeyer, Topographie und Geographie Griechenlands bei dem nur wenige Jahre älteren Ernst Curtius (1814-1896), griechische Literatur des Mittelalters bei dem Philologen Johannes Franz, bei Heinrich Eduard Dirksen römische Rechtsgeschichte, bei Karl Gottlob Zumpt dessen Vorlesung über Cicero und bei Agathon Benary römische Literatur.

August Boeckh (1785-1867) war zunächst der wichtigste seiner Lehrer und der Betreuer seiner Dissertation. Er stammte aus Karlsruhe und wurde mit der Gründung der Berliner Universität 1810 dort zum Professor für Rhetorik und klassische Literatur berufen. Als Angehöriger der Gründergeneration baute sich Boeckh über die Jahrzehnte, die er in Berlin tätig war, eine große Autorität auf, was sich nicht zuletzt darin niederschlug, dass er fünf Mal Rektor der

August Boeckh,
nach einem Gemälde von
Oscar Begas

Universität war und 26 Jahre lang der Sekretär der Philosophisch-historischen Klasse der Königlichen Akademie der Wissenschaften in Berlin. Da zu der Zeit der Zuschnitt der Fächer und Disziplinen noch weniger präzise war als heute, lehrte Boeckh auch Alte Geschichte. Er gilt als einer der Begründer der Epigraphik, weil er mit der Sammlung und Herausgabe griechischer Inschriften begann. Daneben publizierte er auch zu Gewichten, Münzen und Messeinheiten des Altertums und interessierte sich für Wirtschaftsgeschichte, was sich in seinem zweibändigen Werk über »Die Staatshaushaltung der Athener« niederschlug. Diesem Interesse ist es geschuldet, dass er Barth ein handelsgeschichtliches Thema für dessen Dissertation gab. Der Zweitgutachter der Promotion war Carl Ritter, der als Geograph nicht zu den altertumskundlichen Dozenten Barths zählte, aber im Lauf der Jahre zu Barths zentraler Bezugsperson wurde und dessen wachsendes Interesse an der Geographie förderte.

Ritter (1779-1859) war ein frommer evangelischer Christ aus Quedlinburg, hatte in Halle studiert und war viele Jahre als Lehrer tätig. Daraus resultierten sein lebenslanges Interesse an der Pädagogik und sein Selbstverständnis, auch als Professor ein Lehrer und Erzieher zu sein.[45] Das schlug sich im Titel seines Hauptwerks nieder: »Die Erdkunde im Verhältnis zur Natur und Geschichte des Menschen, oder allgemeine vergleichende Geographie als sichere Grundlage des Studiums und Unterrichts in physikalischen und historischen Wissenschaften«. Ritter wurde zehn Jahre nach Boeckh, 1820, nach Berlin auf den neu gegründeten Lehrstuhl für Erd-, Länder-, Völker- und Staatenkunde berufen und gilt neben Alexander von Humboldt als der Begründer der modernen Geographie.[46] Er war ein

populärer und einflussreicher
Professor, ein Mitbegründer und
bis zu seinem Tod Vorsitzender
der 1828 ins Leben gerufenen
Gesellschaft für Erdkunde zu
Berlin. Wie die Benennung seines Lehrstuhls erkennen lässt,
waren in der Geographie zu der
Zeit noch Disziplinen vereinigt,
die sich im Lauf des 19. Jahrhunderts verselbständigen sollten,
wie etwa die Ethnologie. Die
Geographie selbst differenzierte
sich ebenfalls in Subdisziplinen
aus, wie die physische oder die
Kulturgeographie. Auch die politische Geschichte spielte in dieser Zeit noch als Staatenkunde
in die Geographie hinein.[47]

Carl Ritter

Genau diese Zusammenschau der Geographie als einer Universalwissenschaft setzte sich bei Heinrich Barth fort,[48] der sie als eine
Wissenschaft vom Menschen verstand, weshalb sie eine historische
und ethnographische Wissenschaft sein musste: Für ihn war sie
»der Inbegriff, das einigende Band aller übrigen Disciplinen und
gerade wie die verschiedenen Bezüge der Wissenschaft sich ihrer im
Leben haftenden Wurzel mehr bewußt werden, muß diese Wissenschaft stets größere Bedeutung gewinnen.«[49] Ritter hätte dem sicher zugestimmt, doch gab es einen wesentlichen Unterschied zwischen dem Lehrer und seinem Schüler. Im Gegensatz zu Ritter, der
in jüngeren Jahren mit seinen Zöglingen den Raum des Mont Blanc
erforscht hatte, aber sonst ein typischer »Lehnstuhlgelehrter« war,[50]
zog es Barth immer in die Welt hinaus. Er wollte alles mit eigenen
Augen sehen, all das wirklich erlebt haben, was er in seinen Büchern beschrieb, für ihn war die Geographie in erster Linie eine
Erfahrungswissenschaft.

Das Neue an der Ritterschen Geographie, was sie aus ihrer
bisherigen Stellung als einer Hilfswissenschaft herauslöste und
ihr den Rang einer eigenständigen Disziplin verlieh, war jedoch

die Erkenntnis der inhärenten Dynamik des Geschehens auf der Erde.

Ritter schrieb keine Kompendien mehr, wie das bis dahin üblich gewesen war, in denen das Wissen additiv oder disparat vorgestellt wurde, sondern er führte »den Leser in eine ganz neue, bisher nie geschaute Welt, nämlich auf die Erde als den Schauplatz der Geschichte«.[51] Ritter stellte Zusammenhänge dar, er war offen für historische Prozesse und er erkannte in der Gestaltung der Erdoberfläche ein dynamisches Element, weshalb er Geographie und Geschichte eng miteinander verknüpfte. »Während jene ›kompendiarische Geographie‹ über Benennung und Darstellung der Einzelheiten nicht hinauskam, untersucht diese den Kausalzusammenhang der Erscheinungen, der physischen untereinander, wie der historischen mit jenen, und so wird sie zu einer Verhältnislehre im Range philosophischer Wissenschaften.«[52] Die Rittersche Geographie war keine Naturwissenschaft, die physische Geographie interessierte ihn nicht allzu sehr, sie war allenfalls Voraussetzung für das Wesentliche, nämlich die Geographie in ihrem Bezug auf die Menschheit. Ritter unterschied die von ihm angestrebte »Erdkunde« oder »Erdwissenschaft« von der bisherigen Geographie, die »nur Beschreibung, aber noch nicht einmal Lehre der wichtigsten Verhältnisse war«. Eine Erdwissenschaft zeichnete aus, dass sie »die wahrhafte Erkenntniß ihres innern organischen Zusammenhanges, ihrer wechselseitigen Wirkungen und gegenseitigen Kräfte« erreiche.[53]

Ritters Konzeption der Erde als »Erziehungshaus des Menschengeschlechts«[54] ist von seinem religiösen Verständnis her zu erfassen, wonach Gott die Welt geschaffen hat und dies dem Buch Genesis zufolge eine sinnhafte Gestaltung war. Die Erde ist »der Schauplatz aller menschlichen Wirksamkeit, ein Schauplatz göttlicher Offenbarung«.[55] Die Gliederung der Erdoberfläche erfüllt somit einen von Gott gegebenen Zweck, nämlich alle Möglichkeiten für die Selbsterziehung der Menschheit bereitzustellen, indem in verschiedenen Regionen der Welt unterschiedliche Bedingungen zu unterschiedlichen Resultaten führen können, im Gesamtbild zur kulturellen Vielfalt der Menschheit. Ritter zielte darauf ab, diese Vielfalt der Kulturvoraussetzungen zu identifizieren und zu beschreiben, wobei er eine zirkuläre Argumentation nicht immer vermeiden konnte. Denn er musste von den Ergebnissen, den kulturellen Entwicklungen, rückschließen auf deren geographische Voraussetzungen, die ihrerseits die Kultur erklärten. Allerdings redete er keinem geographischen Determinismus das Wort, vielmehr sollte die Wissenschaft der Erdkunde den Menschen zur Erkenntnis seiner Abhängigkeit von den Naturräumen führen. Diese bot die Voraussetzung, um »das Gebiet seiner geistigen Freiheit und Unabhängigkeit zu erkennen«.[56] Denn der Mensch folgt »seinem eignen Entwicklungsgange nach ethischen Gesetzen«,[57] er befreit sich mit seiner Zivilisierung von den geographischen Abhängigkeiten: »Wenn schon die physikalische Natur und die Dimension fast dieselbe bleibt, so ist es das historische Element durch die neugeschaffenen Organe, durch beseelte Bewegung, durch den Kulturfortschritt, welches die Völker sich freier von Naturbedingungen bewegen lehrt.«[58]

Ritter sah die Erde als Ausdruck einer von Gott geschaffenen Harmonie, eines Ausgleichs von Gegensätzen, sie war eine »Offenbarung göttlicher Weisheit in der Form einer sichtbaren Welt«.[59] Dieser Auffassung diente seine Lehre von den geographischen Individuen. Diese waren für ihn die Grundeinheiten der Erdgestaltung, zunächst die großen Landmassen. Die sogenannte »Alte Welt« in ihrer wesentlich west-östlichen Lage kontrastierte mit der »Neuen Welt«, dem nord-südlich ausgerichteten amerikanischen Doppelkontinent. Die Kontinente (oder Erdteile) waren die eigentlichen Einheiten, die ebenfalls ein Bild der harmonisierten Gegensätze boten: Asien als Kontinent der Gegensätze, Afrika als der Erdteil der Gleichförmigkeit und Europa als Kontinent der starken Gliederung, aber auch der Harmonie, boten die Bühne, auf der die Menschheit sich in ihrer kulturellen Vielfalt entwickeln konnte.[60] Denn »jeder Mensch ist der Repräsentant seiner natürlichen Heimath, die ihn geboren und erzogen hat«. Die Erdgestaltung wirkt demnach auf die kulturelle Entwicklung. »Daher die unendliche Mannigfaltigkeit in den Erscheinungen, wie in den Bildungen und Charakteren, so auch in den Bestrebungen der Völker.«[61] Daraus ergab sich eine Nähe von Ritters Konzeption zu Herders Volksgeist-Lehre, nämlich dass »die Persönlichkeit des Volkes über die des Menschen hervorragt«.[62] Die Ähnlichkeit zu Hegels Philosophie der Weltgeschichte ist unübersehbar, und tatsächlich hat der Philo-

Leopold von Winter

soph sich von seinem Berliner Geographen-Kollegen beraten und beeinflussen lassen.

Barth war den empirischen Wissenschaften zugewandt und setzte Ritters Konzeption der Geographie konsequenter als dieser selbst um, weil für ihn die Erfahrung entscheidend wurde. Was bei Ritter nur eine Forderung und ein manchmal etwas naturromantisches und religiös eingefärbtes Bekenntnis gewesen war, praktizierte Barth in der Weise wie Alexander von Humboldt, der andere wissenschaftliche Gigant dieser neuen Wissenschaft. Barth wollte die Welt, die er erforschte, beschrieb und analysierte, mit eigenen Augen und aus eigener Erfahrung wirklich kennen. Darin ähnelte er Humboldt, auch wenn er dessen stärker naturwissenschaftliche Auffassung der Geographie nicht teilte und primär Geisteswissenschaftler blieb. Barths außergewöhnliche Intelligenz und seine rasche Auffassungsgabe ermöglichten ihm in seinem späteren Leben die schnelle Durchdringung bis dahin völlig fremder Lebenswelten und Zusammenhänge.

In seinem studentischen Alltagsleben schloss er sich zunächst an andere Hamburger an, die in Berlin lebten, und fühlte sich unter ihnen in der großen Stadt »beinah wie zu Hause«, teilte sich mit sechs von ihnen ein Abonnement der »Augsburger Allgemeinen«, zu seiner Zeit eine der wichtigsten Zeitungen im deutschsprachigen Raum.[63] Berlin gefiel ihm »ganz gut«, doch waren die Wege, die er zurücklegen musste, »enorm«, der Tiergarten war »nicht übel«, wenn er einmal die Zeit fand, hinzugehen.[64] Barths Bekanntenkreis weitete sich rasch aus, er fand Zugang zu Gelehrtenzirkeln, was ihm später nützlich sein sollte, er freundete sich aber auch mit Kommi-

litonen an. Eine Freundschaft fürs Leben knüpfte er mit Leopold
von Winter (1823-1893), der Rechtswissenschaften studierte und
bald in der preußischen Verwaltung eine Karriere begann, die er
später mit einer fast 30-jährigen Amtszeit als Oberbürgermeister
von Danzig krönen sollte.

Die Bereitschaft des Vaters, die akademische Karriere seines vielversprechenden Sprösslings Heinrich zu fördern, äußerte sich als
finanzielle Großzügigkeit, die dieser dankbar zu schätzen wusste,
ebenso wie die Freiheit nach der Paukerei in der Schule:

»Ihr habt mich mit der größten Bereitwilligkeit studiren lassen,
habt mir in allem darauf Bezüglichen freie Hand gelassen, habt
mir große Opfer gebracht. Jetzt studire ich, herausgerissen aus
dem Geist- und Seele tödtenden Unterricht, in die Nähe der
größten, tiefsten Denker, der umfassendsten Gelehrten, der ach-
tungswerthesten und liebenswürdigsten Menschen gebracht,
durch Eure Nachsicht und Liebe in den Stand gesetzt die herrlichsten, üppigsten Länder, die größten Kunstwerke alter und
neuer Zeiten zu schauen und zu studiren, unter einem Volk eine
Zeit lang zu leben, dessen geistige Kraft nicht von andauernder
Arbeit gelähmt ist, das frei und froh und leicht sich in der schönen Natur bewegt – erst jetzt, lieber Vater, erst jetzt habe ich
mich heraufgemacht auf einen freien Standpunkt, von dem aus
ich das ganze Weltgetreibe und das Verhältniß der Wissenschaft
einigermaßen überschauen kann. Erst jetzt habe ich mich mit
Liebe der Philosophie hingegeben, die alles einzelne Wissen mit
Einem gemeinsamen Gedanken durchdringt und erst zur Wissenschaft macht.«[65]

Die Italienreise 1840

Der erwähnte Aufenthalt bezog sich auf Italien, denn der Vater finanzierte ihm nach dem ersten Jahr an der Universität 1840 eine
mehrmonatige Reise »zu dem unversiegbaren Quell ewigen
Lebens«.[66] Heinrich zieh sich selbst der Unmäßigkeit seiner finanziellen Forderungen für die Reise, doch bekannte er, dass allein das

Vorhaben ihm »schon ungemein Viel genützt« hätte, »indem ich dadurch veranlaßt bin, mich auf die Italiänische Geschichte, die ein Leben enthält und eine Größe, wie die keines andern Volkes, und auf die italiänische Sprache fürs Erste vorzüglich zu werfen«. Offenbar hatte er bereits in Berlin Sprachunterricht genommen, und die Hochachtung vor den Italienern und deren Kultur blieb ihm sein Leben lang erhalten: »Das italiänische Volk ist jetzt freilich in unglücklicher Lage, das ist wahr, aber mehr durch fremde, als durch eigene Schuld. Das italiänische Volk steht in vielen Hinsichten bei Weitem über uns; jetzt in dieser Unterdrückung, wo es an allem Politischen keinen Antheil nimmt, und nur seinem Vergnügen und seinem Vortheil lebt, verdient es unser innigstes Mitleid.«

Schon vor der Italienreise sah Heinrich sich veranlasst, seinen besorgten Vater über seine Sicherheit zu beruhigen: »Uebrigens, lieber Vater, hast du durchaus keinen Grund zu irgend einer Art von Furcht. Jeder Mensch, der irgend Etwas leisten will, *darf* sich nicht vor Allem hüten, was ihm irgend wie gefährlich sein könnte; da würde man ja wahrhaftig zu gar Nichts kommen. Und wo ist denn am Ende keine Gefahr? Wenn man die Treppe hinabgeht, kann man sich ein Bein brechen, allenthalben *kann* man in die größte Gefahr gerathen.« Er bat seinen Vater, sich nicht zu ängstigen, wenn er einige Zeit ohne Nachricht von ihm bliebe, »da sehr leicht ein Brief bei nicht sehr lobenswerthem Postwesen verloren gehn kann.«[67]

Mit der Italienreise musste sich Barths Familie erstmals an längere Nachrichtenlosigkeit und ungewisse Situationen gewöhnen, was sich mit den beiden großen Reisen beträchtlich steigern sollte. Doch galt dies auch umgekehrt, da Heinrich stets von der Sorge um das Wohlergehen seiner Angehörigen begleitet wurde, was ihm zu ständig wiederholten Klagen über ausbleibende Post Anlass gab. Ebenso führte er bereits auf dieser ersten Reise ein Tagebuch. Außer den beiden großen mehrjährigen Reisen setzte mit der italienischen Reise der zeitliche Rhythmus frühherbstlicher Reisen in Europa ein, den Barth in seinen späteren Jahren beibehalten sollte: Der Spätsommer und frühe Herbst war vom Wetter her angenehm, und er selbst musste während dieser Jahreszeit keinen anderen Verpflichtungen nachkommen. Deswegen unternahm er diese Reisen gern in der Zeit zwischen Ende August bis zum Oktober. Und ein weiteres Muster prägte sich schon auf dieser ersten Reise aus. Barth

offenbarte eine Neigung, seine Reisen auszudehnen: Während er in
Berlin noch beteuerte, es sei »nur Scherz«,[68] wenn er neben Rom
als seinem hauptsächlichen Aufenthaltsort auch Neapel genannt
hatte, so zeigte er sich wenig später über einen Kreditbrief erfreut,
da dieser ihm erlaubte, den folgenden Winter in Italien zu verbrin-
gen »und meine Reise durch einen Besuch in Neapel und Sicilien«
zu beschließen, denn »Sicilien gehört auch zu Italien und ohne Sicilien ist das Bild von Italien nicht vollständig«. Gleichwohl handelte es sich nicht um eine Erholungs-, sondern um eine Bildungsreise, zumal er zu den meisten Orten pilgerte, die ein gutes halbes
Jahrhundert vor ihm Goethe besucht hatte. Reisen hieß bei Barth
schon 1840 intensive Arbeit: »Es ist ungeheuer, wie Viel man hier
arbeiten muß, um rechten Nutzen von den Schätzen zu haben. Ich
bin ungemein fleißig, was hier durch die vielen großen Bibliotheken
sehr erleichtert wird«, berichtete er dem Vater im November aus
Rom. Doch verkroch er sich nicht in den Bücherkatakomben, sondern er besichtigte die Museen und private Sammlungen. Er studierte die Kunstschätze, keineswegs nur die der Antike, denn er
wurde rasch zum Bewunderer Raffaels. Obwohl er bekennender
Lutheraner war, konnte er dem Schmuck katholischer Kirchen, insbesondere dem Petersdom und dem Lateran, viel abgewinnen. Am
meisten aber begeisterte er sich für das Pantheon »du[rch] den
herrlichen Eindruck, den seine wunderschöne Bauart hervorbringt«.
Gleichzeitig genoss er die unmittelbare Nähe der Überreste des alten Rom zur mediterranen Natur, was ihn ins Schwärmen brachte:

»Meine Aussicht ist köstlich, wenn ich aus meinem Zimmer hinaus auf 1 große von Weinranken bedeckte Laube trete, unter der
ein kleiner hübscher Garten voll von grünen und gelben Pomeran-
zen mich anlacht. Gerade aus blicke ich auf den palatinischen Berg
mit seinen romantischen von Grün umkleideten Ruinen, links auf
das alte Forum Romanum, den Marktplatz der alten Römer, mit
seinen Ruinen der alten Tempel und mit 2 Alleen Bäumen jetzt
bepflanzt, unter denen die Ochsen vor ihren Karren romantisch
hingestreckt liegen, weiterhin links die großen sich wölbenden
Ruinen der Basilica des Constantin u[nd] dicht dahinter das ungeheure Colosseum oder Amphitheater des Flavius; darüber schauen
d[ie] Apostel d[e]s ferner gelegenen Laterans hervor und den Hin-

tergrund schließen die oft köstlich beleuchteten Berge von Frascati mit ihren köstlich gelegenen Städtchen.«[69]

Von Rom, wo er sich vier Monate aufhielt, unternahm er viele Ausflüge, die meisten zu Fuß, »wie es mir jetzt ein Leichtes ist, 9 Stunden in Einem fort, ohne Etwas außer einigen Weintrauben oder 1 Paar Kastanien zu essen, zu marschiren«. Er besuchte »die berühmten Tempel von Paestum, Agrigent und Segesta, die Ruinen von Selinunt«, Syrakus und, näher bei Rom, Pompeji. Seine ausführlichen Briefe waren für die Erbauung und Unterhaltung seiner Familienangehörigen gedacht, dienten aber auch schon als eine Art zweites Tagebuch. Auch dieses Vorgehen sollte er in der Zukunft weiter entwickeln, um sich vor Verlusten seiner Aufzeichnungen zu schützen. Die Italienreise betrachtete er als großen Gewinn für seine Studien und für seine »Erkenntnis der Antike«, obwohl sie ihn ein ganzes Semester kostete. »Und es erstand mir wie aus einem Grabe das ganze Altertum und stand mir lebendig vor Augen.«[70]

Fortsetzung des Studiums in Berlin

»Die Schnelligkeit, mit der er sich, heimgekehrt von der langen Reise, in die unterbrochene akademische Thätigkeit wieder zurechtfand, soll selten gewesen sein«, hieß es in einem Nachruf.[71] Wie dem auch sei, er widmete sich eifrig seinen Studien, doch sollte sich seine Sorge um die Familie als nur zu berechtigt erweisen. In der Nacht des 5. Mai 1842 brach in Hamburg ein Großbrand aus, der bis zum 8. Mai die ganze Altstadt vernichtete, unter den 1100 zerstörten Häusern war auch dasjenige der Familie Barth. Es war eine ungeheure Katastrophe für die Stadt, allein der materielle Schaden belief sich auf 135 Millionen Mark, abgesehen von den 51 Menschenleben und den Tausenden, die obdachlos geworden waren und deren Hab und Gut von Plünderern geraubt oder einfach vandalisiert wurde.[72] Der entsetzte Sohn Heinrich saß in Berlin fest und schrieb verzweifelte Briefe, um seine Eltern und Geschwister zu trösten. »Ich wollte zuerst schon gestern Abend hinüberreisen, denn schon gestern Morgen hörte ich von dem ungeheuren Unglück und zwar sogleich auf das Gewisseste, daß gerade unsre Straße betroffen […] Das ist

View of the Conflagration of the City of Hamburgh.

Zeichnung des Hamburger Brandes,
erschienen 1842 in der »Illustrated London News«

ja zu fürchterlich, und ich hoffe, das Meiste davon ist erdichtet.
Mathilde schreibt mir nicht einmal von der Nicolaikirche – aber daß
die zusammengestürzt ist, habe ich doch von Augenzeugen.« Mitte
des 19. Jahrhunderts war Berlin weit entfernt von Hamburg, Barth
wollte helfen, aber angesichts der Zeit, die die Reise in Anspruch
nehmen würde, waren alle Versuche sinnlos: »Aber kann ich Euch
irgend helfen, kann ich meinen übrigen Freunden und Mitbürgern
mit Rath und That zur Seite stehn, bitte schreibt, schreibt – verhehlt
mir Nichts! Was kann ich denn Schönres je in meinem Leben thun,
als Menschen in so großem Unglück zu helfen suchen! Schreibt,
schreibt Alles und ich bin sogleich bei Euch!«[73] Es half alles nichts,
Heinrich saß in Berlin und konnte sich nur aus der Ferne den Schre-
cken und die Not ausmalen, die die Ereignisse hervorgerufen hatten. Aber er stellte Überlegungen an, was sich aus der Situation
lernen ließe, und kam zu für ihn und sein späteres Verhalten auf
den Reisen typischen Schlussfolgerungen: »Da eben fühlt sich der
Mensch als Staats- als Weltbürger, wenn er sein so bequem einge-

richtetes Haus verloren, wenn er plötzlich herausgerissen ist aus
dem gleichförmigen Alltagsleben; er fühlt, daß das keinen Bestand
hat, und daß das also nicht das höchste Ziel sein kann, worauf er
hier zu ringen hat.«[74] Barth war, was man in den 1920er Jahren eine
»faustische« Natur genannt hätte, geprägt von ständigem Vor-
wärtsstreben und -drängen, nicht von genereller Ruhelosigkeit,
sondern inspiriert von Wissensdurst und der Lust am Kennenlernen des Neuen.

Bezeichnend für ihn ist auch die Orientierung am Gemeinwohl,
weil sein Bestreben stets dahin ging, etwas für die Allgemeinheit zu
schaffen, statt nur persönlichen Interessen zu folgen: »Das Haus
dient ihm nur d[a]zu, um sein Geschäft zu betreiben; und das Geschäft sieht er an wie ein Mittel, sich möglichst großen Einfluß auf
das Wohl seiner Mitbürger, des Staates zu verschaffen.« Ebenso
charakteristisch ist seine Hinwendung zur Natur, die er seiner Familie empfahl: »Stärkt Euch an der allgemeinsamen schönen Natur,
an der Abgebrannte nicht mindern Theil haben, als nicht Abgebrannte, und beginnt ein neues rüstiges Treiben, das nicht an so
vielen hinfälligen Kleinigkeiten hangt. Je freier der Mensch und je
weniger gebunden an Aeußerlichkeiten, um so glücklicher ist er.«[75]

Die Reise durch Deutschland 1842

Im Juli 1842 machte er sich zur nächsten Reise auf, die ihn diesmal
durch Deutschland führen sollte, von Berlin über Magdeburg und
Kassel nach Marburg, Wetzlar und Frankfurt, dann weiter den
Rhein hinab nach Köln. Auch dies war eine Bildungsreise, die er der
»altdeutschen Kunst« widmete. Doch lagen Sinn und Nutzen nicht
allein darin: »Diese wenigen Tage, seitdem ich Berlin verlassen
habe, haben mir schon wieder eine Welt von Erkenntnissen aufgeschlossen und mich bedeutend gefördert. Menschenkenntniß habe
ich in diesen 8 Tagen mehr gesammelt, als in einem ganzen Jahr in
Berlin; Gegenden habe ich durchwandert mannichfaltig an Lieblich-
keit und Anmuth.« In Halberstadt lernte Barth auf der Suche nach
jemand, der ihm eine Kirche zur Besichtigung aufschließen konnte,
zahlreiche Leute kennen, die ihm die Kunstschätze zeigten, oder
einen Künstler, der diese in der Kirche abzeichnete. »So hatte ich in

sehr kurzer Zeit fast alle Honoratioren von Halberstadt kennen
gelernt und die ganze Stadt, das ganze Getriebe und das Wesen der
Gesammtbevölkerung dazu.« In Marburg traf er »wider Erwarten
einen Landsmann an [...] (es ist dort eine kleine Universität) der
mich höchst liebevoll aufnahm und mit mehreren tüchtigen jungen
Leuten bei Bier und Gesang bekannt machte.«[76] Hier offenbarten
sich bereits Begabungen Barths, die bei seinen späteren Reisen besonders eindrucksvoll zum Vorschein kommen sollten: die Fähigkeit, schnell Kontakte zu knüpfen, Vertrauen zu gewinnen und sich
in kurzer Zeit eine Übersicht über Städte, Siedlungen und ganze
Völker zu verschaffen. Gerade letzteres offenbarte eine analytische
Intelligenz, die vielen seiner gelehrten Zeitgenossen als außergewöhnlich auffiel und imponierte.

Die Promotion

Diese Reisen waren nur Unterbrechungen seiner intensiven Studien an der Universität. Zu August Boeckh trat er in nähere Beziehung, erhielt als dessen Doktorand Zutritt zum engeren Kreis der
Schüler, denn er war öfter zu Gast bei dem berühmten Altphilologen. Dieser wohnte im ersten Stock eines Hauses in der Leipziger
Straße Nr. 3, das dem Bankier Abraham Mendelssohn gehörte,[77] der
selbst mit seiner Familie im Erdgeschoss wohnte, so dass Boeckh
und sein Besucher Barth möglicherweise Ohrenzeugen, vielleicht
sogar Gäste bei den Hauskonzerten waren, bei denen die älteste
Tochter Fanny mit ihrer außergewöhnlichen musikalischen Begabung glänzte. Barth liebte Musik und bekannte, dass er sein inten-
sives Studium nur einmal unterbrochen hatte, »den Sonnabend vor
Ostern um das Requiem zu hören«, vermutlich das von Mozart.

Auch wenn Barth dem geselligen Leben nicht abhold war, lag
seine Priorität beim Studium, dem er sich mit großer Beharrlichkeit
und Konzentration widmete. Er machte es sogar zur Bedingung,
wenn er seine Familie im Sommerhaus an der Elbe besuchte, keine
Bekannten zu treffen, weil er »durchschnittlich täglich acht Stunden zu meinen Studien haben« müsse, auch wenn »mein Kopf
täglich nicht über zehn Stunden Anstrengung aushält«.[78] Aber der
Aufenthalt musste auch mit Geselligkeit und Spaß verbunden sein:

»Wir wollen also die Stunden, die ich vom Studiren abmüßigen kann, recht heiter und fröhlich zusammen sein.« Kurz darauf waren es schon zwölf Stunden Arbeit täglich, denn er saß bereits im Sommer 1843 an seiner Doktorarbeit, »die ein für die alte Geschichte nicht ganz unwichtiges Thema behandelt«.[79] Zu Beginn des Jahres 1844 hatte ihn sein empfindlicher Magen genötigt, eine Diät zu halten, was seine Arbeitskraft verminderte: »Seit den letzten acht Wochen konnte ich meinen Ansprüchen leider nicht nachkommen und bin deßhalb bedeutend hinter dem zurückgeblieben, was ich mir vorgesetzt.«[80]

Dieses geradezu besessene Arbeiten war getrieben von der Freude an der Wissenschaft, von der Erkenntnis historischer und geographischer Zusammenhänge, die ihn beglückte. »Zu sehn, wie man von Stunde zu Stunde, von Tag zu Tage tiefer, lebendiger und klarer in die Wissenschaft eindringt, theils ein ganz kleines specielles Feld immer gründlicher durcharbeitet und sich stets geläufiger macht, theils das Verhältniß dieses einen kleinen Theiles zur ganzen Wissenschaft, zu der ganzen Fortentwicklung des menschlichen Geistes klarer erfaßt – dies ist ein unendliches, tiefes, stilles Vergnügen.«[81] Darum ist »lebendig« das Wort, das Barth immer im Zusammenhang mit wissenschaftlicher Erkenntnis verwendete; es ging ihm um lebendige Zusammenhänge und um das Verständnis des mannigfaltigen Lebens in anderen Ländern und Städten. So war es kein Wunder, daß er sich immer stärker zur Geographie hingezogen fühlte, da er sein Wissenschaftsverständnis in dem des Geographen Carl Ritter wiederfand. Seine spätere enge Freundschaft und lebenslange Verehrung Ritters war von menschlicher Sympathie getragen, sie war aber auch von der verwandten Haltung beider zur Wissenschaft gespeist. Ein von Barth zu dieser Zeit aus der Ferne verehrtes Vorbild war Alexander von Humboldt, der nicht an der Universität tätig war, sondern als Kammerherr des preußischen Königs häufig in Potsdam weilte.

Am 14. Mai 1844 konnte Barth seinen in lateinischer Sprache verfassten Antrag auf Promotion zusammen mit der Dissertation bei der Fakultät einreichen, was ihm auch höchste Zeit erschien, denn er hoffte, »daß ich bald aus diesen alten Geschichten herauskomme und was Neues beginne, sonst verkleistere ich ganz«.[82] Aber zunächst begann für ihn eine längere Wartezeit, denn bis er das

Ergebnis erfuhr, musste er in Berlin bleiben, obwohl ihn die Sommerfrische an die Elbe zu seiner Familie lockte. Er mahnte seinen Vater, über der Arbeit, zu der auch der Neubau eines Wohnhauses nach dem verheerenden Brand zwei Jahre zuvor zählte, nicht die Gesundheit zu vernachlässigen und zum Rest der Familie aufs Land zu fahren. In ironisch-väterlichem Ton schalt er ihn: »Ueberhaupt an deiner Gemüthlichkeit hat man fort und fort zu mäkeln und will gar nicht so recht damit zufrieden sein.«[83]

Ende Juni war es dann so weit und Barth verfiel in angedeuteten musikalischen Jubel, als er den Eltern schrieb: »Heisa juchhe! Dudeldumdei! Das Examen gemacht, nun bin ich ganz frei! Gestern Abend ist dieses große Werk vor sich gegangen, mit Ruhe und großer Heiterkeit angefangen und beendet; mit einigen Ausnahmen Alles gut beantwortet. Meine Arbeit hat das Prädicat erhalten doctrina conspicua, heißt zu Deutsch ›durch Gelehrsamkeit ausgezeichnet‹.«[84] Um den Titel tragen zu dürfen, musste er das Werk drucken lassen und nach der Bezahlung einer Gebühr von 130 Talern anschließend noch die Dozenten zu einem »Doctorschmaus« einladen.[85] Das Promotionsverfahren wurde offiziell am 31. Juli 1844 abgeschlossen.[86] Die Arbeit erschien im selben Jahr unter dem Titel »Corinthiorum commercii et mercaturae historiae particula«.[87]

Diese wirtschaftsgeschichtliche Studie Barths legte großen Wert auf die Geographie, denn Korinths Aufstieg zur Handelsstadt war ohne ihre Lage am Isthmus, der die Peloponnes mit dem griechischen Festland verband, nicht zu verstehen.[88] Er beschrieb Korinth als ein Emporium, eine Stadt, die ein Umschlag- und Stapelplatz für Handelswaren aller Art war,[89] und verglich sie sogar mit Hamburg.[90] Die Geschichte dieses Warenumschlags und die Verbindungen Korinths zu anderen Städten und namentlich zu den Phöniziern an der levantinischen Küste waren sein Thema, denn die Phönizier unterhielten Barth zufolge eine eigene Handelsniederlassung in Korinth.[91] Er beschrieb eine Art »longue durée« des Handels, denn in der Arbeit nannte er nur wenige konkrete Jahreszahlen. Stattdessen rekonstruierte Barth mittel- und längerfristige Handelszyklen einzelner Waren. Dabei ging er davon aus, dass die Griechen ursprünglich nicht dem Meer zugewandt waren, vermutete aber, die Korinther seien die ersten gewesen, die sich dem Seehandel widmeten, weshalb der Isthmus keine Trennung, sondern

»eine höchst vorteilhafte Verbindung der Völker bedeutete«.[92] Durch seine überseeischen Verbindungen nicht zuletzt in griechische Kolonien konnte auch der in Korinth selbst betriebene Handel expandieren.[93] Eine ähnliche Förderung der lokalen Produktion durch Handelschancen, in dem Fall allerdings mit Textilien, sollte Barth später im westafrikanischen Kano vorfinden.[94] Doch schrieb Barth keine reine Warengeschichte, sondern verknüpfte sie mit den politischen und sozialen Machtverhältnissen in Korinth, wobei er sein Augenmerk besonders auf die Sklaverei richtete[95], aber auch die Bedeutung des Orakels von Delphi mit einbezog.[96] Im Kontext dieser Dissertation stand auch ein erster wissenschaftlicher Aufsatz über antikes Münzwesen, den er veröffentlichte.[97]

Reisepläne

Offenbar hatte er in dieser Zeit schon mit seinem Vater über eine Reise gesprochen, »wenigstens in die Gegend, die meine Arbeit betrifft«. Nach der Promotion kündigte er an, sich nun ernsthaft mit Reiseplänen befassen zu wollen.[98] Er befand sich in einer gewissen Verlegenheit, denn er wollte seine akademische Karriere weiterverfolgen und sich möglichst bald habilitieren, was aber weniger schnell ging, als er sich erhofft hatte. Sein Freund Leopold von Winter versprach ihm, sich bei seinem Schwiegervater, dem an der Berliner Universität als Professor tätigen Ökonomen und Statistiker Carl Friedrich Dieterici (1790-1859), zu erkundigen, ob bestimmte Fristen zu beachten wären.[99] Tatsächlich mussten drei Jahre nach der Promotion verstrichen sein, bevor eine Habilitation beantragt werden konnte.[100]

Um in der Zwischenzeit Geld zu verdienen und seinem Vater nicht weiter auf der Tasche zu liegen, bemühte Barth sich zeitweilig um eine Stelle als Hofmeister, also als Hauslehrer, wozu er den ihm gut bekannten Bibliothekar Gustav Adolf Schöll in Weimar nach offenen Stellen befragte, aber ohne dass der ihm weiterhelfen konnte.[101] Winter reagierte auf Barths Ansinnen mit einer »hitzigen Explosion«, so absurd fand er die Idee: »Mir scheint, sie ist gar nicht überlegt.« Als sich, gewiss zu Winters Erleichterung, die Möglichkeit einer derartigen Überbrückung zerschlagen hatte, verfolgte

Barth sein Reiseprojekt mit größerer Entschiedenheit als zuvor und konnte seinen Vater überzeugen, dass dies der für ihn richtige Weg war. Auch Winter, mit dem er sich zu dieser Zeit noch siezte, riet ihm dazu: »Sie entschließen sich unter diesen Umständen vielleicht bald zu einer großen Reise nach Griechenland u. Klein Asien, die für Ihr Colloquium über Strabo und griechische Geschichte gewiß sehr fruchtbringend wäre.«[102] Der prominente Politiker und Diplomat seiner Heimatstadt, Carl Sieveking, zeigte eine hohe Wertschätzung für Barths Vorhaben: »Es ist eine beneidenswerthe Lebensaufgabe, welche Sie sich durch diese Reise bereiten. Möge es Ihnen gelingen, das durch Ihre Studien ergänzte Ergebniß derselben in ein überschauliches, lebensvolles Bild zusammenzufassen.«[103] Barths Entscheidung fiel, als sein Vater sich bereit erklärte, ihm eine Reise um das Mittelmeer zu finanzieren, d. h. durch diejenigen Länder, die er bislang noch nicht kannte und die generell in Europa kaum bekannt waren, nämlich Nordafrika und den östlichen Mittelmeerraum. Mitte Dezember 1844 verkündete Barth, dass er in fünf Wochen aufbrechen werde.[104]

Die Mittelmeerreise
1845-1847

Barths Interesse für das Mittelmeer erwuchs aus seiner Beschäftigung mit den alten Sprachen und der Geschichte der Antike. Doch wurde es zweifellos verstärkt durch sein Studium bei Carl Ritter, für den das Mittelmeerbecken ein zentraler geographischer Raum mit weltgeschichtlicher Wirkung als Binnenmeer des Römischen Reiches war. Denn hier trafen die drei Erdteile aufeinander, die Ritter als kulturell unterschiedlich strukturierte Räume definierte. Barths eigene Sicht auf das Mittelmeer war weniger von solchen ausgreifenden »erdwissenschaftlichen« Überlegungen geprägt, aber auch er verstand, wie die zeitlich weit gespannte Anlage seiner Dissertation gezeigt hat, Geographie und Geschichte als untrennbare Einheit.[1] Namentlich die Antike war ihm »das lebendige und erhellende Fundament der gegenwärtigen Verhältnisse und Zustände«.[2]

Diesen Raum eines zwischen die Kontinente gelagerten Binnenmeeres wollte Barth nach Abschluss seiner Promotion genauer kennenlernen. Italien hatte er schon während des Studiums besucht, aber der Süden und Osten waren ihm noch unbekannt. Zur Organisation seiner Reise gehörte für Barth, sich von ihm bekannten Wissenschaftlern Empfehlungsschreiben zu verschaffen, zunächst für die westeuropäischen Großstädte London und Paris, deren Museen er aufsuchen wollte. Denn »ehe ich die herrlichen Gegenden selbst sehe, die so Großes und Schönes hervorgebracht, will ich erst auf einem kleinen Umweg die Stätten besuchen, wohin man jenes Schöne zusammengeschleppt hat, als da sind London und Paris«, wie er dem mit ihm befreundeten Numismatiker Julius Friedländer erklärte.[3] Der Althistoriker und Erzieher des preußischen Kronprinzen, Ernst Curtius, z. B. gab ihm zwei Schreiben »zu beliebiger Anwendung« in Paris, bot ihm aber auch an, wenn es denn so weit sei, ihm zu helfen, dass »Ihnen etwa ein Aufenthalt in Athen angenehm gemacht werden kann«.[4] Ähnlich wollte ihm sein Doktorvater August Boeckh für Paris »eine Anzahl Karten beilegen, wie ich es gewöhnlich thue und auch in Bezug auf meinen Sohn gethan habe; es ist die kürzeste Art, wie man sich introducirt.«[5]

Barth stellte bald fest, dass es die Gepflogenheit, sich mit Empfehlungsschreiben vorzustellen, auch in der islamischen Welt gab, und er wandte sie nutzbringend für alle seine Forschungsreisen an.

Europa

Anfang Februar 1845 war es so weit: Der 24-Jährige fuhr mit dem Schiff von Cuxhaven über den Ärmelkanal nach Großbritannien. Die Empfehlungsschreiben waren wirksam, denn er fand sehr schnell Kontakt, insbesondere zum preußischen Gesandten in London, Christian von Bunsen (1791-1860), der ihm umgehend den Zugang zum Britischen Museum und seinen Sammlungen erleichterte. Bunsen »war überaus freundlich gegen mich, als ich ihm gestern meine Aufwartung machte und lud mich gleich zu gestern Abend ein«.[6] Barth konnte nicht ahnen, wie wichtig diese Bekanntschaft für seine Zukunft werden sollte. Ein Geschäftsfreund seines Vaters zeigte ihm die Stadt, wo ihn vor allem die Docks sehr beeindruckten. Wie immer stürzte er sich sofort in die Arbeit: »Von Uhr neun bis vier bin ich mit kleiner Unterbrechung fast regelmäßig entweder auf der Bibliothek oder im Museum, und komme auf diese Weise jetzt wenig dazu, andere Sachen zu sehen, was ich auf die letzten Tage aufspare, obgleich ich nebenbei auch bald dies[,] bald jenes mitnehme.«[7]

Seinen Plan, noch drei Wochen zu bleiben und danach noch etwas vom Land anzusehen, gab er auf, da er in der Zwischenzeit einen Professor für orientalische Sprachen kennenlernte, der ihm Arabischunterricht erteilte, »und zwar in der Weise, daß ich täglich die Stunden nehme, dabei, da ich fünf bis sechs Stunden zu Hause für mich darin studire, da der Anfang dieser Sprache über alle Maßen schwierig ist, so daß ich wahrhaft maulthiermäßig beschäftigt bin«, zumal er weiterhin die Sammlungen des Britischen Museums sichtete, insbesondere die alten Münzen.[8]

Bereits in London setzen die Bitten an den Vater um mehr Geld ein, die während der gesamten Reise eines der beherrschenden Themen der Briefe nach Hause bleiben sollten. Denn Vater und Sohn hatten die Kosten der Reise, die sich auf 14.000 Taler summierten,[9] unterschätzt und Barth musste regelmäßig um pekuniären Nachschub bitten. Er hoffte, sich mit dem Bericht über seine Reise als Autor etablieren und seinem Vater die Kosten erstatten zu können.[10] Zunächst benötigte er mehr Geld für weiteren Arabisch-Unterricht in Paris, »da dies nicht so leicht abgemacht ist, wie Spanisch, aber es ist auch der Schlüssel zu einer Masse anderer Sprachen«. Barth freundete sich nicht nur mit Mitarbeitern des Museums an, in dessen Nähe er wohnte, sondern machte während seines Aufenthaltes »überaus herrliche Bekanntschaften« und sammelte für die weitere Reise Empfehlungsschreiben.[11] Seine Fähigkeit, schnell Kontakt zu finden, erleichterte ihm das Reisen; sie beschränkte sich nicht auf Gelehrte, sondern er fand überall den richtigen Ton. Dies widerspricht eindeutig dem Bild, das bis heute durch die Literatur über Barth spukt, wonach er ein eigenbrötlerischer, harter und unzugänglicher Mensch gewesen sei. Er hatte ein einnehmendes Wesen, sonst hätten diejenigen, an die ihn Böckh empfohlen hatte, wie der in London lebende Althistoriker George Grote, ihn nicht mit »zweien für mich sehr bedeutenden Leuten« bekannt gemacht.[12]

Nach kleineren Touren, die ihn u. a. nach Oxford und Cambridge führten, verließ er Ende März 1845 England und setzte aufs europäische Festland über. Nach einer Übernachtung in Boulogne, wo er den Abend »mit einem sehr netten Engländer aus Liverpool« verplauderte, reiste er »in der höchst angenehmen Gesellschaft zweier Schotten« mit der Kutsche nach Paris weiter. Die französische Hauptstadt kam ihm »gegen London wie ein Städtchen« vor, wie ihm überhaupt durch die »Schnelligkeit der Versetzung aus der Hauptstadt des einen Landes in die des anderen« der Unterschied zwischen Engländern und Franzosen deutlich wurde.[13] Nach einem kurzen Aufenthalt in Orleans ging es mit dem Dampfschiff nach Tours und von dort mit der Nachtkutsche nach Poitiers, Limoges und Clermont im Zentralmassiv, wo es ihm so gut gefiel, dass er einen Tag verlängerte und zu Fuß die Umgebung erkundete. Anschließend fuhr er über Lyon das Rhonetal hinab, mit kurzem Aufenthalt in dem »unbeschreiblich schönen Avignon«, nach Marseille, wo er am 1. Mai eintraf.[14] Im Rhonedelta besichtigte er verschiedene Orte und war vor allem von Tarascon-sur-Rhône wegen der alten Kirchen begeistert.[15]

Dann ging es weiter nach Spanien, wo er trotz seines primären Forschungsinteresses für das Mittelmeer und dessen Küsten sich

nicht davon abhalten ließ, auch größere Abstecher ins Landesinnere, u.a. nach Madrid, zu unternehmen. In seinen Briefen stellte
er sich auf die jeweiligen Adressaten ein, dem Hamburger Senats-
syndikus Carl Sieveking berichtete er ausführlich über den Zustand
der spanischen Häfen und die dortigen Handelsbedingungen, weil
es den Diplomaten, der sich um die hanseatische Präsenz im Mittelmeer kümmerte, interessieren mochte.[16]

Auf dem Weg von Madrid zum Escorial lernte er zwei junge
Spanier kennen, mit denen er anschließend eine Wanderung unternahm: »So lern ich famos Spanisch.«[17] Barths Sprachtalent brach
sich nun Bahn, denn er lernte so rasch Spanisch, dass er sich auf der
Weiterfahrt mit teilweise sehr langsamen Ochsenkarren die Zeit
mit Unterhaltungen vertreiben konnte. Der Juli fand ihn in Anda-
lusien, wo er kreuz und quer herumzog und sich allmählich dem
Süden näherte. Mit den Andalusiern knüpfte er ebenfalls schnell
und unkompliziert Kontakte: »Ueberhaupt treffe ich hier fast überall freundliche, biedere, gemüthliche, aber freilich auch bei aller
Mäßigkeit höchst lebenslustige Leute.« In einer Kleinstadt ging er
abends noch spazieren, um sich Obst zu kaufen. »Vor dem niedrigen
Gärtchen, wie sie hier zu Lande stets sind, saßen unter der Laube,
wodurch der Mond spärlich schien, Männer und schlugen die Cither,
das macht mir überhaupt unsägliches Vergnügen, wenn ich am
Abend durch die Straßen wandle und hier und dort mit oder ohne
Gesang und Tanz klingt die Cither.«[18] Barth hörte gern Musik, doch
keineswegs nur europäische, denn im Gegensatz zu vielen anderen
Europäern fand er auch Gefallen an der arabischen Musik.

Afrika

Schließlich setzte er am 7. August 1845 mit einer Fähre nach Tandscha[19] in Marokko über. Was bislang eine Besichtigungstour gewesen
war, wurde nun zur Forschungsreise. Denn Nordafrika war trotz
seiner Nähe zu Europa in großen Teilen unbekannt. Englische und
französische Forschungsreisende hatten nur einzelne Regionen
Nordafrikas kartographiert und beschrieben, vor allem Marineoffi-
ziere fanden hier ein reiches Betätigungsfeld. Einige von ihnen sollte
Barth später gut kennenlernen und die Gelegenheit erhalten, sich mit

ihnen auszutauschen, an ihre Forschungen anzuschließen, manche ihrer Irrtümer zu korrigieren. Die Passagiere des Schiffs mussten zunächst wegen der Grenzformalitäten noch warten, »worauf ich durch die gemachte Bekanntschaft mit 2 dort sehr bekannten Spaniern ganz gemüthlich in die so fremdartige mir ganz ungewohnte Stadt zwischen den Turbanen und dem mir noch unverständlichen Gespräch hineinkam«.[20] Zuerst erschien ihm alles sehr exotisch, doch wurde die neue Umgebung bald vertraut und Barth suchte den englischen Konsul Drummond Hay auf,[21] der gleichzeitig die hanseatischen Interessen vertrat. Barth reiste als Engländer, »die Engländer sind nämlich Freunde der Marokkaner besonders natürlich wegen der großen Feindschaft gegen die Franzosen, und als Engländer kommt man hier noch am Leichtesten durch«.

Zusätzlich zu seiner sonstigen Ausrüstung hatte Barth einen Daguerrotyp-Apparat dabei, einen Vorläufer der Fotokamera, der ihn allerdings bei seiner Reise wegen seines Umfangs und Gewichtes ziemlich behinderte. Es war ein Geschenk seines Vaters, um seine Reise nicht nur schriftlich und zeichnerisch dokumentieren zu können. Doch musste er den Gebrauch erst mühsam lernen[22] und konnte im Verlauf seiner Reise durch Nordafrika erste Aufnahmen machen, meist von Ruinenstätten, die er besuchte. Leider wurde ihm bei dem Überfall an der Grenze zwischen Libyen und Ägypten neben seinen Aufzeichnungen auch das Gerät mit sämtlichen belichteten und unbelichteten Platten geraubt.

Kurz nach seiner Ankunft bekam er zum ersten Mal ein Kamel zu Gesicht, »dieses wunderbare Thier, das Sinnbild, den Träger und Vermittler einer ganz andern Kulturwelt als die, in der ich aufgewachsen«.[23] In den folgenden Tagen reiste Barth in der Umgebung von Tandscha und bewegte sich allmählich Richtung Süden. Wegen des Aufstands von Abd el-Kadr gegen die französische Herrschaft in Algerien[24] erhielt er keine konsularische Unterstützung für eine Reise in die Unruheregion. Darum beschloss er, »die Küste des Atlantischen Oceans, einst von so zahlreichen Phönicischen Niederlassungen besetzt und so früh in den Kreis rüstigerer Lebensthätigkeit gezogen, so weit wie möglich hinabzugehn«.[25] Er untersuchte aufmerksam die zahlreichen antiken Ruinen und identifizierte sie als römisch oder phönizisch, wozu ihm seine mitgeführte kleine Bibliothek von Nutzen war.

Je weiter er nach Süden vordrang, desto größer wurden die
Schwierigkeiten, er konnte »keinen Schritt thun, ohne beargwöhnt
zu werden«.[26] Immerhin erreichte er Rabat, die heutige Hauptstadt
Marokkos, doch war die religiös motivierte Ablehnung der Christen
überall zu spüren, auch wenn die Bewohner von Rabat »ein wenig
duldsamer« waren, aber fast tätlich gegen ihn wurden, als er eines
der Stadttore zeichnete.[27] Er lernte einen jüdischen Kaufmann kennen, der ihm von seinen Reisen erzählte. »Er hatte zweimal die
Reise nach Tenbuktu gemacht und erzählte mir Viel von den Be-
schwerlichkeiten die er ausgestanden, wußte aber von der Stadt
keinen klaren Begriff zu geben, wogegen er mit der Schilderung der
bedeckten Basars in Fâs kein Ende wußte.«[28]

Barths Forschungsmethode entwickelte sich bereits hier, Kaufleute, Gelehrte und Reisende zu befragen, um von ihnen geographische und historische Informationen zu erhalten, wobei er die Verlässlichkeit ihrer Angaben zu überprüfen wusste, indem er weitere
Personen hinzuzog, was ihn zu einer allgemeinen Reflexion des
Verhältnisses von Reise und Forschung veranlasste: »Denn das ist
ja überhaupt der große Gewinn des Reisens; da am Ende die Route
selbst, die ein Reisender durch ein Land nimmt, selbst wenn er
kreuz und quer geht, doch immer nur zum Ganzen, wie ein Fädchen
zum Gewebe, sich verhält, aber dieses Wenige, was er selbst vom
Lande gesehen hat, vermittelt ihm auch die ungleich richtigere
Auffassung des Uebrigen.«[29]

Durch die eigene Kenntnis der Region konnte er die Verlässlichkeit der Informationen über die nicht besuchten Orte besser beurteilen und auf diese Weise einen Gesamteindruck vom Land gewinnen. Casablanca, wohin Barth wegen der dortigen phönizischen
Ruinen reisen wollte, war wegen eines Aufstandes zu gefährlich.
Der marokkanische Gouverneur riet ihm von der Weiterreise ab
und betonte, er könne nicht für seine Sicherheit garantieren.[30] Auch
sein Wunsch, Fes, die damals bedeutendste Stadt Marokkos, zu besuchen, wurde ihm versagt. Er musste umdrehen, konnte noch nicht
einmal Varianten des Hinwegs ausprobieren, weil sein lokaler Führer die Fremdenfeindlichkeit der lokalen Bevölkerung fürchtete.
Auf dem Rückweg nach Norden übernachtete er in einem »Wan-
derdörfchen von etwa 35 Hütten in 2 Reihen aufgeschlagen«, wo er
sein Zelt dazustellte, »und es machte mir sehr viel Spaß, den mir

einige gut Muhammedanisch gemeinte Steinwürfe der Knaben des Dorfes nicht verderben konnten«. Die muslimische Bevölkerung reagierte auf den Christen mit Verwünschungen, doch Barth fand heraus, dass sie, »wenn man sich näher mit ihnen einläßt[,] ein außerordentlich gutes friedliches Volk« waren.[31]

Zurück in Tandschah sah Barth einige europäische Dampfschiffe im Hafen und konnte am 30. August 1845 mit einem spanischen Schiff über die Straße von Gibraltar zurückkehren, »da keine Möglichkeit vorhanden war, auf Afrikanischem Boden selbst nach Osten vorzudringen«.[32] Er benutzte den Aufenthalt, um für elf Tage Granada zu besuchen und von Almeria nach Alicante zu fahren, wo er ein Segelschiff nach Algier bestieg, das wegen widriger Winde erst am 30. September dort anlegen konnte.[33] In Algier hielt er sich drei Wochen, in Algerien insgesamt zwei Monate lang, auf, um die Umgebung zu erkunden und gleichzeitig seine Weiterreise zu planen, was durch die Unruhen im Land erschwert wurde. »[E]s kam also nur darauf an, in verschiedenen Theilen der Landschaft lebendige Anhaltspunkte der Anschauung sich zu verschaffen, um durch deren Vermittlung auch das nicht Gesehene in voller natürlicher Wahrheit sich zu eigen zu machen.«[34] Er bewunderte die Modernisierung von Stadt und Hafen durch die seit 1830 hier herrschenden Franzosen, aber »die alten Besitzer des Landes wollen sich nicht so leicht bändigen lassen«.[35] Immer wieder kritisierte er das Vorgehen Frankreichs und die »ungeheuren Fehler« im Umgang mit den Einheimischen, obwohl er keine grundsätzlichen Einwände gegen europäische Einwanderung erhob.[36]

Von Algier aus versuchte er, wenigstens auf dem Seeweg die umkämpften Regionen Richtung Westen zu besuchen; dabei begegnete er französischen Truppen. Zwar hatte er Mitleid mit den erschöpften und von der Hitze dehydrierten Soldaten, doch empörte ihn, »daß man trotz der Bitten und Flehen der Eingebornen, ungestraft die an der Straße liegenden Weinberge plündern durfte, es schien mir wenigstens weder streng disciplinarisch noch gerecht«.[37] Bald ging es von Algier Richtung Osten. Der Dampfer fuhr außer Sichtweite der Küste, doch fand Barth sich entschädigt durch »ein buntgemischtes Lager der verschiedensten Nationalitäten« auf dem Schiff selbst,[38] bis er seine nächste Station Bedschaia (Bougie) erreichte, die ihn als kultureller Mittelpunkt begeisterte: »Und so

bedeutend die Vergangenheit den Ort in den Augen des Geschichts-
freundes macht, so lieb wird es dem, der sich in seine großartig
gestaltete Topographie hineingelebt hat, die neben den tief und
unauslöschlich von der Natur dem Orte eingeprägten Zügen die
lebendigen Spuren seiner ganzen Geschichte an sich trägt.«[39] An
solchen Äußerungen lässt sich erkennen, wie wichtig Barth die
selbsterworbene Kenntnis war.

Auch in Tunesien, wohin er über Bougie und Bone gelangte,
suchte er sich einen arabischen Begleiter und einen jüdischen Maul-
tiertreiber, da er den tunesischen Dialekt des Arabischen noch nicht
genug beherrschte. »Es finden sich manche Tunesi, die Italiänisch
sprechen, und sehr brave Leute, die in jeder Hinsicht viel empfeh-
lenswerther sind als Christen.«[40] Nach einem dreitägigen Aufenthalt in Hippo, der Stadt des Augustinus, bestieg er am 22. November 1845 erneut einen Dampfer, weil er für den Landweg weder
geeignete Führer noch Reittiere finden konnte. Von Bord konnte er
dann das Ziel seiner althistorischen Sehnsucht, die Ruinen von
Karthago, erstmals betrachten, während ihm das nahegelegene Tunis, wo er sich beim englischen Konsul einquartierte, zuerst nicht
sehr gefiel.[41] »Tunis selbst ist eine große Stadt an Einwohnern,
beinah gleich unserm Hamburg, sonst so ziemlich davon verschieden, die Straßen fast alle eng und krumm, dabei so ziemlich voll
todtem Aas[,] die Häuser fast alle nur Parterre und platt, dabei liegt
die Stadt an einem großen sumpfartigen See[,] einst vortrefflicher
Hafen.« Karthago dagegen begeisterte ihn: »Schon habe ich seine
weit und breit gestreuten Ruinen durchstreift und das ganze Terrain dieser ungeheuren Seestadt mit seinen Häfen und Mauern
wiederzubeleben gesucht.«[42]

Seinem akademischen Lehrer Carl Ritter berichtete er, dass erst
ab Tunis »meine Reise einen festeren Character zu gewinnen« begann, obwohl er sich dort auf teilweise schon gut erforschtem Terrain bewegte, was insbesondere für Karthago galt.[43] Am 4. Dezember 1845 brach er mit seinen Begleitern auf, um nach Süden,
entlang oder in der Nähe der Küste, vorzustoßen, wobei er »die
größten Lücken in den früheren Reiseberichten« fand.[44] In der
Kleinstadt Sliman wurde er als Gast des Beys von Tunis, des fast
autonomen Herrschers dieser nominell noch osmanischen Provinz,
freundlich aufgenommen, war aber peinlich berührt, weil er allein

essen musste, während seine Gastgeber »ungeschäftig dabeisaßen«. Das ist aber noch die altorientalische Sitte, die hier fortlebt; Abraham aß nicht mit seinen Gästen zusammen, sondern sie aßen allein und er bewirthete sie.«[45] Die Geschwindigkeit, mit der er Kontakte fand, war nicht zuletzt der Neugier zu verdanken, die der Fremde bei der einheimischen Bevölkerung weckte, etwa in dem kleinen Ort Hûâriah bei den altpunischen Steinbrüchen. »Die Bewohner des Ortes [...] kamen in Menge mich zu besuchen und schienen wohlgemuthe Leute; einige von ihnen begleiteten mich auch zu den Steinbrüchen am Meere, indem sie mir auf dem Wege einige nahe rohe Felsengräber zeigten.«[46] Im weiteren Verlauf der Reise erreichte er Hamamat, wandte sich dann aber ins Landesinnere zur wichtigsten islamischen Stadt in der Region.

Obwohl er Christ war, durfte Barth dank eines Schutzbriefes des Bey die heilige Stadt Kairuan betreten. Da er in »ziemlich Tunesischer Tracht« auftrat, gab es keine negativen Reaktionen. Auch dies war ein Lernprozess, dass lokale Kleidung die Akzeptanz bei den Einheimischen erhöhte und Kontakte erleichterte. Dies zeigte sich schon im Gasthaus des Kaid, wo er »zahlreichen Besuch« neugieriger Männer bekam, die sich mit ihm unterhalten wollten. Allerdings wollten sie nicht über die Großtaten der frühen islamischen Eroberer sprechen, was Barth auf ihr Wissen um den gegenwärtig schwachen Stand der islamischen Welt gegenüber den christlichen Ländern zurückführte. Barth selbst hielt es nicht für ausgeschlossen, dass ein »genialer Mann« den Islam zu einem Wiederaufstieg führen könnte. »Dann könnten auch in Muselmännischen Händen diese Oeden und Wüsten zu neuen Gärten und Pflanzungen aufblühen und auf den Trümmern der alten Kultur sich junges Leben entwickeln.«[47]

Barth stellte nie die Regenerationsfähigkeit des Islam in Frage, den er, im Gegensatz zu vielen seiner Zeitgenossen, nicht für eine verbrauchte Kraft hielt. Doch verglich er den gegenwärtigen Zustand der Region mit der Blütezeit, wie er sie in den arabischen Quellen dargestellt fand, als Olivenhaine das Umland von Kairuan bedeckten, während es jetzt eine Einöde war, d.h. er beschönigte keineswegs, dass das Land bessere Zeiten gesehen hatte. Die Schuld gab er der osmanischen Herrschaft, denn es sei »ein herrliches Land aber despotisch regiert seit Jahrhunderten, die prächtigste Gegend verödet, die Wohnungen in Ruinen zerfallen, die Bewohner ausgeplündert«.[48] Das »Volk dabei ist höchst verschieden von dem Marokkos und Algeriens, friedlich und freundlich«.[49]

Er besichtigte keineswegs allein die Altertümer, sondern beobachtete auch die aktuellen Entwicklungen. Unterwegs begegnete ihm eine Karawane von Auswanderern aus Libyen, die »den Bedrückungen der fremden Regierung entweichend«, nämlich der osmanischen, nach Westen zogen. In diesen Jahren, nach dem Ende der weitgehend autonomen Karamanli-Dynastie, machten sich die Osmanen daran, ihre direkte Herrschaft in Tripolitanien mit aller Härte durchzusetzen.[50] Die Emigranten waren völlig verarmt, viele der Frauen »hatten weder Kameele noch Esel zu ihrer Disposition, sondern trugen nebst ihrem geringen armseligsten Hausgeräth auch noch ihre Kinder auf dem Rücken«.[51]

Dann führte ihn sein Weg weiter nach Hadrumet-Susa, deren zahlreiche Ruinen und Überreste antiker Bauten ihn davon überzeugten, dass er sich auf dem Boden der phönizischen Stadt Hadrume befand.[52] Das nahende Weihnachtsfest weckte nur vorübergehend die Sehnsucht nach dem Kreis seiner Familie, denn »ich bin hier in anderm Welttheil, anderm Himmel, andren Menschen, bin ganz allein hier ohne Bekannten und doch bin ich hier oft ganz glücklich, bin vergnügt mit meinen Arabern, freue mich über den köstlichen Himmel, die prächtigen Palmen und die anmuthigen Thürme«.[53]

In Monastir (bei ihm Mistir genannt) an der Küste fand er in den Felsen eingegrabene Kammern, die offenbar dem Thunfischfang dienten, während er aufgrund seiner Kenntnisse der Quellen überzeugt war, dass sich hier das Christentum noch bis ins 12. Jahrhundert gehalten hatte.[54] In der südtunesischen Küstenstadt Sfax kehrte er beim britischen Konsul Crew ein, dem Schwiegersohn des Konsuls in Tunis, Sir Thomas Reade, dessen Sohn Richard ihn während seiner späteren Afrikareise unterstützte. Weil sein Firman, die offizielle Reisegenehmigung und Protektion, nur bis Sfax reichte, musste er nach Malta, um sich dort neue Papiere zu besorgen.[55] Doch hatte das Schiff zu dieser britisch verwalteten Insel bereits abgelegt, als er eintraf. Daraufhin beschloss Barth, nach eingehender Besichtung der Stadt und ihrer Umgebung, auf dem Landweg der Küste folgend nach Tunis zurückzukehren.[56] Ungeachtet seiner anfänglichen Kritik war ihm Tunis mittlerweile »lieb und heimisch«

geworden, als er es am 13. Januar 1846 mit dem Schiff Richtung Malta verließ.[57]

Auf der Insel besorgte er sich neue Genehmigungs- und Empfehlungsschreiben, um dann Anfang Januar in Tunis den britischen Generalkonsul Reade aufzusuchen. Mit dessen Hilfe konnte er den weiteren Schutz seiner Reise durch die britischen Konsuln bis nach Tripolis organisieren. In einem seiner Bettelbriefe erklärte er seinem Vater seine Mehrausgaben damit, dass ihm seine Empfehlungsschreiben nur dann etwas nützen könnten, wenn er gut gekleidet auftrat: »denn so Viel die Englischen Consuln für mich thun, sie würden Nichts thun, wenn ich mich ganz armselig benähme, wie mich mein ganz zerfetzter Hut und mein halbzerrissenes Beinkleid in Tunis Anfangs fast um allen Credit gebracht hat«.[58] Er fand einen sehr guten Begleiter in Hamed ben Bel-K'âsem, »eben so ehrlich wie verständig, eben so fein und nobel, wie zu jeder Arbeit bereitwillig, dem ich viel verdanke für die leidlich glückliche Durchführung der beschwerlichen Reise«. Zum Schutz stellte ihm der Bey eine aus drei Mann bestehende Eskorte, »einen feinen unenergischen Mamluken Mustafa, einen durchgreifenden und durchschreienden Hamba Dschebrîd, der den früheren nur an Alter aber auch an Verstand übertraf, und einen jüngeren Soldaten Salem«, der sich als besonders eifrig und dienstfertig erwies. »Auch mit meinen neuen Begleitern befreundete ich mich bald und setzte den Tag der Abreise auf den 5. März fest.«[59]

Die kleine Gruppe bewegte sich in einem weiten Bogen durchs Landesinnere, da Barth zahlreiche Ruinen und Ortschaften sehen wollte. In Kaf, wo er übernachtete, erhielt er erstmals ein aus »Eiern, Datteln, Honig und Oel bereitetes eigenthümlich nationales Gericht« vorgesetzt und wurde vom Sohn des Kaja, einem der mächtigsten Männer der Region, in der Stadt herumgeführt.[60] Hier beobachtete er einen ausgeprägten Respekt vor dem Alter, u.a. bei einem seiner Begleiter, der, als sein Vater Barth besuchte, »stumm wie ein Todter im Winkel des Gemaches zurückgezogen stehn« blieb; und in einem anderen Ort lief ein junger Führer plötzlich »zu seiner Mutter, die zufällig über die Straße ging, um ihr ehrfurchtsvoll die Hand [zu] küssen«. Barth führte diese Charakterzüge der Muslime deshalb an, weil »deren zahlreiche Tugenden von den in ihrer Civilisation so eingebildeten Europäern so leicht übersehn werden«.[61]

Zum Abschied erhielt er vom Kaja ein Pferd zum Geschenk, das ihn bis nach Ägypten tragen sollte. Als ihn sein Weg erneut an Kairuan vorbeiführte, durfte er diesmal die heilige Stadt nicht betreten, weil ihm die entsprechenden obrigkeitlichen Schreiben und Genehmigungen fehlten.[62] Stattdessen ging es direkt nach Süden, wo er an der Kleinen Syrte die Küste berührte und ihr dann weiter folgte.[63] Oft kamen Kranke zu ihm, die ihn für einen Arzt hielten. Er half so gut es ging mit Mitteln, die nichts Schlimmeres anrichten und im besten Fall sogar einen Heilerfolg erzielen konnten. Barth äußerte seine kritische Haltung zur christlichen Mission, als er bemerkte: »Wirklich könnten sich Missionäre durch Heilung der körperlichen Leiden dieser verwahrlosten Völker ein größeres Verdienst erwerben, als durch die sehr oberflächliche Fürsorge oft nur vermeintlicher geistiger Gebrechen.«[64]

Die Landschaft änderte sich in der Nähe von Gabès, und Barth wähnte sich bei der Üppigkeit des Pflanzenwuchses nach Indien versetzt,[65] »als ich durch die in großer Ordnung angelegten Palmenpflanzungen, zwischen denen das Getreide in vollem Grün prangt, auf schmalen Wegen hinritt«.[66] Ein diesbezüglicher Höhepunkt war sein mehrtägiger Besuch auf der Insel Jerba, die er – wie viele andere auch – als die Insel der Lotophagen aus der Odyssee identifizierte: »Ein Garten, eine fast ununterbrochene Pflanzung, die bei besserer Regierung ein vollkommenes irdisches Paradies sein würde.«[67] Bei seinen Erkundungen bewunderte er »Weingärten, Feigen-, Mandeln- und Aprikosenpflanzungen. Dies sind Früchte, die mich wahrlich eher meine Heimat vergessen machen könnten, als die fadsüße Frucht des Lotosbaumes, den man hier zwischen den anderen Fruchtbäumen gewahrt, und die vielleicht wirklich jener von dem alten Sänger so wunderbar gepriesenen Frucht entspricht.«[68] Vergessen hatte die ursprünglich berberische Bevölkerung zumindest ihre alte Sprache und sie durch das Arabische ersetzt. Die Landwirtschaft war in eine Krise geraten, weil auf Drängen der Briten die Sklaverei aufgehoben worden war und die ca. 7000 afrikanischen Sklaven sich weigerten, weiterhin in den Gärten und Plantagen zu arbeiten. Barth zweifelte keineswegs daran, dass sie als freie Menschen zur Arbeit bereit sein würden, »obgleich allerdings die Liebe zur Heimat bei diesem einfachen, gefühlvollen Volke außerordentlich ist. So wollte sich in Kâf ein

Neger an mich anschließen, indem er hoffte, so Allah es wollte, daß ich meine Reise bis in seine Heimat erstrecken würde, und ihm hüpfte das Herz vor inniger Freude, als ich ihm einige in der Nähe seiner Heimat – er war aus Kano – gelegene Orte nannte.«[69]

Aufs Festland zurückgekehrt, strebte die kleine Reisegruppe nun auf Tripolis zu, was bei einigen seiner Begleiter wegen der Unsicherheit der Straßen Besorgnis auslöste. Doch Barth hatte die Reise gut vorbereitet, so dass sie von Sa'id bû Semmîn, dem Oberhaupt der örtlichen Beduinen, gastfreundlich aufgenommen wurden und unter seinem Schutz standen. Dieses Verhältnis war wechselseitig, denn sein Gastgeber war früher der Ka'id der Stadt Zuara gewesen, war aber beim osmanischen Pascha in Ungnade gefallen und brauchte nun seinerseits Barths Protektion, um seine Familie besuchen zu können.[70] Barth versuchte später erfolglos, beim Pascha in Tripolis ein Wort für ihn einzulegen. In dieser Stadt angekommen, nahm ihn der britische Arzt Dickson, den er brieflich von Tunis aus informiert hatte, in Empfang und brachte ihn im Gebäude des ehemaligen dänischen Konsulats unter.[71]

In Tripolis verweilte Barth sechs Tage, die er hauptsächlich für Einkäufe und die Vorbereitung der Weiterreise nutzte, da die Stadt wenig Besichtigenswertes bot.[72] Doch musste er der Versuchung widerstehen, »den Weg ins Herz Afrikas einzuschlagen, den mir zu erleichtern der Englische Konsul mir alle ihm zu Gebote stehende Unterstützung versprach, aber nach reiflicher Überlegung blieb ich meinem Plane getreu«.[73] Der britische Generalkonsul Hanmer Warrington, der über 30 Jahre dieses Amt innehatte, betrieb aktiv die Erschließung der Transsahara-Routen, um den Sklavenhandel zu bekämpfen.[74] Offenbar wollte er Barth für diese Ziele einspannen. Dieser war nicht abgeneigt, »wegen des Handels mit dem Innern Afrikas, wohin von hier aus die nächsten und sichersten Wege gehen und wohin ich große Lust hätte zu gehen, wenn es mich nicht von meinem eigentlichen Zweck zu weit abführte«.[75]

Immerhin war Tripolis ein wichtiger Anfangs- bzw. Endpunkt des Transsahara-Handels, obwohl dieser »durch beschränkte Despotie neuerer Fürsten der Länder der Nordküste in den letzten Zeiten außerordentlich gelitten hat«,[76] womit er die Wiedererrichtung der osmanischen Herrschaft meinte. In der Stadt fiel ihm das Elend auf, »wie ich in keiner moslimischen Stadt Aehnliches gesehen«, und der Eindruck war der fortschreitenden Verfalls, ein Resultat der jüngeren Kämpfe.[77] So hatte sich die Wüste in Gegenden ausgebreitet, wo es früher Anbau gegeben hatte, und Barth notierte den »oasenhaften Charakter dieser Gegenden«.[78]

Dann zog er Richtung Sonnenaufgang entlang der großen Syrte weiter in Richtung der Cyrenaika. Es würde, wie er schon vorher wusste, »eine Reise voll Strapazen und Mühseligkeiten, da die Wärme und der Mangel an Wasser groß ist, aber mir von großem Interesse«.[79] Seine Begleiter waren der treue Hamed ben Bel-K'âsem, ein neu eingestellter Mann aus Tripolis namens Mohammed und ein bewaffneter Reiter, den der osmanische Pascha ihm zur Verfügung stellte.[80] Nur wenig außerhalb der Stadt, in dem kleinen Ort Tadschura, stieß mit Sâlem ein weiterer Begleiter zu der Gruppe, den Barth im Reisebericht wegen seiner Treue und seines Diensteifers sehr lobte, ihn aber gleichzeitig bedauerte, weil die übrigen Mitreisenden ihn als Landbewohner hänselten.[81]

Auf dem Weg besuchte Barth immer wieder lokale Würdenträger, wobei er ein beträchtliches Geschick entwickelte, ihre Unterstützung zu erhalten. Antike Ruinen wurde häufiger, als Barth sich Leptis, der wichtigsten antiken Stätte zwischen Tripolis und Bengasi näherte, »einer uralten Niederlassung der Phönicier in einer lieblichen weit ausgedehnten Ebene am Meer«.[82] Hier hielt er sich mehrere Tage auf, um sie ausgiebig zu erkunden und zu beschreiben.[83] »Es war eine Stadt die sich von einem pompösen und außerordentlich stark befestigten Hafen allmählich in weitem Kreis ausdehnte, jetzt hat der Sand den westlichen Theil fast ganz begraben und nur die höchsten Gebäude ragen hervor.«[84] Er war überzeugt, dass die Stadt im Altertum intensiven Handel mit dem Sahararaum betrieben hatte, wo die Garamanten die Mittelsleute gewesen waren.[85] Barth bezweifelte, ob der Ort »seit der Ankunft der Araber so verlassen gewesen ist«, denn er fand in der Literatur genügend Hinweise auf eine Siedlungskontinuität.[86]

Am 18. April 1846 ging es weiter zum eigentlichen Anfang der Großen Syrte bei Misrata. Er besuchte den lokalen Amtsträger und wurde sich seines Fehlers bewusst, Hamed ben Bel-K'âsem nicht mit zur Audienz genommen zu haben, »denn selbst ein Europäer, der in der Landessprache leidlich sich auszudrücken weiß, bedarf in den Augen des Moslim, besonders bei etwas feierlichen Gelegenhei-

ten, eines Vermittlers«.[87] Es spricht für Barths kommunikative und
diplomatische Fähigkeiten, dass er dennoch vom Bey zum längeren
Verbleib eingeladen wurde, was er aber ausschlug, weil er vorankommen wollte. Er lernte aus dem Fehler und setzte später immer
Vermittler ein.[88]

Misrata war zu seiner Zeit keine wirkliche Stadt, sondern ein
Konglomerat von insgesamt 44 Dörfern mit geschätzten 12.-14.000
Bewohnern, unter denen Barth 150 jüdische Familien zählte.[89] Hier
erfuhr er, dass er knapp eine Karawane von Fezzan nach Tripolis
verpasst hatte, mit der James Richardson aus der Sahara zurückgekehrt war, unter dessen Kommando er einige Jahre später von Tripolis aus zu seiner großen Afrikareise aufbrechen sollte.[90] Der Weg
bis Bengazi war eine »freilich etwas einförmige aber doch eigenthümliche ganz kahle Ebene [...], wo du in etwa fünfzehn Tagen
nicht Einen Baum siehst«.[91] Später begegnete er einer Karawane
von Pilgern, die halb verdurstet waren, was ihm deutlich vor Augen
führte, dass seine Weiterreise gefährlich werden könnte.[92] Zur Un-
zufriedenheit seiner Begleiter schlug Barth verschiedentlich Einladungen von Würdenträgern aus, bei ihnen zu übernachten, da er
sich bei ähnlichen Gelegenheiten Flöhe geholt hatte und deshalb
sein Zelt vorzog.[93] An einem Kastell konnte er sehen, dass antikes
Baumaterial benutzt worden war, wie er überhaupt feststellte, dass
»die mannichfachen Spuren aus dem Alterthum in dieser Umge-
gend die große Bedeutung dieser Landschaft auch in damaliger Zeit
zu Tage legen«.[94]

Die Stadt Syrt identifizierte Barth als altes Zentrum des arabischen Mittelalters, aber auf römischen Grundlagen.[95] Der Bey der
Syrte, Ali, verwaltete ein riesiges, scheinbar kaum bewohntes Gebiet, erstaunte den Reisenden aber mit der Mitteilung, dass die
Menge der Zelte, d.h. der Familieneinheiten in der Syrte, sich auf
60.000 beliefen. Barth räumte die Plausibilität dieser Zahl ein, da die
Beduinen nur ausnahmsweise in der Nähe der großen Verkehrs-
wege wohnten.[96] Wenig später wurde er Zeuge einer Auseinander-
setzung zwischen dem Bey und einem Beduinen, der den geforder-
ten Tribut nicht zahlen wollte und den Bey, immerhin der mächtigste
Mann der Region, derart herausforderte, dass dieser »sehr kleinlaut« wurde. Daraus ließ sich ersehen, wie beschränkt seine Macht
wirklich war.[97]

Während seine Begleiter mit dem Gepäck weiterzogen, wich
Barth oft von der Hauptroute ab, um Ruinen zu besichtigen und
sich ein Bild von der Landschaft zu machen, die durch eine wenig
gegliederte Küstenlinie gekennzeichnet war. In der Mittagszeit ras-
tete die Gruppe wegen der Hitze, doch im Gegensatz zu seinen
Begleitern blieb Barth wach, da Schlaf in der Mittagshitze ihm
»schlecht bekam«.[98] Je mehr er sich Bengasi näherte, desto häufiger
säumten Ruinen den Weg, ein Hinweis auf eine frühere intensivere
Nutzung, während die Gegend nun weitgehend von Menschen
verlassen war.[99] Direkt vor Bengasi wurde Barth an einer, wegen der
im Mittelmeerraum immer wieder grassierenden Krankheiten fest
eingerichteten, Quarantänestation angehalten, und der herbeigeru-
fene Vertreter des englischen Konsuls geleitete ihn in die Stadt.[100]
Damit hatte er eine besonders entbehrungsreiche Strecke auf seiner
Reise gemeistert und befand sich in der Hauptstadt der Cyrenaika,
in einem eigenständigen Siedlungszentrum, das bis heute sein
Eigenleben bewahrt hat. »Es ist hier einiger Handel auch mit dem
Innern Afrikas und ich kann hier Manches lernen; und dabei ist
ungeheure Theurung wegen mehrjährigen Mißwuchses, was mir
außer dem Mitleiden für die armen hungrigen Menschen auch noch
sonst unangenehm ist, da alle Lebensmittel ungeheuer theuer sind
und da ich mich hier bis Egypten fast ganz verproviantieren muß.«[101]

Barth blieb nur drei Tage in Bengasi, obwohl er und seine Tiere
eine Ruhepause hätten brauchen können, aber »es trieb mich nach
Kyrene, wo ich mich in frischerer Natur und an kunstreicheren
Monumenten wieder stärkten wollte nach der Einförmigkeit der
Syrte«.[102] Kyrene war die wichtigste antike Stätte, von der die ge-
samte Region ihren Namen hatte. In seinem Urteil über die osma-
nische Herrschaft sah er sich bestärkt, weil sie »zur Hebung des
Landes nichts beiträgt, sondern vielmehr das noch Vorhandene
zerstört und untergräbt«. Aber immerhin bestünde seit einigen
Jahren eine direkte Karawanenverbindung nach Bornu.[103]

Der lokale Pascha gab ihm einen Führer mit, »dessen weiser,
ebenso muthiger wie verständiger Führung ich in der Folge auch
mein glückliches Durchkommen durch alle die Fährlichkeiten
Cyrenaicas verdankte«.[104] Barth reiste die Küstenebene entlang,
besuchte die Ruinen des antiken Adrianopolis und Taucheira
(Tokrah) und zog weiter nach Ptolemais, wo er die große Nekropole

untersuchte. Unter Bezugnahme auf arabische Historiker widersprach er der in Europa verbreiteten Vorstellung, die Araber hätten Ptolemais zerstört und verwüstet, und betonte, »daß der Ort vielmehr noch im Mittelalter in ansehnlicher Blüthe fortlebte«.[105] Bei der Weiterreise gab es gefährliche Situationen, als die kleine Reisegruppe Gebirgsschluchten durchqueren musste, deren Bewohner notorische Räuber waren. Tatsächlich wurden sie bedroht und nur die Geistesgegenwart von Barths lokalem Begleiter half ihnen aus der Schwierigkeit, als dieser die Wegelagerer überzeugen konnte, dass Barth ein mit dem Pascha befreundeter Osmanli und mit religiösen Schriften unterwegs sei.[106] Der weitere Weg führte durch das Uadi al Aggar, was Barth zu begeisterten Worten hinriss: »Wahrlich nichts Großartigeres und tiefer das Gemüth Ergreifendes kann man sich denken, als diese Schlucht; in deren Tiefe die in gebrochenen Strahlen auf den oberen Theil der Felswand scheinende Sonne nur mattes Licht warf.«[107]

Schließlich kamen sie in 'Ain esch Schehâd an, dem antiken Kyrene bzw. Cyrene.[108] Nach längerem Suchen in der riesigen Ruinenanlage, die um eine dem Apollon geweihte Quelle gruppiert war, ließ Barth sich in einer Grabgrotte der nahe gelegenen Nekropolis nieder, wo er vor Räubern sicher war.[109] Kyrene war ein Mittelpunkt gewesen, nicht nur weil es eine ständige Versorgung mit Trinkwasser durch die Quelle besaß, sondern weil es auf dem Hochplateau lag und von dort die ganze Region beherrschte.[110] Die Ruinenstadt war zweifellos einer der Höhepunkte seiner Reise, schließlich widmete er ihrer genauen Beschreibung viele Seiten seines Reiseberichts, in dem er sich auch mit den schriftlichen Quellen und jüngeren Arbeiten auseinandersetzte.[111] Der eigene Augenschein war unerlässlich, um neue Erkenntnisse über diese griechische Kolonialstadt zu gewinnen. Er beobachtete, daß alle dort abgebildeten Menschen »Schwarze sind, aber in durchaus griechischer Charakteristik und von griechischer Physiognomie. Obgleich man dies allerdings als eine Freiheit des Künstlers betrachten könnte, bin ich doch geneigt, in näherer Erwägung der eigenthümlichen Verhältnisse dieses Ländchens hier eine kleine Andeutung eines Hauptelementes des Kyrenäischen Volkslebens zu sehen, indem ich glaube, daß hier wirklich eine Vermischung zwischen Hellenischem und einheimisch Afrikanischem in weiter Ausdehnung Statt fand.«[112]

Nach zwei Tagen genauer Inspektion machte Barth gemeinsam mit seinem libyschen Begleiter zwei Ausflüge ans Meer zum Hafen Kyrenes, in die nach ihrer Gottheit benannte Stadt Apollonia.[113] »Der Weg ist höchst romantisch aber als Weg an sich schauderhaft, oft steil am Felsen hinunter, wo man die Thiere am Zaume schleppen muß«, wie er seiner Familie berichtete.[114] Trotz seines wiederholten Besuchs in Appolonia konnte er nicht alles besichtigen, »was in dieser jetzt in vollkommenster Wildheit sich selbst überlassenen und wiederum auf betriebsamere Kolonisten wartenden lieblichsten Bergterrasse als Beweis der alten Kultur sich finde[t]«.[115] Wenn Barth hier von Kolonisten spricht, verwendet er den Begriff im Sinn von Siedlern, womit auch Araber gemeint sein können; d.h. die Verwendung dieses Begriffes ist kein Hinweis darauf, dass Barth für eine europäische Eroberung eingetreten wäre.

Die weitere Reise führte auf das Hochplateau des Jabal Akhdar, häufig an antiken Überresten vorbei, aber mit Spuren späterer arabischer Bautätigkeit.[116] Schließlich kamen sie bei Darnah wieder ans Meer und konnten beim dortigen englischen Agenten wohnen. Barth war überrascht vom üppigen Pflanzenwuchs, zumal in den Gärten »auch die herrlichste aller Früchte, die Banane, zu größter Vortrefflichkeit reift«.[117] Die Stadt war für Barth »ein sehr bedeutender Punkt«, denn hier musste er sich für den gefährlichsten Teil seiner Reise ausrüsten. »Allerdings ist die Unsicherheit dieser ganzen Gegend groß und das ganze Land ist in vollkommenem Kriegszustand, Alles raubt und tödtet, so daß ich[,] da ich wenige Begleiter habe und immer mehr bei meinen Sachen zu Hause lassen muß, in schwerster Bewaffnung in den Ruinen herumklettern muß.«[118]

Ab dem 28. Mai 1846 folgte die Reisegruppe zunächst der Küste nach Osten, bevor er dann Richtung Süden weiter ins Landesinnere vordrang, obwohl sich die Anzeichen mehrten, dass etwas nicht stimmte.[119] Anfangs verlief die Reise problemlos bis nach Tobruk, doch begegnete ihnen eine Karawane, die von einem Raubüberfall weiter östlich berichtete.[120] Barth selbst geriet in eine Falle in der Nähe des antiken Kathabatmos, eines Passes, der seinerzeit die Grenze zwischen der Cyrenaika und Ägypten markierte[121] und eine Art Niemandsland war, in dem sich Wegelagerer ungestört breit machen konnten. Kathabatmos liegt nahe am heutigen Ort Fouka, ca. 100 km westlich von El-Alamein.

Als Barth und seine wenigen Begleiter dort von ihren Reittieren abstiegen, kam eine Gruppe Beduinen in erkennbar feindlicher Absicht angestürmt. Barths Begleiter erkannten in ihnen Räuber, die sich zunächst abwartend verhielten. Auf seinen Begleiter, der ihn durch die Cyrenaika geführt hatte, konnte er sich ebenso verlassen wie auf Hamed, doch T'âjeb und Dschebrîd, die beiden Männer, die ihm ein lokales Oberhaupt mitgegeben hatte, verhielten sich verdächtig. Die Beduinen trieben sich in der Nähe herum, Barths Leute bekamen es mit der Angst zu tun, Barth selbst trug demonstrativ seine Waffen und fürchtete das Schlimmste. Am nächsten Morgen sah Barth, wie die Beduinen sein Gepäck betrachteten und besonders das Daguerrotyp-Gerät ihre Aufmerksamkeit geweckt hatte, das in einer Kiste verpackt war, in der sie gemünztes Geld vermuteten.

Die Bedrohungssituation spitzte sich zu, als die Räuber Barths Gruppe weiterverfolgten und dieser beobachtete, dass seine beiden Führer mit ihnen gemeinsame Sache machten. Am Morgen des 7. Juni 1846 kam einer der Beduinen auf Barths Zelt zu und schoss auf ihn, wodurch er am Bein verletzt wurde. Weitere Schusswechsel und ein von den Räubern ausgelöstes Handgemenge nutzten diese, um die Reittiere und Barths Gepäck wegzuführen, so dass Barth und seine Begleiter ihnen nun wehrlos ausgeliefert waren. Zwar gelang es Barth, die Tiere später zurückzubekommen, doch das Gepäck blieb verloren und damit auch Barths sämtliche Aufzeichnungen, Karten, Skizzen und Unterlagen sowie der Daguerrotyp-Apparat.[122] Von den Räubern weiter verfolgt, floh Barth zu den Chararib, einer Gruppe Beduinen, die ihn beschützte, aber nicht bereit war, gemeinsam mit ihm gegen die Räuber vorzugehen.[123] Am 10. Juni brach er dann nach Alexandria auf, konnte aber vor Aufregung und der Sorge wegen seiner Verwundung keine weiteren Forschungen betreiben.

In Alexandria hatte Barth zuerst große Schwierigkeiten, irgendwo Gehör und Hilfe zu finden, da er keinerlei Papiere mehr besaß, auch keine Empfehlungsschreiben an die britischen Konsuln. Dennoch nahm ihn der britische Geschäftsträger freundlich auf und unterstützte ihn bei seinen erfolglosen Versuchen, die Räuber bestrafen und sein Eigentum zurückholen zu lassen.[124] In den Briefen an die Familie verschwieg er den Überfall wohlweislich, weil sein

Vater ihm die Fortsetzung der Reise nicht erlaubt hätte. So berichtete er nur lapidar: »Leider war ich nicht im Stande den letzten Theil
der Reise auszuführen wie ich es beabsichtigt hatte.«[125]

Nach 19 Tagen, als er einigermaßen genesen war und seine Angelegenheiten geregelt hatte, zog Barth weiter nach Kairo. Damit
endete sein veröffentlichter Reisebericht, an dessen Abschluss er
Dankesworte zum Ausdruck brachte, die für seine Art des Reisens
und des Umgangs mit Einheimischen bezeichnend sind: »Das erste
Anrecht [auf Dank] natürlich hat mein treuer Diener H'âmed ben
Bel-K'âsem, dem ich noch einmal das Zeugniß nobelster treuester
Gesinnung und Handlungsweise ablege, indem ich offen bekenne,
daß ich ohne ihn nicht im Stande gewesen sein würde, meine Reise
durchzuführen. Aber ich glaube auch, das er es nicht bereuen wird,
mir so redlich gedient zu haben.« Denn was Hamed bei dem Überfall verlor, »habe ich im reichlich ersetzt, und seinem wohlverdienten Lohn noch ein Geschenk hinzugefügt, das ich, wenn ich reicher
wäre, vergrößert haben würde. Ich hätte ihn gern auf meiner ferneren Reise, wenigstens noch durch Egypten und Syrien, behalten«,
aber Hamed wollte zurück zu seiner jungen Frau und hatte außerdem Schwierigkeiten, das ägyptische Arabisch zu verstehen. Barth
bezahlte ihm die Schiffspassage über Malta nach Tunis, ebenso wie
Salem, dem Beduinen, der sich Barth in Tripolis angeschlossen hatte
und ihm ebenfalls treu zur Seite stand. Offenbar war der Abschied
von diesen beiden für ihn eine so tiefe Zäsur im Ablauf seiner Reise,
dass er den ersten Band seines Berichtes damit beendete.

Den ersten Teil des Weges nach Kairo legte er noch auf seinem
Pferd zurück, da der Nil wenig Wasser führte, aber in Nikleh bestieg
er am 7. Juli 1846 ein Schiff. Er zeigte sich beeindruckt von einer
Staumauer, die Muhammad Ali, der faktische Alleinherrscher
Ägyptens von 1805 bis 1848, bauen ließ. Sie sollte das Wasser zurückhalten, um es für die Irrigation der Felder nutzen zu können.
Barth, der energische Politiker schätzte, fand es »außerordentlich[,]
was dieser kleine alte Mann Alles unternimmt«.[126]

Zunächst wollte Barth Kairo und die Pyramiden von Gize erkunden, bevor er dann weiter nilaufwärts fuhr. Selbstverständlich bestieg er die Cheops-Pyramide und kroch auch in die Grabkammer
im Inneren. »Die Ruinen der ungeheuren Stadt Memphis sind jetzt
meist unter den Palmenwäldern von Monieh-Rahineh und andrer

benachbarter Dörfer begraben; nur Weniges[,] besonders eine prächtig gearbeitete Statue von 46 Fuß Länge, eines alten Pharaonen liegt jetzt noch oberhalb der Erde.« Wie immer nutzte er die lokalen Bibliotheken in Kairo und meinte, er sei »selten fleißiger gewesen«.[127] In Kairo erreichte ihn das jährliche Nilhochwasser, und er wunderte sich über die Verwandlung des Landes:

»Hier in dem Schatten stolzer Palmen, deren rothe und goldne Frucht in schweren Büscheln unter den sich wölbenden Zweigen herabhängen, hier wo sonst die Kinder des Dorfes umherspringen und die Greise sich am Abend zum Gespräch zusammensetzen[,] liege ich in meinem Kahne und der Nil braust in heftigster Strömung an den Palmen herum, die er jeden Augenblick umzureißen droht und umgibt einem See gleich das kleine Dorf das schon unter der Oberfläche des Wassers liegend sich kaum noch durch schwache Dämme schützt. Weit von Bergreihe zu Bergreihe ergießt sich das Wasser des geschwollenen Stromes über Felder und Pflanzungen und Alles gleicht einem Meer, aus dem tausende von Inseln schwach hervorragen. Dieses diesem merkwürdigen Land so eigenthümliche Schauspiel mit Augen gesehen zu haben[,] belohnt allein eine Reise hierher. Es ist einer der großen Vorteile die ich habe, daß ich in dieser Jahreszeit hier reise, wo sonst der Hitze wegen kein einziger Reisender sich hier sehen läßt; während man sonst im tiefen Flußbett dahinfährt ohne von den Dörfern und Gegenständen auf beiden Seiten der hohen Ufer wegen Viel zu sehen, bin ich jetzt in meinem Kahne höher als die Ufer und schaue in diesem herrlichen Thale von der westlichen bis zur östlichen Bergkette, Dörfer, Pflanzungen, das Treiben der Menschen und die Monumente.«

Er hatte in der Nähe von Kairo ein Boot samt Besatzung gemietet, »gutes, braunes, schwarzes Volk meist Nubier«, mit dem er Richtung Süden fuhr. Bei Fustat, der Vorläuferstadt von Kairo, etwas nilaufwärts, verweilte er, um Zeuge der jährlichen Durchstechung eines Dammes zu werden, denn »dies ist das Zeichen, daß der Nil eine gute Höhe erreicht hat, daß nun Segen und Fruchtbarkeit für das ganze Land zu erwarten steht und auf dies Zeichen öffnet man im ganzen Lande die während der Zeit des niedern Wasserstandes verschlossenen Canäle und der Nil strömt hinein und ergießt sich über die Gefilde und befruchtet sie mit seinem Wasser und mit seinem Schlamm«. Die Feier selbst mit Kanonen und Feuerwerk fand er eher banal, doch den Einriss der Mauer am frühen Morgen sehr beeindruckend.

Wegen der starken Strömung war das Vorankommen auf dem Fluß schwierig, denn bei Windstille musste das Boot gezogen oder gerudert werden, und »meine Nubier müssen immer tief im Wasser und Schlamm watend dann wieder schwimmend den Kahn schleppen«. Doch bot die Langsamkeit der Fortbewegung ihm den höchsten Genuss der Landschaft, denn das Niltal war »oft bezaubernd schön, und die Palmen stehen jetzt in ihrer vollen Pracht, die Datteln reifen und ich habe schon manche frische dieser göttlichen Frucht gegessen«. Dabei vergaß er nicht, überall die Ruinen ausgiebig zu besichtigen, zu zeichnen und sich Notizen zu machen. In Dendera, wo er den bedeutenden Hathor-Tempel besuchte, verbrachte er die Nacht, »bei göttlichem Mondschein unter den Palmen am Strande sitzend[,] während meine Bootsleute die Darabeuka spielten und dazu sangen«.[128]

Theben, die alte Hauptstadt, war der Höhepunkt dieser Fahrt, wo er trotz der Weitläufigkeit der Anlage und bei einer Hitze von vierzig Grad drei Tage lang herumstreifte. »Zuweilen mußte ich in einem ganz engen von Schutt und Moder verfallenen Gang über Leichname in die Gräber hinabkriechen, aber dann auch dies Vergnügen das ganze Leben dieses einzigen Volkes zugleich mit ihren wunderbaren Ansichten des Lebens nach dem Tode in oft im ganzen Glanze ihrer Farben erhaltenen Darstellungen vor sich zu haben, vor allen in den Gräbern ihrer Könige prächtige aus Passagen, Kammern und Sälen bestehend in den Fels gehauene zwischen 300-400 Fuß lange Gewölbe.«

In Luxor fand er, dass in den großen Tempel ein ganzes Dorf hineingebaut worden war, weshalb er sich keine rechte Übersicht verschaffen konnte. »Dann ging ich von hier über vom Wasser überschwemmte Felder wo früher die große Stadt sich ausdehnte und wo Alleen von colossalen Sphinxen zu beiden Seiten jetzt theils in der Erde vergraben, theils verstümmelt die prächtigsten Tempel mit einander verbanden, nach Karnak hin wo die großartigsten Bauwerke sind, ungeheuer an Größe und schön und interessant im Einzelnen.«

Drei Tage nahm er sich Zeit, dann fuhr er weiter nach Süden. In Nubien kam er an dem Dorf vorbei, aus dem drei seiner Bootsleute stammten. Sie spielten die ägyptische Darbuka, eine Bechertrommel, »wovon ich ihnen zwei gekauft hatte«, die sie »mit ihren nicht sehr kunstreichen aber mir ganz angenehmen Gesängen« begleiteten. Dadurch weckten sie die Aufmerksamkeit der auf den Feldern arbeitenden Dorfbewohner. »So zogen wir nun in vollster Musik auf und ihre Weiber, Kinder und Anverwandten[,] durch die Musik herbeigezogen sie erkennend[,] empfingen sie mit dem ungeheuersten Jubel.«

Am nächsten Tag ließ er sich von einem Lotsen über den Katarakt steuern und fand in Nubien eine andere Landschaft vor, denn der Streifen bebauten Landes war hier nur sehr schmal, der Sand war oft direkt bis an den Fluß vorgedrungen. Bei Wadi Halfa musste er abermals der Versuchung widerstehen, weiter nach Süden zu reisen, wurde aber in seiner Entscheidung, bei der geplanten Route zu bleiben, durch den Umstand bestärkt, dass er lange Zeit hätte auf Kamele warten müssen. So blieb der zweite Katarakt der südlichste Punkt seiner Reise. In den folgenden Nächten träumte er schlecht, denn »dabei verfolgt mich der Gedanke daß ich nicht weiter aufwärts gegangen bin, als hätte ich ein Verbrechen begangen. Des Nachts schreckt es mich im Traum und ich wache auf und traure, daß ich nun einmal so weit wohin ich wol nie wieder kommen werde, nicht auch weiter gegangen bin.«[129]

In Assuan wechselte er auf Kamele, um direkt ans Rote Meer nach Quseir weiterzureisen, wohin ihn »mein Freund Schich Ali« durch die Wüste führte und wo er nach 33 Tagen ankam. Barth bewunderte die arabischen Bewohner dieser Wüste, die Ababdehs: Sie seien arm, aber frei, zahlten der ägyptischen Regierung keinen Tribut und lebten von der Köhlerei, denn mit der Holzkohle kauften sie in den Städten am Nil ihre Lebensmittel.[130] Statt im Zelt wohnen zu müssen, fand er gastfreundliche Aufnahme bei den Einheimischen, was er zu schätzen wusste, da er wegen widriger Winde sich auf eine längere Wartezeit einstellen musste, bevor er nach Al-Tur auf dem Sinai übersetzen konnte.[131] Tatsächlich gestaltete sich die Überfahrt über das Rote Meer langsam und schwierig.[132] Gegenwind zwang die Mannschaft, irgendwo an Land zu gehen, wo der Zufall es wollte, dass Barth einer Gruppe von Toora-Arabern begegnete, die sich darauf spezialisiert hatten, Fremde zu transportieren.[133]

Asien

Nach längeren Verhandlungen wurde Barth mit ihnen handelseinig, und sie brachten ihn auf dem Landweg nach Al-Tur. Von dort
ging es weiter zum Katharinenkloster am Fuß des Mosesbergs, wo
er Aufnahme fand. »Ich kann Euch nicht beschreiben, was für Emp-
findungen ich hatte, als ich in einer der mondhellen Nächte aus
meinem Zimmerchen getreten mich in der offnen Halle nieder-
setzte wo ich das Innere der Klosterhöfe halb vom Monde beleuchtet halb in Nächtliches Dunkel gehüllt und zur Linken die steile und
zackige Felswand des Berggipfels worauf das Grab der heiligen
Katharina ist, und zur Rechten den Horeb mit dem Sinai, diesen
schwarz, jenen hell vom Monde beschienen. Alles war still im Kloster, und Nichts störte mich in meinen Gedanken.« Nach der Besichtigung des Klosters erklomm Barth den Gipfel des Sinai, bevor er
sich mit den Toora, die ihn zu einem Festmahl einluden, auf den
Weg nach Suez machte.[134]

Aus nicht näher genannten Gründen musste Barth zunächst
zurück nach Kairo, bevor er am Rand des Nildeltas entlang Richtung Nordosten gen Palästina ziehen konnte. Weihnachten 1846
verbrachte er in seinem Zelt bei el-Arisch, heute die Grenzstadt
zwischen Ägypten und dem Gaza-Streifen. Der Aufenthalt erfor-
derte eine Anpassung, denn zum ersten Mal in seinem Leben
musste er sich sein eigenes Essen kochen, »wo es mir als noch ein
wenig fürnehmen Herrn nicht gleich recht anwollte meine Kocherei
vorzunehmen, bis die Begierde etwas Warmes zu genießen über die
Großartigkeit siegte«. Wegen der kalten Wintertemperaturen im
Landesinneren blieb er länger in Gaza an der Küste, wo es bereits
frühlingshaft grün und warm war.[135] Er nutzte die Zeit, um Türkisch
zu lernen. Außerdem unterhielt er sich mit »den gebildetsten Leuten des Ortes, worunter besonders Einer Ali Aga mit Namen, ein in
Arabischer Geschichte belesener feingebildeter Araber aus alter
vornehmer Familie meine Freundschaft erwarb, mit den Zuständen
Syriens vertraut[,] so daß mir das Land wie ein heimisches
erschien«.[136]

Die Reise war ein Lernprozess, denn mittlerweile nutzte Barth
die Aufnahme von Kontakten zu lokalen Gelehrten als bewährte
Forschungsstrategie. Zwischenzeitlich erhielt er einen Brief von

Sieveking, der ihm alle möglichen Kontakte von Jerusalem bis Konstantinopel benannte, u. a. den hanseatischen Diplomaten und Orientalisten Andreas Mordtmann, mit dem Barth zwölf Jahre später eine Reise durch Anatolien unternehmen sollte.[137] Barth kürzte seinen Aufenthalt in Jerusalem, wo er Anfang 1847 ankam, auf sechs Tage ab, »wo ich unermüdlich im Innern und besonders im Äußern der Stadt mich umgesehn habe«. Er wohnte kostenlos, allerdings »armselig«, nämlich in einem »dunkeln und höchst schmutzigen Klosterzimmer«.[138] Von Jerusalem ging es ins nahe Bethlehem, dann weiter zum Toten Meer und nach Jericho, wo er den Jordan überqueren und die Regionen weiter östlich erforschen wollte. Doch die erkennbare Absicht der lokalen Araber, ihn bei der Gelegenheit auszurauben, veranlasste ihn, auf die Weiterreise in diese Richtung zu verzichten. Stattdessen zog er nach Nablus und über Djenin zur Stätte des alten Meggido, wo er in den Bewohnern die »herrlichsten trefflichsten Menschen[,] die ich auf meiner ganzen Reise angetroffen«, fand und mit denen er »eine der glücklichsten Stunden meines Lebens verplauderte«.

Über die Ruinen von Caesarea an der Mittelmeerküste reiste er nach Nazareth, wo er Quartier bezog. Er hoffte, noch möglichst viel zu sehen, und versuchte, seinen Vater wegen der Ausgaben zu beruhigen: »Was mich anbetrifft, für mein körperliches Wohl bedarf es Wenig; ich weiß mir mein Brod selbst zu backen, und meinen Reis selbst zu kochen und draußen auf freiem Felde, auf dem Fels oder auf der Erde schlummere ich sanfter als in weichlichen Flaumen.« Nach ein paar Tagen ging es zum See Genezareth, wo er etwas weiter südlich, diesmal ungefährdet, den Jordan überschritt, um dann über die Golan-Höhen nach Damaskus weiterzureisen, dann über die Berge nach Beirut, eine »ganz lebensvolle kleine Stadt«.[139] Er nahm sie zum Ausgangspunkt für eine Rundreise durch das alte Land der Phönizier, weil er insbesondere Tyros und Sidon sehen wollte. Diese alten, aber gegenwärtig kleinen Städte beeindruckten ihn weniger als ihre antiken Überreste, vor allem aber war die ländliche Umgebung »wunderlieblich«.[140]

Einen Monat später, am 19. April 1847, meldete er sich aus Tarsus in Kleinasien, berichtete von einem Ausflug mit dem dortigen englischen Konsul, bei dem er auch wohnte, zur Kilikischen Pforte. Dann ging es weiter, der Südküste Kleinasiens folgend, nach Silifke,

hinauf in die Berge, wo er am Fluss Ermenekan vor seinem Zelt
sitzend eine Karawane der Yörük, eines Nomadenvolkes, beobachtete, die zweimal im Jahr mitsamt ihren Tierherden hier durchzogen. »Der Fürst dieses Stammes[,] ein sehr freundlicher Mann[,]
brachte die Mittagsstunde in meinem Zelte zu, beschenkte mich mit
saurer Milch und frischem Käse in Fülle und gab mir einen Mann
mit, mit dem wir am Nachmittag ins Gebirge hinaufstiegen und
gestern Abend hoch oben unser Zelt schlugen.«

Trotz des Zeitverlustes konnte er der Versuchung nicht widerstehen, einen Abstecher nach Zypern zu unternehmen, fand die Insel
aber ziemlich heruntergekommen und verarmt. »Um meine Zeit zu
benutzen bin ich diesen Nachmittag nach einem eine Stunde von
hier am Abhang des Gebirges gelegenen jetzt in Trümmern verfallenen imposanten Kloster gegangen, zwischen dessen von Ge-
sträuchen überwachsenen und von steilen ausgerissenen Felswänden überragten Wänden ich träumend umherwandelte[,] bis ich
mich unterfing ein Bild zu zeichnen[,] das von einem Künstler
ausgeführt das Gedankenvollste sein würde was man sich vorstellen
kann.«[141]

Bei der Hin- und Rückfahrt verlor er wegen schlechter Windver-
hältnisse viel Zeit, zog danach aber schneller voran nach Antalya,
wo er sich am 12. Juni 1847 aufhielt. »Aufs feste Land zurückgekehrt kletterte ich über die Cilicischen Berge weiter und war glücklich, als ich in die reichen Ebenen Pamphyliens hinabstieg.«[142]
Nachdem er Rhodos besucht und sich ein heftiges Fieber zugezogen
hatte, sollte Smyrna die nächste Station sein. Um sie zu erreichen,
musste er transportiert werden, so entkräftet war er. Dem zittrigen
Schriftbild des Briefes, den er von dort schrieb, kann man ansehen,
wie stark sein Fieber war. Außerdem war ihm wieder einmal das
Geld ausgegangen, er musste den Arzt und das Gasthaus auf Pump
in Anspruch nehmen und sich gedulden, bis Geld eintraf.[143] Erst am
26. August war es so weit, dass er seine Schulden bezahlen konnte,
denn »Wirth und Arzt sehen mit etwas scheelen Blicken meinen
Schritten nach, daß ich ihnen ja nicht zu weit gehe«. Jetzt konnte er
weiterreisen in Richtung Konstantinopel.[144] Auf dem Weg dorthin
wollte er unbedingt noch Troja besuchen und das alte Kyzikos im
Marmarameer. Auch in Kyzikos war wenig vom alten Glanz geblieben, bis Barth Zeuge der Weinlese wurde:

»Jedoch heute war gar ein gewaltiges Leben als wären die alten Kyzikaner aus ihrem Grab erstanden; es war gerade Weinlese und Türken[,] Armenier und Griechen, Männer, Weiber und Kinder, Kameele und Büffel, Pferde[,] Maulthiere und Esel, Alles war in froher Laune beschäftigt, die Trauben aus den Pflanzungen in die verschiedenen Dörfer zu bringen. Da kam von dorten ein Zug, mit leeren Küben geschäftiglich eilfertig herbei, ein anderer zog hier schwerbeladen langsam ab, kaum konnte man in den engen zwischen den Gärten sich hinwindenden Weglein von der Stelle. So war der Tag ein vollgenußreicher, die lebendige Erinnerung einer großen kraftvollen Vergangenheit vereint mit dem Bilde einer noch rührigen blühenden Gegenwart.«

Anschließend setzte er über nach Konstantinopel und war wieder in Europa, dazu noch »in seinem prächtigsten Glanzpunkte«.[145] Das wäre eigentlich ein würdiger Abschluss seiner Reise gewesen, die zu großen Teilen innerhalb des Osmanischen Reiches verlaufen war, in dessen Hauptstadt er nun einkehrte.

Doch für den Althistoriker, der über den Handel des antiken Griechenland promoviert hatte, konnte eine Mittelmeerreise nicht abgeschlossen werden, ohne den Sehnsuchtsort schlechthin besucht zu haben: Athen. Es ist auffällig, wie Barth, etwa von Smyrna an, wenn er an die Stätten der klassischen Antike kam, in einen an die Voßsche Homer-Übersetzung gemahnenden Erzählduktus verfiel. Um nicht noch mehr Zeit zu verlieren, bestieg Barth ein prosaisches, aber pünktliches Dampfschiff, musste jedoch zu seiner großen Enttäuschung für zwei Wochen in Quarantäne, wo er ohne Geld herumsaß und sich langweilte. Da half es nur wenig, wenn er sich im Geist in die Antike zurückversetzte: »Da sitze ich nun, liebster Papa am Hafen von Athen, der Stadt meines Perikles und meines Thucydides, an dem Hafen aus dem die stolzeste aller Flotten des Alterthums ausfuhr unter dem Jubelgeschrei aller Athenienser Jung und Alt, Weiber und Kinder.« Barth haderte in seinem Brief mit seinem Quarantäne-Schicksal und verfiel, als er an das nahende Weihnachten dachte, unversehens in den Hamburger Dialekt: »Denn säg mir ein Mal, wie ich nur noch tu Wähnachtsabend nach Hus komen soll, wenn de Dübels mir gegen End dässen Monats ut de Qarantän lotlaten und ich mut doch notwendiger Wies en klan

Bitken tum Wenigsten von dat beröhmte Athen sehn dat mir vor de Nas ligt und von dat grote Sparta, wo so veln grote Männer west sünd, as de Lüd sagt.«[146]

Anfang Dezember erhielt er »endlich, endlich, endlich nach so langem Warten und Sehnen wieder einmal ein Brief von Euch« und wurde aus der Quarantäne entlassen. Doch war mit dem Brief kein Geld gekommen, so dass er seine geplante Reise auf die Peloponnes aufgeben musste, aber Athen besichtigen konnte. »Athen, wenigstens das alte wird mir heimisch, wie meine andere Vaterstadt, jeder Winkel, jedes Monument jeder Stein er wird verschlungen genossen und nie vergessen.« Die Aussicht vom Grabmal des Syreas, seinem Lieblingsort, brachte ihn ins Schwärmen:

»Herrlicheres gibt es nicht in der ganzen Welt, nach Ost steht vor mir auf der hohen Felsterrasse der kleine niedliche Siegestempel an der Ecke, dann die Propyläen weiß und strahlend in ihrer Marmorpracht als wären sie von gestern, dahinter dann in altgeziemender bräunlicher Färbung von Regen und Sturm auf der höchsten Spitze der Akropolis der Tempel der Athena der jungfräulichen Beschützerinn der Stadt, seine Giebel sind halb zertrümmert und seine Säulen zur Hälfte zerschmettert und seine Sculpturen herabgestürzt und weggeschleppt, aber noch steht er mächtig da in unübertreffbarem Zauber davon links das mannigfacher Kunstgruppirung entsprossene Erechtheion, über Alle herüber ragt von Ost der spitzhalsig aus allmählich abfallenden Abhängen hervorschießende Lykabettos, dahinter in der Entfernung der marmorreiche Brilessos links an der Akropolis hervor und rechts ragt das kleine Städtchen hervor, links abgeschlossen über dem Areopag vom Museion, dahinter die bezaubernde Ebene des Keglissos mit ihren Oelbäumen sich hinaufziehend bis nach Dekeleia, dahinter nach Norden die Abhänge des Parnes, wohin ich neulich wandelte als ich nach Phile hinaufstieg, und links sich daran schließend der Aegaleos und der Korydallos – nach rechts die Stadt begränzt von den mächtig einzeln wie Palmen aus der Erde aufschießenden Säulen des ungeheuren Olympieions daran das Bett des Ilissos mit niedlichen Gärtchen gesäumt und kleinen baumbewachsenen Kirchhöfen jenseits das colossale Monument des Stadion und drüben hinter hügeligem jetzt in lieblichem frischsten Saatgrün aufgehendem Ackerland der breite kahle honigreiche Hymettos.«[147]

Mit diesem Brief endet die erhaltene Korrespondenz von der Mittelmeerreise. »Auf meiner Heimkehr habe ich Deutschland mit Windes Eile durchflogen und mich nicht einmal in Berlin aufgehalten«, weil er so schnell wie möglich zu seiner Familie wollte, die er zu seiner Erleichterung »im beßten Wohlsein« antraf, auch wenn seine Schwester Mathilde immer noch etwas kränkelte.[148] Einschließlich seiner Vorbereitungszeit in Großbritannien war er insgesamt fast drei Jahre unterwegs gewesen. Als er abreiste, war er gerade 24 Jahre alt geworden, er fand sich erstaunlich schnell in fremden Umgebungen zurecht, schloss überall rasch Bekanntschaften und kam durch sein ausgeprägtes Sprachtalent mit der Bevölkerung in Kontakt. Er lernte, die verschiedenen Dialekte des Arabischen zu verstehen und zu sprechen, kannte nicht nur die antike Geschichte der durchzogenen Gebiete, sondern machte sich auch mit den Kulturen der Gegenwart, mit dem islamischen Schrifttum und den Überlieferungen, vor allem aber mit den verschiedenen Sitten und Gebräuchen der besuchten Länder, vertraut; der Islam löste bei ihm keinerlei Berührungsängste aus.

Aufgrund dieser Erfahrungen, seines umfangreichen Wissens und seiner geographischen und historischen Neugier war er bestens gerüstet für ein viel größeres Abenteuer, zu dem er knapp zwei Jahre später aufbrechen sollte. Während er sich in den Anrainerländern des Mittelmeers in Räumen bewegt hatte, über die man in Europa einiges wusste, sollte ihn die spätere Reise ins fast gänzlich Unbekannte führen.

Habilitation, universitäre Lehre und Revolution

Barth war ehrgeizig, er wollte etwas werden in der Welt, den sozialen Aufstieg des Vaters fortsetzen, zu dessen Ehre, seiner eigenen und derjenigen der Familie. Kaum von der Mittelmeerreise zurückgekehrt, nahm er seinen ursprünglichen Plan, sich zu habilitieren, wieder auf, da mittlerweile die drei Jahre, die zwischen Promotion und Habilitation liegen mussten, verstrichen waren. Freunde mel-

deten sich, erfreut über seine Rückkehr, wie der Numismatiker Julius Friedländer, der unverzüglich den Kontakt zwischen Barth und
dem Althistoriker Theodor Mommsen herstellte, der zu der Zeit
noch in Altona wohnte.[149] Über Friedländer, dessen Nichte mit Gustav Droysen verheiratet war, lernte er in diesem einen zweiten
jüngeren Althistoriker kennen, der ähnlich einflussreich werden
sollte wie Mommsen.[150]

Sein Jugendfreund, der Philosoph Wilhelm Danzel (1818-1850),
hatte in Leipzig die Gründung der Deutschen Morgenländischen
Gesellschaft unter Federführung von Heinrich Leberecht Fleischer
(1801-1888), dem führenden deutschen Arabisten, erlebt und die
Gelegenheit genutzt, ihn anzupreisen: »Solltest du nun in irgend
einer Weise deutsch orientalische Verdienste zu erwarten wissen, so
würdest du erstlich Sieveking, zweitens Fleischern, und dritten
Endes Unterzeichnetem, der nicht verfehlen würde, mit deiner Bekanntschaft, wie wir Hamburger sagen, dick zu thun, einen Dienst
erweisen.«[151]

Bereits im Januar 1848 wandte Barth sich wegen seiner Habili-
tationspläne an seinen Doktorvater August Boeckh um Rat. Dieser
wies ihn auf die Schwierigkeiten einer akademischen Laufbahn hin,
denn dazu gehöre »ein Übermaß von Geduld und Ausharren«. Außerdem müsse er sein Themenfeld breit ausbauen und allgemeine
Vorlesungen anbieten, wenn er Erfolg haben wolle.[152] Schließlich
bildeten zu dieser Zeit die Hörergelder einen nicht zu vernachlässi-
genden Teil des Einkommens von Hochschullehrern.

Barth hatte nun einen Grund mehr, seine Tagebücher unverzüglich zu einem Reisebericht auszuarbeiten. Nur eine Woche, nachdem er Boeckhs Brief erhalten hatte, schickte er eine Zusammenfassung seiner Reise mit besonderer Herausstreichung der
wissenschaftlichen Leistungen an seinen anderen Lehrer und wichtigsten Förderer Carl Ritter, offenbar schon mit der Absicht, den
Reisebericht als Habilitationsschrift einzureichen.[153] Ein ähnliches
Exposé hatte er offenbar auch Boeckh vorgelegt, der am 5. März
1848 sein Vorhaben billigte, es für eine Habilitation aber als erforderlich erachtete, »der Bearbeitung Ihrer Reisen die Darstellung der
commerciellen Verhältnisse Carthago's zu den Hellenen bei[zu]-
fügen«.[154] Tatsächlich war der Bericht über seinen Aufenthalt in
Tunis und seine genaue Erkundung der Ruinen von Karthago sowie

der Umgebung der Stadt, etwa der alten Stadt Utika, in starkem Maß angereichert durch intensive wissenschaftliche Diskussionen der archäologischen Erkenntnisse und der antiken und arabischen Quellen, wobei er viel Scharfsinn und Akribie aufwandte, um die Häfen und Befestigungen Karthagos zu identifizieren. Deswegen wies jedes Kapitel einen umfangreichen Anmerkungsapparat mit teilweise ausgedehnten wissenschaftlichen Exkursen auf.

Vom ersten Teil der Reise hatte er keine Aufzeichnungen mehr, sie waren bei dem Überfall am 7. Juni 1846 geraubt worden. Doch konnte er seine ausführlichen Briefe an die Familie nun als Quellen nutzen oder besser: als Gedächtnisstützen, denn liest man den Bericht, so ist man über die Detailgenauigkeit erstaunt, mit der Barth seine Reise und die zahlreichen archäologischen Stätten beschrieb, die er unterwegs besucht hatte. Den Band ließ er in der Verlagsbuchhandlung von Wilhelm Hertz in Berlin publizieren. Das Buch umfasste 550 Seiten Text und war mit zwei Karten der Reiseroute in Nordafrika versehen. Barths Tendenz zu unübersichtlichen Schachtelsätzen kennzeichnet seine Briefe in besonderem Maß, sie prägte aber auch das Buch und war sicher ein Hindernis zur breiteren Rezeption des Werkes.[155] Immerhin wurde es vom führenden Arabisten Deutschlands, Heinrich Leberecht Fleischer, in der »Zeitschrift der Deutschen Morgenländischen Gesellschaft« wohlwollend rezensiert.[156] Trotzdem wurde es kein Verkaufserfolg, sein späterer Freund Wilhelm Koner nannte die Gründe: »Die Hast, das rastlose Fortstürmen von einem Ort zum andern, die peinliche Gewissenhaftigkeit in der Benutzung jedes Augenblickes lassen den Leser nicht recht zum Genuß gelangen.«[157] In seinem späteren Bericht über die Afrikareise hatte Barth seine Neigung zu mäandrierenden Sentenzen dann schon besser im Griff, und sein Stil ist insgesamt leichter lesbar.

Ritter bescheinigte ihm in seinem Gutachten, dass er seine Absicht, »die topographischen und antiquarischen Tatsachen zu einer umfassenden Geschichte des alten Weltverkehrs, in dem schönen und reichen Culturbecken des Mittelländischen Meeres, in Beziehung auf Völkerzüge, Colonisation, Städtebau, Architectur, Industrie, Kunst, geistige Cultur, wie auf Schiffahrts- und Handelsgeschichte zu erforschen«, verwirklicht habe.[158] Er hätte mehr geleistet als ganze Expeditionen vor ihm und sei auch hinsichtlich seiner

Bildung seinen Vorgängern »weit überlegen«, nicht zuletzt aufgrund seiner Arabischkenntnisse.[159] Darum betonte auch Boeckh,
dass Barths Verdienste nicht nur in der alten Geschichte lagen,
sondern die spätere Zeit ebenfalls umfassten.[160]

Darüber hinaus begann er, einzelne Erkenntnisse seiner Reise in
Form von wissenschaftlichen Aufsätzen zu fassen und schon vor
Publikation des Mittelmeerbuchs herauszubringen, wobei ihm bei
ihrer Veröffentlichung seine akademischen Lehrer behilflich waren,
wie Eduard Gerhard, der Herausgeber der »Archäologischen Zeitung«, seinerzeit eines der wichtigsten archäologischen Publikati-
onsorgane. Ihm schickte er mehrere Texte über nordafrikanische
Stätten wie Kyrene, die Gerhard willkommen waren, »wie Alles was
Sie nach Zeit und Stimmung der Arch.-Ztg. vielleicht auch künftig-
hin zufertigen sollten«.[161] Er publizierte auch eine Zusammenfassung seiner Reise in Ritters Zeitschrift.[162]

Am 20. Oktober 1848 habilitierte sich Barth mit dem ersten
veröffentlichten Band seines Reiseberichts an der Berliner Universität und hielt im Frühjahr 1849 seine erste Vorlesung über »Boden-
gestaltung Afrikas«.[163] Falls er so sprach, wie er zu dieser Zeit
schrieb, ist der ausbleibende Erfolg bei den Studenten verständlich.[164] Die Schwierigkeiten, in der akademischen Welt Berlins Fuß
zu fassen, wurden jedoch noch erheblich verstärkt durch die politischen Ereignisse der Jahre 1848 und 1849. Die Revolution, an der
sich viele Studenten beteiligten, zog den Universitätsbetrieb für
längere Zeit in Mitleidenschaft. Barth selbst scheint Sympathien
für die Revolution gehegt zu haben, denn seinem Jugendfreund
Wilhelm Danzel bekannte er seine Bereitschaft, »bei vollkommener
Entschiedenheit selbst thätig einzugreifen und wenn es gilt meine
Feder gegen Flinte und Säbel zu vertauschen«.[165] Dagegen reagierte
sein Lehrer August Boeckh auf die Revolution ablehnend und sah
sie pessimistisch als Vorboten größerer Umwälzungen.[166] Boeckh,
der in der Berliner Innenstadt wohnte, wurde in den folgenden
Tagen direkt von den Straßenkämpfen betroffen, die er Barth schilderte: »Über den verhängnißvollen Kampf sage ich wenig; keine
Worte können ihn beschreiben; unsere Zeitungen geben davon
kaum die entfernteste Vorstellung; wie in Saragossa wurde Haus
für Haus verteidigt, wie in Palermo von den Dächern herab ge-
kämpft und bis auf die Dächer hinauf gestürmt. Es ist alles gesagt,

wenn ich sage, die hier befindlichen Franzosen äußern, daß die Pariser Kämpfe nichts gegen den hiesigen bedeuten.«[167] Boeckh nahm die Handlungsweise Friedrich Wilhelms IV. gegenüber Barth in Schutz.[168]

Barths Freund, der Numismatiker Julius Friedländer, äußerte sich viel kritischer und sah in den Gewaltaktionen eine Reaktion auf eine verfehlte Politik des Königs: »So ist denn erobert, leider, was man seit Jahren hätte bewilligen sollen.« Den Bürgern Berlins bescheinigte er Disziplin und Augenmaß: »Welches Volk! So vernünftig als tapfer. Hoffen wir daß es auch weiter gelinge die Leidenschaften Einzelner die sich hier und da breit machen, niederzuhalten. Wir sind alle Bürgergarden und beziehen die Wachen, auch die Universität ist bewaffnet. Kein Eigenthum weder der Bürger noch königliches wird verletzt, das Museum war alle Tage geöffnet, der Palast des Prinzen von Pr[eußen] ist nicht gestürmt worden weil die Bibliothek leiden könnte!«[169]

Um seinen weiteren Weg in der Welt der Wissenschaft zu sichern, suchte Barth Unterschlupf bei einem einflussreichen Förderer, der ihn in seine Patronage aufnahm und ihm helfen konnte, in nicht allzu ferner Zukunft eine Professur zu sichern. Wer kam dafür besser in Frage als Boeckh selbst, dessen junge Tochter Marie Barth gefiel und um deren Hand er dann förmlich beim Vater anhielt. Boeckh, erkennbar in Verlegenheit gebracht, musste Barth mit Verweis auf das noch zarte Alter seiner 16-jährigen Tochter abweisen. Im Ton sehr verbindlich fiel die Antwort so entschieden aus, dass Barth es nicht wagte, zu einem späteren Zeitpunkt seinen Antrag zu wiederholen: »Sie kennen mein Wohlwollen, meine Freundschaft, meine Achtung für Sie, und ich wüßte nicht, wer mir als Schwiegersohn erwünschter sein könnte als ein Mann von Ihrem Geist und Charakter. Es scheint mir nur, Sie haben bei Ihrer freundlichen Ansprache an mich nicht in Betracht gezogen, daß der Gedanke, der Sie bewegt, für Marien noch in weiter Ferne liegt. Sie ist noch fast Kind, sie ist noch nicht einmal eingesegnet; sie ist so erzogen, daß Gedanken der Liebe ihr, so viel wir bewirken können, noch nicht in die Seele und den Sinn gekommen sind.«[170] Ob Barth wirklich in Boeckhs Tochter verliebt war und unter der Zurückweisung emotional litt, lässt sich deswegen bezweifeln, es war wohl eher eine karrierestrategisch geplante Liaison.

Barth wollte wie viele junge Wissenschaftler in die Familie eines bereits etablierten Lehrers einheiraten. Wie Wolfgang Weber herausgearbeitet hat, wurden solche Formen der Patronage unter Akademikern im deutschsprachigen Raum häufig genutzt.[171] Ob Barth es noch anderswo probierte, lässt sich nicht mehr feststellen, doch erklärten das Scheitern seiner Brautwerbung beim Doktorvater ebenso wie seine Enttäuschung über die mangelnde Resonanz auf seine Vorlesungen, warum er sofort zusagte, als aus London das Angebot kam, sich an einer Afrikaexpedition zu beteiligen. Für Barth war die Möglichkeit, durch eigene Leistungen seinen Aufstieg in der akademischen Welt zu bewerkstelligen, die naheliegende Alternative zur Patronage, denn beruflich wie privat ging es nicht vorwärts.

Auch in späteren Jahren sehnte er sich nach einer Lebensgefährtin, wie er seinem Jugendfreund Wilhelm Danzel gestand: »Auch hoffe ich daß mich die Göttinnen der Schönheit und des lieblichen Gamos[172] begünstigen werden um irgendwo ein holdes Eheweib zu finden, das mich häusliches Glück mit wissenschaftlicher Regsamkeit zu vereinigen lehren wird. Erst dann denke ich zu einem ganzen Menschen aufzugehn.«[173]

Seine jüngere Schwester Mathilde war fast zur selben Zeit erfolgreicher, denn während einer Reise nach Sachsen lernte sie am 6. Mai 1848 in Dresden den jungen Offizier Gustav Schubert kennen, mit dem sie sich am 1. August verlobte. Schubert stellte sich seinem künftigen Schwager vor, indem er seine Gefühle für dessen Schwester bekannte und ihn bat, nach Dresden zu kommen: »Lernen Sie mich kennen u. sehen Sie, ob ich ihrer wert bin. Glauben Sie dann, daß ich es bin, so hoffe ich, an Ihnen einen ebenso kräftigen Fürsprecher bei Ihrem Herrn Vater zu haben, als ich jetzt als ein kecker Eindringling in das Heiligtum Ihrer Familie erscheinen muß.«[174] Die Antwort Barths legte Zeugnis von seinem engen Verhältnis zur Schwester wie auch davon ab, wie er sich in einem freundschaftlich gehaltenen Brief plötzlich im Ton vergreifen konnte, als er nämlich plötzlich meinte: »Wehe Ihnen, wenn Sie meine Schwester unglücklich machen, wenn sie nicht das bei Ihnen findet, was Sie ihr versprechen. Entweder ich tödte Sie oder Sie tödten mich, das schwöre ich Ihnen bei Allem was heilig ist.«[175] An diesen manchmal abrupten Tonwechsel musste Schubert sich im Lauf der Jahre erst gewöhnen.

Als Offizier benötigte Schubert eine Genehmigung des sächsischen Königs, um heiraten zu dürfen, die er am 27. Oktober erhielt, woraufhin er seinen künftigen Schwiegereltern in Hamburg einen offiziellen Antrittsbesuch abstattete.[176] Die Hochzeit wurde am 22. März 1849 in Mathildes Heimatstadt gefeiert, wo Schubert Heinrich zum letzten Mal vor dessen Abreise nach Afrika sah.[177]

Die große Afrikareise I: Zum Tschadsee
1849-1852

Vorbereitungen

Am 21. September 1848 wandte sich der britische Missionar und Afrikareisende James Richardson an Außenminister Lord Palmerston. Er erinnerte ihn an ein früheres Gespräch, in dem »Sie die Bereitschaft der Regierung Ihrer Majestät zum Ausdruck brachten, mich in der Fortsetzung meiner Reisen und Forschungen in der Wüste Sahara zu unterstützen, und Sie forderten mich auf, Ihnen einen Plan für eine zukünftige Tour durch diese riesige Wüste zu den nigritischen Königreichen des Sudans oder sogar Timbuktu vorzulegen.«[1] Richardson hatte 1845 und 1846 die zentrale Sahara bereist, war in Ghat, Ghadames und Murzuk gewesen und hatte gerade seinen Reisebericht veröffentlicht.[2] Dieser war nicht sehr gehaltvoll und enthielt kaum nützliche Beschreibungen der bereisten Regionen. Ein Jahr später, im August 1849, wurde ihm mitgeteilt, seiner Expedition sollte nicht nur der Schutz des Staates gewährt, sondern sie sollte als offizielles britisches Unternehmen entsandt werden.[3] Bei dieser Entscheidung gab sicherlich Richardsons politische Absicht den Ausschlag, den Sklavenhandel in der Region dadurch zu bekämpfen, dass er mit afrikanischen Machthabern offizielle Handelsverträge abschließen wollte. Dadurch sollte den Afrikanern eine Alternative zum Sklavenhandel geboten werden, und gleichzeitig könnten die britischen Kaufleute neue Märkte erschließen. Lord Palmerston, der einflussreichste britische Politiker der Jahrhundertmitte, der mehrfach das Außenministerium leitete und später zweimal Premierminister war, unterstützte den Abolitionismus und förderte als Liberaler kommerzielle Kontakte.[4]

Im August 1849 erfuhr der aus Deutschland stammende, in London tätige Kartograph August Petermann davon und wandte sich unverzüglich an Carl Ritter in Berlin »hinsichtlich einer wissenschaftlich-geographischen Expedition nach Central-Afrika. Mein

Henry John Temple,
3. Viscount Palmerston

Freund Mr. Richardson nämlich [...] steht im Begriff, nach
derselben Gegend abzureisen,
vornämlich um zu den Ländern
um den See Tschad vorzudringen.« Der größte Wunsch des
wissenschaftlich ungebildeten
Richardson sei es, »einen Gefährten zu haben, der – ganz
vorzüglich seine eignen Mängel als Reisender ersetzend –
sich auf dieser Reise einzig und
allein den wissenschaftlichen
Beobachtungen widmen und
für die Geographie die größt-
möglichste Ausbeute machen
könnte«.[5] Ritter musste wegen
eines Begleiters gar nicht lange
überlegen, denn kürzlich war der Mann, der für diese Aufgabe die
ideale Besetzung war, von seiner großen Mittelmeerreise zurückgekehrt. Tatsächlich gab es keine bessere Wahl: Barth konnte Arabisch
lesen, er verfügte über eine auffallende Sprachbegabung und war
ein gründlich gebildeter klassischer Gelehrter mit breiter Erfahrung
in der Archäologie. Auf seiner Reise hatte er diplomatisches Geschick bewiesen und war als kontaktfreudiger Mensch mit den
Einheimischen gut ausgekommen. Außerdem besaß er eine Eigenschaft, die man den Deutschen ganz besonders nachsagte: Er war in
allem, was er tat, überaus gründlich. Barth meinte im Rückblick
über seine Mittelmeerreise, sie »war eine unschätzbare Vorübung,
die die notwendige Base meines neueren Gelingens bildete«.[6]

Richardson wandte sich an den preußischen Gesandten in London, Christian Ritter von Bunsen. Dieser verstand sich als kultureller Vermittler zwischen Deutschland und dem Inselreich. Schließlich war er selbst ein Gelehrter mit besonderem Interesse an
Ägypten und hatte andere Wissenschaftler wie Richard Lepsius
gefördert.[7] Sofort erkannte er die Chance, in beiden Feldern, Diplo-
matie und Kulturbeziehungen, etwas Positives bewirken zu können.
Bunsen, mit einem sanguinischen Temperament ausgestattet,[8] war

August Petermann   *Christian Ritter von Bunsen*

sogleich Feuer und Flamme und setzte alle Hebel in Bewegung. Bereits am 10. Oktober 1849 konnte er dem Foreign Office Barths Namen und Bereitschaft mitteilen[9] und, weil er Barth im Jahr 1845 kennengelernt hatte, dem Missionar versichern, dass er »einen liebenswerteren und erfahreneren Mann als Reisebegleiter« nicht finden könne.[10]

Aber Barth hatte zugesagt, ohne mit seinem Vater zu sprechen. Der alte Herr legte sich nun quer, denn sein Sohn war erst kürzlich von einer dreijährigen Exkursion zurückgekehrt, während der er überfallen und angeschossen worden war. Heinrich war die große Hoffnung seines Vaters, und das neue Vorhaben versprach noch gefährlicher zu werden als die Mittelmeerreise. Barth beugte sich dem väterlichen Votum und sagte seine Teilnahme wieder ab. Statt seiner schlug Ritter einen promovierten Geologen vor, Dr. Adolf Overweg, ein Jahr jünger als Barth, aber noch ohne Afrika-Erfahrung und Sprachkenntnisse. Er stammte wie Barth aus Hamburg, die beiden kannten sich allerdings noch nicht.[11] Kurz nachdem Overweg zugesagt hatte, änderte Barths Vater seine Haltung und war nun doch einverstanden. So kamen die Briten zu zwei deutschen Teilnehmern an ihrer Expedition. Palmerston sollte es recht sein, schließlich ergänzten sich die beiden wissenschaftlich gut: ein Geistes- und ein Naturwissenschaftler.[12] Da Barths Teilnahme über

diplomatische Kanäle arrangiert worden war und damit einen offiziellen Charakter erhielt, verlangte er nun eine Zusicherung der
Regierung in Berlin, nach einem erfolgreichen Ende seiner Reise
eine Anstellung als Professor an der Universität zu erhalten. Als
Motiv für seine Teilnahme nannte er den Wunsch, »nicht lange in
der Stellung eines Privatdocenten fortzuvegetiren«.[13]

Alsbald begann Barth, über Bunsen mit dem britischen Außenminister zu verhandeln, weil er sich nicht damit zufrieden geben
wollte, eine Art wissenschaftliches Addendum zu Richardsons Ab-
olitionsmission zu sein.[14] Tatsächlich konnte Bunsen eine Aufwer-
tung der wissenschaftlichen Ziele durchsetzen, aber Barth beharrte
auf seiner Unabhängigkeit und wollte über die Finanzierung der
Expedition hinaus kein Geld von der britischen Regierung, was
Bunsen irritierte.[15] Schließlich einigte man sich, dass die beiden
Deutschen nach Abschluss der Reise einen Bericht vorlegen sollten,
womit sie ihre Schuldigkeit getan hätten. Diplomatische Verhandlungen blieben die alleinige Aufgabe des Expeditionsleiters Richardson.

Bald reisten Barth und Overweg unabhängig voneinander nach
London, wo sie Palmerston vorgestellt wurden und von dort aus zu
ihrer Reise aufbrachen, deren Dauer auf etwa zwei Jahre angesetzt
wurde.[16] Niemand ahnte, dass es fünfeinhalb Jahre werden sollten.
Ende November 1849 erhielt Richardson die offizielle Ernennung
mit einer Beschreibung seiner diplomatischen Aufgaben, nämlich
Handelsbeziehungen anzubahnen und afrikanische Machthaber
vertraglich zur Aufgabe des Sklavenhandels zu verpflichten.[17]
Gleichzeitig sandte das Außenministerium Direktiven an alle Konsuln in Nordafrika, die Expedition nach Kräften zu unterstützen,
und gab ihr ein offizielles Empfehlungsschreiben mit auf die Reise.[18] Die Admiralität wurde angewiesen, ein zerlegbares Boot über
Malta nach Tripolis zu schicken, mit dem die Reisenden den Tschadsee befahren sollten; außerdem erhielten sie Waffen aus Beständen
der Armee.[19]

Seine Familie konnte Barth nur noch aus der Ferne zu beruhigen
suchen: »Fürchtet Euch nicht und seid unbesorgt um mich, ich hege
das feste zuversichtliche Vertrauen, daß ich meinen Plan durchführen werde und ruhmvoll heimkehre um mich dann in häuslich gemüthlicher Weise hinzusetzen. Ein Amt ist mir sicher, ich erfocht

die schriftliche Zusicherung.«
Barth gab auch zu erkennen,
wie er sich den Umgang mit
den Afrikanern vorstellte: »Ich
wenigstens stehe dafür[,] daß
wir durch unser Benehmen nur
Achtung und Liebe bewahren
werden.«[20]
Sie durchquerten Frank-
reich mit dem Zug und schifften sich in Marseille ein, um
nach Philippeville in Algerien
zu fahren, wo sie am 12. Dezember 1849 eintrafen. Von
dort ging es weiter nach Tunis.
Bunsen meldete erleichtert und
triumphierend den Beginn der

Adolf Overweg

Expedition an Ritter: »Nun, verehrter Freund, Gott schwelle die
Segel! Die erste rationelle und wohlausgerüstete afrikanische Ent-
deckungsreise hat die Anker gelichtet.«[21]

Nach ihrer Ankunft in Nordafrika zeigte sich Overweg begeistert: »Ich habe mich mit Entzücken den Eindrücken des mir neuen
Erdtheils hingegeben.«[22] In Tunis begannen sie, Ausrüstung für
ihre Reise einzukaufen, »da Tunis ein kleines Paris ist«,[23] während
Tripolis ein für ihre Bedürfnisse wesentlich geringeres Warenange-
bot hatte, wie Barth von seiner ersten Reise wusste. Sie heuerten
ihren ersten Diener an, Mohammed Ben Belal, einen ehemaligen
Sklaven, der in Tunis geboren war, dessen Eltern aber aus Gober im
Hausaland stammten.[24]

Der Geologe Overweg musste Arabisch lernen und sich mit den
Gepflogenheiten des Reisens in Afrika vertraut machen, etwa mit
dem Reiten eines Pferdes, später auch der Kamele. Nach zwei Wochen Aufenthalt, am 30. Dezember, brachen die beiden mit ihren
lokalen Begleitern nach Süden auf, um auf dem Landweg Tripolis
zu erreichen, wo sie am 18. Januar 1850 eintrafen und vom britischen Generalkonsul Crowe und seinem Stellvertreter Richard
Reade freundlich aufgenommen und einquartiert wurden. Reade
sollte sich als einer der wichtigsten Unterstützer der Expedition

bewähren. Sie lernten den Arzt Edward Dickson kennen, der sie mit Medikamenten versorgte und dessen Bruder Charles britischer Konsul in der Oasenstadt Ghadames war.[25] Overweg berichtete nach Berlin, dass Richardson wegen widriger Winde auf Malta festsaß. Dampfschiffe waren immer noch die Ausnahme, und Barth hatte während seiner früheren Reise die Unberechenbarkeit des Reisens mit dem Segelschiff zur Genüge kennengelernt.

Gemächlich und mit großem Tross, zu dem seine Frau und deren Schwester sowie sein Neffe William Croft zählten, setzte sich Richardson von Tunis aus in Bewegung.[26] Barth sah sich in seinen Bedenken hinsichtlich der Führungsqualitäten Richardsons bestätigt, dem er einen »unenergischen unbestimmten Charakter« bescheinigte.[27] Er wird, wie Barth seinem Schwager schrieb, »dem Unternehmen durch sein ganzes Benehmen nicht eben förderlich sein«.[28] Die sich abzeichnenden Spannungen waren wohl der Grund, warum Generalkonsul Crowe eine Art Vertrag aufsetzte, den die drei Reisenden unterschrieben und in dem ihre jeweiligen Aufgaben festgelegt wurden.[29]

Angesichts der Verzögerungen entschlossen sich die beiden Deutschen, die Zeit für eine Erkundung der Umgebung von Tripolis zu nutzen. Der Weg führte sie in die Berge südlich der Stadt, wo Barth entdeckte, dass es sich gar nicht um ein Gebirge im herkömmlichen Verständnis handelte, sondern um eine Hochebene, die zum Meer hin in einer Stufe abbrach, während sie von der Küste aus wie ein Gebirge aussah. Stolz berichtete Barth über seine Entdeckung an Alexander von Humboldt: »Wäre unser Ziel nicht Zentral-Afrika, so würde es ein überaus interessantes Unterfangen sein, von Marocco bis Egypten auf der Linie des Abfalles fortzugehen, um über das Verhältniß der Sahara zum Küstenlande ganz auf's Reine zu kommen.«[30] Doch neben den geographischen, althistorischen und, von Overwegs Seite geologischen, Forschungen beobachtete Barth auch die gesellschaftlichen Verhältnisse. Er wiederholte dabei seine Charakterisierung der osmanischen Herrschaft als despotisch.[31] Über die osmanischen Beamten fand er kaum Gutes zu sagen, denn »sie denken nur an ihre Pfeife und ihren Geldsack« und blieben am »Völkerleben« in ihren »weitgeschichteten Provinzen« desinteressiert.[32] Keine rassischen oder zivilisatorischen Defizite bei der Be-

völkerung, sondern das politische System der osmanischen Fremdherrschaft verursachte den ökonomischen Niedergang: »Das Leben
dieser ganzen Bevölkerung ist ein wahrhaft klägliches; denn, ausge-
sogen und allen möglichen Plackereien ausgesetzt, verlieren sie allen frohen Lebensmuth.«[33]

Mittlerweile war ein Teil ihrer von der britischen Regierung
bereitgestellten Ausrüstung eingetroffen: Messinstrumente, Uh-
ren, Thermometer und Fernrohre.[34] Auf die restlichen Materialien
wollten sie nicht in Tripolis warten, sondern die beiden Deutschen
zogen der Gruppe voraus, um sich weiter südlich zu akklimatisie-
ren, schließlich wusste Barth aus Erfahrung: »Nichts ist verderb-
licher für einen Reisenden, als plötzlicher Aufbruch von städti-
schem Stillleben zu langer, angreifender Reise in heissem Klima.«[35]

Barth benutzte in den folgenden Jahren den arabischen Namen
Abd el-Kerim (Diener des Barmherzigen), den er geschickt wählte,
enthielt er doch ein Bekenntnis zum Monotheismus, suggerierte
aber nicht, der Träger des Namens sei Muslim. Am 24. März 1850
verließen sie hoch zu Kamel Tripolis, um in Ain Sarah auf Richardson und den Rest der Ausrüstung zu warten. »Unser Zug ward
angeführt von dem Konsul Herrn Crowe in seiner Kutsche, Herrn
Reade und dem Dr. Dickson mit seiner Familie. So zogen wir unter
dem Staunen der Tripolitaner zur Stadt hinaus, unserer verschleier-
ten Zukunft entgegen.«[36] Das viele und schwere Gepäck behinderte
ihr Fortkommen, denn Barth und Overweg hatten allein acht Kamele, um ihr Gepäck zu transportieren, dazu zwei Reitkamele.
Barth brachte seine Tierliebe in der Wertschätzung seines Kamels
zum Ausdruck: »Dies liebe Thier blieb mein treuer Gefährte bis
Kukaua.«[37] Später bekannte er, dass er es »als einen theilnehmenden
Begleiter zu behandeln« pflegte.[38]

Durchquerung der Sahara

Als Richardson endlich eintraf, wurde das Fortkommen noch
schwieriger. Overweg beschrieb die Kaflas (Karawanen):

>»Wir bilden zwei ganz gesonderte Kaflas. Mr. Richardson u. sein
>Neffe Mr. Groft, ein ›regular sailor‹ sind die Mitte der einen, die

Römisches Grabmal

ein buntes Gewirr von einigen Arabern und mehrern Negerfamilien (6 Weiber) darbietet, 16-18 Kameele tragen das Gepäck und einige Menschen; am Abend wird ein kleines Zelt für die Weiber, und ein ausserordentliches grosses (ein englisches Lazarettzelt) für die übrige Gesellschaft geschlagen. Barth u. ich wir haben ein vortreffliches, starkes ›comfortables‹ Zelt, das wir uns in Tripoli anfertigen liessen, das unser Hauptgepäck, unsere Waffen, Bänke (durch übergelegte Bretter zu Betten gemacht) u. Tische aufnimmt.«[39]

Richardson hatte das Boot dabei, das in Teile zerlegt auf Kamele gebunden wurde.[40] Außerdem hatte der Missionar etwa 20 Sklavinnen und Sklaven freigekauft, die er in ihre Heimat zurückbringen wollte. »Die armen Leute müssen aber den ganzen Tag zu Fuss gehen, so dass sie bald ermattet sind, und wir dadurch Aufschub erleiden.«[41] Daraus resultierten Versorgungsschwierigkeiten für die vielen Menschen und Probleme mit den Tuareg, die für jeden ehemaligen Sklaven eine Art Durchgangszoll verlangten. Später lernten die Reisenden, »dass ein Tuarick das Recht hat von jedem heimkehrenden befreiten Sklaven 40 Dollar zu erheben«.[42]

Weil Richardson die Entscheidungsbefugnis zufiel, konnten die beiden Deutschen ihn nicht daran hindern, einen riesigen Umweg einzuschlagen. Denn der direkte Weg vom Fessan, einer Großoase in Zentrallibyen, nach Bornu wäre die direkte Nord-Süd-Straße gewesen, die über Bilma führte.[43] Richardson fand sie zu gefährlich

und wollte westlicher gelegene Oasen besuchen. Barth war darüber
keineswegs erfreut, räumte aber
ein: »Merkwürdig ist, daß diese
sonst für äußerst gefährlich gel-
tende Straße über Ahîr ganz offen
liegt, während die grade Straße
nach Bornu fast verschlossen ist
und nur mit Gefahr, selbst von Karawanen von 60 und 100 Gewehren
passirt werden kann. Alle Waaren
nach Bornu nehmen ihren Weg
über Zinder, jetzt dem großen Thor
und Eingangspunkt zum Sudan.«[44]
Dadurch verlor die Expedition noch
mehr Zeit, es sollte fast ein ganzes
Jahr werden.

Zunächst ging es auf die von
Barth beschriebene Höhenstufe und
dann hinein in die Wüste nach Fessan, dessen damals größte Stadt
Murzuk die erste Station der Expedition war. Südlich von Mizda »sieht
man fast ununterbrochen römische
Baureste bis zur Hammâda, wo jede
Spur ihres weitern Vordringens in
diese Gegenden verschwindet«.[45]

Römisches Grabmal

Diese Bauwerke waren teilweise in gut erhaltenem Zustand, und
Barth beschrieb sie detailliert in seinen Briefen und später im Reisebericht. Indem er sie zeichnete, konnte er Denkmäler dokumentieren,
die bis dahin unbekannt gewesen waren. In der prachtvollen Ausführung von Grabmälern fand er »einen unumstösslichen Beweis, dass
selbst diese Gegenden bei Weitem nicht so dürftig gewesen sein
können, als sie jetzt sind, dass sie im Gegentheil einst eine Bevölkerung ernährten, gebildet genug, um solche Werke der Kunst und
menschlichen Grösse zu würdigen.«[46] An den Berliner Ägyptologen
Lepsius schrieb er: »Niemand glaube ich in Europa hat eine Ahnung
gehabt, daß in diesen meist öden Wüsteneien so ausgebildete römi-

sche Monumente erhalten seien.«[47] Zudem fanden sie Spuren der
frühen arabischen Besiedlung und ihrer christlichen Vorgänger.

Die Monumente endeten am Rand der eigentlichen Wüste, eine
»heissglühende, wasserlose Ebene, die sich in ungeheuerer Ausdehnung durch diesen Theil Nord-Afrika's ausbreitet«[48] und die den
Namen Hammada führte. Immerhin kamen sie nach deren Durch-
querung in den bewohnten Fessan, wo Barth einen Abstecher
machte, diesmal nach Djerma, das er als das alte Garama, die Stadt
der antiken Garamanten, identifizierte. Während er dort einige römische Ruinen sah,[49] war Neu-Djerma fast verlassen und heruntergekommen, was Barth auf die Repression durch die Osmanen zurückführte: »Da aber fast alle Orte in Fesān in demselben Zustande
sind, so kann man diese allgemeine Verödung und Entvölkerung des
Landes nur einigermassen dadurch erklären, dass die Leute nach
dem Sudan auswandern, um sich dem Militärdienst zu entziehen,
wogegen sie eine unüberwindliche Abneigung haben und sich lieber
Zähne ausschlagen und halb blenden.«[50]

Am 6. Mai 1850 erreichte die Gruppe schließlich Murzuk, wo sie
beim britischen Konsul, dem aus Griechenland stammenden Italiener Giovanni Batista Gagliuffi,[51] abstiegen. »Es ist die erste große
Station unserer Reise, und wohl die bedeutendste in Rücksicht der
ganz neuen veränderten Verhältnisse, in die wir eintreten. Denn
hier hört nun nicht allein jede Autorität auf und beginnt ein bloßes
Verhandeln, und zwar im ausgedehntesten Sinne für einen großen
Theil unserer Reise, sondern wir sind hier auch schon mit den
Hauptvölkerschaften und Raçen, mit denen wir für lange Zeit zu
verkehren haben, in lebendigste Beziehung getreten. Denn in keinem Lande wohl ist die Mischung der verschiedensten Nationen
größer als in Fezzan.«[52] Der Konsul nahm sie freundlich auf, half
ihnen, wo er konnte, wusste aber in seine Amtstätigkeiten als Konsul seinen eigenen geschäftlichen Vorteil zu verweben, denn Gagliuffi, der nur ein sehr geringes Gehalt bezog, war hauptberuflich
Kaufmann und ein geriebener Geschäftemacher, wie Barth zu seinem eigenen Nachteil noch lernen sollte. »In dem Empfangszimmer
habe ich in diesen Tagen Sudankaufleute, Hadsches aus Tuat von
Mekka zurückkehrend, einen Schich von Aghades, einen Kaufmann
aus Sfax, Tuaricks in ›full dress‹ mit Speer u. Dolch im Aermel aus
verschiedenen Gegenden gesehen und gesprochen.«[53] Barth er-

Ruine eines römischen Kastells

kannte an, dass diese Geschäftigkeit in Mursuk vor allem Gagliuffi zu verdanken war.[54] Der Konsul hatte 1844 den aus Mekka zurückkehrenden Vezir von Bornu, al-Baschir, beherbergt und war mit ihm eine für beide profitable geschäftliche Partnerschaft eingegangen, weshalb die Briten in Bornu einen guten Ruf genossen.[55]

Im Auftrag des Foreign Office hatte Gagliuffi Waren besorgt, mit deren Verkauf die weitere Reise finanziert werden sollte. Später stellte sich heraus, dass sie ungeeignet waren und die Expedition dadurch erheblich ärmer war, als es in harter Währung ausgedrückt den Anschein hatte.[56] Zudem stieß Gagliuffis Geschäftspartner Mohammed el-Sfaxi, ein tunesischer Kaufmann, als Begleiter zu ihnen.[57] Richardson verschuldete sich bei ihm, was Barth später aus Mitteln der Expedition zurückzahlen musste. Gagliuffi und el-Sfaxi gelang es, sich an der Expedition durch beträchtliche Zinserhebungen auf die Schulden zu bereichern.

Den beiden Deutschen wurde schon in Mursuk klar, dass die bewilligten Gelder für die Expedition nicht ausreichen würden, und sie drängten Bunsen, in diesem Sinn bei Palmerston vorstellig zu werden.[58] Zwischenzeitlich konnte Ritter erwirken, dass der preußische König 150 Pfund zur Verfügung stellte.[59] Außerdem veröffentlichte er eine umfangreiche Beschreibung der bisherigen Reise auf der Grundlage von Barths und Overwegs Briefen.[60] Petermann war besonders umtriebig, er publizierte regelmäßig Berichte über die Reise in der viel gelesenen Kulturzeitschrift »Athenaeum« wie im Journal der Royal Geographical Society. Er trug sich sogar mit dem Gedanken, dies mit einer Geldsammlung in England zu verbinden.[61] Aber die Berichterstattung war keineswegs auf Deutschland und England beschränkt, denn die »Nouvelles Annales des Voyages« informierten kontinuierlich über den Fortgang der Expedition.[62]

Richardson, Barth und Overweg waren die ersten Europäer, die in das Land der Tuareg reisten.[63] Da die Strecke hinter Mursuk durch mehrere Oasen führte, die alle von verschiedenen, teilweise miteinander rivalisierenden Tuareg-Gruppen kontrolliert wurden, musste die Sicherheit der Karawane gewährleistet werden. Aus diesem Grund harrten die Reisenden in Mursuk insgesamt fünf Wochen aus, bis Hatiti und Uaeteti, die Oberhäupter der Asgar-Tuareg aus Ghat, der ersten Oase südwestlich von Fessan, eintrafen. Barth zweifelte, ob diese Oberhäupter machtvoll genug waren, die Gruppe auf ihrem Weg von Ghat nach Air zu schützen, und fürchtete, sie würden sich durch die Einbestellung nach Mursuk aufgewertet sehen und ihre Vergütungsansprüche in die Höhe treiben.[64] Beide Befürchtungen sollten sich alsbald bestätigen, und Gagliuffi beging zudem einen kapitalen Fehler. Denn statt einen vom früheren osmanischen Statthalter des Fessan nachdrücklich empfohlenen Mann, Mohammed Boro, zu umwerben, brüskierte Gagliuffi ihn, indem er ihn kaum beachtete und nur mit den Tuareg verhandelte. Mohammed Boro war auf dem Rückweg von einer Pilgerfahrt, er hatte hohe Ämter innegehabt, wohnte in Agades, der wichtigsten Stadt der Großoase Air, und verfügte über gute Beziehungen zum Sultanat von Sokoto.[65] Richardson unternahm nichts, um Boros schlechte Behandlung zu korrigieren,[66] weshalb dieser gegen die Reisenden intrigierte, insbesondere als die Bedrängung durch die Tuareg in Air gefährlich wurde.[67] Erst bei seinem Besuch in Agades konnte Barth, der mittlerweile genug Hausa sprach, um sich mit Boro unterhalten zu können, die Angelegenheit in Ordnung bringen. Als Barth das falsche Verhalten gegenüber Boro direkt ansprach, womit er dessen hohe Stellung anerkannte, schieden sie anschließend als »die besten Freunde« voneinander.[68]

Tuareg-Reiter

Ansonsten brachte der lange Aufenthalt in Mursuk den Reisenden keine Erholung, da die Stadt in einer außerordentlich heißen und trockenen Gegend lag, wobei Barth ihre Einwohnerzahl auf nicht mehr als 2800 Menschen schätzte. Eine Hauptstraße, der »Dendal« – Barth sprach von einer »Esplanade« – vom östlichen Stadttor bis zum Kastell, in dem der Pascha residierte, war bereits typisch für die Anlage von Städten südlich der Sahara und unterschied das weit im Norden liegende Mursuk von den übrigen Städten Nordafrikas.[69]

Am 13. Juni 1850 erfolgte endlich die Abreise, wie Overweg, der sich auf geologische Forschung freute, meldete: »Jetzt habe ich wieder mit frohem Muth den Wanderstab ergriffen und den Hammer.«[70] Barth hatte schon einen Tag vorher zwecks Akklimatisierung in einem Zelt vor der Stadt übernachtet. Die Hitze war enorm, denn Overweg berichtete: »Gestern Nachmittag stieg mein Thermometer im Zelt (es hängt an der Zeltstange in der Höhe meiner Brust) auf 45° Cels., und eben (4 Uhr Nachmittags) komme ich aus der Hitze draussen, freue mich der kühlen Luft unseres Zeltes und sehe das Thermometer 42° Cels. zeigen.«[71] Ihr Gepäck wurde von einer Gruppe der Tinylkum-Tuareg transportiert, die auf solche Dienst-

leistungen spezialisiert und verlässlich waren,[72] selbst in gefähr-
lichen Situationen, wo sie gemeinsam mit den Europäern zu den
Waffen griffen und durch ihre Entschlossenheit andere Tuareg von
Übergriffen abhalten konnten.

Die Tinylkum gehörten einer besonders strengen Glaubensrich-
tung des Islam an, woran Barth aber keinen Anstoß nahm, sondern
im Gegenteil meinte: »Ich gestehe, dass ich mit Wohlgefallen die
Ausbreitung dieser strengen Sekte des Islam sehe, da ich nicht zu
denen gehöre, welche einen besonderen Fortschritt darin erkennen,
dass Mohammedaner gegen ihre Religionsprinzipien gleichgültig
gemacht und an berauschende Getränke und dergleichen christliche
Vorrechte gewöhnt werden. Ich habe noch keineswegs den Glauben
aufgegeben, dass Lebensfähigkeit im Islam liege, welche nur durch
einen Reformator wieder hervorgelockt werden müsse.«[73] Barths
»unruhiger Sinn« verleitete ihn immer wieder zu Exkursionen und
Alleingängen, wenn die Karawane irgendwo lagerte. Deshalb konnte
er über Ortschaften und Täler berichten, die die anderen Reisenden
nur von weitem passierten.[74] Auf solchen Erkundungszügen begleitete ihn Overweg, der Gesteinsproben sammelte, die er später nach
Europa zurücktransportieren ließ.

Die mangelnde vertragliche Regelung des Schutzes durch die
Tuareg-Anführer sollte die Expedition teuer zu stehen kommen, da
sie immer wieder neu zahlen mussten, um Air überhaupt unbescha-
det zu erreichen.[75] Barth lernte Hatita bald besser kennen, und trotz
dessen Habgier, »um wieder eine Heirath mit irgend einem hübschen Amōscharh-Mädchen, einige 40 Jahre jünger als er selbst,
schliessen zu können«, fanden sich die beiden sympathisch. Hatita
schien »an meinem Verhalten im Allgemeinen Gefallen zu finden«
und auf Barth wirkte der Asgar-Chief wie ein »liebenswürdiger alter Herr«, dem er es »kaum verdenken« konnte, »dass er, in seinem
hohen Alter noch mit frischer Empfänglichkeit für die Freuden des
irdischen Daseins ausgestattet«, die Gelegenheit nutzen wollte.[76]

Am 6. Juli entdeckten die Reisenden erstmals Felsenzeichnun-
gen, nämlich »eine Gruppe zweier um ein Rind kämpfender Götter
oder Heroen mit Thierköpfen, die einen ungeahnten, eigenthümlichen, mit Aegypten verwandten – wohlentschieden *nicht* von
ägyptischen Heereszügen abhängigen – Religionstypus aufweist«.
Barth hielt das Bild für eine mythologische Darstellung der »Ein-

Felszeichnung

geborenen dieses Landes selbst«.[77] Zwar gab es Rinderdarstellungen, aber keine Kamele, was Barth in der Überzeugung bestärkte, dass die Kamele erst später in der Region heimisch wurden,[78] eine heute wissenschaftlich akzeptierte Ansicht.

Einige Tage später wurde Barth neugierig, als von einer Geisterburg die Rede war, in der er einen »Platz alterthümlicher Gottesverehrung« und bildliche Darstellungen oder sogar Inschriften vermutete.[79] Doch in dem Gelände konnte man Entfernungen leicht falsch einschätzen und sich verlaufen. Das passierte am 15. Juli 1850 ausgerechnet Barth, obwohl er unter den drei Europäern die meiste Erfahrung hatte. Er brach am frühen Morgen allein auf, weil die Tuareg aus Aberglauben wegen des angeblichen Spuks nicht mitgehen wollten. Overweg folgte ihm in einiger Entfernung, doch die beiden verloren sich aus den Augen. Barth bestieg einen Berg und stellte fest, dass Overweg nicht nachkam. Als er versuchte, das Lager allein zu erreichen, verirrte er sich. Das Wasser, das er bei sich hatte, war bald verbraucht, zu essen hatte er kaum etwas, in der immensen Hitze verließen ihn rasch die Kräfte. Overweg war mittlerweile, zu Richardsons großer Erleichterung, wieder bei der Karawane eingetroffen.

Richardson gab Anweisung, »Feuer nahe dem Lager zu entzünden und Informationen einzuholen. So wurde die Wüste um unsere Zelte erhellt.«[80] In der Nacht sah Barth tatsächlich das Feuer in der Ferne, aber er war zu geschwächt, um noch so weit gehen zu können. Er feuerte seine Pistolen ab, doch die Schüsse verhallten ungehört. Am nächsten Tag versuchte er vergebens, Schatten vor der Sonnenglut zu finden. Völlig dehydriert und entkräftet lag er auf dem Boden, als er das Geräusch eines Kamels hörte, dann einen der Tuareg-Begleiter sah, die Richardson gegen eine Belohnung von 50 Dollar zur Suche ausgesandt hatte. Mit letzter Kraft rief er um Hilfe und wurde so gerettet. Seine Begleiter hatten nicht mehr damit gerechnet, ihn noch lebend zu finden, denn er war 28 Stunden ohne Wasser in der größten Wüstenhitze gewesen. Er hatte sein eigenes Blut getrunken, seine Begleiter waren erstaunt, »weil Menschen kaum länger als 12 Stunden überleben, wenn sie sich in der Wüste während der Sommerhitze verlaufen«.[81] Barth konnte erst nach drei Tagen wieder etwas essen.[82]

Zwei Tage später erreichten sie Ghat, wo sie bei Hadj Ahmed, einem wohlhabenden Kaufmann, unterkamen. Die Stadt bestand nur aus etwa 250 Häusern, hatte aber kommerzielles Potential, das ungenutzt blieb, weil die Kaufleute von Tuat eine direkte Verbindung von Ghat nach Timbuktu verhinderten.[83] Hier offenbarte sich einmal mehr die Ungeschicklichkeit Richardsons, der einen offiziellen Brief in dem Moment vorlegte, als die bei den Verhandlungen anwesenden Chiefs bereit waren, einen Vertrag zu unterschreiben. Durch den Brief erkannten sie, dass die Briten die völlige Abschaffung des Sklavenhandels anstrebten, was alle ablehnten, auch die der Expedition wohlgesonnenen. Nun war das Misstrauen geweckt, und die »Art, wie die Verhandlung ablief, verleidete uns ganz und gar unseren Aufenthalt an diesem Orte«, erschwerte auch die Möglichkeiten für wissenschaftliche Forschung.[84] Barth war deswegen froh, als sie am 26. Juli 1850 die Stadt wieder verlassen konnten, um nach Süden in Richtung der Region Air weiterzuziehen.

Als sie bei der nächsten Siedlung Barakat lagerten, begannen die Schwierigkeiten mit verschiedenen kleineren Tuareg-Gruppen, die sie belästigten, Geschenke erpressen wollten und ihnen als Ungläubigen unverhohlen drohten, weshalb sie nachts Wache halten mussten.[85] Unterwegs taten sie sich mit einer Kel Ewey-Karawane zu-

Ghat

sammen, um größere Sicherheit zu haben. Als sie sich Air näherten, begannen die wirklichen Schwierigkeiten, vor denen sie auch die Kel Ewey-Tuareg aus Air nicht schützen konnten oder wollten.[86]

In Asiu waren sie aus dem Gebiet der Asgar-Tuareg in das der Kel Ewey übergegangen. Richardson saß dem Fehlschluss auf, sie wären nun vor den Nachstellungen durch die Asgar sicher. Im Gegensatz zu Barth ging er von einer aus Europa vertrauten Territorialität der Herrschaftsgebiete aus, als ob es sich um Staaten handelte. Auf Barths Einwände, Nomaden könnten ohne Weiteres solche mehr oder weniger imaginären Grenzen überschreiten, wollte er nicht hören, zu seinem und zum Schaden aller.[87] Tatsächlich begannen nun die Bedrohungen durch bewaffnete Gruppen, die Forderungen stellten, wieder verschwanden oder sich im Lager niederließen.[88] Gefährlich wurde die Situation, weil die ungebetenen Besucher nun immer lautstärker die Religion ins Spiel brachten und auf diese Weise versuchten, die drei Europäer von den übrigen Reisenden zu isolieren.[89]

So spitzte sich die Lage zu, »fast täglich Allarm, außer langen ermüdenden Tagemärschen erschöpfende Nachtwachen«,[90] immer wieder mussten die Reisenden zu ihren Waffen greifen. Barth gelang es endlich, Richardson davon zu überzeugen, Mohammed Boro mit einigen Geschenken von seinen Intrigen gegen die Europäer abzuhalten.[91] Er vermutete, Marabuts, islamische Gelehrte, hätten die Tuareg aufgestachelt, war sich aber sicher, dass auch eine Konversion die drei Christen nicht gerettet hätte. Schließlich ging es weniger um spirituelle als um materielle Reichtümer. »Das Boot, das wir in 3 Kameellasten mit uns führten, machte grosses Aufsehen, es sollte voll von Dollars stecken, unsere eisernen Biskuitkisten sollten voller Gold sein«, berichtete Overweg.[92]

Der Gefahr konnten sie nur entkommen, wenn sie Lösegeld bezahlten.[93] Schließlich traf eine Eskorte von Annur ein, dem Kel Ewey-Oberhaupt, um sie nach Tintellust, den zentralen Ort von Air und Wohnsitz Annurs, zu begleiten. Dort waren sie zwar sicher, konnten aber Air nicht erforschen.[94] Denn Barth war sich völlig darüber im Klaren, dass die Autorität Annurs begrenzt war und er eher ein Vermittler als ein Machthaber war.[95]

Die Siedlungsweise in den oft weit voneinander entfernten Weilern mitten in der Wüste[96] und die generelle Armut der Tuareg verwiesen sie geradezu auf Schutzgelderpressungen von Kaufleuten und Reisenden als eine Überlebensnotwendigkeit.[97] Overweg verstand das Spiel schon früh: »Es haben nämlich alle Kaufleute, welche den Sudanweg durch die Sahara ziehen, ihre Freunde unter den Tuaricks, denen sie Geschenke für jede Karawane machen, d. h. regelmässigen Tribut bezahlen und die dann für die Sicherheit haften. So haben die Gadamsier die Tripolitaner, die Leute von Bengasi, von Udschila je ihren Freund. Wer keinen Freund zu nennen weiß, von dem hat jeder Tuarick das Recht einen Tribut zu erheben, d. h. ihn auszuplündern.«[98] Barth zog historische Vergleiche, womit er das Erlebte relativieren konnte: »Das ist mir schon ganz klar, daß die Tuareg diese Freiherren und Raubritter der Wüste eine, wie ich schon bestimmt zu erkennen glaube, von Ost her eingewanderte Kriegerkaste sind, welche die einheimische Bevölkerung sich unterworfen haben, ganz in demselben Verhältniß, wie die Pelasger von den Hellenen, die Lakedemonier von den Doriern oder wie im Mittelalter die Römische Bevölkerung von den eindringenden Germanischen Stämmen unterjocht wurde.«[99] Diese Praktiken der Tuareg, sich an anderen zu bereichern, führte er nicht auf angeborene

Agades

schlechte Eigenschaften zurück, sondern auf ihre spezifischen Lebensumstände.

Am Tag nach ihrer Ankunft in Tintellust besuchten sie das Kel Ewey-Oberhaupt Annur, der zusätzlich zu den überbrachten Geschenken eine Bezahlung verlangte, wenn er selbst mit ihnen weiterreisen und sie beschützen sollte. Barth hatte, im Gegensatz zu Richardson, für Annurs Forderungen Verständnis und fand nach den Erfahrungen, die er später mit ihm machte, »dass er ein gerader, zuverlässiger Mann war«.[100] Dann kam die Versicherung von Abd el-Kadr, Sultan von Agades und nominelles Oberhaupt von Air, die Expedition stünde unter seinem Schutz, was Barth in seiner Absicht bestärkte, sich am 4. Oktober auf den Weg nach Agades zu machen.[101] Er benötigte eine Woche für die Strecke von ungefähr 180 km, von Tintellust im Zentrum Airs nach Agades am Südrand der Region, in eine Stadt, die er wegen ihrer wirtschaftlichen Bedeutung als »Schwesterstadt« Timbuktus rühmte.[102]

In Agades suchte Barth unverzüglich den Kontakt mit lokalen Gelehrten, von denen er viele Informationen über die Geschichte wie die aktuelle Lage der Stadt erhielt.[103] Er besichtigte den großen Turm[104] und suchte anschließend den Sultan Abd el-Kadr auf,

»einen sehr ausgezeichneten, aber energielosen Mann«, der sich über Barths junges Alter wunderte und sich über dessen Geschenke freute. Bei einem feierlichen Auftritt ein paar Tage später trug er stolz den blauen Bernus, den Barth ihm als Geschenk der britischen Königin übergeben hatte. Der Umstand, »dass ihr Oberherr an solch' festlichem Tage ein ihm von einem Fremden und zwar einem Christen überreichtes Gewand trug, übte einen mächtigen Einfluss auf die hier versammelten Stämme und verbreitete einen vortheilhaften Bericht weit nach Westen über die Wüste«.[105] Barth war wie befreit, als er getrennt von der großen Expedition eine Stadt Straße für Straße erkunden und zahlreiche neue Bekanntschaften schließen konnte. Insgesamt gewann er den Eindruck, dass die Bewohner von Agades, die er kennenlernte, »eine heitere, lebenslustige Gemüthsart« hatten, »und es freute mich, nicht ein einziges Beispiel von Elend zu finden«. Er interessierte sich für alles, das Essen, die Einrichtung der Häuser, das Zusammenleben von Männern und Frauen, die verschiedenen ethnischen Gruppen und das Marktgeschehen.[106]

Am 30. Oktober 1850 verließ er nach nicht ganz drei Wochen die Stadt und kehrte auf demselben Weg nach Tintellust zurück. Während Annur ihn freundlich empfing, waren seine beiden europäischen Mitreisenden deutlich reservierter, was Barth ihrer »Eifersucht« wegen seiner erfolgreichen Exkursion nach Agades zuschrieb.[107] Bislang war das Verhältnis zu Richardson trotz Barths Vorbehalten ausgeglichen und das zu Overweg störungsfrei gewesen. Doch nun schlichen sich atmosphärische Trübungen ein, als Overweg begann, sich von Barth zurückzuziehen, wovon dieser Petermann berichtete:

> »Ich bin mir bewußt, daß ich ohne den geringsten Vorbehalt von Anfang an gehandelt habe; wie ich in London für uns beide gewirkt, so habe ich in den Küstenstädten Afrikas meinen Reisegefährten wie meinen Bruder eingeführt, habe Diener, Küche und Alles gemeinsam mit ihm gemacht und die Reise in getheilter Thätigkeit nach unseren verschiedenen Kräften systematisch auszubeuten vorgeschlagen. Aber meine Zuvorkommenheit und Brüderlichkeit ist nur mit schnöder Arroganz belohnt worden, von gemeinsamer Thätigkeit hat man sich in eitler Selbstthuerei

zurückgezogen. [...] Wir sind seitdem vollkommen getrennt, haben Diener, Küche und Zelt besonders, jeder wendet sich wohin er will und wir befinden uns beide besser dabei, ohne das große gemeinsame Ziel aus dem Auge zu lassen und wo es sich schickt gemeinsam zu handeln wie wir denn wol jedenfalls zusammen den Tschad erforschen werden.«[108]

Die spätere Trennung der drei Reisenden war vielleicht auf die Missstimmung Richardsons und Overwegs zurückzuführen,[109] war aber auch in Barths positiven Erfahrungen gegründet, als einziger Europäer gemeinsam mit Afrikanern zu reisen: Er sah mehr, er fand schneller Kontakt und wenn er für seine eigene Sicherheit sorgen musste, fiel auch das leichter. Während er bislang mit seinen immer besser werdenden Arabischkenntnissen gut durchgekommen war, begann er nun, Hausa zu lernen, das er bald beherrschte, um sich in den südlicher gelegenen Regionen verständigen zu können. Aber das Verhältnis zu den beiden aus Nordafrika stammenden Dienern Muhammad und Ibrahim gestaltete sich immer schwieriger, da sie zeitweise offen gegen die Europäer intrigierten. Deswegen schätzte Barth sich um so glücklicher, im Fessan einen weiteren zuverlässigen Begleiter zu finden: Muhammad al-Gatroni. Er stand Barth fast während der gesamten Reise zur Seite, und dieser fand immer wieder Anlass, ihn lobend in seinem Bericht wie in seinen Briefen zu erwähnen. Muhammad war »ein Tebu- und Araber-Mischling, der aber von dieser Mischung nur das Beste von beiden Geschlechtern aufgenommen hatte. Seinem Äusseren nach schien er ganz ein Tēbu, ein hagerer, dunkelschwarzer Mensch mit kleinen Zügen, und das Arabisch, das er sprach, war nicht eben ganz klassisch und erregte besonders bei meinem späteren Freunde, dem Scheich el Bakai, stets grosse Heiterkeit; aber er war ein frommer Moslem, wenn auch nicht im Beten, so doch in gerader, gottgefälliger Handlungsweise. Auf ihn konnte ich mein ganzes Vertrauen setzen.«[110]

Den Ehrbegriff der Tuareg wusste Barth zu würdigen, als ihm der Kel Ewey-Anführer Annur zu verstehen gab, dass er »die Europäer für abscheuliche Barbaren hielt, weil sie in ihren Kriegen schonungslos so ungeheure Schaaren von Menschen tödten könnten und Kanonen anstatt Speer und Schwert gebrauchten; denn die letzteren hielt er für die einzigen erlaubten und eines Mannes würdigen Waffen, welche der Mensch gegen den Menschen gebrauchen dürfe. – Was würde er gesagt haben, wäre er Augenzeuge einiger unserer blutigsten Schlachtfelder, wie der von Leipzig und Waterloo gewesen! Er würde sich mit Abscheu und Verachtung von der gepriesenen Civilisation Europa's abgewendet und mit Genugthuung der Räubereien und kleinen Gefechte seines wilden Heimathlandes gedacht haben.«[111] In solchen Äußerungen machte sich Barths Fähigkeit bemerkbar, andere Kulturen nach ihren eigenen Maßstäben zu bewerten, eine Sichtweise, die man später als Kulturrelativismus bezeichnen sollte. So mahnte er auch im Reisebericht seine Leser, man dürfe die Verhältnisse in Afrika »nicht von demselben Standpunkte wie in Europa« betrachten.[112]

Bevor sie Air Richtung Südosten verließen, sahen die Reisenden die riesige Salzkarawane, die aus der Oase Bilma kam, wo das flüssige Salz in Holzformen gegossen und getrocknet wurde und dann in handlichen Blöcken auf Kamele gepackt seinen Weg nach Süden nahm.[113] Barth schätzte sie auf 3500 Kamellasten im Wert von 60.000 spanischen Talern.[114] Als die Europäer am 12. Dezember 1850 zusammen mit Annur aufbrachen, waren sie Teil dieses unabsehbar großen Zuges: »Es war ein ganzer Volksstamm in Bewegung, die Männer zu Fuss oder zu Kameel, die Frauen auf Rindern oder Eseln, mit allem Hausbedarf, ja selbst den leichten Wohnungen, Matten und Stangen, Töpfen und Mörsern, Schüsseln und Trinkschalen, – Alles in buntem Gewirre umherhängend. Eine Rinderheerde, sowie eine Heerde Milch gebender Ziegen und eine Menge junger Kameele liefen nebenher; die letzteren, in ihrer spielenden, unstäten Weise, unterbrachen oft störend die Reihen der an einander gebundenen Lastkameele. Alles war Leben und Rüstigkeit und gewährte einen überaus anregenden Anblick.«[115]

Während Barth sich bald einen Ruf als der wissbegierige Gelehrte erwarb, mit dem man sich über viele Themen unterhalten konnte, machte sich Overweg einen Namen als Arzt, denn überall kamen die Menschen mit ihren Gebrechen zu ihm. Es ist nicht ganz klar, ob Barth sich über seinen Reisegefährten lustig machte oder ob er einen wirklichen Sachverhalt berichtete, als er dessen Behandlungsmethoden beschrieb: »Gewöhnlich behandelte er seine Patienten nicht nach ihren Krankheiten, sondern nach den Tagen der Woche, an denen sie gerade kamen. So hatte er einen Tag für Kalomel, einen für Dover's Pulver, einen für Glaubersalz, einen für Magnesia, einen für Brechweinstein und die beiden übrigen Tage für andere Arzneien bestimmt.«[116] Ganz glaubwürdig klingt das nicht, zumal Overwegs eigene Berichte erhalten sind, z. B. aus Maradi: »Als Arzt, besonders für Augenkrankheiten, wurde ich viel um Rath gefragt; jeden Morgen war meine Wohnung mit Hülfesuchenden gefüllt.«[117]

Als die Gruppe am 6. Januar 1851 nachmittags Damerghu erreichte, hatte sie die Wüste hinter sich gelassen und die Region erreicht, die die Wüstenbewohner als den »bilad as-Sudan« bezeichneten, das Land der Schwarzen. Einen ersten Eindruck, dass sie eine andere Zone betraten, vermittelte der Anblick der Felder: »Hier nun hatten wir endlich eine fruchtbare Region des Innern Afrika's erreicht, die nicht allein ihre eigene Bevölkerung ernähren kann, sondern selbst jetzt bei wenig Industrie genug erzeugt, um fremde Länder zu versorgen.« Die Region war nicht nur wissenschaftlich interessant, sondern Barth meinte, dass sie »in der zukünftigen Geschichte der Menschheit von der höchsten Wichtigkeit werden dürfte«.[118] Der Wandel der Landschaft war auch an den Getreidespeichern abzulesen, die überall zu sehen waren.[119] In Tághelel, einem der Orte in Damerghu, nachdem sie von Tripolis 3640 km zurückgelegt hatten,[120] entschlossen sich die drei Europäer am 10. Januar, zunächst getrennte Wege zu gehen, denn Richardson wollte unbedingt Richtung Südwesten zuerst die Hauptstadt des Fulbereiches von Sokoto besuchen und dann erst nach Kuka weiterreisen. »Der Abschied war emotional; denn in Zentralafrika können Reisende, die sich voneinander trennen und ihrer Wege gehen, kaum damit rechnen, sich wieder zu sehen«, notierte Richardson, den die beiden anderen zum letzten Mal sahen.[121] Overweg wollte Gober kennenlernen, Barth aber strebte über Zinder direkt nach Bornus Hauptstadt Kuka.

Annurs Bruder Eleidji, »eine höchst wohlgefällige Erscheinung, ein wohlwollender alter Herr«, erklärte sich bereit, Barth nach Kano zu führen.[122] Dieser pries sich »im höchsten Grade glücklich, als ich einmal wieder zu Pferde saß«, statt auf dem Kamel zu reiten.[123] Vor allem war er froh, den ganzen Tross und das Gepäck der Expedition erst einmal los zu sein und auf seine europäischen Begleiter keine Rücksicht mehr nehmen zu müssen.

Allmählich näherte sich Barth dem Zentrum der Textilindustrie mit ihren zahlreichen Baumwollfeldern. »Überaus erfreulich unterbrachen sie die Einförmigkeit der Kornfelder und verliehen der Gegend einen heiteren Schmuck.«[124] In der Stadt Tessaua war er beeindruckt vom Marktgeschehen: »Die wenigen Lebensfunken, die noch in Agades glimmen, sind in der That fern davon, mit diesem Handelsleben einen Vergleich auszuhalten.«[125] Auch Diebesgut wurde feilgeboten: »Es machte uns nicht geringen Spass, das rothe Tuch, welches aus meinen Ballen im Thale Afis gestohlen worden war, hier zum Verkauf ausgeboten zu sehn.«[126]

Barth gefiel es im Sudan, wie seine von Sympathie getragenen Beschreibungen des Lebens der Bewohner offenbaren: »Überall waren mir die unverkennbarsten Beweise der behaglichen, freundlichen Lebensweise der Eingeborenen vor die Augen getreten. [... D]ie ganze Wohnung von weitspannenden Bäumen beschattet und durch eine Menge Kinder, Ziegen, Hühner, Tauben in gemüthlicher Unordnung belebt, während da, wo etwas Wohlstand erworben ist, ein Pferd oder ein Packochse zu der lebendigen Staffage der Wohnstätte hinzukommt. Mit diesem behaglichen Charakter der Wohnungen ist derjenige der Bevölkerung selbst in vollständiger Übereinstimmung: ein heiteres Temperament, welches das Leben freudig geniesst, eine sanfte Zuneigung zum weiblichen Geschlecht und Lust zu Gesang und Tanz, aber Alles ohne widerlichen Excess.«[127]

Die nächste große Stadt, die Barth besuchte, war Katsena, womit er auch das Herrschaftsgebiet der Fulbe von Sokoto betrat.[128] Er schätzte, dass die Stadt im 17. und 18. Jahrhundert die Metropole der Region mit einer Einwohnerzahl von bis zu 100.000 gewesen war, während sie jetzt nur 7.000-8.000 Bewohner zählte.[129] In Katsena machte er dem Statthalter des Sultans seine Aufwartung, stieß aber auf allerhand Schwierigkeiten, weil er so verarmt war, dass er ihm kein angemessenes Geschenk geben konnte.[130] Als er endlich durch Kredite Präsente erworben hatte, mit deren Hilfe er sich aus einer faktischen Geiselhaft freikaufen konnte, ging es weiter nach Kano. Die Stadt war das kommerzielle Zentrum des Hausalandes,[131] während Sokoto die politische Kapitale der den Hausa übergestülpten muslimischen Fulbe-Herrschaft war. Kano war das »afrikanische London«, und allein der Name rief »bei jedem Reisenden in diesen Gegenden, aus welcher Himmelsrichtung er

auch kommen mag, Enthusiasmus« hervor.[132] Der Verkehr
wurde dichter, je näher Barths
Reisegruppe der Stadt kam.
»Beinahe alle Leute, die uns
begegneten, grüssten aufs
Freundlichste und mit einneh-
mender Gemüthlichkeit; namentlich ergötzte mich der
Gruss; ›bárka, ssanū ssanū,
hm! hm!‹ – ›Segen über euch!
gemach, gemach, ei! ei!‹ – Aber
wer vermöchte die vielseitige
schöne Bedeutung des Wortes
›ssanū‹ wiederzugeben, wie es
Geduld und Hoffnung zugleich
ausspricht, ein Trostwort im

Muhammad al-Gatroni

Unglücke, ein zur Demuth ermahnendes Wort im Glücke!«[133]

Schließlich erblickten die Reisenden in der Ferne die beiden charakteristischen Hügel, um die herum Kano ausgebreitet lag, dessen
Einwohnerzahl Barth auf 30.000 schätzte.[134] In Kano stellte sich
dasselbe Problem wie in Katsena, dass Barth dem Stellvertreter des
Sultans in der Stadt kein angemessenes Geschenk überreichen
konnte. Erneut musste er sich verschulden, u. a. bei dem allgegenwärtigen Mohammed el-Sfaxi, dem Freund Gagliuffis. Nach einem
krankheitsbedingten Aufenthalt von mehr als einem Monat brach
der immer noch fiebernde Barth am 9. März 1851 Richtung Bornu
auf. Seinen tunesischen Diener Muhammad, den er als Tunichtgut
erlebt hatte, entließ er in Kano, reiste dann aber nur noch mit dem
verlässlichen Muhammad al-Gatroni und zwei weiteren Begleitern.[135] Die Provinz Kano, d. h. das Umland der Stadt, durch das sie
Richtung Osten reisten, war nach Barths Einschätzung »eine der
fruchtbarsten der Welt«, und die Stadt war durch die Baumwollpro-
duktion und -verarbeitung reich geworden. Den Grund für den
Reichtum sah Barth in der Produktionsweise in Familienbetrieben
statt, wie in Europa, in Fabriken, wo sie »den Menschen zur nied-
rigsten Stellung hinabdrückt«. Der erzeugte Reichtum verteilte sich
nämlich gleichmäßig auf die beteiligten Familien, weshalb er Kano

James Richardson

»eines der glücklichsten Länder der Welt« nannte.[136]

Aber es gehörte nicht zu den sichersten, vielmehr war der Weg, den Barth nun beschritt, gefährlich wegen Straßenräubern, weshalb ihm die schwache Begleitung, die er hatte, Sorgen bereitete. Immerhin bekam er vom Statthalter einen Soldaten zur Sicherung bis an die Grenze der Provinz.[137] Der Weg führte keineswegs nur durch Naturräume oder Kulturlandschaften, sondern Barth stieg in Städten ab, wie in Gummel, wo er neue Kontakte knüpfte und Informationen über Land und Leute, Geschichte und Geographie sammelte.[138]

Nachdem er die Grenze zu Bornu überschritten hatte, stellte er fest, dass dieses Land wirtschaftlich eine geringere Dynamik als das Hausaland aufwies. Auf dem Weg nach Kuka begegnete ihm ein Araber, wie sich herausstellte ein reisender Gelehrter, namens Issmail aus Marokko. Er teilte ihm mit, dass Richardson verstorben sei.[139] Barth machte einen Umweg, um dessen Grab zu besuchen. »Die Grabstätte des Christen war mit Gefühl unter einem dieser schönen Bäume gewählt […] Die Eingeborenen wussten sehr wohl, dass es ein Christ sei, der hier gestorben, und betrachteten das Grab mit einer Art Verehrung.«[140]

Der Reisende schätzte sich glücklich, als er eines Abends »den fröhlichen Ton von Tanz und Gesang« hörte und auf ein »Wanderdorf glücklicher Hirten« stieß. Wie sich herausstellte, waren es Fulbe, »die uns ein herzliches Willkommen boten, nachdem sie uns als harmlose Reisende erkannt«.[141] In der Nähe eines Dorfes wurde er von seinem Zelt aus Zeuge eines lautstarken und gewalttätigen Ehestreits. »Ich muss aber der Wahrheit die Ehre geben und bekennen, dass ich während meiner Reisen im Lande der Schwarzen nur

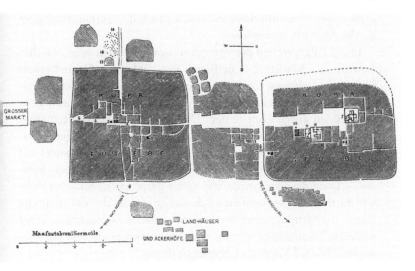

Grundriss von Kuka

höchst selten so widerliche Scenen zu erleben hatte.«[142] Dies war
sein letztes Nachlager vor Kuka, der Hauptstadt Bornus, dem Ziel
der Reise, das er am 2. April 1851 erreichte, etwa ein Jahr später als
ursprünglich geplant.

Abermals betrat Barth völlig verarmt eine Residenz und sah sich
mit dem Problem konfrontiert, dem Herrscher ohne passendes
Gastgeschenk seine Aufwartung machen zu müssen – und dazu
noch als der erste Angehörige einer Expedition, in die der Sultan
von Bornu große Hoffnungen setzte. Ähnlich wie Mursuk war auch
Kuka so angelegt, dass eine zentrale Straße, der Dendal, vom westlichen Stadttor durch die Stadt zum Palast des Sultans führte. Barth
war von den prächtig gekleideten Reitern und den Gebäuden beeindruckt. Als er den Dendal entlang ritt, wurde er von einem hoch-
rangigen Beamten, der von Abd el Kerim gehört hatte, in Empfang
genommen und zu Hajj al Bashir ben Ahmed Tirab, dem mächtigen
Vezir des Sultans, gebracht. In ihm fand er den eigentlichen Machthaber, »eine grosse, kräftige Gestalt mit offenen, wohlwollend und
lebenslustig lächelnden Zügen, denen nur die hellschwarze Farbe
und die Einschnitte [Schmucknarben] einen fremdartigen Charakter gaben«.[143] Der Vezir sah über Barths Armut hinweg, ließ ihm ein

geräumiges Haus anweisen und wollte gleich den Sultan selbst über Barths Ankunft informieren.

In der Folgezeit lieh der Vezir ihm sogar Geld, was zeigt, welches Gewicht die Machthaber in Bornu der englischen Gesandtschaft beimaßen. Denn sie fürchteten die Eroberungsgelüste der Osmanen, die ihre Herrschaft in Libyen festigten und ihre Macht gern nach Süden ausgedehnt hätten. Da kamen die Abgesandten einer fremden Großmacht gerade recht und die beiden mächtigen Männer Bornus hatten hochgespannte Erwartungen an den Handel mit den Briten, wobei sie insbesondere auf Waffenlieferungen hofften.[144] Doch darüber wurde erst später gesprochen, zunächst richtete Barth sich in seiner neuen Behausung ein, die als »das englische Haus« das Hauptquartier der Reisenden und Ausgangspunkt ihrer weiteren Exkursionen werden sollte und auch noch dem nachgesandten Eduard Vogel als Unterkunft diente.[145]

In den ersten Tagen in Bornu erhielt Barth Besuch von den zahlreichen Gläubigern Richardsons, wozu insbesondere dessen Diener zählten.[146] Am nächsten Tag kratzte Barth die wenigen schenkenswerten Gegenstände zusammen, die er noch hatte und ging für seinen Antrittsbesuch zum Sultan und dessen Vezir. Umar war 36 Jahre alt, der älteste Sohn des Dynastiegründers Mohammed el Kanemi. Wie sein Vater bevorzugte er den Titel Shehu (Scheich) statt des Herrschertitels Sultan. Barth fand in ihm einen »höchst einfachen, wohlwollenden und selbst aufgeweckten Mann«.[147] Erfreut entdeckte Barth, dass der gesamte Besitz Richardsons, einschließlich seiner Tagebücher und Sammlungen, gerettet worden war und sich im Besitz des Vezirs befand, der ihn aber erst nach etwas energischeren Forderungen wieder herausrückte.[148] Nach der eher formellen Audienz folgte ein zwangloses Gespräch mit dem Vezir, der vielseitig interessiert war und Barth Unterstützung und Schutz in gewünschtem Umfang zusagte; »bezaubert von dem umgänglichen Wesen des Ministers und voll der besten Hoffnungen für mein Unternehmen zog ich mich erst nach Mitternacht zurück«.[149]

Unter diesem Eindruck hielt er fest: »Auch in diesen Gegenden Central-Afrika's schliesst sich allmählich ein reges Leben auf, ein Kämpfen und Ringen der Völker und Stämme, der politischen Verfassungen und des Glaubens.«[150] Neben den gelehrten Gesprächen mit Mekkapilgern, reisenden Scholaren und Kaufleuten fand Barth

Ufer des Tschadsees

Zeit, die Stadt Kuka zu erkunden und, wie er das in allen Städten tat, das Marktgeschehen zu beobachten. Dabei stellte er fest, dass Kuka eigentlich aus zwei ummauerten Städten bestand, die sich in geringer Entfernung voneinander befanden, wobei der Palast des Sultans im östlichen Teil stand, während das »englische Haus« in der westlichen Stadt war. Insgesamt fiel Bornu in seiner Bewertung gegenüber dem Hausaland in jeder Hinsicht ab: Die Hausasprache war schöner und ausdrucksstärker, die Menschen, insbesondere die Frauen, im Hausaland sahen besser aus, ja selbst das Marktgeschehen Bornus hatte »einen dumpferen Charakter«, wie das ganze, weitgehend flache Land weniger reizvoll war. Die Hausa waren geschäftiger und aktiver, in Bornu fehlte die Textilindustrie, die Kano und andere Städte reich gemacht hatte.[151] Aber immerhin hatte der Markt von Kuka den großen Vorteil, dass die Waren deutlich billiger waren als im Hausaland.[152]

Noch bevor Overweg eintraf, unternahm Barth einen Ausflug zum Tschadsee: »Ich habe [ihn] mit eigenen Augen gesehen, ja mit eigenen Gliedern gefühlt, denn zwei Tage lang bin ich kaum aus dem Wasser herausgekommen. Freilich hat nun wie das fast immer der Fall zu sein scheint, das Ding an seiner Großartigkeit verloren,

aber dafür an Wahrhaftigkeit gewonnen. Was ich wol mit Ihnen für
einen großen offenen See gehalten, hat sich mir als ein ausgedehn-
tes Sumpfgewässer zu erkennen gegeben.«[153] Wie er bei verschiedenen Besuchen des Sees herausfand, »entspricht der Charakter des
Tsad dem einer ungeheueren Lache, welche ihre Ufer jeden Monat
ändert, die daher nie mit Genauigkeit auf einer Karte angegeben
werden kann.«[154] Seine Zeit nutzte er, um brieflich neue Kontakte
zu schließen, etwa zu dem britischen Gelehrten William Desborough Cooley,[155] dessen 1841 erschienenes Buch »The Negroland of
the Arabs« er sehr schätzte. Endlich traf Overweg am 7. Mai 1851
ein; er war über Maradi und Gober gereist, zwei »heidnische«
Hausagebiete, wo er sehr gastfreundlich aufgenommen worden war,
wie er seiner Schwester schrieb: »Als ein aus dem weit entfernten
Lande der Christen gekommener Besucher wurde ich mit der
äußersten Freundlichkeit vom Sultan und den Einwohnern aufgenommen, und ich wurde bald mit ihnen bekannt, da ich im Stande
war, mich mit ihnen zu unterhalten. Ich machte mich mit ihren
Sitten und Gebräuchen wohl bekannt und vermochte ihnen dagegen eine Idee von den Christen zu geben. Sie schienen alles zu
begreifen und waren der Bewunderung voll von den mannichfachen
schönen Dingen und Bequemlichkeiten, die man bei uns genießt.
Eins nur konnten sie nicht begreifen, nämlich daß ein Mann nur
mit einem Weibe zufrieden sein solle.«[156] Overweg verfügte über
die Gabe, schnell in Kontakt zu kommen, und war offenbar so offen
und freundlich, dass er binnen kurzer Zeit beliebt war.

Er hatte auch beobachten können, wie die Herrscher von Gober
und Maradi erfolgreich die Fulbe von Sokoto zurückdrängten und
verlorenes Terrain zurückgewannen. »Die Sultane von Mariadi und
Gober führten gemeinsam mit jährlich wachsendem Glück die
Raubzüge; alle Anstrengungen des Sultans von Sockatu, das nur 6
Tagereisen von seiner Hauptstadt entfernte Mariadi zu nehmen,
waren vergeblich, die günstige Lage der grossen Stadt in dem dicht
bewaldeten Wadi, die grosse Geschicklichkeit der Assena im Bogen-
schießen schlugen alle Angriffe ab.«[157] Die Entfremdung zwischen
Barth und Overweg konnte offenbar nach dem Tod Richardsons
überwunden werden, denn der Geologe berichtete: »Ich hatte die
Freude Dr. Barth, der mir entgegengeritten, in bester Gesundheit
wiederzusehen.«[158]

In den folgenden Monaten diente Kuka den beiden Reisenden als eine Art Hauptquartier, »von wo aus uns die Afrikanische Welt nach allen Seiten offen erscheint«.[159] Overweg baute das mitgeführte Boot mit Hilfe von »arabischen Schreinern« zusammen, taufte es dem britischen Außenminister zu Ehren »Lord Palmerston«[160] und erkundete damit den Tschadsee und inbesondere die »heidnischen« Bewohner auf dessen Inseln, die Buduma. »Ich suchte die Böte der Biddumas auf, bestieg sie und befreundete mich bald mit den Leuten; sie zeigten sich gleich bereit, mich mit in ihr Land zu nehmen.«[161] Die Buduma bewunderten das englische Boot und seine große Manövrierfähigkeit auch bei widrigen Windverhältnissen.[162] Allerdings war der Empfang im nördlichen Teil des Sees nicht so freundlich und es kam sogar zu Kämpfen, bei denen Madi, ein afrikanischer Angestellter der Expedition, schwer verletzt und dauerhaft behindert wurde.[163] Obwohl Barth noch nicht offiziell zum Nachfolger Richardsons ernannt war, begann er, mit dem Sultan und seinem Vezir erste Gespräche über einen Handelsvertrag aufzunehmen, die erst 1852 zum Abschluss kommen sollten.[164]

Vier Reisen in die Nachbarländer Bornus

Barth selbst unternahm von Kuka aus vier Reisen. Am 29. Mai 1851 brach er nach Süden in Richtung Adamaua auf, in eine Region, von der er bereits erfahren hatte, dass sie gebirgig sei und von einem Fluss namens Faro durchzogen werde, der seinerseits in den Benue münden sollte. Begleitet wurde er von Bíllama, einem Offizier und Abgesandten des Sultans von Bornu, was sich für den Verlauf der Reise als fatal erweisen sollte, da es den Anschein erweckte, als verfolge Barth politische Absichten im Interesse von Sultan Umar. Dessen ungeachtet verdankte Barth Bíllama, »dessen Fürsorge ich nicht genug rühmen kann«,[165] viele Informationen über Land und Leute. Adamaua war die am weitesten nach Osten vorgeschobene Provinz des Sultanats von Sokoto und gleichzeitig die Konfliktzone zwischen den Muslimen, wobei die Fulbe den Islam nach Süden ausbreiteten, und denjenigen Afrikanern, die traditionellen Glaubensvorstellungen anhingen. Weil sie in den Augen der Muslime »Heiden« waren, durften sie versklavt werden, so dass Krieg und

Sklavenjagden kaum voneinander zu unterscheiden waren. Wie Barth feststellte, gab es keine eindeutige Grenze, da Fulbe inmitten der »Heiden« lebten und es umgekehrt in Gebirgen Rückzugsgebiete von Nicht-Muslimen gab, die aber bereits von islamisierten Bevölkerungsgruppen umgeben waren. Der ursprüngliche Name des Gebietes war Fumbina, aber nach dem Fulbe-Eroberer Adama wurde die Provinz nun mit ihrem neuen Namen belegt.

Auf dem Marsch nach Süden sah Barth viele Affenbrotbäume, die in Bornu Kuka genannt wurden und nach denen die Hauptstadt des Landes benannt war. Das Flachland in der Umgebung Kukas ließen er und seine Begleiter bald hinter sich, denn sie näherten sich einer Bergkette, über die heute die Grenze zwischen Nigeria und Kamerun verläuft. Hier fiel ihm ein Unterschied in der Siedlungsweise der Muslime und der Nicht-Muslime auf: Die letzteren »scheinen im Allgemeinen nicht in bestimmt abgegrenzten Dörfern und Städten, wo die Häuser dicht bei einander liegen«, zu wohnen, »sondern vielmehr in einzelnen Meiereien und Gruppen von Hütten, deren jede eine Familie einschliesst; somit dehnt sich eine solche weit auseinander liegende Ortschaft über einen bedeutenden Strich Landes aus, wo dann das Ackerland eines jeden Mannes sich rund um seine Hütte umherreiht.«[166] Der Südosten war die am weitesten zu den Nicht-Muslimen vorgeschobene Provinz des Sultanats Bornu. Barth beobachtete traditionelle Gebräuche, heilige Haine und sah die nichtmuslimische Bevölkerung wegen ihres religiösen Glaubens auf einer niedrigen Stufe der Entwicklung, der »rohen Naturanbetung, auf welcher die Hellenen standen, ehe sie vom Baum- und Steinkultus zur Verehrung selbstgeschaffener bildlicher Idole übergingen«.[167] Er orientierte sich an zivilisatorischen Stufenmodellen, in diesem Fall an der Religion ausgerichtet, wobei ihm der Monotheismus als die höchste Stufe galt. Er verbarg nicht seine Bewunderung für die »Schönheit und Regelmäßigkeit« ihrer Körper.[168] »Diese einfachen Leute fanden nicht wenig Vergnügen daran, als sie sahen, wie lebhaftes Interesse ich an ihren Formen nahm; aber während sie mein Wohlgefallen gern sahen, betrugen sie sich sehr anständig und erschraken, als ich mich unterfing, sie zu zeichnen.«[169] Immerhin konnte er von ihrer ihm gänzlich unbekannten Sprache ein Vokabular von 200 Wörtern sammeln.[170] Südlich der Mandara-Berge betrat die kleine Reisegruppe Adamaua, ein

Taepe

Gebiet, das heute auf die beiden Staaten Nigeria und Kamerun verteilt ist. Diese Provinz war »ein Mohammedanisches Königreich, auf eine mannichfaltige Reihe heidnischer Stämme aufgepfropft«.[171] Barth begann nun auch die Fulbe-Sprache zu lernen.[172]

Yola, die Hauptstadt Adamauas, lag südlich des Benue, des größten Nebenflusses des Niger, dessen genauer Verlauf und Zusammenhang mit den Flusssystemen Afrikas aber nicht bekannt waren. Tatsächlich kam er an »der interessantesten Stelle«[173] an den Fluss, nämlich am Taepe, der Stelle, wo der Faro, der größte südliche Nebenfluss, in den Benue mündete. »Seit ich Europa verlassen hatte, hatte ich keine so großen und imposanten Flüsse gesehen.«[174] Als Hamburger war er »am Ufer eines grossen schiffbaren Stromes geboren« und hatte sich sein Leben lang für Flüsse interessiert und sie erforscht.[175] Darum war er von dem Anblick begeistert: »Eine neue Welt lag vor mir, voll von anregenden Bildern der vielfältigen Schöpfung und den wunderbaren Schicksalen der in so mannichfaltigen Geschlechtern über ihre Gefilde zerstreuten Menschheit.«[176]

Mit der Entdeckung des Benue und der Klärung der hydrographischen Zusammenhänge der Region hoffte Barth auf den baldi-

gen Beginn eines mit Dampfschiffen eröffneten, direkten kommerziellen Kontaktes mit Europa, von dem er wünschte, er könnte die
Sklavenjagden durch die sich nun eröffnenden Alternativen beenden, »welche die natürlichen, selbst im einfachen Leben der Heiden
entwickelten Keime menschlicher Glückseligkeit zerstören und
Wüstenei und Wildniss rund umher verbreiten«.[177]

Nach dem Besuch der Hauptstadt Yola, wo er dem Gouverneur
Mohammed Loel seine Aufwartung machen musste, wollte er weiter nach Süden reisen, um das Land genauer kennenzulernen. Yola
selbst fand er enttäuschend, die Stadt hatte im Gegensatz zu den
meisten anderen keine Stadtmauer, vor allem aber »entbehrt auch
das ganze Bild der Stadt jenes herrlichen Baumschmuckes, der so
vielen anderen Städten dieser Landschaften ungeachtet ihrer ein-
förmigen niedrigen Bauweise einen so malerischen Anblick
verleiht«.[178] Während die Volksmenge, die sich neugierig um den
Fremden drängte, auf mehrere hundert Menschen anschwoll, wurde
Barth erst zwei Tage später zum Gouverneur vorgelassen. Die Audienz ließ sich gut an, bis Bíllama, der Offizier Bornus, der Barth
begleitet hatte, offizielle Briefe vorlegte, von deren Existenz Barth
nichts gewusst hatte. In diesen Briefen »wurde das umstrittene
Grenzgebiet einmal mehr in einer ziemlich energischen Weise be-
ansprucht«, was das Misstrauen des Gouverneurs weckte.[179] Dieser
reagierte mit einem Zornesausbruch und verdächtigte den Reisenden, ganz andere Absichten zu verfolgen, als er in der Audienz
vorgegeben hatte.[180] Er wurde weggeschickt und erhielt später die
Order, unverzüglich Adamaua zu verlassen und nach Bornu zurückzukehren. Der Bruder des Gouverneurs, mit dem Barth auf
gutem Fuß stand, musste ihm zu seinem eigenen Bedauern diese
Nachricht bestätigen. »In dem ganzen Wesen dieses Mannes lag ein
so sanftes, theilnehmendes Gefühl, wie man es bei dem männlichen
Theile der Eingeborenen Afrika's selten findet«, so dass Barth ihm
seinerseits keine harte Antwort geben konnte, sich aber weigerte,
dem Gouverneur die für ihn bestimmten Geschenke auszuhändi-
gen, und abreiste.[181]

Für Barth kam dieser Befehl, sofort das Land zu verlassen, nicht
zuletzt deswegen sehr ungelegen, weil er erkrankt war und sich nur
mit Mühe im Sattel halten konnte. Immerhin trösteten ihn die
Sympathiekundgebungen der Bewohner Yolas, weil sie die Hand-

lungsweise ihres Oberherrn bedauerten. Der Hamburger stellte dabei fest,»dass unter den Fulbe ein ansehnlicher Grad republikanischen Geistes herrscht und dass sie im Allgemeinen die Manieren und Sitten freigeborener Männer an sich tragen«.[182]

Auf dem Rückweg musste er wieder den Benue überqueren, der mittlerweile einen deutlich höheren Wasserstand hatte. Wohin Barth auch kam, wurde er freundlich aufgenommen, ein Mann brachte ihm sogar ein Gazellenfell als Dank, weil er ihn auf der Hinreise erfolgreich medizinisch behandelt hatte.[183] Barth selbst war durch permanentes Kranksein geschwächt, aber er stellte fest, dass auch die Afrikaner an chronischen Krankheiten litten, die er mit der Regenzeit in Verbindung brachte.[184] Immer wieder saßen Trauben von Besuchern in seiner Unterkunft, die ihn bestaunten, sich ärztliche Hilfe erhofften oder mit ihm sprechen wollten. Barth konnte auch seine Freude an Musik befriedigen und setzte sich abends trotz seines schwachen Zustandes ins Freie,»um den Schall von Musik und Tanz, der von der gegenüberliegenden Seite des Dorfes herkam, zu geniessen«.[185] Er beobachtete wie immer »das ausgedehnte Marktleben in diesen Gegenden, wo sich der Europäer gewöhnlich nichts als Abgeschlossenheit und die roheste Barbarei vorstellt«.[186]

Zurück in Kuka berichtete Barth zuerst dem Vezir von seiner Reise und informierte dann die britische Regierung über die Resultate, was ihm »das Zutrauen Lord Palmerston's« einbrachte,[187] denn bald darauf wurde ihm die weitere Leitung der Expedition übertragen. Die am 7. Oktober 1851 ausgesprochene Ernennung zum neuen Direktor mit weitreichendem Entscheidungsspielraum über die weiteren Ziele der Reise erhielt er allerdings erst Monate später.[188] Am 21. August kündigte er Palmerston seinen und Overwegs bevorstehenden Aufbruch in das Gebiet nördlich des Tschadsees an.[189]

Weil Barth krank von seiner Reise zurückgekommen war und die einsetzende Regenzeit in Bornu seinen Zustand nicht verbesserte, drängte der Vezir die beiden Deutschen, vorübergehend in trockenere und gesündere Regionen auszuweichen, und arrangierte für sie, dass sie mit den Uelad Sliman, ursprünglich von der Syrte stammenden Arabern, nach Kanem ziehen sollten, mit dem Ziel, das nordöstlich des Sees liegende Wadi Bahr el Gazal (Tal der Gazellen) zu besuchen.[190] Der Sultan bzw. sein Vezir instrumentalisierten die

Uelad Sliman, um das expandierende Reich Wadai zu bekämpfen, das sich bereits Kanem auf der Ostseite des Tschadsees einverleibt hatte. Es war das ursprüngliche Kernland Bornus, dessen Macht dadurch beträchtlich geschrumpft war, da es von Wadai im Osten und Sokoto im Westen bedrängt wurde.

Am 11. September 1851 brach Barth zunächst allein mit seinen afrikanischen Begleitern auf, denn er brauchte Zeit, um sich gesundheitlich zu regenerieren und wieder an das Leben auf Reisen zu gewöhnen. »Ich war froh, der Einförmigkeit und Enge der Stadt enteilt zu sein; denn Nichts in der Welt macht mich so glücklich, als eine weite offene Landschaft, ein bequemes Zelt und ein schönes Pferd.«[191] Bei der Stadt Yo überquerte er den Komadugu, den größten westlichen Zufluss zum Tschadsee.[192] Die Uelad Sliman und Overweg holten ihn erst am 18. September ein.[193] Auf dem Weitermarsch nördlich des Komadugu bemerkten die beiden Deutschen rasch, dass die Herrschaft von Bornu hier prekär und das Land faktisch in der Hand von »Freibeutern« war, selbständigen Gruppen wie den Uelad Sliman oder den Tuareg, die von Raub und Überfällen lebten.[194] Der Tschadsee, den sie öfter erblickten, bot sich als ein dicht bewachsenes Marschland dar. Nur selten sahen sie offene Wasserflächen, dafür aber häufig Elefanten bzw. deren Spuren.[195] Erst am 30. September erreichten sie das Lager der Uelad Sliman, wo sie willkommen geheißen wurden.[196]

Die beiden Deutschen mussten schnell erkennen, dass die Lage der Uelad Sliman in der Region keineswegs sicher war, denn sie waren durch Kämpfe stark zusammengeschmolzen und standen unter der Führung eines jungen, draufgängerischen, aber unerfahrenen Oberhauptes.[197] Prompt erklärten dieser und sein Onkel sich außerstande, den Wunsch der Deutschen zu erfüllen, sie zum Bahr el Gazal zu führen, da sie mit allen in Kanem wohnenden Gruppierungen verfeindet waren, deren Land sie hätten durchqueren müssen, um zu dem Tal zu kommen.[198] Als ein Abgesandter des Sultans von Bornu, der sie begleitet hatte, wieder umkehrte, schloss sich ihm die Mehrheit der Uelad Sliman – einschließlich des Onkels des Chief – an, was die Situation nicht verbesserte.[199] Auf der Weiterreise wurden sie immer wieder von Einheimischen aus Hinterhalten attackiert, und der immer noch kranke Barth fiel einmal vor Erschöpfung ohnmächtig vom Pferd.[200] Schließlich griffen die Bewohner Kanems sie ernst-

Kanem-Krieger, die Barths Gruppe angriffen

lich an und drangen bis in die Nähe des Lagers vor, wo Barth krank in seinem Zelt lag. Overweg sprang aufs Pferd und floh, Barth raffte sich auf und konnte mit Hilfe seines Begleiters noch rechtzeitig davon kommen.[201] Das Lager wurde geplündert, vor allem die Habseligkeiten der Europäer, doch konnten sie einiges zurückerhalten und Barths Aufzeichnungen retten.[202]

Ein weiteres Vordringen nach Kanem oder zum Bahr el Ghasal kam nun nicht mehr in Frage, Barth und Overweg entschlossen sich zur Rückkehr nach Kuka, da sie von den Uelad Sliman, deren wenig koordiniertes Vorgehen sie zur Genüge hatten beobachten können, keine wirkliche Unterstützung erwarten konnten.[203] Am 14. November trafen sie wieder in Kuka ein, die Expedition war nicht sehr erfolgreich gewesen, zumal Barth wegen seiner ständigen Erkrankung kaum imstande gewesen war, die wichtigsten Aufzeichnungen in seinem Tagebuch vorzunehmen.

Die beiden Reisenden trafen den Sultan und den Vezir kurz vor dem Aufbruch zu einem Kriegszug nach Süden und ergriffen unverzüglich die Gelegenheit, sie zu begleiten. Es war ihnen klar, dass diese Expedition eine Sklavenjagd war. Das Musguland war, wie Barth dann herausfand, keineswegs gebirgig, sondern »ein völlig flaches Land«.[204] Unterwegs führten die beiden viele Gespräche mit

dem Vezir, der an allem interessiert war, was die Reisenden ihm
erzählten. So war er sehr erstaunt, als Barth ihm von der ausgedehnten Macht des Sultans von Oman an der Ostküste Afrikas
berichtete.[205] Über das Bahr el Ghazal »entspann sich eine wissenschaftliche Disputation, welche gewiss allen Hohn über die verwahrloste Bevölkerung dieses Welttheiles hätte zum Schweigen
bringen können«.[206]

Wie immer nutzte Barth jede Gelegenheit, im Land umherzuschweifen und auf eigene Faust Siedlungen und Gegenden kennenzulernen, die der Hauptzug des Sultans nur streifte, der nach einigen Tagen mehr als 20.000 Mann, 10.000 Pferde und die gleiche
Anzahl Lasttiere umfasste.[207] So untersuchte er in Marte und Díköa
das Marktgeschehen.[208] Da es nachts kalt wurde, konnten Barth und
Overweg ihren Freunden »mit unseren wollenen Unterjacken und
Unterhosen« aushelfen. »In der That war es vergnüglich, zu sehn,
wie der Scheich seinen Minister beneidete, als er eines Tags seine
Arme mit einer eng anschliessenden, behaglich warmen Unterjacke
bekleidet sah, und er ruhte nicht eher, bis auch er ein so warmes
Kleidungsstück von uns erhalten hatte.«[209]

Weil das Heer des Sultans über keine eigene Versorgung verfügte, bediente es sich bei den Einwohnern des durchzogenen Landes und trieben die Reiter ihre Pferde in die Getreidefelder.[210] Shehu
Umar selbst kehrte, nachdem sich der Chief von Mandara zur Unterwerfung bereit gezeigt hatte, mit dem kleineren Teil der Truppen
nach Kuka zurück, während der Vezir weiter nach Musgu ziehen
wollte, um dort Sklaven zu jagen.[211] Die Muslime hatten vergleichsweise leichtes Spiel mit den »Heiden«, weil diese politisch sehr
zersplittert und nicht zu einer koordinierten Verteidigung in der
Lage waren.[212] Barth bedauerte, dass er gezwungen war, »die Gesellschaft dieses Heeres schonungsloser und blutgieriger Sklavenjäger
zu suchen, welche, ohne Gefühl für die Schönheit des Landes und
das behagliche Lebensglück seiner Bewohner, nur darauf bedacht
waren, sich mit dem Raube desselben zu bereichern«.[213] Während er
die mutigen Musgu rühmte, sprach er abschätzig von der Armee
Bornus als einem »feigen Tross«[214] und war überzeugt, »dass ein
muthiger Überfall von einigen hundert entschlossenen Kämpen
diese ganze eitle und feige Schaar über den Haufen geworfen haben
würde«.[215] Bezeichnenderweise berichteten versklavte Musgu, sie

Musgu-Land

hätten mehr Angst vor den fremdartigen Kamelen als vor den Bornu-Kriegern.[216] Bis zum Abend hatte die Armee 1000 Menschen gefangen und versklavt, wobei 170 Männer abgeschlachtet wurden.[217]

Am Logone-Fluss erkannte Barth, dass die Berge, durch die sie gekommen waren, die Wasserscheide zwischen dem Benue und dem Shari bzw. Logone bildeten; somit handelte es sich um getrennte Wassersysteme.[218] Das Land östlich der Berge war so flach, dass die Flüsse kaum Gefälle hatten und sich deswegen in der Regenzeit das Wasser zu einem riesigen See ausbreitete, während es sonst in verschiedenen Gräben abfloss, weshalb Barth von einem »Afrikanischen Holland« sprach.[219] Weitere Überfälle brachten den Bornuern noch mehr Sklaven ein, Barth schätzte deren Gesamtzahl auf 3000.[220] Er widersprach entschieden der legitimatorischen Propaganda der muslimischen Sklavenjäger über die »Heiden«, »die als dem Zustand wilder Bestien sich nähernde Wilde dargestellt worden waren«.[221]

Am 4. März 1852 begann Barth seine Reise nach Baghirmi, diesmal ohne Overweg, der seinerseits den Südwesten Bornus erkundete. Da die Expedition immer noch keine neuen finanziellen Mittel

aus Europa erhalten hatte, musste Barth Kredite aufnehmen und
mit unzureichenden Geschenken für die verschiedenen Potentaten
seine Reise antreten.[222] Geschenke waren aber von essentieller Bedeutung,»denn ein solches Geschenk hat hier im Sudan dieselbe
Bedeutung, wie bei uns der Zoll«.[223] Sein Weg führte ihn zunächst
in dieselbe Richtung wie der Kriegszug des Sultans, doch lag sein
Ziel Massena, die Hauptstadt Baghirmis, noch weiter östlich jenseits
des Shari, des größten südlichen Zuflusses des Tschadsees, der die
Grenze bildete. Allerdings folgte Barth nicht einfach der früheren
Route, sondern ging andere Wege und suchte Orte auf, die er vorher
nicht besucht hatte, wie die Stadt Ngala, die unweit der heutigen
Grenze zwischen Nigeria und Kamerun direkt südlich des Tschadsees lag. Hier fiel ihm nicht nur eine ganz eigene, von allen anderen
Städten der Region unterschiedene Architektur der Lehmbauten
auf, sondern auch eine eigenständige Sprache, die sich vom Kanuri,
dem in Bornu gebrauchten Idiom, ganz unterschied.[224] Ähnlich wie
die in der Nähe gelegene Stadt Ren handelte es sich um die Kapitalen einstmals unabhängiger kleiner Reiche, die alle von Bornu unterworfen und inkorporiert worden waren. In der Stadt Kala, noch
etwas weiter südlich, kam er bereits in die Grenzzone zwischen islamischen und nicht-islamischen Afrikanern, wobei ihm der Gegensatz zwischen den wohlgebauten Behausungen und dem weitgehend unbekleideten Zustand der Bewohner auffiel.[225] Er bewegte
sich einmal mehr in einer Frontier-Zone, einem Raum, in dem eine
instabile Machtbalance zwischen Muslimen und Nicht-Muslimen
bestand, die sich im Lauf der Zeit allmählich zugunsten der Muslime verschob.[226] Hier wie auch in Baghirmi schätzte Barth den
Beginn der Islamisierung auf etwa 60 Jahre zurück, und der Islam
sei auch heute noch »von der rohesten Art«.[227] An anderer Stelle
sprach er sogar von einem nur »vermeintlichen Isslam«.[228] Selbst in
nominell islamisierten Siedlungen und Regionen fand er noch deutlich Spuren nicht-islamischer religiöser Vorstellungen und Praktiken.

   Weiter im Südosten betrat er Logon-Birni, die Hauptstadt der
Region, wo er sehr gastfreundlich empfangen und mit Essen geradezu üppig versorgt wurde. Er staunte über seine Unterkunft, deren
Bauweise er als »vortrefflich« rühmte.[229] Östlich des Logone erreichte er ein Gebiet, in dem noch kein Europäer gewesen war. Barth

war erstaunt, dass ihm die Überfahrt über den Shari, der die Grenze zu Baghirmi bildete, vom lokalen Amtsträger verboten wurde. Hadj Ahmed, mit dem Barth ein Stück gereist war, hatte seine Landsleute vor dem höchst gefährlichen Europäer gewarnt.[230] Barth hielt sich nicht an das Verbot und sah sich gezwungen, streckenweise querfeldein weiterzureisen, um den misstrauischen Baghirmiern zu entgehen. In der Nähe der Ortschaft Mele wurde er von Bewaffneten aufgehalten und durfte nicht weiter.[231] Einer von Barths Begleitern, den er in die Hauptstadt gesandt hatte, kam mit der Nachricht zurück, er dürfe nur bis Bugoman kommen und sollte dort bis zur Rückkehr des Sultans warten, der sich auf einem Kriegszug befand.[232] Doch widersetzte sich der lokale Amtsträger von Bugoman dem Befehl des Sultans und weigerte sich, Barth in die Stadt zu lassen. Darauf reiste die Gruppe weiter in Richtung Hauptstadt und fand schließlich in einem kleinen Örtchen Aufnahme bei Hadj Bu-Bakr Ssadik. Dieser gebildete Mann konnte ihm wie kein anderer Informationen über Baghirmi und dessen Geschichte geben.[233]

Durch den Ort kamen des öfteren Karawanen von Reisenden oder Pilgern, die er freigiebig mit Nähnadeln beschenkte, was ihm den Spitznamen »der Nadelprinz« eintrug.[234] Schließlich wollte Barth nicht mehr warten und entschloss sich zur Rückreise.[235] Als er in Mele angekommen war, den Fluss wieder überqueren und damit Baghirmi verlassen wollte, wurde er plötzlich in Fesseln gelegt.[236] Denn zwischenzeitlich waren Boten mit dem Auftrag angekommen, Barth in die Hauptstadt zu bringen. Sein Freund Bu-Bakr Ssadik traf ein und ließ Barths Fesseln lösen. Nachdem ihm seine konfiszierte Habe zurückgegeben worden war, brach Barth zur Hauptstadt auf.[237] Als er diese genauer erkundet hatte, kam er zu dem Schluss: »Der Eindruck des Rückschrittes von einem höheren Grade schon errungener Bildung und Macht, der sich dem Wanderer im Sudan oft aufdrängen muss, war um so grösser. Es ist in der That allein den verheerenden Kriegen zuzuschreiben, dass sich diese Königreiche nicht mächtiger entwickelt haben.«[238] Das lange Warten bis zur Heimkehr des Sultans und die fehlende Bewegung beeinträchtigten seine Gesundheit, und seine Möglichkeiten wurden noch mehr eingeschränkt, als Gerüchte die Runde machten, der Fremde verhindere den erwarteten Regenfall.[239] So lästig und latent bedrohlich das auch war, so empfand Barth »ein aufrichtiges Vergnügen an diesem unverhohlenen Ausdruck des wahrhaft heidnischen Charakters bei diesen angeblichen Mohammedanern«.[240]

Am 3. Juli 1852 kam der Sultan endlich zurück: »Schimmernder Pomp und barbarische Pracht ward in Fülle entfaltet«, obwohl die Armee nicht sehr groß war.[241] Dabei wurde ein speerähnlicher Gegenstand getragen, der eine religiöse Bedeutung als »Idol« hatte und wie manches andere vorislamischer Herkunft war.[242] Am 6. Juli erhielt Barth ein von Overweg weitergeleitetes Paket mit Briefen des Foreign Office und ein zweites von seinen Freunden und Verwandten in Deutschland.[243] Darin enthalten waren lobende Schreiben seiner Berliner Kollegen, »die grösste Belohnung, welche ein Reisender in diesen Gegenden jemals begehren kann«. Von den Geldern, die ihm in den offiziellen Schreiben versprochen wurden, gelangte aber nichts zu ihm, wie auch eine frühere Geldsendung durch die Saumseligkeit des »Agenten«, vermutlich Gagliuffis, im Fessan liegengeblieben war.[244]

Während Bunsen in seinem Schreiben Barth weiterhin ermunterte, von Bornu zur Ostküste Afrikas aufzubrechen, eröffnete ihm Lord Palmerston die Alternative, stattdessen nach Timbuktu zu reisen. Da Barth mittlerweile von der Unmöglichkeit einer Ausführung seines ursprünglichen Plans überzeugt war, kam ihm der Vorschlag des Außenministers sehr gelegen. »Diesem Plane wandte ich daher meine volle Aufmerksamkeit zu und schwelgte in meiner Einbildungskraft mit hohem Entzücken bei dem Gedanken, ein Nachfolger in der glorreichen Laufbahn Mungo Park's zu werden.«[245]

Einer seiner gelehrten einheimischen Freunde begleitete ihn am 8. Juli zusammen mit seinem Freund Bu-Bakr Ssadik, der sich ebenfalls in Massena eingefunden hatte, zu einer Audienz beim Sultan. Hier erlebte er, dass der Sultan während des offiziellen Teils der Audienz hinter einem Vorhang verborgen blieb.[246] Obwohl er sich als Muslim betrachtete und den Namen Abd el-Kader trug, hielt er an vorislamischen Bräuchen fest.[247] Denn die Unsichtbarkeit des Herrschers findet sich im zentralen und südlichen Afrika als weit verbreitetes Ritual, um den Herrscher über das gemeine Volk zu erheben. Später sollten die Ethnologen dies als »sakrales Königtum« bezeichnen. Für Barth war es ein weiteres Kennzeichen für die oberflächliche Islamisierung, denn die Distinktion des Herrschers widersprach dem islamischen Grundsatz der Gleichheit aller Men-

Rückkehr des Sultans von Baghirmi

schen vor Gott. Barth konnte die letzten Bedenken des Sultans zerstreuen und die Audienz verlief erfolgreich, obwohl er immer noch etliche Tage warten musste, bis er nach einem viermonatigen Aufenthalt wieder abreisen durfte.[248]

Die Rückreise war wenig spektakulär, doch Barth erschrak, als er Overweg wiedersah, der schon vor zwei Monaten von einer Reise in den Südwesten Bornus zurückgekehrt war, die ihn bis »140 englische Meilen nordöstlich von Yacoba« geführt hatte.[249] Trotz der langen Ruhepause wirkte er krank und erschöpft.[250] Kurz darauf hatte Barth eine Audienz bei Shehu Umar,[251] der sich erfreut über Barths Entschluss zeigte, statt nach Wadai lieber nach Westen reisen zu wollen. Schließlich war Wadai mit Bornu verfeindet und der Sultan wollte vermeiden, dass die Briten mit diesem Reich ebenfalls in freundschaftliche Beziehungen traten.[252] Als Overweg in einem besseren Klima Erholung suchen wollte, begleitete ihn Barth in Richtung des Sees.[253]

Barth hatte Anfang September 1852 einen Brief an Ritter begonnen, den er erst am 28. fortsetzen konnte:

»Ich kann heute, wo ich meinen Brief an Sie zu beendigen beabsichtige, nicht mehr von uns sprechen; ich bin allein und verlassen, freund- und gefährtenlos. Gestern Nachmittags legte ich Overweg ins Grab. Sechs Tage heftigen Fieberkampfes haben aus dem rüstigen Wanderer eine starre leblose Leiche gemacht. […] So machten wir am Sonntag den 20sten einen Ritt nach dem etwa 2¼ d[eutsche] M[eilen] entfernten Wasserteich von Dauergu, dessen Frische uns anlockte. Am Montag morgen war mein Gefährte plötzlich so fieberschwach, daß er nicht […] sich bewegen konnte; er war in Dauergu ins Wasser gegangen und war bis Abend in den nassen Kleidern geblieben. Seine Krankheit nahm zu, er konnte nicht ruhig liegen, dann ward seine Zunge gebunden und seine Sprache unverständlich. Am Donnerstag brachte ich ihn nach seinem Wunsch und unter großer Mühe nach dem 2½ M O. entfernten Maduāri, seinem Lieblingsort, wo er allein zu genesen hoffte, aber es war vorbei; von Freitag Nachmittag bis Sonnabend Morgen raste er in wilder Phantasie, da war seine Natur gebrochen und schweigend ohne eine Silbe weiter zu sprechen lag er da bis er Sonntag (gestern) Morgen etwas nach 4 U[hr] in kurzem Kampf verschied. Am Nachmittag legte ich ihn wohlumhüllt in sein sorgfältig gegrabenes Grab unter einen schattigen Baum hart am Dorfe.«

Trotz dieses Verlusts, der ihm emotional zusetzte, betonte er, sein Mut sei »ungebrochen«. Seine Freunde in Deutschland bat er inständig, ihn, »der ich jetzt ganz verlassen und einsam hier bin, nicht zu vergessen«,[254] doch er hätte »unerschüttertes Vertrauen«.[255] An Bunsen schrieb er: »Anstatt mich durch den Tod meines Reisegefährten niedergebeugt zu fühlen, fühle ich meine ganze Kraft verdoppelt.«[256]

Barth hatte eigentlich den See genauer erforschen wollen, nach Overwegs Tod jedoch erschien ihm »jeder längere Aufenthalt in diesem Orte so unerträglich«, dass er direkt zu seiner Reise nach Westen aufbrach.[257]

Die Kunst des Reisens

Overwegs Tod und Barths Entschluss, nach Timbuktu zu reisen, stellen eine Zäsur in der Expedition dar. Dies ist ein geeigneter Moment, um in der Erzählung der Reise innezuhalten und einige Themen systematischer anzusprechen. Dabei soll der Frage nachgegangen werden, wie Barth reiste, sich ernährte, Kontakte knüpfte und forschte.

Barths Afrikareise dauerte fünfeinhalb Jahre, davon war er 625 Tage tatsächlich unterwegs, denn es gab lange Zwischenphasen, die er an einem Ort verbrachte, am längsten in Timbuktu, wo er ein halbes Jahr blieb, mehrere Aufenthalte in Kuka summierten sich auf ein Jahr, vier Monate verbrachte er in Massena, Kano (73 Tage), Wurno (67 Tage), Gwando (18 Tage) und in anderen Städten.[1] Er legte insgesamt 15.550 km zurück,[2] meistens auf Reittieren, entweder zu Pferd oder auf dem Kamel, nur die letzte Strecke vor Timbuktu auf einem Boot.

Der Ethnologe Gerd Spittler hat in mehreren Aufsätzen über Forschungsreisende des 19. Jahrhunderts die Art ihrer Fortbewegung untersucht. Seine Hauptunterscheidung betrifft den Gegensatz von Expedition und Karawane. Während die Expedition eine europäische, meist hierarchisch organisierte Unternehmung war, an der mehrere Europäer teilnahmen, betraf eine Karawane eine afrikanische Reisegruppe. Häufig nach Bedarf zusammengestellt, oft aus Menschen, die einander ursprünglich nicht kannten, sondern wegen der größeren Sicherheit zusammen reisten, war sie ein Aggregat kleinerer Gruppen. Zwar hatte eine Karawane einen Anführer, der in der Regel die beste Ortskenntnis besaß und über Autorität verfügte, doch war sie nicht hierarchisch strukturiert.

Auf dem Weg von Tripolis bis Taghelel am Südrand der Wüste reisten Richardson, Barth und Overweg mit ihren afrikanischen Begleitern als Expedition, die sich schon durch ihr umfangreiches Gepäck von einer Karawane unterschied. Insgesamt brauchte die Expedition 40 Kamele,[3] um die zahlreichen Gegenstände zu transportieren. Sie führte Zelte, Bücher, Bettzeug, Tische, Stühle, Geschirr, etwa 50 wissenschaftliche Messinstrumente, das persönliche

Gepäck der Reisenden, Geschenke und große Mengen an Lebensmitteln mit, denn neben den Reisenden selbst mussten auch die Tiere ernährt werden. Da Richardson etliche freigekaufte Sklaven von Nordafrika in ihre Heimat zurückführte, erweiterte sich die Gruppe, was zu Engpässen bei der Wasser- und Essensversorgung führte und die Expedition erheblich verlangsamte.

Die Tische bestanden aus Brettern, die über Kisten gelegt wurden; in ähnlicher Weise ließen sich auch die Betten zusammensetzen, Bücher und Karten waren in Kisten verpackt. Ein Kuriosum waren zwei Akkordeone, eine Idee Bunsens. Der katholische Pater Knoblecher, der am oberen Nil als Missionar wirkte, hätte damit »Wunder gethan«.[4] Die Instrumente wurden am 19. November 1851 nachgeschickt,[5] »damit Sie darauf sich einige Lieder einüben und den Musik liebenden Negern vorspielen möchten«.[6] Barth war diesbezüglich realistischer und setzte eines der Instrumente nur einmal ein, aber nicht, um gut Wetter zu machen, sondern um mit dem Lärm mögliche Räuber abzuschrecken.[7] Er verschenkte eines davon als europäische Kuriosität an den Sultan von Sokoto, das andere an al-Bakkai.[8]

Barth, der das Reisen als einziger Europäer in einer Karawane schon während seiner Mittelmeerreise schätzen gelernt hatte, war froh, als er ohne die anderen von Tintellust im Air einen Abstecher nach Agades machen konnte, der wissenschaftlich für ihn sehr ergiebig war und ihn in seiner Überzeugung bestärkte, lieber allein zu reisen, »hat doch das Reisen mit wenigen Begleitern einen so ungeheuren Vorzug vor den großen Eskorten«.[9] Seine Gruppe beschrieb er selbstironisch als bestehend aus »einem halbbarbarisirten Europäer [Barth], einem halbcivilisirten Gōber-Tunesischen Freigelassenen [Ibrahim], einem jungen, schmächtigen Tēbu-Burschen [Muhammad al-Gatroni] und dem wohlgenährten, handfesten und ernsten Aufseher aus Tághelel«.[10]

Die Reibereien mit Richardson führten Barth zu der Einsicht, »dass ein einzelner Reisender, welcher, allein von seiner Energie und seinem eigenen Willen abhängig, nicht zu fürchten hat, dass seine besten Pläne durchkreuzt und zerstört werden möchten durch die neidische Handlungsweise eines Mitreisenden«. Auf sich allein gestellt könne man mehr leisten »als eine grosse, zahlreiche Expedition, deren Mitglieder, anstatt sich gegenseitig zu ergänzen und zu unterstützen, einander in ihren Unternehmungen hemmen, um sich selbst wo möglich alles Verdienst beizumessen«.[11] Nach seiner Erfahrung erhöhte die Aufspaltung einer Expedition in Einzelreisende sogar deren Sicherheit. Darum hatte der freundliche und freundschaftliche Umgang mit den Afrikanern auch die Funktion einer Lebensversicherung: »Ich bin niemals weiter vorgedrungen, ohne zu wissen, dass ich hinter mir einen aufrichtigen Freund liess, und dass, wenn ich genöthigt sein sollte, meine Schritte zurückzumessen, ich dies mit Sicherheit thun könnte.«[12]

In der Karawane war Barth mit Afrikanern zusammen und zwar oft über lange Zeit, d. h. man lernte sich kennen, Berührungsängste schwanden und er konnte sich mit den Mitgliedern unterhalten. Aus dieser Reiseform resultierte Barths spezifische Forschungsmethode, die auf Befragungen kenntnisreicher Menschen beruhte. Für ihn spielten Hierarchien keine Rolle, mit Annurs Sklaven Gadjere, seinem Hausa-Lehrer, freundete er sich an und im Nachhinein nahm die Begegnung mit ihm »einen hervorragenden Platz unter den Gegenständen erfreulicher Rückerinnerung meiner Reise ein«.[13] Ebenso hatte er zu seinem verlässlichsten Reisegefährten Mohammed al-Gatroni ein ausgezeichnetes Verhältnis. Barth bezeichnete diese Begleiter als »Diener«, womit er aber weniger ein Autoritätsverhältnis zum Ausdruck brachte als den Umstand, dass er ihnen einen Lohn zahlte. Einige seiner Begleiter konnte Barth allenfalls mit gutem Zureden dazu bewegen, ihn nicht direkt zu verraten, eine Befehlsgewalt hatte er nicht. Indem er ihnen bei guter Führung ein Geschenk am Ende der gemeinsamen Reise versprach, konnte er bei vielen ein gewisses Wohlverhalten erreichen, aber nicht bei allen. Demgegenüber zeichnete sich bei Georg Schweinfurth der Wandel zum späteren Imperialismus ab, denn er behandelte seine Diener nicht als Reisegefährten, sondern als Untergebene, die zu gehorchen hatten. So klagte er über einen »Diener von der bekannten Sorte, der nur durch Ohrfeigen und Einschüchterungsmittel zu seinen Dienstleistungen angehalten werden kann«.[14]

Barth war kein Abenteurer wie viele andere Afrikareisende, sondern ein Gelehrter, »erfüllt von einem unersättlichen Wissensdurst«.[15] Darum hing die Art des Reisens eng mit den Möglichkeiten des Beobachtens der Natur, der Menschen, ihrer Sprachen, Siedlungen,

Märkte, Straßen und Wege zusammen. Die Forschungen waren so umfassender Natur, dass Barth den ganzen Tag damit beschäftigt war. Er musste das Beobachtete schriftlich festhalten, weil er bei der Fülle der täglichen Eindrücke sonst vieles schnell wieder vergessen hätte. Darum hatte er stets Papier und Schreibutensilien griffbereit; das galt auch und besonders für die Zeit, wenn er auf dem Kamel saß, dessen gleichmäßiger Gang diese Tätigkeit erleichterte. Barth ließ sich sogar eigene Schreibhefte herstellen, die so handlich waren, dass er auf dem Kamel sitzend seine Notizen eintragen konnte.[16]

Trotz der ruhigeren Gangart der Kamele bevorzugte Barth es, auf dem Pferd zu reiten. Zwar war es dort schwieriger, sich Notizen zu machen, aber Pferde waren wendiger und schneller und konnten in weiter südlich gelegene Regionen mitgenommen werden als Kamele. So erregte in Adamaua nicht der hellhäutige Europäer Barth das größte Aufsehen, sondern seine Kamele.[17] Barth erkannte, dass auch praktische Erfindungen immer in ihrem Kontext zu beurteilen waren. Weil er sich südlich der Sahara oft mit seinem Pferd durch Wälder zu kämpfen hatte, »sind die grossen Arabischen Steigbügel von unschätzbarem Werthe, indem sie das ganze Bein schützen und, geschickt damit manövrirt, jeden Zudringling in ehrerbietiger Entfernung halten. Mit Englischen Steigbügeln – davon bin ich fest überzeugt – würde ich auf meinen Reisen um beide Beine gekommen sein.«[18]

Reiten war aber auch ein Vorteil, wenn er Siedlungen betrat, denn die afrikanischen Häuser waren hinter Mauern oder dichten Zäunen verborgen, über die ein Fußgänger nicht schauen konnte, wie etwa in Kano: »Wie wir uns so kreuz und quer durch alle bewohnten Quartiere wandten, konnte ich von meinem Sattel aus all die verschiedenen Scenen des öffentlichen und Privatlebens übersehn, Bilder ruhiger Behaglichkeit und häuslichen Glückes, wie eitler Verschwendung und verzweifelten Elends, rüstiger Thätigkeit und schlaffer Trägheit; hier ein Bild des Gewerbfleisses, dort ein anderes der äussersten Gleichgültigkeit.«[19]

Overweg dagegen berichtete am 10. Mai 1850 aus Mursuk stolz, dass er zwei Drittel der Strecke zu Fuß zurückgelegt hatte,[20] und versicherte wenig später: »unser Reisen ist mir seitdem wieder nicht schwieriger als eine Fusstour in Deutschland.«[21] Diese Art der Fortbewegung zog er dem Reiten vor, denn »vom Kamel herab kann ich gar nichts tun, den Kompaß nicht halten, – keine Steine anschlagen: soll ich nun gar noch mein Tier lenken und antreiben, so ist alle Aufmerksamkeit von der Umgebung abgelenkt.«[22] Barth dagegen betrachtete Overwegs Marschieren als Kraftvergeudung.[23] Während seine Begleiter ausruhten oder das Übernachtungslager aufbauten, zog Barth los, um sich Ruinen anzusehen, kletterte auf Berge, um die Landschaft zu zeichnen, und setzte sich abends an einen der mitgebrachten Tische, um seine Aufzeichnungen zusammenzustellen, zu kopieren und ins Reine zu schreiben. Daraus fasste er Berichte für das Foreign Office zusammen und übertrug Passagen in die Briefe, die er an seine Kollegen in Berlin schickte. Overweg lachte über Barth und »behauptete, dass in dieser Beziehung nichts vor glücklicher Heimkehr geschehen könne«.[24] Während der ersten 13 Monate der Reise brachte Barth im Durchschnitt täglich 33 Seiten zu Papier.[25] Barth ließ seine Tagebücher durch vertrauenswürdige Personen nach Tripolis mitnehmen, wo er sie bei seiner Rückkehr »in der besten Ordnung vorfand«.[26]

Heute erscheint es uns erstaunlich, dass Barths Briefe in Europa überhaupt ankamen. Doch ohne Verlässlichkeit in solchen Dingen wären in den Weiten der Sahara Reisen und Handel gar nicht möglich gewesen. Die Reisenden bewegten sich in einem rechtlich homogenen Raum, in dem die damit verbundenen ethischen Pflichten wie Ehrlichkeit und Verantwortung galten. Erreichte ein Brief den Sitz eines europäischen Konsuls, so wurde er mit der diplomatischen Post weiter nach Europa befördert. Briefe aus Kuka, der Hauptstadt Bornus, wurden sogar durch einen eigenen Kurier nach Mursuk transportiert, wo Gagliuffi für ihre Weiterleitung an die Mittelmeerküste sorgte.

Wenn Briefe nicht ankamen, waren Räuber oder nachlässige Europäer daran schuld. Charles Dickson, Konsul in Ghadames, wurde während des Krimkriegs an den Kriegsschauplatz abgeordnet, sorgte aber nicht dafür, dass Barths Briefe weiterbefördert wurden. Ein Kaufmann in Ghadames, der ihn vertreten sollte, ließ die Briefe zwei Jahre lang liegen. Deshalb konnten Gerüchte über Barths Tod Glaubwürdigkeit erlangen, außerdem sah er sich von der Kommunikation mit dem Foreign Office abgeschnitten.

Barth hatte ständig mit Finanzproblemen zu kämpfen. Die englische Regierung öffnete zwar nach dem Tod Richardsons ihre

Kassen und sprach den beiden überlebenden preußischen Expeditionsteilnehmern zusammen 800 Pfund Sterling zu, doch kam davon
kaum etwas an. Teilweise wurde das Geld mit großen Verlusten in
andere Währungen umgetauscht, teilweise in Waren investiert, die
irgendwo liegen blieben. Außerdem war Bunsen zur Auffassung
gelangt, die Reisenden wären durch die vom Foreign Office zuge-
sagten Mittel nun gut ausgestattet und hielt die 100 Taler, die die
Physikalisch-Ökonomische Gesellschaft in Königsberg gespendet
hatte, und die zehnfache in Berlin gesammelte Summe zurück, um
sie später nach Sansibar zu schicken. Die Reisenden sollten auf ihrer
Rückfahrt keine Geldsorgen haben; dabei hätten sie das Geld dringend in Bornu gebraucht.[27] Barth brachte für Bunsens Fremdsparen
wenig Verständnis auf und nahm ihm seine Handlungsweise übel,
zumal dieser später das Geld, wenn auch in Absprache mit Ritter,
dem in Südafrika tätigen Linguisten Wilhelm Bleek gab.[28]

Barths wiederholte Bitte an das Foreign Office, ihm ein offizielles
Schreiben (Firman) des Osmanischen Sultans zu besorgen, was
seine Sicherheit bedeutend erhöht hätte, wurde zwar erfüllt, doch
erhielt er es wegen Verzögerungen viel zu spät. Als er in Timbuktu
in Gefahr war, hätte ein solcher Firman ihm helfen können, zumal
der Fulbe-Herrscher Ahmadu III. von Massina genau einen solchen
zu sehen wünschte.[29]

Sobald Barth dazu überging, als einziger Europäer gemeinsam
mit Afrikanern zu reisen, passte er sich deren Lebensweise an.
»Nichts wird den einzelnen Reisenden in diesen Gegenden besser
schützen, als ein gemüthliches Eingehn in die Sitten der
Eingeborenen«,[30] wobei »gemüthlich« im Sinn von Empathie zu
verstehen ist. Dies hatte er schon während seiner Mittelmeerreise
gelernt und wusste etwa die bequemere und dem Klima angepasste
Kleidung zu schätzen. Barth hörte mit Beginn der Reise auf, sich zu
rasieren, und ließ sich während der fünfeinhalb Jahre einen langen
Bart wachsen. Damit machte er gehörigen Eindruck, am Niger ver-
wechselten ihn Besucher wegen seines Vollbartes mit dem berühmten Scheich al-Bakkai.[31] Einheimische Kleidung, Bart und Anpassung in der Ernährung waren nützliche Äußerlichkeiten, die
Kontakte erleichterten und die Fremdheit reduzierten.[32]

Schon als junger Mann hatte er erkannt, dass für das Verständnis
einer anderen Kultur mehr als nur rein intellektuelle Kenntnisse

erforderlich waren. Seinem Jugendfreund Wilhelm Danzel, der zwei junge Damen durch das ihm bisher unbekannte Italien führen sollte, gab er den Rat, »dich von allen Seiten von geschichtlicher, geographischer, künstlerischer, psychologischer Seite so in das Weben und Treiben Italiens hineinzudenken und hineinzuleben, daß du gleichsam den gesammten Faden der Erscheinungen noch einmal producirst, daß dir Alles wird zu Einem großen Lebendigen Ganzen nur von einem Hauch durchdrungen: dann kann ich dich versichern, wenn du so den Mädchen diesen Extract des gesammten Lebens Italiens bei jedem Einzelnen darreichst mit der tiefgefühlten Lebendigkeit, die bei solcher Umfassung natürlich ist, – dann wirst du ihnen wahrhaftes Interesse einflößen, dann werden sie an deinem Munde hangen, nicht als wärest du ein Informator, sondern der verkörperte Lebenshauch der Entwicklung Italiens selbst.«[33]

Doch gab es bei der Anpassung ganz prosaische Schwierigkeiten. Wegen seines empfindlichen Magens hatte er mancherorts mit der Ernährung Probleme, obwohl er in den Dörfern oft in den Genuss der Gastfreundschaft kam. Kaum hatte er in dem Dorf Luschiri sein Zelt aufgeschlagen, als eine Frau kam, die ihm »zur Erquickung eine Schale Hirsenwasser brachte«.[34] Fleisch nahm er nur wenig zu sich, meistens Geflügel, während er die Schlachttiere, die er von verschiedenen Oberhäuptern erhielt, an seine Gefährten weiterreichte. Manchmal aber, z. B. als er auf dem Weg nach Timbuktu von Tuareg eingeladen wurde, gab es wenig anderes als Milch und das Fleisch eines fetten Schafes.[35] Umso mehr freute er sich, als er bald darauf ein Nudelgericht vorgesetzt bekam.[36] Soweit es sich aus den Beschreibungen der Speisen, die er unterwegs zu sich nahm, ablesen lässt, waren sie oft, vielleicht sogar meistens vegetarisch. Schon auf dem Weg durch die Sahara klagte er über körperliche Schwäche, die er auf das schlechte Essen zurückführte.[37] Schwer verdauliches Sorghum oder landesübliche Bohnengerichte vertrug er nicht, wenn Reis oder Weizen nicht aufzutreiben waren, wirkte sich das abträglich auf seine Gesundheit aus.[38] In Dore, im heutigen Burkina Faso, konnte er etwas Gebäck kaufen, was eine willkommene Abwechslung war zur sonstigen Nahrung, die nur aus Hirse und Sauermilch bestand.[39] Wenigstens im Hinblick auf das Essen ging es ihm in Timbuktu vergleichsweise gut, denn es gab dort Weizenbrot und das Fleisch vertrug er besser als an anderen Orten.[40] Auf Tee und

Kaffee, die er beide sehr gern trank, musste er meistens verzichten.
Er versuchte überall, frische Milch zu bekommen, aber er warnte
andere davor, »da es einen schwachen Magen vollends gänzlich
zerstören kann; es würde rathsam sein, der frischen Milch jedesmal
etwas Wasser beizumischen.«[41]

Als 1857 die Expedition von William Baikie mit einem Dampfschiff den Niger hinauffuhr und bei Rabba auf Felsen auflief,
musste die ganze Besatzung für Monate an Land und auf Hilfe
warten. Eingedenk der Art, wie wenig seine eigenen Strapazen und
Entbehrungen gewürdigt worden waren, sparte Barth nicht mit
Häme: »Da gibt es nun keine Beefsteaks, aller Rum, Ale etc. ist im
Niger begraben und die Herren können nun einmal auf Negerhirse
und saure Milch sich gewöhnen.«[42]

Wie alle Europäer in der Region erkrankte er oft an Malaria,[43] an
Magen- und Darmkrankheiten, Parasiten und zahlreichen Hautin-
fektionen. Oft war er so krank, dass er sich kaum auf dem Pferd
halten konnte. Als er am Ende der Reise wieder in Tripolis eintraf,
war er von Rheumatismus geplagt.[44]

Zuweilen bekämpfte Barth Krankheiten mit purer Willenskraft,
wie in Kano, wo er Fieber bekam, aber trotzdem zum Statthalter ging:
»Auch hatte die Anstrengung, welche ich zu ertragen hatte, um den
Besuch abzustatten, den guten Erfolg, mich über meine Schwäche zu
erheben, wie das gewöhnlich in der Folge bei mir der Fall war, und
allmählich ein gesunderes Befinden anzubahnen.«[45] Er gab sich selbst
nie auf, »da ich mich überzeugt hatte, dass körperliche Anstrengung
und geistige Anregung die besten Arzneien für meine Kränklichkeit
seien«.[46] Man vergleiche damit James Richardson, der sich in der
Wüste immer nur mit einem aufgespannten Regenschirm als Son-
nenschutz bewegte, weil er so sehr unter der Hitze litt.

Die Expedition war mit Waffen aus Beständen der britischen
Armee ausgerüstet, Barth musste sie nie gegen Menschen einset-
zen, sehr wohl aber als Drohgebärde, etwa in Timbuktu, was auf
einer der Abbildungen im Reisebericht klar erkennbar ist.[47] Im
Gegensatz dazu berichtete Vogel nicht ohne Stolz: »Ich bin im Laufe
der ganzen Reise nur ein Mal genöthigt gewesen einen Kerl zu er-
schiessen, der mir einen vergifteten Pfeil gerade vor meine Füße
schoss, welches Kompliment ich mit einer Büchsenkugel mit bes-
tem Erfolg erwiederte.«[48]

Von nicht zu unterschätzender Bedeutung waren Barths ausgeprägtes Sprachtalent, seine »spontane Freundlichkeit gegenüber allen Afrikanern«[49] und seine »fast endlose Geduld«.[50] Anthony Kirk-Greene betonte, dass Barth sich vier Jahre lang nur in afrikanischen Sprachen verständigte, weil er keine Gelegenheit hatte, mit Europäern zu sprechen.[51] Barth bezeugte selbst, »freundliche Unterhaltung« beeinflusse die Bewohner der Wüste, »und je länger wir uns unterhielten, um so zuvorkommender wurde das Betragen meiner Besucher, bis sie mich zuletzt fragten, ob ich nicht eine ihrer Töchter heirathen und mich unter ihnen niederlassen wollte«.[52] Arabisch beherrschte er seit der Mittelmeerreise,[53] doch begann er schon in Fessan, sich weitere Sprachen anzueignen, wobei er ganz systematisch vorging. In Air und auf dem Weg nach Süden lernte er Hausa, so dass er sich beim Eintreffen in der Region schon ganz gut verständigen konnte. Meist lernte er die Sprachen von seinen Begleitern, etwa von Gadjere, einem Sklaven, den ihm der Kel Ewey-Chief Annur mitgab. Als er von Kano nach Bornu zog, widmete er sich dem Kanuri, der Sprache dieses Landes. Seine Kenntnisse vertiefte er während seiner längeren Aufenthalte in Bornus Hauptstadt Kuka, wo er zahlreiche interessante Gesprächspartner traf: »Ausserdem hatte ich mich jetzt mit vollem Eifer auf das Studium der Kanōri-Sprache gelegt, die mich erst durch die Schwierigkeit ihrer grammatischen Formen abgeschreckt hatte, und ich konnte keinen besseren Lehrer haben, als den gebildeten Hadj Edriss.«[54] Barth nahm zwei ehemalige Sklaven, Abbega und Dorugu, die Overweg freigekauft hatte, nach dessen Tod in seine Obhut. Sie begleiteten ihn auf der ganzen weiteren Reise bis zurück nach Europa, wo sie einige Zeit bei ihm in London lebten.

Barth beherrschte Tamascheq, die Sprache der Tuareg, nach einiger Zeit gut genug, um sich ohne Dolmetscher mit den Begleitern der Expedition verständigen zu können. In Adamaua erkannte er die Notwendigkeit, auch Fulfulde, die Sprache der Fulbe, zu erlernen. Dagegen tat er sich schwer mit dem Songhai, der Sprache, die unterhalb von Timbuktu am Niger gesprochen wurde. Zwar lernte er auf dem Weg nach Timbuktu bei einem Dorfvorsteher namens Bu-Bakr einiges dazu, er wollte seine Studien dieser Sprache aber nicht vertiefen, zumal »der äusserst armselige Charakter der Sprache selbst meine Begeisterung für ihre Erlernung völlig dämpfte«.[55]

Doch hatte er Grund, seine Unkenntnis des Songhai zu bedauern, als in Timbuktu »ein Mann Namens Fîfî, der Hafenaufseher
von Yoaru, ein sehr lieblicher Mann und ächter Freund des Scheichs«,
zu Besuch kam. Zu Barths Leidwesen beherrschte Fîfî keine andere
Sprache als Songhai, denn: »Dieser Herr besass eine vollkommene
Kenntniss von dem Laufe des Flusses zwischen Timbuktu und
Djafarâbe, den Inselgruppen, welche die Grenze zwischen dem Mohammedanischen Königreiche Ma-ssina und dem heidnischen Königreiche Bámbara bilden und für den Handel auf dem Flusse entlang grosse Bedeutung haben.«[56]

Gelehrte waren oft gleichzeitig Mekkapilger und Kaufleute, man
kann sie nicht trennscharf als Gruppen unterscheiden. Manche der
Pilger reisten vor und zurück, um Geschäfte abzuschließen, und waren oft Jahre unterwegs, bis sie wieder ihre Heimat erreichten. Einige
ließen sich sogar in ganz anderen Ländern nieder und kehrten überhaupt nicht mehr in ihre Ursprungsregion zurück.[57] Weil diese Leute
kreuz und quer herumzogen, sah Barth einige später wieder, manchmal ganz überraschend, etwa als er in Katsena auf dem Weg nach
Timbuktu den Kaufmann Muhammad al-Sfaxi wiedertraf.[58] Oder er
begegnete westlich von Sinder auf dem Weg nach Sokoto Aghâ
Batûre, dem »Hauptanstifter des Raubzuges, der zur Zeit, als wir das
Land Air oder Asben betraten, von den Grenzstämmen jenes Landes
gegen uns unternommen wurde«.[59] In Kuka hatte er »das Vergnügen,
hier mit dem Scherif 'Abd e' Rahmân zusammenzutreffen, demselben Manne, den wir vor 4 Jahren im Lande Air getroffen hatten und
der vor kurzem aus Adamaua zurückgekehrt war«.[60]

Barths Ruf als Gelehrter eilte ihm voraus; die Kommunikation
über riesige Entfernungen erstaunte ihn zuweilen selbst, als er etwa
in einem Dorf einige Tagesmärsche östlich von Sai, also schon sehr
weit entfernt von Timbuktu, erfuhr, dass der dortige Emir über
seine Erlebnisse in der Sahelstadt bestens informiert war.[61] Kurz vor
Sai war es ihm passiert, dass ein lokaler Bewohner Barths ganze
Geschichte kannte. »Auf mein Nachforschen, wie er denn zu dieser
Kenntniss gekommen sei, erfuhr ich, dass vor einiger Zeit ein Wall-
fahrer Namens Mohammed Fâdhl, ein Eingeborener des fernen
Landes Fûta [Senegal], zu Boote den Fluss herabgekommen sei und
die Leute mit allen meinen Erlebnissen in Timbuktu bekannt gemacht habe.«[62]

Als er westlich von Gwando einen Wolof von der Atlantikküste traf, der sich auf der Pilgerschaft nach Mekka befand, beeindruckte ihn dies so sehr, dass er in seiner »Freude über den Anblick dieses unternehmenden Reisenden« ihm spontan ein Geschenk machte.[63] Hinter Katsina kam eines Morgens, als Barth gerade aufbrechen wollte, ein Fulbe, der ihm einen Brief für einen Verwandten in Timbuktu aushändigte. »Ein solches Vertrauen zu meiner Person von Seiten eines Mannes, der mich noch nie gesehn, konnte nicht verfehlen, mich mit einem Gefühle der Sicherheit zu erfüllen und mein Selbstvertrauen in hohem Grade zu steigern.«[64]

Afrikaner suchten ihn gern auf, denn ein Fremder hatte viel zu erzählen, konnte von fernen Ländern berichten, bislang unbekannte Dinge erklären. Wenn Barth in einer Stadt ankam, verbreitete sich die Nachricht in Windeseile und er musste gar nicht lange warten, bis die lokalen Notabeln vorbeischauten. Oft kam es zu einem wirklichen Austausch, weil Barth genauso Belehrung fand wie seine Gesprächspartner. Als Kenner der islamischen Schriften und Bräuche wurde er ernst genommen und fand schnell Anerkennung. In Baghirmis Hauptstadt z. B. erhielt er Besuch von einer Gruppe Pilger, »die, da sie von dem weissen Manne gehört, welcher eifrig alle Nachrichten über die Länder dieses Kontinents einsammele, wiederholt zu mir kamen, um auch ihren Theil zu meiner Belehrung beizutragen, während ich sie mit Kaffee bewirthete«. Fremde waren immer interessant und so weckte die Neugier des einen die der anderen und man versuchte, voneinander zu lernen. Barth hatte die Möglichkeit, »ihre Angaben mit einander zu vergleichen und zu ergänzen«.[65]

Er zog einen Vergleich mit französischen Expeditionen vom Senegal, die weniger über ihr Hinterland in Erfahrung bringen konnten als er selbst, obwohl er sich viel weiter östlich aufhielt: »Den unschätzbaren Vortheil hatte ich, der ich von großer Entfernung und vom Herzen Afrika's aus meine Forschungen anstellte, vor den Franzosen am Senegal voraus, daß mir meine Berichterstatter ohne Argwohn ihre Mittheilungen machten, während die Franzosen große Mühe haben, nur die Namen einigermaßen zu controlliren, die ich schon vor längerer Zeit feststellte.«[66] Den Grund nannte er nicht explizit, aber es war deutlich, dass die meisten Afrikaner die militärisch expansiven Franzosen misstrauisch betrachteten und darum nicht mitteilsam waren.

Viele Gelehrte traf er eher zufällig, wenn er irgendwo Halt machte, einer anderen Karawane begegnete oder am Hof eines Herrschers. So stellte er nach seiner Ankunft in Kuka fest, dass sich hier besonders viele interessante Gesprächspartner einfanden, weil die Stadt eine wichtige Zwischenstation auf einer Pilgerroute nach Mekka war. Dabei begegnete er zwei Männern, die über »bedeutende Mohammedanische Gelehrsamkeit« verfügten. Ihn beeindruckten ihre geographischen Kenntnisse, aber sie »geriethen gewöhnlich in einen sehr leidenschaftlichen Streit, so oft sie in meinem Hause zusammentrafen«.[67] Der eine, Ahmed bel Medjūb, war Araber aus der Region südlich von Marokko, der andere, Ibrahim, ein Fulbe vom Senegal. Beide waren weitgereist und konnten Barth genaue Beschreibungen der Flüsse geben. Ibrahim hatte »eine Wallfahrt nach Mekka, von den Ufern des Atlantischen Oceans durch den ganzen Afrikanischen Kontinent in seiner grössten Breite, gemacht«.[68]

Barth kam die Rivalität zwischen den beiden nicht ungelegen, denn ihren Wissenswetteifer konnte er nutzen, um »ihre beiderseitigen Angaben in Bezug auf den Zustand der Stämme und Länder am Senegal entlang zu vergleichen und zu berichtigen«. Barth hatte für Ahmeds Gelehrsamkeit große Hochachtung, mochte ihn aber als Mensch nicht besonders, dagegen »wurde Ibrahim mir eng befreundet und nahm das lebhafteste Interesse an mir, indem er besonders das tiefste Mitleiden über meine einsame Lage, in einem fremden entlegenen Lande, ohne die tröstliche Gesellschaft eines hübschen Weibes, an den Tag legte«.[69]

In Bornus Hauptstadt traf er Makarémma, der »mit der Geschichte der alten Dynastie wohlbekannt war; ausserdem sprach er die Kanōri-Sprache mit so ausgezeichneter Schönheit, wie ich es von Niemanden ausser ihm hörte.«[70] Immer wieder stellte Barth fest, dass Menschen, die sich in einer Region gut auskannten, diese nicht so beschreiben konnten, wie ein westlicher Geograph es brauchte.[71] Ein arabischer Reisender, der sich als Scherif, also als Nachkomme des Propheten ausgab, aber, wie Barth herausfand, nur »ein armer Derwisch« war, hatte »Reisen von ungeheurer Ausdehnung gemacht«, von Chorasan im Iran bis Marokko und im Süden bis Aschanti im heutigen Ghana. »Dieser grossartige Reisende würde für mich von unberechenbarem Nutzen gewesen sein, wenn er von den Strassen, welche er bei seinen Wanderungen verfolgt, genaue Rechenschaft hätte geben können. Unsicher wie seine Erinnerung war, konnte ich nur ganz allgemeine Angaben und Verhältnisse von ihm erfahren.«[72]

In Baghirmi lernte Barth auf dem Weg in die Hauptstadt Massena durch Zufall Hadj Bū-Bakr Ssadīk kennen, der ihn gastlich aufnahm. Er war »ein hagerer alter Mann von sehr liebenswürdiger Gemüthsart, dem ich für viele Güte und wichtige Auskunft zu grossem Danke verpflichtet wurde«.[73] Er hatte dreimal die Hajj nach Mekka durchgeführt und »erinnerte sich genau der sämmtlichen Ortschaften, die er im Verlauf seiner langen Wanderungen besucht hatte«.[74] Bu Bakr erwies sich für Barth als Fundgrube historischen und geographischen Wissens.

In Massena selbst traf er in dem Fāki Ssámbo, einem Mann von »gewaltigem Wissen«[75], auf einen Fulbegelehrten, der »nicht allein in allen Zweigen der Arabischen Literatur wohlbewandert war, sondern selbst diejenigen Theile von Aristoteles und Plato, die in's Arabische übertragen oder vielmehr ganz in den Isslam aufgenommen worden sind, nicht nur gelesen hatte, sondern sie selbst handschriftlich besass, und dem ausserdem die gründlichste Kenntniss von den Ländern beiwohnte, die zu besuchen er Gelegenheit gefunden hatte«.[76] Sambo berichtete ihm von seinen Reisen, wobei er im Südwesten auf einen großen, nach Westen fließenden Strom gestoßen war,[77] den Barth später als den Ogowe im heutigen Gabun identifizierte.[78] Ssambo, »ein sehr aufgeklärter Mann«, war so neugierig wie Barth selbst und wollte von diesem Genaueres über die christlichen Regionen der Welt und andere fremde Gegenden lernen. Barth besuchte ihn häufig und tauschte sich mit ihm aus. »Ich werde nicht so leicht die Stunden vergessen, die ich in gemüthlicher und belehrender Unterhaltung mit diesem Manne zubrachte; denn je unerwarteter ein solches Zusammentreffen war, um so grösser war natürlicherweise der Eindruck, den es auf mich machte, und sein Tod, der etwa ein Jahr nach meiner Rückkehr aus dem Lande erfolgte, wirkte sehr niederschlagend auf mich.«[79]

In der Nähe von Timbuktu erhielt er immer wieder Besuch, »bald waren es einige Fischer der Sonrhay, die am Abend meine Gastfreundschaft in Anspruch nahmen; bald war es ein Trupp von Tuáreg-Reitern, die ausdrücklich in der Absicht kamen, den Christli-

chen Fremdling zu sehn, von dem sie so viel gehört hatten.«[80] Bei
Gao umgaben ihn seine Begleiter und verlangten von ihm Beispiele
europäischer Sprachen zu hören, worauf Barth ihnen einiges vor-
trug. »Das Deutsche zog ganz besonders die Aufmerksamkeit dieser
Leute auf sich, indem ihnen die vollen, schweren Worte jener Sprache einige Ähnlichkeit mit ihrem eigenen Idiom zu haben schienen,
und sie geriethen in eine wahre Begeisterung, als ich ihnen aus dem
Gedächtniss einige Verse aus ›Harras‹, dem kühnen Springer, vor-
trug. Was hätte der gute Körner gesagt, sein Lieblingsgedicht an den
Ufern des Niger zu hören!«[81]

　　Barth befragte nicht nur seine Begleiter, sondern er beobachtete
auch, »wie mein junger Schūa-Gefährte, der am Ufer des Tsād-Be-
ckens aufgewachsen war, aus der jedesmaligen Art des Rohres sogleich die Beschaffenheit des Wassers, an dessen Rande es wuchs,
erkannte, da eben diese Abwechselung von süssem und bittrem
Wasser den jene grosse Central-Afrikanische Lagune umgebenden
kleineren Becken eigenthümlich ist«.[82]

Diplomatie

Der diplomatische Auftrag der Expedition ging nach Richardsons
Tod auf Barth als neuen Direktor über.[83] Die britischen Reisenden
hatten in den Jahrzehnten zuvor bereits gute Beziehungen zu den
wichtigsten Machthabern der Region aufgebaut. Das Interesse
Großbritanniens am Handel – ohne, wie Frankreich, Eroberungsab-
sichten erkennen zu lassen – verlieh dem britischen Namen in der
ganzen Region einen guten Klang.[84] Im Mai 1851 berichtete Barth
kurz vor seinem Aufbruch nach Adamaua über den Stand der diplomatischen Verhandlungen mit dem Sultan und Vezir von Bornu.
Geschickt unterstrich er seinen afrikanischen Partnern gegenüber
die »alte Freundschaft«, die frühere Reisende mit Shehu Umars
Vater geschlossen hatten. Ziel der Mission sei es, den Sklavenhandel
durch »legitimen Handel« abzulösen, wenn die Regierung Bornus
die Sicherheit britischer Kaufleute sicherstellen würde. Anschließend erklärte er ihnen den Inhalt des mitgebrachten Vertragsent-
wurfs. Sultan und Vezir waren in erster Linie daran interessiert,
Waffen zu kaufen. Der Sultan äußerte den Wunsch, einige seiner

jungen Leute nach England zu schicken, um das Land und seine Produkte kennenzulernen, was Barth nachdrücklich begrüßte, der spätere britische Konsul Herman in Tripolis aber sabotierte.

Barth übergab Shehu Umar eine arabische Übersetzung des Vertragstextes, die er Paragraph für Paragraph erläuterte. Nach einer Sitzung der gesamten Regierung (Diwan) am folgenden Tag erklärte der Sultan sein Einverständnis.[85] Nach seiner Rückkehr aus Adamaua trieb Barth den Vertragsabschluss zügig voran und konnte am 8. August 1851 dem Außenministerium in London den Erfolg mitteilen. Den arabischen Vertragstext wollte er nach Tripolis schicken, wo eine Übersetzung angefertigt und alles dann nach London weitergeleitet werden sollte.[86] Nach einer Prüfung durch die Hausjuristen im Foreign Office nahm das Ministerium einige kleinere, aber nicht-substantielle Änderungen am Text vor und schickte eine neue Version zur Unterschrift nach Kuka.[87]

Barth schloss später ähnliche Verträge mit den Sultanen von Sokoto und Gwando, die aber alle nicht wirksam wurden. Denn da Großbritannien sich bald nach Barths Rückkehr außenpolitisch umorientierte und den Franzosen in Westafrika freie Hand ließ, um sich selbst auf den Unterlauf des Niger und den Benue zu konzentrieren, verschwanden die Verträge in einem Aktenschrank des Foreign Office und wurden nie in Kraft gesetzt.[88] Barth interpretierte dies mit einem gewissen Recht als eine Desavouierung seiner Mission und als Verrat an den afrikanischen Herrschern, die ihre Hoffnungen auf Großbritannien gesetzt hatten.[89]

Barths wissenschaftliche Leistungen

Die Leistungen der Expedition Barths waren äußerst vielseitig und umfassten Forschungen in den verschiedensten Disziplinen. Die Reisenden sammelten alle Daten, die für eine geographische Erfassung notwendig waren. Zumindest am Anfang unternahmen sie sogar den Versuch, ihre Reisegeschwindigkeit »vermittelst einer Kette« zu messen, »was eben keine angenehme Beschäftigung bei starkem Sonnenbrand und auf oft rauhem Terrain war«.[90]

Im Hinblick auf die Naturwissenschaften bewegten sich die Reisenden noch ganz in alten Mustern, d.h. sie generierten die Daten und sammelten Materialien, die Spezialisten in Europa auswerteten. Die wenigen astronomischen Daten, die vor dem Eintreffen Vogels nach Europa gingen, ließ Carl Ritter vom Direktor der Berliner Sternwarte, Johann Franz Encke, berechnen.[91] Wie Bunsen berichtete, nahmen die Geographen die aktuellen Ergebnisse der Forschung zur Kenntnis und die Kartographen korrigierten die bisherigen Karten.[92] Barths hydrographische Arbeiten, seine Angaben zu Flora[93] und Fauna[94] sowie die allgemeinen topographischen Beschreibungen sind als eigenständige, naturwissenschaftliche Beiträge zu bewerten.[95] Wie Vogels Berichte, die in verschiedenen Zeitschriften publiziert wurden, erkennen lassen, konzentrierte er sich fast ausschließlich auf die naturwissenschaftlichen Beobachtungen, insbesondere Ortsbestimmungen und Angaben zur Botanik, während alles, was Ethnographie, Geschichte oder Linguistik betraf, bei ihm vage und oberflächlich blieb.[96]

Overweg erhielt großes Lob für die gelungene Auswahl der Gesteinsproben: »Die geognostischen Sendungen aus Tripoli und aus Murzuk sind uns richtig überliefert, über erstere hat Prof. Rohl einen lesenswerthen Vortrag in der Geognostischen und Geographischen Gesellschaft gehalten, über letztere Dr. Beyerich mit Beistand von L. v. Buch, der über die Sendung ungemein erfreut ist und die Exogyra Overweg's als eine sehr characteristische andere Species getauft hat, durch welche die ihr zugehörige Formation sehr lehrreich bezeichnet sei.«[97] Ritter bemühte sich, aber ohne Erfolg, für die Expedition noch nachträglich einen Biologen zu finden, da beide Reisende in diesem Fach nur wenig beschlagen waren. Der Berliner Mikrobiologe Christian Ehrenberg (1795-1876) teilte mit, er habe »aus der von Ihnen gesandten Erde aus Fezzan und aus kleinen Erdflöckchen Ihrer Reise von Tripolis das kleine Leben von dort ermittelt«. Er bat um mehr Proben, insbesondere Schlamm aus dem Tschadsee, wobei er genaue Anweisungen für die Probenentnahme und den Versand gab.[98]

Noch 1860 untersuchte er ein Buch Barths, das während der Reise in den Schlamm gefallen war, und fand es »überreich an mikroskopischen Formen, die mit denen von Dr. Vogel aus dem Benue Gewässer an mich gesandten meist übereinstimmen, aber auch mannichfach anderes enthalten. Er bat den Reisenden um Auskunft, wo das Buch hingefallen war: »Kleiner naßmachender Unfälle aus

Afrika werden Sie sich wohl detailliert erinnern können, zumal so schlammiger und so hoffe ich dann von Ihnen noch Ort und Zeit zu erfahren.«[99] Später motivierte Barth auch Henri Duveyrier, während seiner Forschungsreise Schlammproben für Ehrenberg zu sammeln.[100]

Barth wurde nach seiner Rückkehr von verschiedenen Medizinern um Informationen angegangen, etwa von Louis Lortet, einem Spezialisten für Lippenkrebs in Lyon, der ihn nach dessen Vorkommen in Afrika befragte, oder von Hermann Heinrich Ploss, einem Gynäkologen und Anthropologen an der Universität Leipzig, der sich von Barth Auskünfte über Geburtsgebräuche in Afrika erhoffte.[101]

Zur Auswertung von Sammlungen durch andere gehörte auch eine Reihe von in Afrika erworbenen Gegenständen, die Barth der Ethnologischen Sammlung der Königlichen Museen zu Berlin übergab.[102] Nach dem Tod Overwegs spielten die naturwissenschaftlichen Sammlungen, insbesondere die Gesteinsproben, kaum noch eine Rolle. Viel entscheidender waren Barths Leistungen in der Geographie, der Geschichte, der Ethnographie und der Linguistik.

Geographie

Die britische Zentralafrika-Expedition war nicht die erste, die das Innere Afrikas erkunden wollte, sondern sie hatte Vorläufer, die zur besseren Einordnung der Leistungen Barths kurz vorgestellt werden sollen, soweit sie die von ihm bereiste Region berührten. Obwohl Afrika ein Nachbarkontinent ist, war es im frühen 19. Jahrhundert sehr viel weniger bekannt als das ferner gelegene Amerika. Die Portugiesen hatten im Spätmittelalter begonnen, sich vorsichtig entlang der Küste in Richtung Süden voranzutasten. Als sie im 16. Jahrhundert einen regelmäßigen Verkehr um das Kap der guten Hoffnung in den Indischen Ozean eingerichtet hatten, waren die Küstenlinien Afrika bekannt und kartiert. Aber das Innere des Kontinents blieb eine terra incognita. Ein Haupthindernis war der Umstand, dass man in Afrika nicht wie in Amerika die Flusssysteme als Explorations- und Handelsrouten benutzen konnte, da die meisten

Flüsse Afrikas durch Stromschnellen und Wasserfälle unpassierbar waren, manche, wie der Kongo, sogar relativ nah an ihrer Mündung. Hinzu kamen tropische Krankheiten, gegen die Europäer nicht immun waren und denen sie insbesondere in Westafrika zum Opfer fielen.

Gerade die Atlantikküsten wurden von Europäern häufig besucht, weil sie dort Sklaven für die Plantagenwirtschaft in Amerika einkauften. Als unter dem Druck einer religiös gestimmten Massenbewegung 1808 der Sklavenhandel im Britischen Empire verboten wurde, wandte sich das Interesse dem Kontinent selbst zu. Aber die offizielle Abschaffung des Sklavenhandels hatte keineswegs das Ende der Verschleppung von Hunderttausenden über den Atlantik zur Folge, sie war nur illegal geworden und wurde von Schmugglern weitergeführt. Humanitäre Kreise vor allem in Großbritannien trachteten danach, den Sklavenhandel an seiner Wurzel zu bekämpfen. Dies wollte man erreichen, indem man den Afrikanern mit anderen Handelsgütern Alternativen anbot, wovon nicht zuletzt britische Kapitalisten profitieren sollten.

Während sich an den Küsten Afrikas die ersten Missionare niederließen, begann parallel dazu die Erforschung des Inneren des Kontinents. Der erste Forscher in Westafrika war Mungo Park (1771-1806), dessen erste Reise (1795-1799) ihn vom Senegal bis zum Oberlauf des Niger führte. Nach seiner Rückkehr und der Veröffentlichung eines Berichtes brach er 1805 erneut auf. Diesmal reiste er in Begleitung von 45 Europäern und zahlreichen Afrikanern.[103] Die meisten starben schon auf dem Weg zum Niger, so dass Park mit den wenigen Überlebenden auf einem Boot den Niger hinabfuhr und immer wieder in Konflikte mit Einheimischen geriet. Möglicherweise aus Panik eskalierte die Gewalt, als die Europäer von ihrem Boot wahllos auf die meist nur neugierig am Ufer stehenden Menschen schossen. Die Überlebenden ertranken weiter flussabwärts, als ihr Boot an einem Felsen zerschellte.

Nach diesem Desaster nahm man Abstand von weiteren Versuchen, vom Senegal aus nach Osten vorzustoßen. Vielmehr gingen alle britischen Unternehmungen in der Folgezeit von der Mittelmeerküste aus. Die Bedeutung von Tripolis hatte ihren Grund in der dafür geeigneten Ausgangslage der Stadt, wo eine der Hauptkarawanenrouten durch die Sahara endete.[104] Von hier wurden nacheinander Expeditionen losgeschickt. Die ersten Reisenden waren der Arzt Joseph Richtie (1788-1819) und der Offizier George Lyon (1796-1832), die nach Timbuktu wollten, aber nicht weiter als Mursuk kamen. Ritchie starb dort 1819 am Fieber, während Lyon schwer erkrankt die Rückkehr nach Tripolis glückte. Die nächste Expedition führte der Arzt Walter Oudney (1790-1824); er sollte ein neu einzurichtendes britisches Vizekonsulat in Kuka übernehmen, während die mitreisenden beiden Offiziere Dixon Denham (1786-1828) und Hugh Clapperton (1788-1827) sich der Forschung widmen wollten. Obwohl die beiden Offiziere sich stritten und zeitweise getrennte Wege einschlugen, wurde die Mission als großer Erfolg gefeiert, da sie erstmals genauere Nachrichten über das Hausaland und Bornu nach Europa brachte. Daraufhin richtete Großbritannien in Mursuk (1843) und Ghadames (1850) Vizekonsulate ein.

Schon in dieser Zeit begann Großbritannien erneut, von der Atlantikküste Forschungen voranzutreiben, aber nicht von der Westküste Afrikas am Senegal, sondern von der Oberguinea-Küste aus, wo später die britische Kolonie Nigeria entstand. Abermals ging es um den Lauf des Niger, der bereits Mungo Park beschäftigt hatte. Während Park den Oberlauf erkundet hatte, waren Unterlauf und Mündung des Niger unbekannt. Der große Strom Westafrikas mündet im Gegensatz zum Senegal oder Kongo nicht gut sichtbar ins Meer, weil sich in einem weitgespannten Delta verzweigt, dessen einzelne Mündungen durch dichte Mangrovenwälder schwer erkennbar sind. Hinzu kam die lange vertretene Vorstellung, durch ganz Westafrika würde sich eine Gebirgskette parallel zur Küste ziehen, weshalb eine Mündung des Niger in den Atlantik ausgeschlossen wurde.

1825 kamen Clapperton und Richard Lander von der Küste nach Boussa, wo sie den Niger überquerten und von dort aus Sokoto erreichten. Clapperton hielt sich länger in Sokoto auf, wo er sich mit dem Sultan Muhammad Bello, dem Sohn des Reichsgründers Uthman dan Fodio, anfreundete und wichtige Informationen über die Region sammelte.[105] Zwar starb er 1827 an der Malaria, aber Lander brachte Clappertons Aufzeichnungen nach Europa. 1830 wurde Lander erneut, diesmal zusammen mit seinem Bruder John, ausgesandt. Sie nahmen denselben Weg, den Lander fünf Jahre zuvor mit Clapperton nach Boussa gegangen war. Von dort fuhren sie mit einem Boot den Fluss hinab bis zu seiner Mündung. Damit hatten sie das Rätsel des Unterlaufs gelöst und zumindest nachgewiesen, dass der Niger selbst mit dem Tschad oder dem Nil in keiner Verbindung stand. Anders sah es mit dem wichtigsten Nebenfluss des Niger, dem Benue, aus, von dem nicht bekannt war, wo seine Quelle lag.

Nachdem die Niger-Mündung einmal entdeckt war, war es möglich, den umgekehrten Weg zu nehmen. 1832-33 fuhr erstmals ein Dampfschiff den Niger hinauf, am Zusammenfluss von Benue und Niger sollte ein Handelsposten errichtet werden. Die Expedition konnte nur den Unterlauf beider Flüsse genauer erkunden, weil es weiter oben Stromschnellen gab, die man zu der Zeit noch nicht überwinden konnte. Von den 49 Teilnehmern starben 40, und die Fahrt galt als Misserfolg. Darum kam es erst 1841/42 zu einer erneuten größeren Flussexpedition, getragen und propagiert von den Abolitionisten, weshalb auch Missionare mit dabei waren, kein Geringerer übrigens als Samuel Crowther, ein befreiter Sklave, der später der erste afrikanische Bischof werden sollte.[106] Auch diese Expedition scheiterte, da 55 der 159 Teilnehmer innerhalb kurzer Zeit starben; damit endeten vorerst die Expeditionen. Erst Barth errechnete durch die genaue Beobachtung des im Jahresverlauf stark schwankenden Wasserstandes des Niger, wann der Fluss so hoch anschwoll, dass ein Dampfschiff die Felsen und Untiefen überwinden konnte. Erst 1854 wurden die Fahrten wieder aufgenommen, als William Baikie (1825-1864) mit dem Schiff »Pleiad« den Niger und Benue befuhr.[107] Im Unterschied zu früheren Versuchen verlief dieser erfolgreich, weil alle Mitreisenden erstmals Chinin als Malaria-Prophylaxe eingenommen hatten und überlebten.[108]

Zwei Forscher hatten vor Barth Timbuktu erreicht. Der erste war der schottische Offizier Alexander Gordon Laing (1794-1826), der bereits Erfahrungen durch Forschungsreisen im Hinterland von Sierra Leone gesammelt hatte. 1825 durchquerte er von Tripolis aus die nordwestliche Sahara und erreichte über Ghadames und Ain-Salah Timbuktu. Von dort wollte er weiter den Niger aufwärts nach Segu, wurde jedoch zwei Tage, nachdem er die Stadt verlassen hatte, ermordet.[109] Seine Aufzeichnungen gingen verloren, die wenigen Briefe enthielten kaum verwertbare Informationen, weshalb die Reise für die Forschung unergiebig blieb. Anders sah es bei René Caillié (1799-1838) aus, der aus ärmlichen Verhältnissen stammte und aus Abenteuerlust nach Afrika reiste. Nach mehreren Anläufen brach er von Sierra Leone auf, fuhr von Djenne mit dem Boot den Niger abwärts nach Timbuktu, das er am 20. April 1828, getarnt als Muslim, erreichte. Von dort ging es nordwärts durch die westliche Sahara nach Marokko. Seine Darstellung der legendären Stadt, die er als ärmlich und klein beschrieb, wurde in Europa nicht akzeptiert und Caillié als Hochstapler abgetan.

Nach den Sahara-Durchquerungen der 1830er Jahre hatte das Interesse nachgelassen und sollte erst mit den Aktivitäten des Missionars James Richardson Mitte der 1840er Jahre einen neuen Schub erhalten. Richardson war als britischer Vizekonsul in Ghadames vorgesehen und gleichzeitig Beobachter der Anti-Slavery Society in Nordafrika.[110] Weil er sich bei einem Besuch in Ghadames in interne Angelegenheiten der Stadt einmischte und sich bald den Ruf eines taktlosen Fanatikers erwarb, sprach sich Generalkonsul Crowe gegen seine Anstellung als Konsul aus;[111] darum reiste er in der Sahara. Der Missionar wollte die afrikanischen Herrscher südlich der Sahara zu einem Ende des Sklavenhandels verpflichten und gab 1849 den Anstoß zu einer neuen Expedition, wovon im letzten Kapitel die Rede war.

Die wichtigste geographische Leistung und auch die von der britischen Regierung gestellte Hauptaufgabe Barths war die Klärung der hydrographischen Verhältnisse in der Region. Die Muslime hatten ganz bestimmte Raumvorstellungen, nach denen ein Fluss die Südgrenze der islamischen Welt und die Trennlinie zu den »Barbaren« bildete. Darum beschrieben sie den Niger, den Tschadsee und die westlichen Zuflüsse des Nil als ein zusammenhängendes Flusssystem.[112] Frühere europäische Reisende, die nur Teile der Region selbst gesehen hatten, übernahmen diese Vorstellung und stifteten damit ziemliche Verwirrung, vor allem, nachdem die Brüder Lander nachgewiesen hatten, dass der Niger in den Atlantik mündete und darum kaum mit den anderen Flusssystemen zusammenhängen konnte. Allerdings blieb die Frage ungeklärt, ob der Benue, der bislang nur in seinem Unterlauf bekannt war, aus dem Tschadsee floss. Der Name Tschadda, den ihm die Engländer aufgrund solcher Spekulationen beigelegt hatten,[113] war eine Fehlbenennung, wobei Barth aber darauf verwies, dass die Benennungen der meisten Flüsse und Gewässer wie Tschad, Benue, Shari und die verschiedenen Namen, die der Niger trug, nichts anderes als »Fluss« oder »Wasser« bedeuteten.[114]

Später erklärte Barth auch die Herkunft des in Europa geläufigen Namens »Niger« als »eine offenbare Verstümmelung des allgemeinen Berber-Namens ›eghírrëü‹ (-n-eghír-rëü) für ›Fluss‹«. Genauso gut könne man ihn »in der Sprache der verschiedenen Anwohner ›Māyo‹, ›I'-ssa‹ oder ›Dhiúli-bā‹ nennen«.[115] Barth konnte die Hypothese eines Zusammenhangs von Tschadsee und Niger eindeutig widerlegen, als er den Oberlauf des Benue durch Augenschein und genaue Befragung afrikanischer Gewährsleute erforschte.[116] Während seiner Reise nach Baghirmi wies er im Flachland südlich des Tschadsees nach, dass der Shari dessen Hauptzufluss von Süden war, der Logone dagegen ein zweiter Fluss, der sich mit dem Shari vor dessen Mündung in den Tschadsee vereinigte. Zwischen dem Flusssystem des Shari und dem Benue erstreckte sich eine Gebirgskette, womit geklärt war, dass der Benue kein Ausfluss aus dem Tschadsee sein konnte. Aber selbst in Regionen, in denen er selbst nicht geforscht hatte, konnte Barth durch seine althistorischen und philologischen Kenntnisse etwas beitragen, indem er das Weltbild des Ptolemäus und dessen Angaben über die Nilquellen mit den Forschungsergebnissen des britischen Reisenden John Hanning Speke in Beziehung setzte.[117]

Weil Barth kritisch mit den Aussagen der Afrikaner umging und ihre eigenen Raumwahrnehmungen von denen westlicher Geographen unterscheiden konnte, war er auch in der Lage festzustellen, dass der Tschadsee keine Verbindung mit dem Nilsystem hatte, ohne die Region selbst besucht zu haben.[118] Schon Petermann erkannte die außerordentliche methodische Leistung Barths, als er hervorhob, »in welcher bewunderungswürdigen Weise Dr. Barth es verstand, von den Eingebornen werthvolle geographische Angaben einzuziehen, mit welcher Vollständigkeit dieselben zu sammeln und mit welcher Klarheit und Sicherheit sie zu einem Ganzen zu vereinigen«.[119]

Neben dieser zentralen Aufgabe konnte Barth durch seine genauen Messungen und Geländebeschreibungen vieles, was bis dahin Spekulation gewesen war, durch Beobachtungen ersetzen und damit für große Teile Westafrikas erstmals eine verlässliche Grundlage für die Geographie schaffen.

Im Vordergrund Barth zeichnend, links hinten das Lager der Reisenden

Ein entscheidender Erkenntniszuwachs waren Barths Erforschung der Region innerhalb des Nigerknies und, auf der Rückreise von Timbuktu nach Bornu, die Festlegung des genauen Verlaufs des Niger von Timbuktu bis nach Sai.[120] Die geographische Kenntnis, das war ihm bewusst, war nicht rein akademisch, denn es ging um Länder, »die in nicht gar ferner Zukunft für die Europäer von grosser Bedeutung werden müssen, der so umfassenden Wasserverbindung wegen, die sich, wenn man den natürlichen Wasserläufen nur ein wenig nachhilft, bis in das Herz des Kontinentes eröffnet«.[121] Eine weitere Hauptaufgabe seiner Reise war die Eröffnung von Handelsbeziehungen zwischen Großbritannien und den Ländern südlich der Sahara, wozu die genaue Geländekenntnis erforderlich war. Insbesondere war ihm daran gelegen, seinem Freund Ahmed al-Bakkai behilflich zu sein, durch gute Beziehungen zu den Briten der Bedrohung durch die vorrückenden Franzosen zu entgehen.

Barth entwickelte seine Methode der Befragung zu immer größerer Effizienz. Dazu gehörte die Bereitschaft, das bis dahin Erfahrene zu revidieren, wenn er neue Kenntnisse erhielt. So kam er zunächst in seinem Bericht über Agades und die dort eingezogenen Informationen zu Timbuktu zur Überzeugung, diese seien »der sicherste Beweis, daß Caillié diesen berühmten Ort nicht besucht hat«.[122] Doch als er selbst in Timbuktu war, sah er sich in der Pflicht, Caillié zu rehabilitieren, dessen schlechten Ruf er auf die Eifersucht der Engländer zurückführte: »Denn es war den Letzteren ein unerträglicher Gedanke, dass einem armen, schutzlosen Abenteurer, der sich unter dem schmählichsten Lügennetz verbergen musste, ein Unternehmen gelingen sollte, dem einer der kühnsten und hochherzigsten Offiziere ihres Heeres zum Opfer gefallen war.«[123] Cailliés Ehrenrettung war ihm so wichtig, dass er kurz nach seiner Rückkehr einen ausführlichen Brief an den französischen Gelehrten Jomard diesem Thema widmete.[124]

Geschichte

Der ghanaische Historiker Adu Boahen sah Barths größte Leistung im Feld der historischen Forschung,[125] denn Barth konnte durch seine umsichtige und reflektierte »Oral History«-Forschung die Geschichte der Region in einem Umfang und Detailreichtum erschließen wie kein anderer Forscher seiner Zeit. In Katsena traf er den älteren Gelehrten Abd e Rahman, der aus Tauat stammte und mit dem er sich länger unterhielt. Barth gab an, dass er bei seinem zweiten Aufenthalt in Katsena den größeren Teil seiner Informationen über die Geschichte der Hausa sammelte, wahrscheinlich von Abd e Rahman.[126] Das umfassende Bild einer reichen Geschichte war für viele Europäer eines der überraschendsten Ergebnisse von Barths Reise, war man doch davon ausgegangen, in Afrika lebten geschichtslose Völker, die wegen permanenter »Stammesfehden« keine kumulative Zivilisationsentwicklung durchliefen.

Barth konnte erstmals eine vielschichtige Historie dieses Raumes rekonstruieren, wobei er schriftliche Dokumente, die er in Bibliotheken in Kuka, Wurno und Gwando fand, mit Hilfe mündlicher Befragungen von Gelehrten bestätigte und erweiterte. Der vielleicht prominenteste war Abd el Kader dan Taffa, den er erstmals vor Sokoto im Gefolge von Sultan Aliyu traf. »Er stattete mir auch gleich am Abend einen Besuch ab, wobei er mir unverzüglich einige positive Data in Bezug auf die Geschichte der Dynastie der Assaki oder A'sskiā, der Herrscher von Sonrhay, mittheilte, welche er, ohne sich um ein einziges Jahr zu versehen, aus dem Kopfe wusste. Diese wenigen Data waren für mich von der höchsten Bedeutung, indem sie mir die erste Einsicht in das historische Verhältniss jener westlichen Länder zu der Geschichte Mittel-Sudans eröffneten.«[127] Der Historiker Thomas Hodgkin schrieb über seine Forschungsmethode: »Barth hatte die Einstellung und Ausbildung, die ihm erlaubten, historische Fragen in einer Weise zu stellen, wie kein Europäer vor ihm. Er beschrieb nie die aktuelle Situation der verschiedenen afrikanischen Gemeinschaften, die er besuchte – Katsina, Kano, Sokoto, Bornu, Adamawa – ohne ihre Vergangenheit einzubeziehen.«[128]

Wenn es möglich war, unterhielt Barth sich auch mit den jeweiligen Machthabern über Fragen der Geographie und Geschichte. Der wichtigste seiner Gesprächspartner während seines fünfeinhalbjährigen Aufenthaltes in Afrika war zweifelsohne Ahmed al-Bakkai al-Kunti, der als der bedeutendste islamische Gelehrte der ganzen Region galt. Ihn umgab aufgrund seiner umfassenden theologischen und historischen Kenntnisse eine Aura der Heiligkeit, weshalb Barth ihn ironisch den »Papst von Timbuktu« nannte.[129] Als Gelehrter schätzte al-Bakkai arabische Bücher, die er zum Geschenk erhielt, etwa eine Ausgabe des Hippokrates, die Hugh Clapperton Mohammed Bello geschenkt hatte. Dieser reichte das Werk »in Anerkennung seiner Gelehrsamkeit« weiter an al-Bakkai. »In der That kann ich mit voller Überzeugung versichern, dass jene wenigen Bücher, welche der unternehmende Schottische Offizier mit nach Central–Afrika brachte, grössere Wirkung gehabt haben, die angesehenen Männer in jenen Gegenden mit dem Charakter der Europäer auszusöhnen, als die kostbarsten anderweitigen Geschenke, die man ihnen je gemacht hat.«[130]

Barth konsultierte auch antike und arabische gedruckte Quellen, die er in seiner Reisebibliothek mit sich führte, aber auch die Berichte seiner Vorgänger wie Hugh Clapperton, den er sehr schätzte.[131] Aber mehr noch als an solchen Texten war Barth daran interessiert, bislang unbekannte afrikanische Schriften zu finden. Hierfür waren seine vielfältigen Kontakte mit Gelehrten und Machthabern entscheidend. So konnte er in Wurno, der Residenz des Sultans Aliyu von Sokoto, eine Bibliothek besuchen: »Diese ganze Zeit hindurch hatte ich meine Mussestunden zur Lektüre eines handschriftlichen Werkes benutzt, das mir die erste Einsicht in die Ge-

schichte des westlichen Theiles dieser Fellani-Gebiete verschaffte.
Der Verfasser desselben war 'Abd-Allāhi, der Bruder 'Othmān's
[Uthman dan Fodio], des Reformators, dem der westliche Theil des
eroberten Gebietes als Antheil zugefallen war.«[132]

Kurz darauf war er in Gwando, der Hauptstadt dieses westlichen
Reiches, und hatte hier die Gelegenheit, »eine Handschrift des über-
aus schätzbaren historischen Werkes Ahmed Bābā's zu erhalten«.[133]
Dieser Text war der »Tarikh as-Sudan«, eines der berühmtesten
Geschichtswerke der Region, auf das ihn vorher Abd el Kader dan
Taffa aufmerksam gemacht hatte. »Nun brachte ich 3 oder 4 Tage
höchst angenehm mit dem Ausziehen wichtigerer historischer Daten dieses Werkes zu, das mir eine ganz neue Einsicht in die geschichtliche Entwickelung der Landschaften am mittleren Laufe des
Niger, denen ich meine Schritte zuwandte, eröffnete und ein höchst
lebendiges Interesse erregte.« Er schickte die Exzerpte nach Deutschland, wo sie in Übersetzung in der »Zeitschrift der Deutschen Morgenländischen Gesellschaft« erschienen.[134] Aus diesem Werk erfuh-
ren Barth selbst und dann auch die europäische Öffentlichkeit
erstmals von der Existenz und Geschichte des Reiches Songhai, das
im 16. Jahrhundert gigantische Ausmaße angenommen hatte und
von der Atlantikküste bis an die Grenze von Bornu reichte. Von
seiner Existenz hatte er bis dahin »kaum die leiseste Ahnung gehabt« und er bedauerte, nicht genug Zeit zu haben, das ganze Werk
abzuschreiben.[135] Daraus erklärt sich, dass seine Zuschreibung an
Ahmed Baba (1556-1627) als Autor falsch war, wie er auch aus
heutiger Sicht das Werk als rein faktische Darstellung las und die
Intentionen des Autors nicht kritisch beleuchtete.[136] Der Text
stammte von Abd al-Saʿdi (1594-ca. 1656) und wurde in der Mitte
des 17. Jahrhunderts verfasst.

In Bornu entdeckte er ebenfalls einen historischen Text, was sich
aus einer gelehrten Diskussion mit dem Vezir von Bornu, Hajj al-
Bashir, ergab. »Unsere Unterhaltung in diesen Afrikanischen Soi-
reen beim Vezier ward zuweilen so gelehrt, dass selbst Ptolemäus
mit einem ›Mandaros oros‹ herbeigezogen wurde.«[137] Als Barth von
der Geschichte des alten Kanem erzählte, weckte er das Interesse des
Vezirs an der Vergangenheit seines eigenen Landes. Aufgrund der
Unterhaltungen erfuhr Barth von den etwa 1576-1578 entstande-
nen Aufzeichnungen des Ahmed ben Furtuwa über die Kriegszüge

des Mai Edrīss Alaōma (ca. 1564-1596), den er für den bedeutendsten Herrscher des alten Bornu hielt. Aber al-Bashir verhinderte,
dass Barth das Manuskript selbst in die Hand nahm und daraus
kopierte, weil er fürchtete, damit die Legitimation der noch neuen
Dynastie, der er diente, zu untergraben. Erst 1855, als der Vezir
nicht mehr lebte, konnte sich Barth nach seiner Rückkehr aus Timbuktu eine Kopie des Buches besorgen.[138] In Kuka fand Barth auch
den Dīwān Salātīn Barnu, den er exzerpierte und in Form einer
annotierten Königsliste der Herrscher von Bornu seit dem 9. Jahrhundert nach Christus als Kapitel VIII in den 2. Band seines Reiseberichts aufnahm. Die Dynastie der Ssaefua war mit einer Dauer
von 800 Jahren eine der am längsten regierenden der Welt. Wegen
seiner gefährdeten Lage in Timbuktu konnte Barth keine Manu-
skripte einsehen, aber er wusste von ihrer Existenz, schließlich
hatte ein Songhai-Herrscher des 16. Jahrhunderts »die in Timbuktu
angehäuften Bücherschätze« konsultiert.[139]

Darüber hinaus wurden Barths eigene umfangreiche Angaben zu
den Märkten, die er überall besuchte, zur Produktion von Tabak und
Baumwolle, Getreide und Gemüse, zur Viehhaltung und zu den
Transporttieren selbst zu einer der wichtigsten Quellen für die Geschichte des von ihm durchreisten Raumes im 19. Jahrhundert.

Ethnographie

Aus den Briefen, die Barth nach Europa schickte, lässt sich erkennen, wie schnell er sich einen Überblick über die höchst komplizierten ethnographischen Verhältnisse im Sahararaum verschaffte. Es
ist erstaunlich, wie rasch er in der Lage war, die verschiedenen
Tuareg-Gruppen voneinander zu unterscheiden und auch ihre Un-
tergliederung genau wiederzugeben.[140] Hierfür waren seine Befragungen der Tuareg selbst sowie der verschiedenen afrikanischen
Gelehrten, die er unterwegs traf, unerlässlich. Er leitete den Namen
Tuareg ab von terek = »aufgeben« und erklärte ihn damit, dass die
Tuareg ihren ursprünglich christlichen Glauben zugunsten des Islam aufgegeben hätten.[141]

Umfassende Überblicke konnte er zunächst über die Berber geben, zu denen die Tuareg als besondere Gruppe zählten, ebenso über

die in Afrika lebenden Araber. Im weiteren Verlauf der Reise führte
Barth auf dieselbe Weise eine Klärung der Ethnographie der weiter
südlich liegenden, dichter besiedelten Regionen herbei. Ihn interessierten ganz besonders die Fulbe, deren Ausbreitung von West nach
Ost ihm letztlich ein Rätsel blieb, da er sich sicher war, dass ihre
Ursprünge im Osten zu finden waren.[142] Aber sie faszinierten ihn
auch als Gründer mehrerer Reiche und als treibende Kraft einer
durchgreifenden Islamisierung nicht nur der Eliten, sondern auch
der bäuerlichen Bevölkerung des Sahel. Für die Hausa entwickelte
Barth eine besondere Wertschätzung, denn sie waren geschäfts-
tüchtig, aktiv, umtriebig und hatten eine ausdrucksstarke Sprache,
»die an Wohlklang dem Italiänischen kaum nachsteht«.[143]

Einen solch klaren Überblick über die verschiedenen Bevölkerungsgruppen Nord- und Westafrikas hatte es bis dahin nicht gegeben. Barth leistete Pionierarbeit, insbesondere durch den Detailreichtum seiner Darstellungen. Darum wandte sich die britische
Ethnological Society an den Außenminister mit der Bitte, Barths
ethnologische Informationen über Baghirmi und Waday publizieren zu dürfen.[144]

Linguistik

Ethnographie war bei Barth eng verbunden mit der Linguistik, denn
er behandelte ethnische Gruppen als relativ klar identifizierbare
Einheiten. Er ging sogar davon aus, dass es ursprünglich voneinander unterscheidbare Bevölkerungen gegeben hätte, deren Wurzeln
im Osten lagen, die sich dann im Lauf der Jahrhunderte
vermischten,[145] weshalb es auch zur vollständigen Übernahme einer
ursprünglich fremden Sprache kommen konnte.

Da Barth eine solide Ausbildung als Altphilologe genossen hatte,
besaß er die Fertigkeiten, Sprachen hinsichtlich ihrer Vokabularien
und grammatikalischen Strukturen zu untersuchen und zu vergleichen. Hinzu kam seine Sprachbegabung, die sich nicht nur im raschen Erlernen neuer Sprachen äußerte, sondern auch in seinem
ausgeprägten Talent, Sprachen zu analysieren, ihre Entwicklung zu
rekonstruieren und daraus Schlüsse auf ihre Verwandtschaft zu
ziehen.[146] Barth sammelte Vokabularien, wo immer er hinkam.

Während seiner Reisen ließ er sich von Mitreisenden über deren Sprachen belehren. Als er mit dem Sultan von Bornu dessen Sklavenraubzug begleitete, nutzte er die Gelegenheit, um von Sklaven aus den Mandarabergen eine Wörtersammlung ihrer Sprache anzulegen.[147] Dabei stellte er Bezüge zwischen afrikanischen und westasiatischen Sprachen in Nordafrika her.[148] Das linguistische Material der Reise war so umfassend, dass er sich später entschloss, die Vokabularien als eigene Publikation zu veröffentlichen und nicht in den Reisebericht zu integrieren.[149]

W. F. Gowers, in den 1920er Jahren Lieutenant-Governor der Nordprovinzen Nigerias, äußerte sich im Rahmen einer wissenschaftlichen Diskussion zu Barth, er könne in Barths Werk keinen einzigen Detailfehler entdecken, weder geographisch, ethnographisch oder linguistisch. »Seine Genauigkeit in all diesen Bereichen ist bewundernswert. Obwohl wir seit mehr als zwanzig Jahren hier sind, kann man wohl mit Recht sagen, dass es heute keinen einzigen Menschen gibt, der soviel über den nördlichen Teil Nigerias weiß wie Barth.«[150]

Die Afrikareise II: Nach Timbuktu
1852-1855

Die Reise nach Timbuktu war mit ca. 5.000 km hin und zurück die weiteste, die Barth von Kuka aus unternahm, wobei aber gar nicht feststand, ob er dorthin zurückkehren würde.[1] Er hielt sich die Möglichkeit offen, von Timbuktu nach Norden zu gehen, und verständigte im Vorfeld den britischen Generalkonsul in Marokko, Drummond Hay, den er von seiner Mittelmeerreise persönlich kannte.[2] Doch konnte dies nur eine Option im äußersten Notfall sein, denn sein Ziel war es, den Lauf des Niger von Timbuktu flussabwärts zu erforschen und zu kartieren. Er wollte herausfinden, ob der Niger von seiner Mündung bis Timbuktu für Dampfschiffe navigierbar war, um die erstrebten Handelsbeziehungen anzuknüpfen.[3]

Als Grund für den Richtungswechsel der ursprünglichen Pläne, von Bornu aus an die Ostküste Afrikas zu reisen und stattdessen nach Westen zu gehen, nannte Barth seinen gescheiterten Versuch, Adamaua, die südöstlichste Provinz des Sultanats von Sokoto, zu erforschen.[4] Denn er wollte nun den Sultan selbst aufsuchen und sich von ihm die Genehmigung holen. Zunächst aber erwies sich einmal mehr die Finanzierung als Problem, da sich eine Sendung von 400 Talern zusammen mit britischen Waren wegen der Saumseligkeit des Überbringers verzögerte. Aber Barth wusste, dass eine Geldsendung von 1000 Talern nach Sinder unterwegs war, weshalb er am 25. November 1852 abreiste.[5]

Unter seinen Begleitern war mittlerweile wieder Mohammed al-Gatroni, der zwischenzeitlich von Kuka zu seiner Familie zurückgekehrt war, nun aber bis zum Ende der gemeinsamen Reise bei Barth blieb. Er war »die Hauptperson« unter Barths Begleitern, »die mir am meisten Vertrauen einflösste«.[6] Daneben war ein junger Araber oder, wie sie in der Region genannt wurden, ein Schua aus der Provinz Kótokó namens ʿAbd-Allāhi in seinen Diensten. »Er war ein junger Mann von sehr gefälligen Manieren, aufrichtigem Charakter und reinen Sitten und bildete als guter und frommer Moslim ein nützliches Vermittelungsglied zwischen mir und den Mohammedanern; aber er war zuweilen äussert launenhaft, und

nachdem ich seinen Kontrakt für die ganze Reise nach Westen und
zurück abgefasst hatte, machte es mir die grösste Mühe, ihn zu
zwingen, an den von ihm selbst eingegangenen Bedingungen
festzuhalten.«[7]

Außer drei weiteren Begleitern, von denen einige nur eine Strecke mitzogen, waren die beiden von Overweg freigekauften Sklaven
Abbega und Dorugu dabei, die Barth später mit nach England nehmen sollte. In seinem Reisebericht erwähnt er sie nur selten, Abbega galt als musikalisch und war Besitzer einer Molo, einer drei-
saitigen Gitarrre, wie Barth das Instrument beschrieb,[8] doch hat
Dorugu später dem Missionar Schön seine Lebensgeschichte dik-
tiert, die eine interessante Ergänzung zu Barths Bericht aus afrikanischer Sicht darstellt.[9] Barths Schwager Schubert, der sie in
Deutschland kennen lernte, beschrieb sie so: »Abegga, vom Stamme
der heidnischen Marghineger, war ein einundzwanzig Jahre alter
kohlschwarzer, kräftiger und gutmütiger, aber geistig nicht besonders veranlagter Mann, während Dyrgu, ein hellbrauner mohammedanischer Haussaneger von siebzehn Jahren, klein, schlank, gewandt und von nicht gewöhnlicher Intelligenz war.«[10] Barth nahm
noch einen weiteren Araber namens ʿAli el Ágeren mit, der sich als
Vermittler zur lokalen Bevölkerung eignete. Das erste Ziel war die
von Hausa bewohnte Stadt Sinder, die aber zu Bornu gehörte. Dort
traf er den Scherif el Fa-ssi, bei dem er Wertsachen und Vorräte
hinterlegte, um auf der Rückreise für das letzte Stück bis Kuka
versorgt zu sein. »Ich kann jedoch diese Gelegenheit nicht vorüber-
gehn lassen, ohne mit Achtung dieses Arabers zu gedenken, der
sicherlich zu den ausgezeichnetsten Individuen seiner Nation
gehörte«,[11] aber während der Palastrevolution in Bornu von Anhän-
gern des Usurpators 1853 ermordet wurde. Sinder war eine wichtige
Handelsstadt, da sich hier die Wege aus Kuka mit dem nach Norden
über Ghadames und Ghat kreuzten. Hier erhielt Barth auch die
versprochenen 1000 Taler, wobei er dem Boten zusätzlich zu dem
ausgemachten Lohn noch ein gleich wertvolles Geschenk überreichte, »denn nur mit Freigebigkeit kommt man in diesen Ländern
fort«.[12]

Westlich von Sinder kam Barth in ein Gebiet »ununterbrochener
Kriegführung und Gewaltthätigkeiten« zwischen den Fulbe von
Sokoto und den unabhängigen Hausaländern.[13] In einem Schreiben

an Ritter hob Barth die Ungewissheiten und Gefahren der vor ihm liegenden Reise hervor.[14] Die ganze Strecke zwischen Sinder und Sokoto blieb von diesen Gefahren bestimmt, und es gab immer wieder Berichte über bewaffnete Trupps in der Umgebung.[15] Unterwegs traf er überall Salzhändler aus dem Air-Gebiet, die gerade im Zuge ihrer jährlichen Karawane die verschiedenen Siedlungen besuchten.[16] In Katsena lernte er den aus Tauat stammenden Abd e Rahman kennen, ein enger Freund des verstorbenen Sultans von Sokoto, Mohammad Bello, der ihn auf den »gelehrtesten unter den Einwohnern der gegenwärtigen Generation von Sokoto«, Abd el Kader dan Taffa, aufmerksam machte.[17] In der Stadt Badaráua, durch die er kam, wurde gerade Markt gehalten, wobei er die Zahl der Marktbesucher auf 10.000 schätzte. Wie immer notierte er sich, welche Waren gehandelt wurden, in diesem Fall neben Lebensmitteln hauptsächlich Baumwolle.[18]

Noch bevor Barth und seine Begleiter die ungefähr 1830 gegründete Stadt Wurno, seit Mohammed Bello die Residenz des Sultans von Sokoto, erreichten, stießen sie auf dessen Feldlager, wo er gerade einen Kriegszug gegen Gober vorbereitete.[19] Für Barth war es eine wichtige Audienz, denn der Sultan war der mächtigste Herrscher in der ganzen Region und sein Schutz für die Weiterreise zumindest bis zum Niger unerlässlich. Die Begegnung verlief äußerst erfreulich,[20] Aliyu war sehr gastfreundlich und beschenkte Barth mit reichlich Lebensmitteln, zudem wollte er ihn auch sofort selbst sehen. Der Sultan war über Barths bisherige Reisen gut informiert und versicherte ihm, »dass sein grösstes Vergnügen darin bestehen würde, mich mit allen seinen Kräften in meinem Unternehmen zu unterstützen, da es blos menschenfreundliche Zwecke verfolge und nur dazu dienen könne, weit von einander lebende Nationen einander näher zu rücken«.[21] Als Barth ihn am nächsten Tag zu einer zweiten offiziellen Audienz aufsuchte, nahm er ausgesuchte Geschenke mit, u.a. zwei mit Silber verzierte Pistolen, die er in Tripolis eigens zu diesem Zweck von seinem eigenen Geld gekauft hatte. Der Sultan freute sich ganz außerordentlich darüber, was zeigt, wie treffsicher Barth den Geschmack der Machthaber kannte.[22] Bald darauf brach Aliyu zu seinem Kriegszug auf und Barth reiste weiter nach Wurno, wo er sich einige Zeit aufhielt und Informationen über Geographie und Geschichte der ganzen Region sammelte.[23] Zudem unternahm er einen längeren Ausflug nach Sokoto, das ihn wegen des halbverfallenen Zustands enttäuschte.[24] Der mittlerweile zurückgekehrte Sultan Aliyu gab Barth die Erlaubnis zur Weiterreise, verlangte aber, dass er nicht Hamd'Allahi, die Hauptstadt Massinas, besuchte,[25] »dessen Emir ihn mit seiner Unverschämtheit beleidigt hatte«.[26] Am Niger oberhalb Timbuktus hatten Fulbe unter Führung von Ahmadu Lebbo 1818 ein Jihad-Reich mit der neuen Hauptstadt Hamd'Allahi gegründet, das einen sehr strengen Islam praktizierte und sogar das Tabakrauchen verbot.[27] Obwohl die Herrscher von Sokoto ebenfalls Fulbe waren, galt das Verhältnis zwischen den beiden Reichen als angespannt.

Am 14. Mai 1853 brach Barth von Sokoto auf, misstrauisch beäugt von den Soromaua, die den Handel in der Region kontrollierten und die Barth verdächtigten, »am Flusse entlang Verkehr zu eröffnen, was dann mit ihren Handelsquellen kollidiren würde«.[28] Abgesehen davon wurde Barth im Sokoto-Sultanat überall freundlich aufgenommen. Dann besuchte er die Hauptstadt des Nachbarreichs, Gwando. Es war wie das Sokoto-Reich ein Ergebnis des Jihad von Uthman dan Fodio, der um 1804 einen Krieg gegen die etablierten Herrscher von Gober begonnen hatte, um dann die gesamte hausasprachige Region zu unterwerfen und zu islamisieren.[29] Den östlichen Reichsteil mit der Hauptstadt Sokoto erbte sein Sohn Muhammad Bello, während sein Bruder Abdallahi den westlichen mit Gwando als Zentrale erhielt. So wenig wie Barth dem Sultanat von Sokoto unter seinem »energielosen« Herrscher Aliyu eine große Zukunft vorhersagte, war er von Gwando beeindruckt, dessen zurückgezogen lebenden frommen Sultan er mit einem »Mönch« verglich.[30]

In Gwando wurden Textilien produziert und verkauft, Barth beobachtete zahlreiche Färbereien.[31] Immerhin erhielt er von Sultan Chalilu einen Schutzbrief für Engländer, den er als diplomatischen Erfolg im Sinn seines Auftrags wertete.[32] Das Sultanat von Gwando befand sich im Kriegszustand mit seinen »heidnischen« Nachbarn, so dass die Weiterreise immer wieder von Gerüchten über bevorstehende Angriffe erschwert wurde. Von der Hauptstadt war Barth nicht beeindruckt: »Keine politische Regsamkeit, kein kriegerischer Geist, kein fröhliches Volksleben (denn diesem tritt der mönchisch-mürrische Geist des Herrschers feindlich und hemmend in den

Markt in Sokoto

Weg) und so auch keine Handelsthätigkeit!«[33] Deswegen war hier
Heimarbeit gefragt: Die Bewohner stellten ihre Kleidung selbst her,
deren Gewebe erstklassig war, die Färbung aber »überaus grob und
schlecht«, wenn er sie mit den Erzeugnissen von Kano und Nupe
verglich.[34] Westlich von Gwando betrat Barth am 4. Juni 1854 die
Landschaft Kebbi, die zum Sultanat gehörte und an den Niger
grenzte. Barth reiste in der Regenzeit und sah auf dem Weg zum
Niger überall Spuren von Krieg und Gewalt, zerstörte Ortschaften,
deren Einwohner in die Sklaverei verschleppt worden waren.[35] Als
er mit seinen wenigen Begleitern in einem dichten Wald zwei Mal
übernachten musste, weil ein Kamel verloren gegangen war, erwarb
er sich dadurch Ruhm, denn noch auf dem Rückweg von Timbuktu
erinnerten sich die Bewohner der Umgebung an den »kühnen
Wanderer«.[36] Die Songhai ließen kaum noch erkennen, dass sie
einmal ein riesiges Reich dominiert hatten, denn er fand sie als
unterworfene und wenig wehrhafte Bevölkerung der Region. Vielleicht entstand dieser Eindruck bei ihm auch deswegen, weil er die
Songhai »im Allgemeinen«, also nicht immer, als die »ungast-
freundlichsten Menschen« fand, denen er begegnet war.[37]

Der Niger bei Sai

Schließlich kam er bei Sai an den großen Fluss, »den Europäern seit der Eröffnung der Afrikanischen Geographie und Forschung mystisch vor Augen und Sinnen schwebende[n] Niger«.[38] Sai, das gleichzeitig einen zwar ärmlichen, aber für die Gegend wichtigen Markt hatte,[39] war der Hauptübergang über den Fluss, und Barths Karawane wurde mit ca. zehn Meter langen Booten übergesetzt.[40] Sie hatte »die Grenze zwischen den leidlich bekannten Gegenden Mittel-Sudans und den noch völlig unerforschten Ländern auf der südwestlichen Seite seines hoch nach Norden in das Herz der Wüste hineindringenden Laufes« überschritten[41] und befand sich nun in dem Gebiet, das dem heutigen Staat Burkina Faso entspricht.

Auch in Libtako zeigte sich die Energielosigkeit des Sultans von Gwando, da sich diese Grenzprovinz in anarchischer Auflösung befand, aber eigentlich wohlhabend hätte sein können.[42] Er erhielt unfreiwillig mehr Gelegenheit dazu, die Region unterhalb des Niger-knies zu erforschen, als ihm lieb war, da sich ihm ein Araber aus Timbuktu angeschlossen hatte, der ihn zunächst charmant umgarnte, aber kreuz und quer herumführte, um so viel wie möglich von seinen Reichtümern zu ergattern.[43] Auf der anderen Seite waren die Kenntnisse des Arabers durchaus wertvoll, und er konnte Barth durch einen

Songhai-Dorf

klugen Ratschlag aus mindestens einer gefährlichen Situation retten.[44] Barth knüpfte wichtige neue Bekanntschaften, die ihm viel über die jüngere Geschichte der Jihad-Reiche, nicht zuletzt über Massina, und über die ältere des Songhai-Reiches erzählten.[45] Dore, die Hauptstadt und das Handelszentrum der Provinz Libtako, fand er verfallen, obwohl es ein Verkehrsknotenpunkt war.[46] Hier traf er erstmals auf Bewohner der alten Songhai-Hauptstadt Gao, die den Markt besuchten[47] und deren Stadt er selbst auf dem Rückweg von Timbuktu kennen lernte. Die Tuareg waren die expansive Kraft in der Region, die sich insbesondere auf Kosten der Songhai immer weiter ausbreiteten und eine hegemoniale Stellung aufbauten.[48]

Gleichzeitig beobachtete er an einigen Stellen Prozesse der Akkulturation, in diesem Fall der Fulbe, die Lebensweise und Sprache der Songhai adaptiert hatten.[49] Das Dorf Duma fiel ihm mit seinen charakteristischen »thurmartigen Kornschobern und spitzigen Strohdächern« auf. Es blieb aber keine Ausnahme, denn: »Es ist dies der von Ma-ssina aus zugleich mit dem Isslam über diesen ganzen Theil des Sudans eingeführte Baustyl.«[50]

Dann kam die Karawane in die Hombori-Berge, ein in ost-westlicher Richtung liegendes Gebirge mit grotesken Felsformationen, die Barth einer eigenen farbigen Abbildung in seinem Reisebericht für wert hielt.[51] Er wollte so schnell wie möglich aus dem Gebiet der Fulbe von Hamd'Allahi herauskommen, weil er vermutete, dass der junge Herrscher ihm alles andere als wohlgesonnen sein würde. Doch betrat er nun die Region, in der die Tuareg ihre Macht ausgeweitet hatten. Da er bei seiner Sahara-Durchquerung keine allzu positiven Erfahrungen gemacht hatte, war ihm daran gelegen, sich mit ihnen gut zu stellen, um damit seine Sicherheit zu gewährleisten.[52] Darum besuchte er sie in ihren Lagern, unterhielt sich mit ihnen und versuchte, ihr Vertrauen zu gewinnen. »Ihr Charakter ist eine eigenthümliche Mischung von Liebenswürdigkeit, Sanftheit, männlicher Tüchtigkeit und von Grausamkeit, dabei ist ein großer Theil derselben eigenthümlich metamorphosirt durch das Leben am Flusse und diese Bewohner der Wüste die einst nichts kannten als das Kameel sind zu Seeleuten und Rinderhirten geworden.«[53]

Endlich näherte sich die Gruppe wieder dem Niger, was Barth an zahlreicher werdenden Seen erkannte.[54] Vor Timbuktu lag das sogenannte Binnendelta des Niger, wo sich der Fluss in viele Nebenarme spaltete, die sich später wieder vereinten. Während der jährlichen Flussschwelle bildeten sich hier riesige seenartige Gewässer, die oft in die seitlichen Wadis hineinschwappten und es bei besonders hohem Wasser sogar ermöglichten, das etwa 12 km nördlich des Hauptarmes liegende Timbuktu auf dem Wasserweg zu erreichen. Das war für Barth eine Neuentdeckung, da frühere Berichte keine Informationen darüber enthielten.[55]

Staunend betrachteten viele Menschen den hellhäutigen Fremden und befragten ihn nach dem Mahdi, »denn diese zweite Wiederkehr des Messīah, dieses Erlösers aus aller irdischen Noth, von der diese Gegenden in so bedeutendem Maasse heimgesucht sind, erwartete man mit Inbrunst, und besonders die armen Landleute sahen mit grossen Augen auf mich, den aus dem Osten kommenden sonderbaren weissen Mann. Diese Tuáreg aber konnten sich kaum enthalten, mich mit diesem ersehnten Propheten zu identificiren.«[56] Barth bewegte sich in einem Land, in dem Fremdheit gepaart mit Gelehrsamkeit Verehrung hervorrief. Von der Stadt Bambara ging er mit seinen Begleitern zum Fluß, um von einem der Seitenarme auf einem Boot bis in die Nähe Timbuktus zu fahren. Mehrfach kam Barth in Gefahr, als er nämlich weitergereisten Afrikanern begegnete,

Kabara

die sich über ihn wunderten und begannen, ihm unangenehme Fragen zu stellen. Es gelang ihm jedesmal, sich herauszuwinden, seine Tarnung als Syrer flog vorerst nicht auf. In Sarayamo, etwa 160 km südwestlich von Timbuktu, wurde die Karawane auf Schiffe verladen und fuhr mehrere Tage durch das Gewirr an Wasserläufen nach Kabara, dem Piräus Timbuktus. Barth beobachtete diese neue Landschaft genau, aber er notierte auch das Verhalten der Bootsleute, »welche die Bewegungen ihrer Ruder mit einem barbarischen, aber nicht unmelodischen Preisliede der Thaten des grossen A'skiä begleiteten«.[57] So war die Erinnerung an den großen Songhai-Herrscher Askia Muhammad (1493-1528) in den Gesängen der Ruderer lebendig geblieben.

Schließlich erreichten die Boote den Hauptstrom des Niger, den sie dann weiter hinabglitten. »Aber jetzt fing der Wasserlauf an, mehr und mehr den Charakter eines edlen Stromes anzunehmen, umschlossen von wohlentwickelten Ufern, die mit schönen Bäumen, hauptsächlich Tamarinden- und Kaña-Bäumen, bekleidet und von Zeit zu Zeit durch Viehheerden belebt waren.«[58] Der Fluss war etwa eine Meile breit und »flösste vermöge seiner Grösse und feierlichen Pracht meinen an solche Flussfahrten in schwachem Kahne

wenig gewohnten Dienern Furcht und Entsetzen ein«.[59] Als sie sich
Korioume näherten, wurde der Verkehr dichter und nicht nur die
Zahl der Boote, sondern auch deren Größe beeindruckten Barth
sehr.[60] Hier bogen sie vom Hauptfluss ab in einen Nebenarm, der
sie nach Kabara führte. »Es wird Sie überraschen, wenn ich Ihnen
mitteile, dass dieser berühmte Hafen von Timbuktu mehrere Meilen vom Fluss entfernt liegt und auf dem Wasserweg nur während
vier oder fünf Monaten im Jahr erreichbar ist, wenn die Nieder-
schläge sehr reichlich waren«, schrieb er an Charles Beke.[61] In Korioume erhielt Barth die ihm höchst unangenehme Nachricht, dass
Ahmed al-Bakkai, der ihm überall empfohlen worden war, sich
nicht in Timbuktu aufhielt, sondern auf Reisen war.[62]

In Kabara schifften sie sich aus, und Barth wurde von einer großen Menschenmenge ausgiebig bestaunt. Er schaute sich in der
Stadt um und stellte fest, dass die Mehrheit der etwa 2000 Einwohner Songhai waren.[63] Hier suchte ihn Sidi Alauate, ein Bruder al-
Bakkais, auf, der ihm aber nicht allzu wohlgesonnen war und ihn
ausfragte, in wessen Auftrag und unter wessen Schutz er reiste.
»Der Mangel eines solchen allgemeinen Schutzbriefes vom Sultan
von Konstantinopel, um dessen Nachsendung ich so dringend gebeten hatte, war in der Folge die Hauptursache meiner schwierigen
und gefährlichen Lage in Timbuktu.«[64] Vor allem hätte ihm das bei
den Kaufleuten aus Marokko genutzt, die befürchteten, er wolle
ihrem Handel schaden. Am 7. September 1853 machte sich die Karawane Barths auf das letzte kurze Stück Weg nach Timbuktu. Vor
der Stadt empfingen ihn Abgesandte, die ihn einholten und ihm
dann ein Haus zuwiesen, das dem Scheich gehörte.[65]

Timbuktu

Nun machte sich die permanente Anspannung für den schutzlosen
Reisenden bemerkbar: Kaum war er angekommen, wurde Barth
krank. Dann erfuhr er, dass der wichtigste Rivale al-Bakkais,
Hammadi, die Fulbe in Hamd'Allahi darüber in Kenntnis gesetzt
hatte, dass ein Christ sich in Timbuktu aufhalte.[66] Außerdem versuchte Sidi Alauate soviel materielle Reichtümer aus Barth heraus-
zupressen wie möglich.[67] Bis al-Bakkai (1803-1865) selbst eintraf,

Ankunft in Timbuktu

konnte Barth das Haus nicht verlassen und vertrieb sich die Zeit damit, Briefe zu schreiben, vom Haus des Daches die Stadt zu betrachten und sie zu zeichnen. Dabei entstand jene Szene, die auf dem Schutzumschlag dieses Buches wiedergegeben ist, in der er und seine Begleiter sich demonstrativ bewaffnet auf dem Dach zeigten, als die Lage wieder einmal bedrohlich war. Mit Alauate, der ihn bedrängte, zum Islam zu konvertieren, führte er das erste einer ganzen Reihe religiöser Streitgespräche, aus denen er als der Überlegene hervorging, was nicht zuletzt an den fehlenden Kenntnissen seines jeweiligen Gegenparts über das Christentum lag. Barth präsentierte das Christentum, wie er das schon bei anderen Gelegenheiten getan hatte und wie es offenbar auch seiner wirklichen Überzeugung entsprach, als einen reinen Monotheismus und spielte die Trinitätslehre geflissentlich herab, wenn er sie nicht sogar ganz verschwieg. In dieser Zeit der Unsicherheit erhielt er einen Brief von al-Bakkai, der ihn seines Schutzes versicherte. Barth antwortete mit einer ausführlichen Darlegung seiner diplomatischen Mission und der friedlichen Absichten Großbritanniens.[68]

Am 26. September traf al-Bakkai dann selbst ein, den er aber erst am folgenden Tag zu Gesicht bekam.[69] Barth war sehr angetan und beruhigt, weil er in al-Bakkai einen verlässlichen Mann kennenlernte, der allerdings in der Folgezeit nicht Barths Verdikt der »Energielosigkeit« entging,[70] als er Barths Abreise immer wieder hinauszögerte. Er instrumentalisierte Barths Aufenthalt, um seine Macht gegenüber seinen lokalen Rivalen wie gegenüber Hamd'Allahi zu demonstrieren. Zu Beginn seines Aufenthaltes hatte Barth ihn dem britischen Außenminister gegenüber noch als »aufrichtig und energisch« angepriesen.[71] Es waren eher Klugheit und politische Umsicht als Energielosigkeit, die al-Bakkai so handeln ließen.

Barth beschrieb seinen Gastgeber wie folgt: »Ahmed el Bakáy, Sohn Ssidi Mohammed's und Enkel Ssidi Muchtar's, vom Stamme der Kunta, war zu jener Zeit ein Mann von ungefähr 50 Jahren, dabei von etwas mehr wie mittlerer Grösse und vollem Wuchse; er hatte gemüthreiche, kluge, ja beinahe Europäische Gesichtszüge, eine etwas schwärzliche Hautfarbe, einen zwar nicht starken, aber ziemlich langen und schon etwas ergrauten Backenbart und dunkele Augenwimpern. Seine Kleidung bestand damals nur aus einer schwarzen Tobe, einem mit Fransen besetzten, lose um sein Haupt geschlungenen Shawl und Beinkleidern; die beiden letzten Stücke waren von derselben Farbe wie das erste.«[72] Bei dem Scheich fand Barth auch dessen Neffen Mohammed Ben Khattar, mit dem er sich anfreundete und auf den er große Stücke hielt.[73] Mit beiden führte Barth eine ungezwungene Unterhaltung, in der der Scheich auch auf Major Laing zu sprechen kam, den seine Familie gut gekannt hatte. Der Scheich erwies sich als nicht habgierig, sondern zeigte sich mit Barths Gastgeschenken zufrieden, bat ihn aber, die britische Regierung zu veranlassen, ihm später Bücher zu schicken.[74]

Während Barth zu dieser Zeit noch hoffte, die Stadt bald wieder verlassen und die Rückreise nach Europa antreten zu können, änderte sich alles, als Bewaffnete aus Hamd'Allahi eintrafen, die seine Auslieferung an den Sultan von Massina verlangten.[75] Diesem hatte Barth ursprünglich seine Aufwartung machen wollen, »aber nachdem ich in diesen Ort gelangt war, den zu erreichen der ausdrückliche und einzige Wunsch der Regierung und mein Hauptziel war, erfuhr ich, dass der Sheikh, in dessen Schutz ich mich begab, es übel aufnehmen würde, sollte ich diesem Fürsten meine Aufwar-

Das Zeltlager Al-Bakkais

tung machen, während der Fanatismus seiner Untertanen meine Situation zumindest unerträglich, wenn nicht sogar gefährlich werden ließe«.[76] Nun setzte al-Bakkai seinen Ehrgeiz daran, den Fulbe zu demonstrieren, dass er imstande war, Barth gegen sie zu schützen.[77] Ende November 1853 berichtete Barth voller Stolz an Bunsen: »Wahre Triumphe haben wir über unsere gemeinsamen Feinde die Fulbe von Hamd Allahi gefeiert und nachdem ihr Emir wiederholt den strengsten Befehl hierher geschickt, mich lebend oder todt nach Hamdallahi zu bringen ohne eine Minute Verzug, haben sie jetzt mich vollständig aufgegeben und lassen mich in Ruhe.«[78] Er geriet in einen Machtkampf zwischen Massina und dem Scheich, wobei der Scheich, »der die Tuarek-Häuptlinge geistig fast völlig beherrscht«, sich auf die in der Nähe lebenden Tuareg als seine Bündnispartner verlassen konnte.[79] Um mit ihnen zu sprechen, entschloss sich al-Bakkai, gemeinsam mit Barth die Stadt zu verlassen und ein Stück außerhalb ein Lager zu beziehen, was Barth wegen seiner eingeschränkten Bewegungsfreiheit in Timbuktu nur recht sein konnte.[80]

Al-Bakkai weihte Barth in seine politischen Pläne ein, die darauf hinausliefen, die Herrschaft der Familie Lebbo in Massina zu beenden, indem der von ihnen vertriebene Chief Galaidjo aus dem Exil zurückgeführt werden sollte.[81] Daraufhin gab Barth sich überzeugt, das Reich von Massina werde nicht mehr lange bestehen, denn »es wäre den Engländern ein leichtes, zu seiner Zerstörung durch die Unterstützung von Sheikh el Bakay, Demba, dem König von Bambara, und den mächtigen Fürsten von Mosi oder More, insbesondere denjenigen von Wogódōgo und Belussa, in ihrem Kampf gegen diese anmaßenden Mohammedaner beizutragen«.[82]

Barth genoss den Aufenthalt im Freien, wo er Tuareg-Besucher und die Familie des Scheichs kennenlernte. In einem Brief an seine Familie bekannte er sogar: »Ich könnte glücklich sein, wenn nicht mein Sinn nach der Heimat stände.«[83] Dabei pries er den ausgeprägten Familiensinn al-Bakkais. »Ich glaube kaum, dass es in Europa Ehemänner gibt, besonders aus den höheren Ständen, die an Weib und Kind mit mehr Innigkeit hängen, als mein Wirth in Timbuktu. Ja, man könnte sagen, dass er vom Willen seiner Gattin etwas zu sehr abhängig war.«[84] Zwischenzeitlich amüsierte Barth sich damit, die beiden kleinen Söhne al-Bakkais bei ihren Spielen zu beobachten, eine Szene, die er in einer der Abbildungen verewigte.[85] Besonders erstaunt war Barth, als ihm die Tuareg ihre Schwerter zeigten und er sie als Solinger Klingen identifizierte.[86]

In den folgenden Wochen und Monaten spielte sich eine Art Pendelverkehr ein, als al-Bakkai und sein Schützling vom Lager in die Stadt zurückkehrten, nur um bald darauf wieder hinauszuziehen. Im Dezember berichtete er seiner Familie von seiner ungeklärten Situation: »Noch immer hier, in dieser Stadt ohne Herrn und mit vielen Herrn, klein nur von Umfang und doch groß von Bedeutung, noch immer hause ich hier[,] ein Spielball der Wellen hin und hergeworfen, ohne Ruh und Rast, jeder Tag bringt Neues, bald frohes öfter Betrübendes, Leid, Gefangenschaft, frohe Rückkehr in die Heimat, dies sind die Aussichten, die mir wechselnd vor Augen schweben.«[87] Beke schrieb er, sein Leben sei in »ständiger Gefahr«, aber er vertraue ganz auf al-Bakkai. »Ich habe mich entschieden dem Sheikh el Bakay angeschlossen und ich kann sagen, dass ich allen hier mit meiner Unbeugsamkeit imponiert habe.«[88]

Eine Möglichkeit, mit einer Gruppe Kaufleuten aus Tuat nach Norden durch die Sahara zu ziehen, nahm Barth wegen der damit verbundenen Gefahren nicht wahr, weil die Route genau in die Gegend führte, in der Major Laing ermordet worden war.[89] Außerdem sah er es als seine von der britischen Regierung erteilte Aufgabe an, den Niger von Timbuktu abwärts zu verfolgen, um Aufschluss über seine Schiffbarkeit mit Dampfbooten zu gewinnen. Zunächst begleitete er al-Bakkai bei einem Ausflug nach Kabara, um sich dort den Wasserstand des Niger-Systems während einer anderen Jahreszeit anzuschauen.[90] »Der Fluss hatte das gesammte Flachland überschwemmt, so dass das Wasser, welches bei meiner Ankunft nur einen schmalen, grabenartigen Kanal bildete, jetzt ein weit offenes Becken entfaltete und den einheimischen Fahrzeugen von jeder Grösse leichten Zugang darbot.«[91]

Auf dem Rückweg hatte Barth die Gelegenheit, etwas mehr von Timbuktu selbst zu sehen, insbesondere die von Mansa Musa im frühen 14. Jahrhundert erbaute große Moschee beeindruckte ihn sehr. Die Stadt »bildet ein ziemliches Dreieck, dessen nördlich Ende von der massiven alten Djama Sánkovè geschmückt ist, während die beiden übrigen Djama el jama kebira und Dj. Sidi Yahia in der Nähe des Marktplatzes liegen, der in dem südwestlichen Viertel liegt. Die Stadt ist dicht bebaut mit Thonwohnungen, einige von respectablem Aussehen mit 2 Stock und architectonischer Façade, dazwischen sind wenige leichte Mattenhütten zerstreut, neben diesen aber eine große Menge; die schönsten Gebäude liegen im südlichen Theil.«[92] Die ca. 13.000 permanenten Einwohner wuchsen während der Handelssaison um 10.000 an. Die Stadt besaß keine Mauer mehr, weil die Fulbe sie hatten abtragen lassen.[93] Ebenso hatten die Fulbe bewusst die im Norden der Stadt liegende Sankoré-Moschee vernachlässigt, weil sie zu sehr mit den Songhai als den früheren Herren der Region verbunden war.[94]

Da Ahmadu Lebbo auf Barths Auslieferung insistierte, dies mit bewaffneten Demonstrationen verband und weiter nördlich Unruhen herrschten, die den Kontakt nach Marokko unterbrachen, befand sich Barth in keiner angenehmen Lage.[95] Er selbst sah die immer mächtiger werdenden Tuareg als die neue Hegemonialmacht, weil die Fulbe es seiner Ansicht nach nicht verstanden, »eine feste und wohlwollende Regierung einzusetzen, die dem

friedlichen Verkehr der Völker verschiedener Länder volle Sicherheit gewähren könnte«.[96] Selbst der Scheich wurde unruhig, was
Barth daran erkannte, dass er, der »sonst als heilige Person unbe-
waffnet war«, zu den Waffen griff, als erneut eine kriegerische
Fulbe-Delegation sie im Zeltlager außerhalb der Stadt aufsuchte.[97]
Unter dem Schutz einiger Tuareg, die in der Nähe waren, zogen
der Scheich und Barth wieder in die Stadt, wo sie von den Fulbe
einen Brief erhielten, in dem Ahmadu Lebbo in drohenden Worten
die Auslieferung oder zumindest Gefangennahme Barths verlangte. Barth konnte oder wollte nicht sehen, dass das Zögern al-
Bakkais, ihn ziehen zu lassen, weniger dessen angeblicher Energielosigkeit geschuldet war als vielmehr dem Machtkampf mit
dem Sultan. Der Scheich wollte seine Unabhängigkeit beweisen,
indem er Barth so lange wie möglich in der Stadt behielt und sich
den Auslieferungsforderungen aus Hamd'Allahi widersetzte. Als
sie wieder einmal im Lager vor der Stadt weilten, gab Barth sich
den Eindrücken hin, die eine Koran-Rezitation bei ihm auslöste:
»Nichts übte grösseren Zauber über mich, als diese schönen Verse
von so klangreichen Stimmen in dieser offenen Wüstenlandschaft,
unter dem herrlichen unbegrenzten Himmelsgewölbe, am Abend-
feuer singen zu hören, während nichts den Schall störte, der vom
Abhange der gegenüberliegenden Dünen sanft widerhallte und in
des Hörers Seele drang.«[98]
    Als zwei weitere Brüder des Scheichs eintrafen, verwickelten sie
Barth in Diskussionen, deren Sophisterei Scholastikern gut ange-
standen hätte, nämlich ob es nach der Wiederkunft Jesu erlaubt sein
würde, Kamelfleisch zu essen. Barth stand seinen Gesprächspart-
nern an spitzfindiger Raffinesse der Beweisführung nicht nach und
konnte sich so ihre Achtung erwerben.[99] Am 4. Januar 1854 war das
Wasser des Niger so hoch gestiegen, dass ein erstes Boot mit Waren
bis in die unmittelbare Nähe Timbuktus fahren konnte, woraufhin
die Preise für Nahrungsmittel in der Stadt fielen.[100] Barth nutzte
seinen Aufenthalt, um so viel wie möglich über die Handelsverhält-
nisse Timbuktus in Erfahrung zu bringen, indem er die Waren, die
Handelswege und den Umsatz eruierte.[101] Im Rahmen seiner Forschungen lernte er auch die wichtigsten, in der Stadt ansässigen
Kaufleute kennen, die fast alle auswärtige Männer waren und sich
nur zu kommerziellen Zwecken in Timbuktu aufhielten.[102]

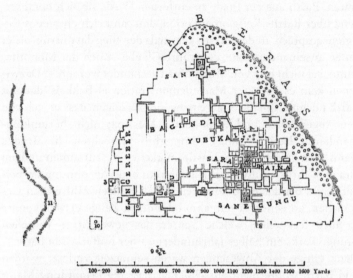

1 Wohnhaus des Scheichs Ahmed el Bakáy nebst einem anderen, gleichfalls dem Scheich gehörigen, hart an das erstere stossenden Hause; davor ein kleiner Platz, wo der Scheich einen Betplatz — „mssíd" — für seine Schüler eingerichtet hat, von denen Mehrere die Nacht hier zubringen.

2 Ein drittes dem Scheich gehöriges Haus, wo ich selbst einquartiert war. Den Grundplan desselben habe ich schon früher mitgetheilt.

3 Die „grosse Moschee" — „Gíngerē (Djíngerē oder Sángerē) - bēr, Djāmá el kebíra" —, angefangen vom König von Mélle Manssa Mū-ssa um das Jahr 1327 und mehrere Jahrhunderte hindurch der Mittelpunkt des Mohammedanischen Quartieres.

4 Die Moschee Ssán-korē, im Quartiere Ssán-korē gelegen, das gewöhnlich als das älteste der Stadt angesehn wird. Der Name bedeutet offenbar „Stadt der Weissen, Vornehmen". Diese Moschee soll auf Kosten einer reichen Frau erbaut worden sein; sie hat fünf Schiffe und ist nach der Messung meines Freundes Mohammed el ʿAïsch 120 Par. F. lang und 80 breit.

5 Moschee Ssidi Yáhia, viel kleiner als die beiden vorigen Moschee'n. Von der Zeit ihrer Erbauung werde ich in den chronologischen Tabellen sprechen.

6 Grosser Marktplatz („yúbu").

7 Fleischermarkt, wo in früheren Zeiten der Palast — „mâ-duk" oder „má-dugu" — gestanden haben soll.

8 Thor, das nach Kábara führt.

9 Brunnen, von einer kleinen Dattelpalmenpflanzung umgeben.

10 Ein anderer Brunnen mit einem kleinen Garten, der dem Tauáter Mohammed el ʿAïsch gehört.

11 Stelle in einem flachen Thale, bis wohin im Winter 1853 — 1854 vom Niger aus kleine Boote gelangen konnten.

Grundriss von Timbuktu

Der Konflikt mit dem Herrscher von Massina setzte sich in die Familie al-Bakkai hinein fort, weil zwei seiner Brüder dafür eintraten, Barth aus der Stadt zu entfernen.[103] Als sie sich herabsetzend über Barths Religion äußerten, entspann sich ein neues Religionsgespräch, in dem Barth abermals den Sieg davontrug, als er ihnen auseinandersetzte, der wahre Glaube, sprich der Monotheismus, sei nicht erst von Muhammad verkündet worden.[104] Dazwischen kam es zu einer Machtdemonstration al-Bakkais, der mit Barth nochmals in die Stadt einzog, um zu zeigen, dass er sich von den Abgesandten und Verbündeten Massinas nicht herumkommandieren lassen wollte.[105] Immerhin versuchten die Brüder, wenn auch erfolglos, ihre Unstimmigkeiten auszuräumen und am Grabmal ihres Großvaters in Timbuktu eine Versöhnung herbeizuführen, bei der Barth zugegen war.[106] Bei den zahlreichen Gesprächen, an denen er teilnahm oder deren Zeuge er war, konnte er auch feststellen, welche Spuren das gewalttätige Vorgehen Mungo Parks ein halbes Jahrhundert vorher hinterlassen hatte.[107] Denn einige der Anwesenden waren seinerzeit verletzt worden und Barth wollte nicht ausschließen, dass die Ermordung Major Laings aus Rache geschehen war.[108] »Selbst noch nach einer solchen Reihe von Jahren ist Mungo Park diesen Leuten ein mysteriöses, unlösbares Räthsel geblieben.«[109] Die Warterei zermürbte ihn, weshalb er selbst al-Bakkai der »fortwährenden Lügereien« bezichtigte,[110] zumal Ende Februar erneut Drohungen aus Hamd'Allahi kamen, wie er Bunsen berichtete: »Der Monat schließt hier sehr kriegerisch. Was wird der nächste mir bringen, endliche glückliche Abreise oder gänzliche Verwickelung in den Broilen einer kleinen anarchischen vielherrscherigen Stadt.« Er konnte der Situation aber durchaus komische Seiten abgewinnen: »Ganz unschuldig werde ich so der scheinbare und angebliche Beweggrund großer Revolutionen in diesem Krewinkel Wüstenstädtchen. Wäre ich nicht zu philisterhaft und wäre nicht wissenschaftliche Ausbeute mit glücklicher Heimkehr das Einzige, worauf mein Sinn steht, so würde ich wol im Stande sein mich zum kleinen Gewaltherrn von Timbuktu aufzuwerfen.«[111] Lord Clarendon, dem britischen Außenminister, bekannte er, dass er »mein Leben und meine Freiheit während meines Aufenthalts nur mit einem geladenen Gewehr in meiner Hand und zwei geladenen

Das Wohnhaus Barths in Timbuktu, Fotografie von 1908

Pistolen im Gürtel erhalten habe; ansonsten wäre ich den Intrigen feindseliger Männer schon längst zum Opfer gefallen.«[112]

Am 19. April 1854 kam endlich der Aufbruch, oder so schien es zumindest. Denn als sie bereits unterwegs waren, wurde al-Bakkai darüber unterrichtet, dass sich in Timbuktu eine neue Allianz zu bilden drohte, die ihm gefährlich werden konnte. Darum beschloss er, wieder umzukehren, und Barth musste ihn wohl oder übel begleiten.[113] Das einzige Ergebnis für Barth war ein Rheumatismus, den er sich in den Lagerstätten an den Sümpfen im Umfeld des Niger eingefangen hatte und der ihn während des Rests der Reise und sogar noch in Europa plagen sollte.[114] Da die Regenzeit bereits einsetzte, woran ihn ein heftiges Gewitter erinnerte, waren seine gesundheitlichen Aussichten für die lange Rückreise nicht sehr gut.[115] Immerhin konnte er sich »durch den Anblick des prächtigen Stromes« über die Enttäuschung hinweghelfen.[116] Al-Bakkai seinerseits war besorgt durch die – übertriebenen – Nachrichten vom Vorrücken der Franzosen von Algerien her, die gerade einen militärischen Sieg errungen hatten.[117]

Rückreise nach Bornu

Als dann die endgültige Abreise begann, übergab al-Bakkai Barth ein Päckchen mittlerweile eingetroffener Briefe, darunter ein Schreiben des britischen Außenministers Lord John Russell, »welcher das wärmste Interesse an meinem Unternehmen ausdrückte«.[118] Barth dankte ihm später ausdrücklich dafür und betonte, wie sehr dieser Brief ihn moralisch aufgerichtet hätte.[119]

Während Barth erst nach seiner Rückkehr von der Aussendung eines Dampfschiffs zum Benue erfuhr,[120] das ihn womöglich treffen und nach Europa zurückbringen sollte, setzte ihn ein anderer Brief davon in Kenntnis, dass seine Expedition in Gestalt von Dr. Eduard Vogel Verstärkung erhalten sollte, der bereits unterwegs war.[121] Dahinter steckte einmal mehr der umtriebige Kartograph August Petermann. Dieser war zunehmend beunruhigt, weil die Reisenden die für ihn so entscheidenden astronomischen Ortsbestimmungen nicht lieferten. Als deutlich wurde, dass auch Overweg die entsprechenden Techniken nicht beherrschte, schlug Petermann Bunsen und Ritter vor, den ihm wohlbekannten jungen Astronomen Eduard Vogel der Expedition nachzuschicken.[122] Humboldt dachte ähnlich wie Petermann und monierte das Fehlen eindeutiger und präziser Messdaten, weshalb er Petermanns Vorschlag unterstützte, nicht zuletzt weil er Vogel und dessen Familie persönlich kannte.[123]

Bunsen empfahl dem Foreign Office den jungen Astronomen mit Zeugnissen englischer Wissenschaftskoryphäen, die Vogels Fähigkeiten und Eignung bestätigten.[124] Die Regierung gab Vogel zwei Soldaten der Pioniereinheit »Sappers and Miners« mit, die handwerklich geschult waren, aber nicht in Uniform reisen durften. Swenney, einer der beiden, wurde schon zu Beginn der Reise so krank, dass er sie abbrechen musste.[125] Der bis dahin auf Malta stationierte John Maguire sollte ihn ersetzen.[126]

Mittlerweile zog Barth, begleitet von al-Bakkai, dessen Neffen und einer ganzen Entourage seiner Anhänger und der mit ihm befreundeten Tuareg entlang des Niger in Richtung Osten. Er kam zur nördlichsten Biegung des Flusses, dem sogenannten »Knie«, wobei sein Fortkommen durch viele große Nebengewässer, die er überqueren musste, verlangsamt wurde.[127] Weiter östlich änderte sich die Landschaft, wurde felsiger; der Niger, bisher ein breiter Strom, wurde nun

zwischen Felswänden einge-
presst, wo die kleine Stadt
Bamba lag, vor der die Reisegruppe ihr Lager aufschlug.[128]
Barth hatte auf dem Weg öfters
Gelegenheit, sich mit Mohammed Ben Khattar, dem Neffen
des Scheichs, zu unterhalten,
den er, wie den Rest der Familie
mit Ausnahme von Alauate,
immer mehr zu schätzen lernte
und dem er vorschlug, ihn nach
Europa zu begleiten.[129] Bei der
Abreise am folgenden Tag teilte
Barth viele kleine Geschenke
an die versammelten Einwohner und Besucher aus, wie er
das immer tat, da er wusste, wie
sehr Freigiebigkeit geachtet

Eduard Vogel

wurde; Almosen zu geben war zudem ein Gebot für Muslime.[130]

Weil Barth von al-Bakkai abhängig war und dieser es nicht eilig
hatte, wurden seine Nerven arg strapaziert. Trotzdem fand er es
erheiternd, dass sich alle bei Regen beeilten, ihre Bücher und Sättel
zu retten und in Barths mittlerweile vielfach geflicktes und schäbi-
ges Zelt zu bringen, das aber am besten die Feuchtigkeit abhielt.[131]
Die Landschaft war immer felsiger geworden und sie kamen bei
Tossay an die engste Stelle des Niger, die nur 500 Schritte breit war
und die Barth später in Analogie zu einer ähnlichen Flussenge der
Donau als »Eisernes Tor« bezeichnete.[132] Er war sich sicher, dass an
dieser Biegung die ältesten muslimischen Siedlungen am Niger zu
finden seien.[133] Gleichzeitig beobachtete er sehr genau den Flusslauf,
da es gerade hier, an der engsten Stelle mit der stärksten Strömung,
entscheidend war, ob Dampfer sie würden passieren können. Barth
war durchaus dieser Ansicht, da ein Schiff »vermöge an den Felsen
befestigter Ketten« dazu in der Lage sein würde.[134] Eine lokale Tradition, die er vernahm, einst sei ein Pharao bis hierher gekommen,
sowie der intensive Reisanbau bestärkten ihn in seiner Meinung,
die Songhai hätten eine alte Beziehung zu Ägypten.[135] Weiter

stromabwärts war bis nach Sai kaum ein richtiger Marktplatz zu finden, weil der ganze Warenverkehr wegen der kriegerischen Unruhen durch die südliche Sahara abgewickelt wurde.[136] Aber Barth genoss den Anblick des Flusses, wo er, wie er seiner Familie schrieb, »herrliche Augenblicke an seinen Ufern verträumt« habe. Der Fluss war auch wegen der Kontraste zum Umland so eindrucksvoll, »denn die Wüste und zwar in ihren kahlsten ödsten Formen ist hier oft aufs Innigste an die grünen üppigen Ufer des befruchtenden Stromes angeschmiegt und das Auge hat in einem einzigen Blicke die verschiedenartigsten Bilder vor sich.«[137]

Dann erreichten sie Gao, die alte Hauptstadt des Songhai-Reiches, und Barth erblickte »ein grosses, thurmähnliches, und in seinem wunderbar rohen Bau mich sogleich an Agades erinnerndes Gebäude«, das Grabmal Askia Mohammeds.[138] Er gestand, Gao hätte ihn eigentlich immer viel mehr interessiert als Timbuktu, das eher eine Provinzstadt war. Gao dagegen »hat den Mittelpunkt einer grossen Volksbewegung gebildet«.[139] Nun musste er Cooley aufklären: »Sie hatten sich vorgestellt, dass Gogo noch ein Ort von Bedeutung sei, während es gegenwärtig nur ein kleines Dorf ist, das aus einigen Gruppen von Hütten aus Matten besteht, wie sie in dieser Gegend üblich sind; insgesamt sind es vielleicht 400.«[140] Aber Barth kannte die Geschichte Songhais mittlerweile gut genug, um hinter der Armut den früheren Glanz zu erkennen: »Es muss aber hier einst ein sehr reges Leben geherrscht haben, da Gá-rhō den Charakter der Hauptstadt eines weit ausgedehnten Reiches mit demjenigen einer höchst blühenden Handelsstadt vereinigte.«[141] Wie er herausfand, hatte die Stadt ursprünglich aus zwei voneinander getrennten Teilen bestanden, dem Wohnort der Muslime und dem der »Götzendiener«, wie Barth sie nannte.[142]

Binnen kurzem kamen neugierige Frauen, von der Nachricht angelockt, ein Christ sei in der Stadt. »Aber es schien, als nähmen sie ein ungleich grösseres Interesse an meinem jungen Schūa-Burschen als an mir; denn sie umtanzten ihn in sehr lebhafter, rührender und bezaubernder Weise.«[143] Kurz vor dem Abschied von al-Bakkai hatte Barth noch ein gelehrtes Gespräch mit ihm über die Gestalt der Erde. Er erläuterte, wie das Sonnensystem aufgebaut sei. »Bei dieser Gelegenheit war er nicht wenig erstaunt, als ich ihm bei Erwähnung der Ausdrücke ›unter der Erde‹ ›über der Erde‹ erklärte, dass man in Bezug auf den Allgegenwärtigen, als welchen sie wie wir den allmächtigen Schöpfer des Weltalls anerkannten, die Vorstellung von einem Darunter und Darüber ganz bei Seite schieben müsste, weil solche Ausdrücke nur auf menschliche Anschauungen Anwendung fänden.« Die Perspektive des Scheichs war geprägt von der Autorität des Koran, aber Barths Erklärung und die Ästhetik des Sonnensystems überzeugten ihn letztlich doch.[144] Während al-Bakkai nach Timbuktu zurückkehrte, gab er ihm einige seiner Leute als Begleiter bis nach Sokoto mit sowie zwei, die bis Bornu mitreisen sollten.[145] Barth freute sich, als zahlreiche Männer, die ihn begleitet hatten, kamen, um sich zu verabschieden: »eine aufrichtige Freundschaft schien zwischen weit entfernten Zweigen des Menschenstammes geschlossen.«[146]

Immer wieder traf er auf dieser Reise von Timbuktu nach Sai auf ältere Leute, die sich an Mungo Parks Flussfahrt, vor allem an seine wahllose Gewalttätigkeit, erinnerten.[147] Unterwegs sammelten sich viele Songhai und Fulbe um Barth, die von ihm gesegnet werden wollten oder einen Talisman verlangten.[148] Mit dem südlichen Abschnitt des Nigerstücks, das Barth von Gao bis Sai bereiste, wurde die Besiedlung allmählich dichter. Als Barth auf eine Gruppe von Baobab-Bäumen stieß, war er sich sicher, »dass diese Stätte einst ein Mittelpunkt menschlichen Lebens gewesen war«.[149] Tatsächlich stieß er dann sehr bald auf dichte Besiedlung und nahe beieinander liegende Ortschaften, insbesondere auf den Niger-Inseln.[150] Bei der Bevölkerung, die neugierig zu dem Fremden kam, konnte er Vertrauen durch Offenheit gewinnen, indem er ihnen sagte, warum er ihr Land besuchte; zudem half auch gelegentlicher Kleinhandel, Misstrauen zu beseitigen.[151] Nun wurde der Fluss wieder viel breiter, bis zu 6-8 Meilen, als Barth sich den Städten Garu und Zinder näherte,[152] das nicht mit der gleichnamigen Stadt in Bornu zu verwechseln ist. Dieses Zinder war der Kornmarkt der Region und gehörte schon zum Einflussbereich von Sai. Die Stadt selbst besuchte er aus Sicherheitsgründen nicht, sondern reiste weiter. Bei einer zugewanderten Bevölkerung im Dorf Bōo-sse weiter südlich fand er viele vor-islamische Bräuche, die weitergepflegt wurden, obwohl die Umgebung islamisiert war.[153]

An einer Stelle wurden die Reisenden plötzlich von einer Übermacht stark bewaffneter Männer bedroht, aber Mohammed al-

Gatroni rettete die Situation, als er den Leuten klarmachte, dass die Reisenden keine Feinde waren.[154] Schließlich erreichten sie Sai, das kaum wiederzuerkennen war, da Barth bei der Hinreise den Niger während der Trockenzeit überquert hatte, doch nun war die Stadt von dichter Vegetation umgeben. Hier stieg Barth im Haus des ihm bereits von seinem früheren Aufenthalt gut bekannten Statthalters ab.[155] Der Markt war immer noch nicht viel besser bestückt als bei seinem früheren Besuch, aber die Preise waren gefallen, was für Barth, der seine eigenen Waren verkaufen wollte, ungünstig war.[156] Während seiner Weiterreise nach Sokoto stieß Barth in den Fulbe-Reichen auf Spuren gewaltsamer Konflikte, denn viele Städte waren verfallen.[157] Er konnte auch bei den Statthaltern verschiedener Städte hören, wie groß die Abneigung gegen die Fulbe von Massina war.[158] Unterwegs verlor er eines seiner Kamele, das die Strapazen der Reise während der Regenzeit nicht überstand.[159] In Kalliul wurde er als alter Bekannter empfangen und erfuhr vom Putsch in Bornu, dem der Vezir zum Opfer gefallen war.[160] Östlich der Stadt Kalliul war die Straße unsicher und etwa hundert Hausahändler schlossen sich Barth an, weil sie sich von ihm wirksamen Schutz erhofften.[161] Auch in Birni-n-Kebbi wurde er sofort wiedererkannt und freundlich vom Statthalter begrüßt,[162] bevor er weiter nach Gwando, in die Hauptstadt des westlichen Fulbe-Reiches reiste. Dort musste er feststellen, dass ein Brief, den er an Abd el Kader dan Taffa zur Weiterbeförderung nach Europa geschickt hatte, liegen geblieben war, weil der arabische Begleitbrief während eines Regenschauers zerstört worden war und Abd el Kader den englisch geschriebenen Brief nicht lesen konnte.[163] Außerdem waren Bücher, die Barth bis zu seiner Rückkehr in Gwando deponiert hatte, vernichtet, als die halbe Stadt niedergebrannt war.[164] Politisch war die Lage weder im Reich von Gwando noch im Nachbarreich von Sokoto sicherer geworden, da Kriegszüge von Sultan Aliyu erfolglos blieben und ihre Gegner nur umso mehr Mut gefasst hatten.[165] Barth fühlte sich unwohl und hatte sich bereits die Dysenterie eingefangen, die bald darauf ausbrechen »und meine Gesundheit in der ernstlichsten Weise untergraben« sollte.[166] In Sokoto traf er Abd el Kader dan Taffa wieder, der sich wegen seines Gesundheitszustands besorgt zeigte. Andere Freunde halfen ihm, direkten Kontakt zum Sultan von Sokoto aufzunehmen und um Hilfe zu bitten, insbesondere was Reittiere betraf.»So bezeigten mir denn meine schwarzen Mosslimischen Freunde die grösste Liebe und Freundlichkeit und behandelten mich auf die gastlichste Weise.«[167]

Nur durch Zufall hörte Barth von einer Sklavin, in Kuka sei eine neue Expedition angekommen,[168] und wunderte sich, warum Eduard Vogel noch nicht einmal versucht hatte, ihn brieflich zu kontaktieren, und auch die britische Regierung ihn nicht davon in Kenntnis gesetzt hatte. Erst später erfuhr er von Gerüchten über seinen Tod.[169] Als er in Wurno mit Sultan Aliyu zusammentraf, war dieser bereits bestens über alles informiert, was Barth widerfahren war, und kritisierte insbesondere das unfeine Verhalten von al-Bakkais jüngerem Bruder Alauate dem Europäer gegenüber; Barth erhielt verschiedene Empfehlungsschreiben und Schutzbriefe.[170] Wegen seiner nun ausbrechenden Erkrankung musste Barth von Ende August bis in den Oktober in Wurno bleiben, bis er so weit genesen war, dass er die Reise fortsetzen konnte.[171]

Seiner Ansicht nach wirkte sich die »Energielosigkeit« des Herrschers lähmend auf das ganze Reich dergestalt aus,»dass seine ganze Umgebung in Schlaffheit versunken war, und die Feigheit seiner Leute trat ebenso klar zu Tage, wie ihre Unterdrückung des Schwachen und Schutzlosen«.[172] Barth erfuhr auch, dass die Kel Ewey mittlerweile ein recht gutes Verhältnis zum Fulbe-Reich unterhielten und Annur die Stadt Katsena besucht hatte. Der Sultan von Agades war abgesetzt worden und war nun als Großkaufmann tätig.[173]

Die Weiterreise war äußerst strapaziös, da Barth immer noch nicht richtig gesund und deswegen auch nicht in der Lage war, die Strecke mit seiner sonst üblichen Präzision aufzunehmen.[174] Je weiter die Karawane von Stadt zu Stadt nach Osten in Richtung Kano kam, desto sichtbarer wurden die Anzeichen von Wohlstand und Prosperität, was Barth an der Häufigkeit von Baumwoll- und Indigofeldern neben den Nahrungspflanzen ablas.[175] Zu seiner großen Enttäuschung fand er in Kano keine neuen Geldsendungen vor, die er dringend benötigt hätte, um Schulden zu bezahlen, in erster Linie die ausstehenden Löhne seiner Begleiter. Ein Bekannter in Kano half ihm zunächst aus und Barth sandte Mohammed al-Gatroni nach Sinder, wo er etliches deponiert hatte.

Durch Zufall erfuhr er in Kano von einer britischen Schiffsexpedition auf dem Niger, da offizielle Briefe an ihn in Kuka liegen geblieben waren.[176] Ebenso erhielt er genauere Nachrichten über die politischen Vorgänge in Bornu. Dort hatte 1853 der Bruder Shehu Umars, Abderrahman, geputscht, zeitweilig die Herrschaft an sich gerissen und den Vezir hinrichten lassen. Aber mittlerweile hatte Umar mit einem Gegenputsch die Macht zurückerobert. Dies bewog Barth dazu, zunächst nach Bornu zu reisen und nicht den gefährlichen Weg über Air nach Norden zu nehmen, denn er wollte unbedingt Vogel treffen und mit ihm dessen weitere Forschung besprechen.[177] Weil Vogel von Barths Tod überzeugt war, hatte er dessen Wertsachen aus Sinder abholen lassen.[178] Barth schrieb am 12. November 1854 aus Kano an Gagliuffi in Mursuk, womit er das Gerücht über seinen Tod dementierte.[179] Trotzdem kam Mohammed al-Gatroni nicht ganz mit leeren Händen zurück, weil er in Sinder Briefe an Barth vorgefunden hatte, u. a. verschiedene Empfehlungsschreiben. Immerhin konnte Barth sich von einem Kaufmann in Kano genug Geld leihen, um die ärgsten Nöte zu überstehen.[180] Ende November verließ er die Stadt in Richtung Bornu und sah, wie die politischen Wirren nach dem Putsch weitreichende Zerstörungen verursacht hatten, da auch in den Provinzen Bornus Revolten stattgefunden hatten.[181]

Auf der Weiterreise nach Osten hatte Barth östlich der Stadt Bundi eine erstaunliche Begegnung, »als ich eine Person höchst fremdartigen Aussehens auf mich zukommen sah; es war ein junger Mann, dessen überaus helle, mir schneeweis erscheinende Gesichtsfarbe auf den ersten Blick zeigte, dass seine Kleidung, eine Filfiltobe, wie ich sie selbst trug, und der um seine rothe Mütze in vielen Falten gewundene weisse Turban nicht seine eigenthümliche Tracht sei. Da erkannte ich in einem seiner schwarzen berittenen Begleiter meinen Diener Madi, den ich bei meinem Aufbruche von Kúkaua als Aufseher im Hause zurückgelassen hatte, und sobald er mich sah, benachrichtigte er seinen weissen Begleiter, wer ich sei, und nun eilte Herr Dr. Vogel (denn er war es) vorwärts und wir hiessen uns einander in höchster Überraschung vom Pferde herab herzlich willkommen.«[182] Wilhelm Koner, der Barth in den letzten Jahren seines Lebens sehr gut kennengelernt hatte, erinnerte sich: »Die Worte freilich, mit denen er in seiner Reisebeschreibung diese Scene geschildert hat, lassen nicht den mächtigen und dauernden Eindruck ahnen, den dies Begegnen auf sein Gemüth hervorgebracht hat; der Erinnerung daran gab er sich in späteren Jahren gern und mit beredteren Worten hin.«[183] Sie tauschten sich in einem mehrstündigen Gespräch aus und gingen anschließend ihrer Wege, um sich erst später in Kuka wiederzusehen. Zum ersten Mal seit dem Tod Overwegs hatte Barth wieder Gelegenheit, mit jemandem Deutsch zu sprechen, aber seine Hoffnung, dass Vogel Wein dabei haben könnte, erfüllte sich nicht, denn er erhoffte sich vom Wein Heilung von seinem Fieber.[184]

Eduard Vogel hatte die Gerüchte über Barths Tod voreilig, als handle es sich um gesicherte Informationen, über das britische Konsulat an die Regierung in London weitergeleitet[185] und auch Bunsen darüber informiert: »Ich habe Ihnen leider, wie ich glaube, gegründete Nachricht von Dr. Barths Tode zu geben! Der hier lebende Neffe von dem ersten Diener unseres Freundes Ali Lagran empfing nämlich Mitte Mai und Anfang Juni die Botschaft von seinem Oncle dass derselbe bald nach Kouka kommen werde da Dr. Barth in Meroadé (in der Nähe von Sokatu) am Fieber gestorben sei und alle seine Diener sich zerstreut hätten.«[186]

Der Angehörige der Pioniereinheit »Sappers and Miners«, James Church, berichtete dagegen – möglicherweise um Vogel zu schaden – dem britischen Konsul Herman, es gäbe Grund zur Hoffnung: »Ein Scherif aus einem Ort nahe Timbuktu traf hier am 9ten dieses Monats ein. Er sagte, er hätte Timbuktu vor ungefähr vier Monaten verlassen und Barth war zu der Zeit noch dort und wohlauf.« Dieser Mann hätte auch berichtet, dass Barth mit Empfehlungsbriefen al-Bakkais ausgerüstet auf dem Weg nach Kuka sei. »Ich setze mehr Vertrauen in diesen als in den anderen Bericht, denn dieser Scherif gab uns diese Information nicht wegen eines Geschenks, denn er ist ein solcher Fanatiker, dass er uns Ungläubige nicht einmal sehen wollte, sondern die Information an einen Araber, einen Freund Dr. Barths in Kuka weitergab.« Zudem hätte keiner der Reisenden in einer Karawane aus Kano, die kürzlich eingetroffen sei, etwas von Barths Tod gewusst.[187] Vogel selbst musste die Nachricht bald berichtigen, von der er nun wusste, dass es eine Lüge gewesen war.[188]

Der Schaden war aber angerichtet, da Barths Angehörige von der Nachricht tief getroffen waren. »Erst durch einen eigenen Brief Barths aus Kano vom November 1854, der nach einem halben Jahre am 30. April 1855 bei der Familie in Hamburg anlangte, erfuhr die

durch Vogel übersandte und am 14. Dezember 1854 in Deutschland
eingetroffene Trauernachricht ihre Widerlegung.«[189] Barths Geschwister machten sich große Sorgen wegen ihres Vaters, nachdem
er die Todesnachricht empfangen hatte. Der aber glaubte beharrlich
daran, dass sein Sohn noch lebte, denn am 13. November übersandte er einen Brief seines Sohnes aus Timbuktu an Petermann.[190]
Gleichzeitig bat er Petermann, von einer Veröffentlichung abzuse-
hen, weil er alle Publikationen seinem Sohn selbst überlassen
wollte. Humboldt beklagte gegenüber Bunsen den »mehr als wahr-
scheinlichen Verlust des vortrefflichen Dr. Barth«[191] und nannte dies
in einem Brief an Ritter »die traurigste aller traurigen Nachrichten,
des edlen, muthigen Barth's Tod!«[192]

Als Barth weiterreiste, sah er das ganze Ausmaß der politischen
Zerrüttung in Bornu, denn die Bewohner von Ortschaften, die früher sicher waren, mussten jetzt Schutzgelder an die Tuareg zahlen,
um vor Überfällen einigermaßen gefeit zu sein.[193] Schließlich kam
er am 11. Dezember 1854 wieder in Kuka an, wo er erfreut war, im
»englischen Haus« die beiden Begleiter Vogels, Church und Maguire von der britischen Pioniertruppe der »Sappers and Miners«,
vorzufinden.[194] Barth wollte sich eigentlich nur kurz in Kuka auf-
halten und dann unverzüglich in Richtung Tripolis und nach Hause
aufbrechen. Doch ließ Shehu Umar, der seine Herrschaft wieder
gefestigt hatte, ihn nicht ziehen, weshalb Barth mehr als vier Monate in Bornu festhing.[195]

Als Vogel aus Sinder eintraf, verbrachte Barth etwa drei Wochen
in seiner Gesellschaft, bevor der Astronom nach Adamaua aufbrach.
Er konnte ihm viele Ratschläge geben und fand in Vogel einen »unternehmenden, muthigen jungen Reisenden«, der ihm sehr sympathisch war, was auch erklärt, warum er sich später so einsetzte,
Vogels weiteres Schicksal aufzuklären. Barth empfahl ihm, von
Bornu aus in südöstlicher Richtung über das Schwemmland von
Logone und Schari weiterzureisen, während von Wadai nicht die
Rede war.[196] Barth instruierte Maguire im Gebrauch des Kompasses,
da Vogel sich auf das Botanisieren und die astronomischen Messungen konzentrieren wollte. Den anderen Soldaten, James Church,
nahm Barth mit zurück nach Europa, da dieser und Vogel sich
überhaupt nicht verstanden.[197] Aber die Abreise verzögerte sich
immer wieder, weil der Sultan sich Mühe gab, Barth für geraubtes

Gut zu entschädigen. Bevor er endlich am 9. Mai 1855 abreisen konnte, erhielt er noch Nachricht von Vogel, der glücklich Yakoba, das heutige Bautchi, erreicht hatte.[198]

Die Rückkehr ans Mittelmeer

Diesmal wählte Barth den direkten Weg über Bilma und den Fessan nach Tripolis. Bunsen wollte von verfrühtem Jubel absehen, weil Barth die Saharadurchquerung noch vor sich hatte: »Ich hoffe nur, er überwindet die Beschwerden und Gefahren der Reise durch die Sahara, und sinkt nicht nieder, wenn die Palme ihm schon entgegengehalten wird. Dem Vater habe ich einen Brief des wahrhaft großen Sohnes mit einigen Karten zugesendet. Ich denke, im Mai muß er in London eintreffen. Er wird von Lord Palmerston und Lord Clarendon sehr ehrenvoll empfangen werden.«[199]

Zuerst führte der Weg zum Komadugu, wo die Karawane fünf Tage bleiben musste, bevor es durch nach der Regenzeit überschwemmtes Land weiter nach Norden ging.[200] Die Reise war gefährlich, weil es kurz zuvor kriegerische Auseinandersetzungen der Tuareg im nördlichen Air mit den Tebu gegeben hatte.[201] Unterwegs kam aber eine Entwarnung, weil die Tuareg heimgekehrt waren und von ihnen keine Bedrohung mehr ausging. Bis dahin war die Karawane zu ihrer Sicherheit oft in der Nacht gereist, weshalb Barth das Gelände nicht mit der üblichen Genauigkeit aufnehmen konnte.[202] In Bilma schaute Barth sich die Salzgruben an, wo Salzwasser in Becken gesammelt und dann in Formen gegossen wurde. Die Tuareg ließen die Salzproduzenten Bilmas in Ruhe und beschützten sie sogar, während die Bewohner benachbarter Oasen die Zielscheibe ihrer Angriffe waren.[203] Weiter nördlich in Kissbi blieben die bisherigen Mitreisenden zurück; Barth musste das letzte, wegen Wegelagerern besonders gefährliche Stück nach Fessan allein mit seiner Handvoll Begleiter zurücklegen und steigerte darum das Reisetempo.[204] Sie erreichten den Fessan unbehelligt und trafen dort am 13. Juli 1855 auf den kommissarischen Vizekonsul von Mursuk, Frederick Warrington, der über Barths Rückreise informiert war und ihn erwartete.[205]

Barth meldete dem britischen Außenminister am 17. Juli seine glückliche Ankunft in Mursuk.[206] Dort erreichte ihn auch ein

Schreiben von Richard Reade, dem Stellvertreter des Konsuls in Tripolis, der ihn über die Gefahren der Weiterreise wegen eines Aufstandes im Norden Libyens warnte und ihm einen Begleiter mit Schutzbriefen entgegenschickte.[207] M. J. Gaines, der amerikanische Konsul in Tripolis, äußerte seine »echte, herzliche Freude« über Barths bevorstehende Rückkehr. »Gott sei gepriesen für die Rettung Ihres wertvollen Lebens, von dem so wichtige Resultate für Wissenschaft und Menschheit abhängen!«[208]

Dann kam Barths Abschied von seinem treuesten Begleiter Muhammad al-Gatroni, dem er zusätzlich zu seinem Lohn ein Geschenk von 50 spanischen Talern machte, »das ich gern verdoppelt haben würde, wenn ich die Mittel besessen hätte; denn er verdiente es in vollem Grade.«[209] Er rückte in kleineren Etappen allmählich zur Küste vor und wurde in der Oase ʿAīn Sāra von Vizekonsul Richard Reade erwartet. Der üppige Pflanzenbewuchs bei Tripolis hinterließ bei dem Wüstenwanderer Barth einen tiefen Eindruck, noch viel stärker aber war die Wirkung des Meeres selbst, das er fünf Jahre lang nicht gesehen hatte.[210]

Als er in Tripolis ankam, erwarteten ihn Briefe von Schwester und Schwager, die ihre Erleichterung zum Ausdruck brachten, dass die Nachricht seines Todes sich nicht bestätigt hatte. Gustav Schubert schrieb: »Vieles hast Du erlitten und getragen und mit uns haben Viele Dich als einen Märtyrer der Wissenschaft beweint und nun durch des Allmächtigen Güte, den Todtgeglaubten u. Betrauerten, wieder in unserer Mitte zurückkehrt, füllt Jubel unsere Brust.« Doch hatten die Gerüchte über Barths Tod seinen Vater zutiefst erschüttert. »Daß dem guten Alten nicht das Herz brach und dieser Schlag ohne nachtheilige Folgen für ihn vorüberging, dieß ist ein wahres Wunder Gottes.«[211]

Der Brief seiner Schwester Mathilde war ein einziger Jubelschrei: »Du uns vom lieben Gott von Neuem Geschenkter, wie kann ich Dir in Worten ausdrücken, wie froh und glücklich ich bin, daß Du lebst, ja noch mehr, daß wir Dich bald erwarten können. Welche frohe Stunden wollen wir nach aller Noth und Trauer feiern, wie wollen wir, die wir Dich so innig lieb haben, suchen Dich durch Liebe und Pflege für alle Misheligkeiten zu entschädigen. Wie sollst Du Alles vergessen nur das nicht, daß Du noch Eltern und Geschwister hast, die Dich zärtlich lieben.«[212]

Die Erleichterung war weit verbreitet, der italienische Geograph und Direktor des Konsulatswesens im Außenministerium Sardinien-Pietmonts und später des italienischen Nationalstaats, Cristoforo Negri, lud Barth ein, »Sie in Turin wie einen vielgeliebten alten Freund zu empfangen, an dessen Rückkehr vom Soudan die Hoffnung schon aufgegeben war«.[213] Aber auch Petermann wollte »nicht der letzte sein, der Ihnen bei Ihrer Rückkehr nach der Heimath einen inbrünstigen Gruß aus der Tiefe seines Herzens entgegenruft«. Weil er ihn so früh wie möglich treffen wollte, »sei es in London, Triest oder Marseille«, bat er ihn um genauere Informationen über seine Rückreise. Denn Barth sei es sicher genehm, »die Person bald sprechen zu können, die vielleicht mehr als alle anderen mit all' demjenigen bekannt & vertraut ist, was Sie speciell angeht«.[214] Damit übertrieb er keineswegs, denn Petermann hatte mehr als jeder andere Berichte in englischen Zeitschriften über den Fortgang der Expedition publiziert und gleichzeitig Barths Familie mit neuen Informationen versorgt. Barth erfuhr auch, dass er mittlerweile in Gotha lebte: »Man hatte mir so lange zugesetzt, bis ich diese Rolle, als Chef des größten Geographischen Institutes in der Welt, angenommen«,[215] nämlich beim Verlag Justus Perthes. Am 24. Juni 1855 schrieb Bunsen: »Willkommen, mein trefflicher, ruhmgekrönter Freund, in Europa und in England! Diese Zeilen sollen Sie bei der Rückkehr begrüßen, da ich leider selbst nicht es thun kann.«[216] Er war nämlich wegen diplomatischer Eigenmächtigkeiten als Gesandter abberufen worden und lebte nun im Ruhestand in der Nähe von Heidelberg.

Nach vier Tagen Erholung bestieg Barth gemeinsam mit den beiden Afrikanern Abbega und Dorugu ein Schiff und fuhr über Malta nach Marseille, von dort mit der Eisenbahn durch Frankreich. Am 6. September 1855 kam Barth in London an,[217] dem Ausgangs- und Endpunkt einer Reise, die neben derjenigen von Alexander von Humboldt mit etwa 15.500 km eine der längsten und wissenschaftlich ertragreichsten des 19. Jahrhunderts war. Insgesamt war Barth 625 Tage unterwegs gewesen, wobei er im Durchschnitt 25 km täglich zurücklegte.[218]

In der Rückschau zeigte sich Barth überzeugt, dass er oft Glück gehabt hatte, den vielfachen Gefahren zu entrinnen und mit dem Leben davonzukommen. Darüber hinaus verfügte er im Vergleich zu vielen, die ihre Reise nicht überlebten, über mehr Erfahrung, Abhärtung, Einsatzbereitschaft und Durchhaltevermögen. »Allerdings ist Glück dabei – als ich verschmachtet in der Wüste lag, wäre ich um ein Haar zum Opfer geworden, als Overweg mich auf der Kanem-Reise krank im Lager ließ und verlassen von Allen, und der Feind das Lager einnahm, entrann ich dem Tode um ein Haar, wie ich auch auf der ganzen Reise dem Tode nur eben entrann; in Bagirmi fehlte es nur um eine Kleinigkeit, daß mein Kopf fiel, und in Timbuktu war das Damoklesschwert Monate lang über meinem Haupte aufgehängt und, während Vogel mit allen ungeheuren Mitteln und Kräften mich ohne Weiteres dem Tode überlieferte, hätte sich mein Schicksal vollziehen können; auch auf meinem gefahrvollsten Rückmarsch durch die Wüste hatte ich gleich Macguire an mehr als einem Brunnen angegriffen und mit überlegener Macht erdrückt werden können. Eine göttliche gütige Vorsehung schirmte mich trotz aller Leiden und Nöthe im Einzelnen doch vor dem endlichen endigenden Geschick. Glück also ist dabei, das leugne ich nicht, aber doch meine ich, daß ich etwas vor meinen unglücklichen Collegen voraus hatte, die größte Gewöhnung an Strapazen errungen auf einer dreijährigen Reise zu Pferde, in heißen Ländern und großen Entbehrungen und Gefahren; große Erfahrung, einige Kenntnisse besonders auch sprachliche, und endlich – die reinste Aufopferung für mein mir selbst gestecktes Ziel ohne Falsch und ohne Eigennutz.«[219]

Die Jahre in London
1856-1858

Als sich Barth auf der Heimreise dem Fessan näherte, informierte ihn der britische Konsul in Mursuk, Gagliuffi, bereits brieflich, dass ihm die Geographische Gesellschaft in Paris ihre Goldmedaille zuerkannt hatte.[1] Etwa zur gleichen Zeit stellte Carl Ritter am 4. Juni 1855 in Berlin den Antrag, ihn als korrespondierendes Mitglied in die Preußische Akademie der Wissenschaften aufzunehmen. »Die seit 4 Jahren mühseligster Arbeiten und überwundenen Gefahren ganz Europa bekannt gewordenen Entdeckungen und wissenschaftlichen Forschungen des Dr. Heinr. Barth, zumal im Gebiete der Geographie, Ethnographie und Linguistik Central-Afrika's [...] verdient, nach den schon zum Theil eingesandten Proben der Bearbeitung letzterer, und der großartigen Durchführung der ganzen Unternehmung, wol die Anerkennung einer Academie auf heimischem Boden.«[2] In der Sitzung vom 9. August wurde Barth einstimmig gewählt.[3]

Bei seiner Rückkehr im September 1855 ging der Direktor der Expedition direkt nach London. Er wurde von Außenminister Lord Clarendon empfangen, der ihm eine noch größere Ehrung ankündigte: »Ich gratuliere Ihnen zu Ihrer sicheren Rückkehr in dieses Land, wo Ihre Leistungen so hoch anerkannt werden, und ich freue mich Ihnen ankündigen zu können, dass die Königin die Absicht bekundet hat, Sie in den Bath-Orden aufzunehmen als Zeichen der hohen Wertschätzung, die Ihre Majestät von Ihren Leistungen im Dienst der Wissenschaft hat.«[4] Die Ehrung erhielt er aber erst 1860, ein Grund für die Verzögerung ist nicht bekannt. Barth wurde mit dem Orden 3. Klasse ausgezeichnet, womit er zum »Companion of the Order of the Bath« ernannt und in den nicht-erblichen Adelsstand erhoben wurde. Als Bürger der Republik Hamburg aufgewachsen, legte Barth allerdings nicht viel Wert darauf, Sir Henry genannt zu werden. Andere Ehrungen waren ihm sicher ebenso viel wert, weil sie aus der Wissenschaft kamen, wie die Verleihung der Ehrendoktorwürde der Universität Oxford 1856, die Barth in Kontakt mit dem dort lehrenden berühmten Sprachforscher Max Mül-

Lord Clarendon

ler brachte.[5] Ebenso wurde er Ehrenmitglied der Royal Asiatic Society.[6]

Der erste Aufenthalt in London zog sich länger hin, weshalb seine Familie vergeblich auf ihn warten musste: »Hier in seiner Vaterstadt sind schon vor längerer Zeit mehrseitige Vorbereitung zum erfreulichen Empfang getroffen«, versicherte der Vater im August 1855.[7] Kurz darauf schrieb der mittlerweile in Hamburg eingetroffene Schwager: »Du bist uns herzlich willkommen, je eher natürlich um so lieber, obgleich wir und ganz Hamburg Dich stündlich erwarteten, und auch Mathilde u. ich seit vorgestern hier weilen, um Dich bei Deiner Ankunft im Vaterhause zu begrüßen. Alle sind wohlauf, selbst der gute Papa hat die Aufregung der Freude glücklich überstanden.« Er berichtete von vergeblichen Versuchen, die begeisterten Bürger Hamburgs von einer öffentlichen Willkommensfeier abzubringen. »Deine liebenswürdigen Neger sind ebenfalls willkommen und werden von mir besonders protegirt werden; vielleicht gelingt es Durra oder Ghussab aufzutreiben.«[8]

Barth beantragte bei der britischen Regierung eine Vergütung für seine Dienste und für die Abfassung des Reiseberichtes. Clarendon ließ sich vom mittlerweile demissionierten Bunsen beraten und folgte seinen Vorschlägen.[9] Als Direktor der Expedition erhielt Barth pro Jahr 500 Pfund,[10] wobei Bunsen ihn überredete, einen Teil der Gesamtsumme an die Schwestern Overwegs abzugeben, weil die Regierung sich nicht in der Pflicht sah, der Familie des Verstorbenen eine Unterstützung zu gewähren. Auf Vorschlag Bunsens entschied das Foreign Office, Barth für die ersten drei Bände des Reiseberichtes 1000 Pfund zu bezahlen und für den Rest ebenfalls höchstens 1000 Pfund.[11] Als die letzten beiden Bände erschienen, erhielt er, weil es nur zwei waren, nur 666 Pfund, 13 Shilling 4 Pence.[12] Das war kleinlich und Barth betonte, er hätte den Stoff der beiden Bände ohne Weiteres auf drei verteilen können.[13]

Bevor er sich von den Strapazen der Reise erholen und wieder in die europäische Gesellschaft einfinden konnte, wurde er von verschiedenen Seiten unter Druck gesetzt, unverzüglich seinen Reisebericht niederzuschreiben. Bunsen wollte keine Zeit verloren sehen und drängte:»Um so mehr aber wünsche ich, dass Sie Ihre Ankunft in England nicht weiter verschieben als gegen Ende des Monats. Sie machen es sonst dem engl. Ministerium *schwer*, alles für Sie zu thun, was es wohl möchte. Sie sind *im Namen der englischen Regierung* als ihr Beauftragter gereist und Sie müssen es *um keinen Preis* mit England und dem englischen Volke verderben.«[14] Barth sah die Notwendigkeit ein, da ihm nicht nur Sympathien entgegengebracht wurden.

Intrigen in der Royal Geographical Society

Der Afrikaforscher war noch nicht lange zurück in London, als er sich am 9. Oktober 1855 bei seinem Lehrer Carl Ritter erstmals über Anfeindungen und Intrigen beklagte. Deshalb müsse er die Abfassung des Reiseberichtes unverzüglich in Angriff nehmen:»Schon wird rüstig daran gearbeitet, zwar zuerst an der englischen Ausgabe, da es meine Pflicht ist, so bald wie möglich dem englischen Publicum zur Rechtfertigung meiner und der Regierung [gegen] einige schamlose Angriffe, die Leistungen des Deutschen vorzulegen.«[15] Es blieb ihm nicht verborgen, dass diese Angriffe nationalistisch motiviert waren, und er nannte sie »jämmerliche Angriffe einiger gemein gesinnter Mitglieder der Royal Geographical Society«.[16]

Diese Intrigen hatten eingesetzt, als Barth sich noch in Afrika aufhielt, und in ihrem Zentrum stand der Sekretär der Royal Geographical Society, Norton Shaw. Bunsen hatte schon 1851 ein gewisses Desinteresse der englischen Geographen an der Expedition beobachtet[17] und sich im Dezember 1852 sogar deswegen beim Foreign Office beschwert.[18] Aus Vogels Briefen an die Society strich der Redakteur ihrer Zeitschrift, Shaw, Passagen, die Barth betrafen, etwa die Gerüchte über seinen Tod.[19] Der Naturwissenschaftler

Vogel entsprach den Vorstellungen der britischen Geographen, während ein Geisteswissenschaftler wie Barth nicht von allen ernst genommen wurde. Humboldt, der gute Beziehungen zu vielen Wissenschaftlern in Großbritannien unterhielt, klagte schon 1853: »Wie ist man in der Royal Geogr. Soc. immer so kalt für Barth und Overbeck (sic)!«[20] und schrieb später »von dem Fremdenhasse der Geogr. Society«.[21] Er kritisierte, dass Roderick Murchison, der Präsident der Gesellschaft, 1852 in seiner jährlichen Rede die Zentralafrika-Expedition mit keinem Wort erwähnt hatte.[22] Ritter selbst hatte Barth schon im Januar 1852 geschrieben, dass in den Publikationen der Londoner und Pariser geographischen Gesellschaften »bei aller Hochachtung gegen die Deutschen eine nationale Färbung und ein Anflug von Jalousie« erkennbar seien.[23] Petermann berichtete am 8. Mai 1853 an Ritter: »Die hiesige Gesellschaft hat unsere Reisenden und ihre großartigen Forschungen mit etwas scheelem Auge angesehen.«[24]

Der bekannte Philologe George Cecil Renouard (1780-1867), der Barth gegenüber vorgab, seine Leistungen zu bewundern, hatte schon im September 1851 in einem Brief an Shaw gegrummelt, Barths jüngster Bericht böte nur wenig Geographisches, seine Itinerarien beruhten nicht auf eigenen Beobachtungen.[25] Zwei Jahre später pflichtete er Shaw bei, Barth hätte keinen Anspruch auf die jährlich verliehene Goldmedaille der Royal Geographical Society. »Er besitzt bereits ein Übermaß an deutscher Selbstgefälligkeit, eine Zurückweisung wird ihm nicht schaden.«[26] Woher er das wissen wollte, ist rätselhaft, da sich die beiden bis dahin noch nie begegnet waren. Später sollte Renouard dieses doppelte Spiel weitertreiben und Barths Werk in seinen Briefen an andere herunterputzen, während er ihn selbst mit Lob überschüttete.[27]

Trewlaney Saunders, ein auf den Nahen Osten, Indien und Mittelamerika spezialisierter Geograph, bekannte sich offen zu seinem nationalistisch motivierten Neid: »Meine Motive sind einzig einem Sinn für Gerechtigkeit und nationalen Gefühlen entsprungen. […] Ich wiederhole, dass genauso kompetente Männer unter unseren eigenen Landsleuten hätten gefunden warden können. […] Aber wir sind nun mal kein Volk, das um Patronage und Einfluss kriecht oder bettelt. Darum scheinen wir nicht mit fremden Konkurrenten mithalten zu können, die von fremden Botschaftern unterstützt werden und all dem geheimen gesellschaftlichen Einfluss, über den sie in höheren Kreisen verfügen«, schrieb er an Shaw im April 1854.[28]

Auch gegen Petermann wurde seit längerer Zeit Stimmung gemacht, weil dieser als Deutscher zum Kartographen der Königin ernannt worden war, was ihm seine Konkurrenten missgönnten. Petermanns Freund Samuel Cartwright teilte ihm süffisante Details von einem Besuch in den Räumen der Royal Geographical Society mit. Direkt nach seinem Eintreffen hätte ihn der Schatzmeister abgefangen und in die Bibliothek geführt. Dort hätte Shaw gerade die Regale abgestaubt, aber sofort die Gelegenheit genutzt, ihn in ein Gespräch über die Afrikaexpedition zu ziehen. Dabei hätten beide, Schatzmeister und Sekretär, über Petermann und Barth gelästert, bis Cartwright sich ihnen durch einen fluchtartigen Abschied entzog. Dabei schreckten Shaw und die ihm Gleichgesinnten auch nicht vor Unterstellungen zurück, die nicht nur Barths Leistungen, sondern seinen Charakter beschädigen sollten.

Cartwright übermittelte die von Shaw geäußerten Vorwürfe gegen Barth: 1. Er sei nicht imstande, eine astronomische Ortsbestimmung vorzunehmen. 2. Vor Barth hätten »mindestens ein Dutzend Europäer« Timbuktu besucht. 3. Die Expedition hätte großzügig britische Steuergelder in Höhe von 10.000 Pfund ausgegeben, »während tausende Witwen und Waisen in dieser Zeit der Knappheit in England Not leiden, weil sie kein Brot haben«, wie sich der Schatzmeister ereiferte.[29] 4. Barth hätte deutsche statt britische Handelsinteressen gefördert. 5. Barth, Overweg und Vogel hätten, statt den Sklavenhandel zu bekämpfen, sich aktiv daran beteiligt, und die beiden Afrikaner, die Barth mitgebracht hatte, seien als Sklaven und gegen ihren Willen nach Europa gekommen.

Von diesen Vorwürfen traf nur der erste zu, was Barth selbst einräumte. Doch beklagte er wiederholt das einseitige und verengte Verständnis von Geographie, da für die britischen Geographen nur astronomische Messungen zählten: »Arme Geographie, wenn sie darauf reduziert wird; eine Wissenschaft, deren Aufgabe eigentlich darin besteht, all die komplizierten Beziehungen zwischen dem Menschen und der Erde, die er bewohnt, zu erforschen.«[30] Der zweite und dritte Vorwurf waren unzutreffend, doch während die zahlreichen Besucher Timbuktus, wie jedermann wusste, sich in

Wirklichkeit auf zwei, nämlich Alexander Laing und René Caillie, beschränkten, war Barth über die Behauptung, er hätte Geld verschwendet, mit Recht empört. Schließlich war die Expedition von der britischen Regierung knapp gehalten worden, und nur ein Teil des Geldes kam in Westafrika an.

Doch zu seinem Glück hatte Barth auch Freunde unter den Londoner Geographen, namentlich Francis Galton, den Cousin Charles Darwins, der Shaw verachtete: »Meiner Meinung nach zählt er zu den schlechtesten Charaktern.«[31] Galton und Barth rechneten die genauen Kosten der Reise aus und wollten eine Richtigstellung im Journal der Royal Geographical Society veröffentlichen, doch als Barth deswegen zuerst die Genehmigung des Foreign Office einholen wollte, untersagte ihm Außenminister Clarendon die Publikation.[32] Der Minister ließ Nachforschungen anstellen, ob der Vorwurf zuträfe, Barth hätte deutsche Handelsinteressen begünstigt.[33] Angeblich ging diese Behauptung auf den britischen Konsul in Murzuk, Gagliuffi, zurück, doch gelang es nicht, ihn dazu zu befragen, weswegen die Angelegenheit im Sand verlief. Clarendon selbst schien der Behauptung wenig Glauben geschenkt zu haben, denn er betrieb die Erkundigungen ohne großen Nachdruck.

Der Vorwurf der Beteiligung am Sklavenhandel wurde von dem britischen Soldaten James Church erhoben, der zusammen mit einem Kollegen und Eduard Vogel nach Kuka gereist war. Möglicherweise wegen des Altersunterschieds zu dem sehr jungen Astronomen begann Church, gegen ihn zu intrigieren. Nach Barths Rückkehr aus Timbuktu versuchte Church erfolglos, ihn auf seine Seite zu ziehen. Schließlich erklärte Barth sich bereit, Church mit nach Europa zurückzunehmen, da Vogel »erklärt hatte, dass er die Arroganz und Anmaßung nicht länger ertragen könne, die dieser fähige, aber schmollende und böswillige Mann beständig an den Tag legte, indem er alles, was er unternahm, kritisierte und sogar lächerlich machte«.[34] Churchs Rückkehr in seine alte Einheit, eine mögliche Beförderung, zumindest aber eine finanzielle Zulage hingen nicht zuletzt davon ab, welches Zeugnis der Direktor der Expedition ihm ausstellte.[35]

Da Barth sich mit Vogel solidarisch gezeigt hatte, konnte Church von ihm kaum ein günstiges Zeugnis erwarten und trat die Flucht nach vorn an, indem er Barth der Unterstützung der Sklaverei bezichtigte. Konkret bezog er sich auf Barths und Overwegs Begleitung einer Sklavenjagd durch die Armee Bornus. Church berichtete der Antislavery Society davon, die sich seine eidesstattliche Erklärung zu eigen machte.[36] Als diese einflussreiche abolitionistische Gesellschaft sich an das Außenministerium wandte und Lord Clarendon Barth zur Stellungnahme aufforderte, widerlegte dieser in einem ausführlichen Schreiben alle Vorwürfe.[37] Doch die Society ließ nicht locker, selbst nachdem der Außenminister Barths Erklärung als zufriedenstellend bezeichnet und damit die Angelegenheit für erledigt erklärt hatte. Sie veröffentlichte sogar einen Bericht Churchs, demzufolge Vogel und Barth jeweils einen Sklaven gekauft hätten.[38] Trotz Churchs zweifelhafter Rolle bei diesen Beschuldigungen hielt Barth an einer differenzierten Einschätzung fest und sprach sich sogar dafür aus, ihm die finanzielle Belohnung für seinen Afrikaeinsatz zu gewähren.[39]

Francis Galton

In der Sache selbst stellte Barth klar, dass er den Kriegszug des Sultans von Bornu nach Musgu begleitet hatte, um sich ein eigenes Bild von Sklavenjagden zu machen, nicht aber, weil er sie unterstützte. Im Reisebericht schrieb er dazu: »Bei den gegenwärtig in diesen Ländern noch obwaltenden Verhältnissen muss er [der Reisende] entweder den Besuch vieler Gegenden ganz aufgeben, oder eine solche Gelegenheit ergreifen. Er wird dann aber auch das Recht haben, mit um so mehr Bestimmtheit von dem Elend zu sprechen, das durch diese Raubjagden über die schönsten und volkreichsten Gegenden dieses Welttheiles gebracht wird.«[40]

Wegen der Sklavereivorwürfe und weil sie Heimweh hatten, wollte Barth die beiden jungen Afrikaner Abbega und Dorugu nach Afrika zurückbringen lassen. Das Foreign Office erklärte sich bereit

zu helfen und arrangierte ihre Mitfahrt auf einem britischen
Kriegsschiff über Malta nach Tripolis, wo sie der dortige Konsul in
seine Obhut nehmen sollte. Doch Barth musste zu seinem Erstaunen feststellen, dass der Missionar James Frederick Schön, der sich
nach einer Afrikareise im Jahr 1841 auf die Hausasprache spezialisiert hatte, sie kurz vor der Abfahrt wieder vom Schiff holte. Schön
hatte die beiden schon vorher wochenlang bei sich in Chatham beherbergt, um mit ihnen Sprachstudien zu betreiben, die er fortsetzen wollte. Seine Intervention war mit den englischen Behörden
abgesprochen, aber sie war nicht dazu angetan, Barths Beurteilung
christlicher Missionare zu verbessern, und er mokierte sich immer
wieder über »die Engländer in ihrer Missionar-Hypokrisie«.[41] Nur
nach einigem Zögern und nachdem ihm auch enge Vertraute zuge-
raten hatten, nahm er an der christlichen Taufe der beiden jungen
Muslime als Zuschauer teil.[42] Aber noch fünf Jahre später brach der
Groll wegen der Sklavereivorwürfe bei ihm durch, als er schimpfte:
»Hunde, die sich nicht geschämt haben, mich auf Sklaverei anzukla-
gen, der ich tausend Mal mehr zur wahren Bekehrung der Neger
Binnen-Afrika's gethan habe, als alle ihre Missionäre zusammen
genommen.«[43] Noch 1864 brachte er seine Hoffnung zum Ausdruck, die europäischen Seemächte würden zur Einsicht kommen,
»daß sie wahrlich nicht ausschließlich durch Beförderung von
christlichen Missionen, welche die einzig dort bestehende Kraft
[gemeint ist der Islam] zu lösen und zu untergraben bestrebt sind,
das wahre Glück Central-Afrika's […] zu fördern vermögen!«[44]

Shaw selbst wandte sich direkt ans Foreign Office, um Barth
anzuschwärzen, indem er behauptete, Barth hätte die Berichte
Vogels, die für das Ministerium bestimmt gewesen seien, an Petermann weitergeleitet, der das darin enthaltene geographische Material unverzüglich publizierte, noch bevor der Außenminister selbst
es zu Gesicht bekommen hatte.[45] Minister Clarendon ließ dem Sekretär nach einer Überprüfung mitteilen, »dass die Karte, auf die
sich Ihr Brief bezieht und die kürzlich von Dr. Petermann veröffentlicht wurde, nicht dieselbe ist, von der in Dr. Barths letztem Schreiben die Rede war«.[46]

Schon während der Afrikareise hatte Barth Kontakt zu William
Desborough Cooley aufgenommen, einem Stubengelehrten, der ein
Buch über das Afrikabild der frühen arabischen Autoren mit dem

Titel »The Negroland of the Arabs« geschrieben hatte, das seinerzeit breit rezipiert wurde.[47] Cooley war dafür bekannt, seine Thesen selbst dann noch aggressiv zu verteidigen, wenn sie empirisch widerlegt waren.[48] Trotzdem hatte Barth Hochachtung vor ihm und konnte ihn dazu bewegen, ihm bei der Ausarbeitung der ersten beiden Bände der englischen Ausgabe des Reiseberichts zu helfen. Cooley unterstützte Barth, als die Intrigen gegen ihn einsetzten, und bekannte: »Die geheime Geschichte der RGS zeigt von Anfang an nichts als Intrigen, Lügen und Verleumdungen. Die Gesellschaft war immer in den Händen von Angestellten, die sich in ihrer Position nur halten, weil sie vor den Granden kriechen und Neid verbreiten, um unabhängige und intelligente Interessenten auf Distanz zu halten.«[49]

Besuch in Deutschland

Im Oktober 1855 reiste Barth aufs Festland und traf endlich seine Familie wieder. Der junge Hausa Dorugu, der mit im Wagen saß, in dem Barth und seine Begleiter vor dem Elternhaus vorfuhren, beschrieb die Szene so: »Wir verließen London und fuhren nach Hamburg, eine Stadt in Deutschland, wo Abdul Karims Vater lebte. Als wir am Tor zu dem Haus seines Vaters ankamen, öffnete er die Tür der Kutsche und rannte in das Haus. Man konnte einen starken Lärm im Haus hören. Als Abbega und ich ins Haus gingen, führten sie uns ins Obergeschoss. Wir stellten unser Gepäck ab, wechselten unsere Kleidung und gingen wieder nach unten. Sie gaben uns Kaffee und schwarzes Brot und Butter. Ich mochte das Brot nicht, denn es war trocken und hart. Ich lernte Abdul Karims Mutter, Vater und Großmutter kennen. An diesem Tag kamen viele Menschen zu Besuch und tranken Tee.«[50]

Am 12. Oktober 1855 wurde Barth, vermittelt durch Humboldt,[51] gemeinsam mit Carl Ritter zu König Friedrich Wilhelm IV. eingeladen. Bei diesem Anlass ließ sich der Monarch ausgiebig über die Reise informieren und verlieh Barth den Roten Adlerorden 3. Klasse. Einen Tag später war Barth erstmals wieder bei einer Sitzung der Geographischen Gesellschaft in Berlin anwesend: »Nachdem der Vorsitzende, Herr Ritter, der Gesellschaft mit einigen einleitenden Worten die erfreuliche Mittheilung gemacht hatte, daß der be-

rühmte afrikanische Reisende Herr Barth unvermuthet in Berlin
angekommen sei und an der Sitzung der Gesellschaft Theil nehmen
werde, erschien dieser selbst, wobei er von der Versammlung durch
einmüthige Erhebung begrüßt wurde. Der Vorsitzende geleitete ihn
auf seinen Ehrenplatz, und als er ihn […] noch einmal im Namen
der Gesellschaft bewillkommt […], hielt Herr Barth eine Ansprache
an die Gesellschaft«,[52] in der er in Kürze die wichtigsten Ergebnisse
seiner Reise referierte und mit großem Beifall geehrt wurde. Offenbar empfand Barth das Bedürfnis, sich dafür zu rechtfertigen, dass
er seinen Bericht in England verfassen wollte, und betonte in einem
seiner weit ausholenden Schachtelsätze seine Verpflichtungen gegenüber der britischen Regierung:

»Die ganze Expedition ging bekanntlich von England aus, und
wenn ich im Anfang durch meine Theilnahme an derselben keine
weitere Verpflichtung gegen die Englische Regierung übernahm
als gelegentliche Berichte im Laufe der Reise einzusenden und
die Verpflichtung schriftlich in der Folge nicht erweitert wurde
so ist doch der Sache nach durch das Zutrauen das die Englische
Regierung mir nach Richardsons Tod schenkte, indem sie mir die
fernere Direction der Expedition übertrug und durch meine Ue-
bernahme derselben meine Verpflichtung gegen die Englische
Regierung sowohl als gegen das Englische Publicum bedeutend
gewachsen und es wird mir hoffentlich kein Gebildeter verargen,
daß ich den Bericht meiner Reise eben so zeitig in englischer als
in deutscher Sprache zu veröffentlichen gedenke, und wenn in
England wenige gemeine Seelen, die unter dem Schleier Wissenschaftlicher Fragen nationale Animositäten auszubeuten suchen
sich in verächtlichen Aeußerungen gegen die Führung einer
Englischen Expedition durch einen Deutschen auszulassen haben, so kann und muß mich dieser Angriff um so mehr bewegen
so schnell wie möglich meine Leistungen dem englischen Publicum vorzulegen, um mich sowohl als auch die ehrenwerthen
englischen Staatsmänner, vor allem Lord Palmerston, die den
Deutschen mit ihrem Vertrauen beehrt haben, zu rechtfertigen.«

Trotz der Anfeindungen ließ sich Barth nicht dazu herab, Gleiches
mit Gleichem zu vergelten, sondern betonte in Berlin ausdrücklich

die Verdienste Englands.[53] Bunsen hatte die Überzeugung gewonnen, »daß *England* vor allem jetzt Ihr Mittelpunkt sein, und in ge-
wisser Hinsicht bleiben muß. Sobald Sie als preuß. Professor dort
auftreten, verlieren Sie ¾ der Sympathien bei Regierung und Volk:
und an eine Remuneration wie die vorgeschlagene ist nicht zu denken.« Außerdem solle er sich auf sein Reisewerk konzentrieren, da
könne er nicht nebenher noch eine Professur ausfüllen, zumal er in
Berlin in Konkurrenz zu Heinrich Kiepert und anderen treten würde.[54] Schubert zufolge nahm Barth diesen Vorschlag »mit innerem
Widerstreben« an.[55]

Carl Ritter dagegen wollte unverzüglich Schritte einleiten, um
Barth die versprochene Professur zu verschaffen, und bat ihn, seine
Vorstellungen für die Zukunft niederzuschreiben. Barth erklärte, er
verzichte vorläufig bis zum Abschluss seines Reiseberichts auf eine
Professur, wenn er dafür vom König eine Unterstützung von 4000
oder 5000 Talern zur Abfassung des Reisewerks erhielte. Er verlangte eine eindeutige Zusage, dass er ab 1857 als Prof. ordinarius
der Geographie mit einem Gehalt von 1500 Talern eingestellt würde.[56] Ritter legte diesen Brief seinem ausführlichen Antrag an die
Philosophische Fakultät der Berliner Universität bei, in dem er,
allerdings ohne spezifisch zu werden, Barths Ernennung zum Professor vorschlug und auf sein eigenes vorgerücktes Alter verwies.[57]
In einer Stellungnahme unterstützte die Fakultät Barths Wunsch,
zunächst den Reisebericht zu schreiben, und befürwortete seine
anschließende Ernennung zum außerordentlichen Professor, lehnte
also die Ernennung zum Ordinarius ab. Offenbar stand Barths
wenig erfolgreiche Lehrtätigkeit als Privatdozent 1849 einer ein-
deutigeren Unterstützung durch die Fakultät entgegen, weil Bedenken wegen seiner Befähigung zur akademischen Lehre geäußert
wurden. Das Ministerium folgte dem Vorschlag nicht, Barth zum
außerordentlichen Professor zu ernennen, sondern wollte den Abschluss des Reiseberichts abwarten.[58]

Nach einem Besuch in Gotha, wo er mit dem Verleger Bernhardt
Perthes über die deutsche Ausgabe des Reiseberichtes handelseinig
wurde und mit Petermann die Erstellung der Karten besprach, kündigte er in dessen neuer Zeitschrift den Plan und Inhalt seines
Reisewerks an.[59] Petermann war nach einem neunjährigen Aufenthalt in Großbritannien im Jahr 1854 zum Perthes Verlag gewech-

selt, der in dieser Zeit der wichtigste Spezialverlag für Geographie
war und sich unter Petermanns Führung bald zu einer eigenständigen geographischen Forschungsinstitution ausweitete.[60] Im Jahr
1854 wurde Petermann von der Universität Göttingen für seine
kartographischen Leistungen promoviert und von Ernst II., Herzog
von Sachen-Coburg und Gotha, am 23. November 1854 zum Professor ernannt.[61] Die Möglichkeiten, die sich in Gotha boten, nutzte
er, um eine eigene Zeitschrift zu gründen, die zunächst den sperri-
gen Titel, »Mitteilungen aus Justus Perthes' Geographischer Anstalt über wichtige neue Erforschungen auf dem Gesammtgebiete
der Geographie von Dr. A. Petermann« trug, aber bald unter dem
Namen »Petermanns Mitteilungen« zur populärsten geographischen Zeitschrift in Deutschland wurde.[62] Ganz offenkundig wurde
Petermann durch Barths Reise inspiriert, aktiv Forschungen zu organisieren.[63]

Arbeit am Reisebericht

Nach seinem mehrwöchigen Aufenthalt in Deutschland kehrte
Barth nach London zurück. Im November 1855 mietete er ein kleines Haus in der Nähe des Regent's Park, wo sich der Naturfreund
vor allem an einem eigenen kleinen Garten erfreute. Dort wohnte
er fast drei Jahre, um seinen Reisebericht zu verfassen; wie später
auch in Berlin stellte er eine Haushälterin ein. Das Haus war groß
genug, um Besucher unterzubringen. Zunächst wohnten noch die
beiden Afrikaner Abbega und Dorugu bei ihm, später eine Zeitlang
August Petermann, um die Karten vorzubereiten. Barth ließ die
Gelegenheit verstreichen, seinen Ruhm zu festigen, weil er die Ergebnisse seiner Reise erst im Reisebericht veröffentlichen wollte
und deswegen auf Vorträge und Aufsätze verzichtete.[64] Ebenso
wenig nutzte er die Chance, sich zu verheiraten, obwohl er das
starke Bedürfnis danach verspürte. Barth traf sich mit Freunden,
ging gelegentlich zu Vorträgen in der Royal Geographical Society,
aber ansonsten saß er zu Hause und schrieb emsig an seinem Werk,
dessen Umfang er von Anfang an auf fünf Bände kalkulierte.
    Kurz nach seiner Rückkehr aus Afrika hatte er mit dem Verleger
Thomas Longman einen Vertrag für die englische Ausgabe abge-

schlossen, der die Orientierungslosigkeit des gerade nach Europa zurückgekehrten Reisenden verrät. Denn, wie Humboldt kritisierte, erhielt Barth nur »100 lumpige Pfund für jeden Band«. Nachdem Barth den Altmeister der empirischen Geographie in Berlin besucht hatte, berichtete Humboldt erstaunt an Ritter, dass Barth seine Einwände, er habe sich deutlich unter Wert verkauft, weggewischt hätte mit der Bemerkung, »die Geldsache wäre ihm ziemlich gleichgültig«.[65] Das passt keineswegs zu Barths sonstigem Verhalten, denn er war zwar nicht geldgierig, aber er achtete durchaus darauf, nicht zu kurz zu kommen und das zu erhalten, was ihm zustand. Vermutlich waren ihm mittlerweile die Augen aufgegangen, und es war ihm peinlich, einen Fehler zuzugeben, so dass er sich Humboldt gegenüber auf bildungsbürgerliche Geldverachtung zurückzog. Seinem Schwager gegenüber gestand er den Fehler indirekt ein, als er bekannte: »Ich kann mit diesen shopkeepers nicht handeln.«[66]

Die erste Zeit in London war er damit beschäftigt, sich gegen die haltlosen Vorwürfe zur Wehr zu setzen. Er war körperlich und mental völlig erschöpft und gestresst nach Europa zurückgekehrt und sah sich mit Unterstellungen konfrontiert, hinter denen er Böswilligkeit und Missgunst vermutete. Da er einen anderen Empfang erwartet hatte, reagierte er enttäuscht und immer gereizter und dünnhäutiger auf ein kleinkariertes und intrigantes Verhalten, das ihm seinen Aufenthalt in London vergällte.

Eine solche Überreaktion auf persönliche Angriffe war seine Behauptung kurz vor Weihnachten 1855, Shaw hätte an ihn gerichtete Briefe Vogels geöffnet, ohne dazu autorisiert zu sein. Als sich herausstellte, dass das Siegel versehentlich und unbemerkt erbrochen wurde, als Shaw die Briefe in einen größeren Umschlag steckte und sie an Barth weiterleitete, musste Barth, der ein Riesentheater angefangen und selbst das Außenministerium mit heftigen Vorwürfen überschüttet hatte, kleinlaut einen Rückzieher machen und sich bei allen Beteiligten entschuldigen. Schubert hat sicher recht, wenn er an seinem Schwager kritisierte, »dass er seine patriotischen Aufwallungen und persönlichen Empfindlichkeiten nicht hinreichend zu zügeln verstand«.[67] Doch macht es einen Unterschied, ob man dies situativ mit Barths nervösem Zustand nach den Strapazen der Reise und den zahlreichen Intrigen erklärt oder es ihm als Charakterzug zuschreibt.

Barths Charakter

Dies erscheint als geeigneter Moment für einige Überlegungen zu Barths Persönlichkeit. Sein Charakterbild ist von der ersten Biographie geprägt, die aus der Feder seines Schwagers Gustav von Schubert stammte. Der 1878 geadelte und zum Generalleutnant beförderte von Schubert hatte im hohen Alter einen Versuch unternommen, an den mittlerweile weitgehend vergessenen Afrikaforscher zu erinnern. Dabei muss man in Rechnung stellen, dass Barth bei der Abfassung dieser Biographie schon seit mehr als 30 Jahren verstorben war und Schubert, mittlerweile pensioniert und in vorgerücktem Alter, sich vermutlich nicht mehr an alles erinnerte. Er besaß aber noch den Nachlass, insbesondere die Familienbriefe, durch deren Lektüre er bei der Niederschrift seiner Biographie beeinflusst wurde.[68] Dadurch wurden Erinnerungen an einige seiner eigenen Konflikte mit Barth wieder aufgefrischt.

Um nur ein Beispiel aus dem Frühjahr 1859 zu nennen, das sich auf ein Vorkommnis bei einer Visite in Dresden bezog. Offenbar hatte Schubert sich beklagt, dass er und Mathilde bei der Verteilung des Erbes von Barths Vater weniger Geld erhalten hätten, als ihnen ursprünglich zugedacht war. Wegen seines geringen Gehalts als Hauptmann hatte Schubert, der mittlerweile Vater geworden war, ständige Geldsorgen. Heinrich teilte ihm unumwunden mit, dass ihn Schuberts Einwände »in tiefster Seele empört« hätten, und er forderte ihn auf, sich »nobel wie ein Mann zu benehmen«. Dann äußerte er noch den Verdacht, Schubert hätte sich heimlich Privatpapiere Barths angesehen.[69] Schubert verwahrte sich entrüstet gegen diesen Angriff »auf meine persönliche Ehre« und gab ihm sein »Ehrenwort als Mann und Offizier«, dass Barth ihn fälschlich verdächtigte. Er hoffte, seine Klarstellung würde Barth in Zukunft »zu einem weniger schroffen Benehmen gegen mich« veranlassen.[70] Bald darauf hatte sich das Verhältnis wieder eingerenkt.[71]

Es waren wohl solche Erinnerungen, die ihre Spuren in Schuberts Charakterisierung Barths hinterließen, den er generell als »schroff«, wortkarg und wenig zugänglich schilderte. Das war sicher bis zu einem gewissen Grad zutreffend, denn schon Barths Zeitgenossen bezeichneten ihn als schroff, Bunsen meinte gar, er sei »besonders gallsüchtig und herb, und mißtrauisch«.[72] Doch Barth bekannte selbst, dass ihn sein »etwas schroffes, zeitweiliges Auftreten […] selbst am meisten mitnimmt«.[73] Schubert zufolge war die Atmosphäre in London ein Grund, warum sich bei Barth »das ihm angeborene Misstrauen zu bedenklicher Höhe entwickelt«[74] hatte. Misstrauisch war Barth tatsächlich, aber nicht gegen alle und jeden, und vor allem gibt es keine Hinweise, dass dieses Misstrauen ein Charakterzug war.

Nachweislich falsch ist Schuberts Behauptung, Barth hätte »als ein wortkarger und abgeschlossener Charakter wenig persönliche Freunde« besessen.[75] Dem widerspricht er selbst mit der Aufzählung der zahlreichen Freunde, die Barth später in Berlin hatte.[76] Auch Rolf Italiaander und andere strickten seit den 1960er Jahren weiter an dieser Legende.[77] In der Literatur wird der zugängliche, diplomatisch geschickte und kontaktfreudige Afrikareisende mit dem schroffen, verschlossenen und eigenbrötlerischen Gelehrten kontrastiert und dies wenig überzeugend mit den äußeren Umständen begründet.[78] Doch lassen sich Eigenschaften, die geradezu wie zwei einander entgegengesetzte Charaktere erscheinen, nicht allein auf Umstände zurückführen. Vielmehr war Barth auch in Deutschland kontaktfreudig, er konnte Menschen für sich einnehmen, verstand es, aus Bewunderern Freunde werden zu lassen, und war bei vielen beliebt.

Allerdings neigte er zu Überreaktionen, besonders dann, wenn er sich in seiner Ehre gekränkt und ungerecht behandelt fühlte. Überzogene Verdächtigungen blieben die Ausnahme, Barth war meistens gutmütig und versöhnlich gestimmt. Er war auch keineswegs so humorlos, wie Schubert und in dessen Nachfolge die meisten Autoren ihm nachsagten.[79] Denn er war schon in jungen Jahren zu Scherzen aufgelegt, wenn er z. B. nicht mehr wusste, wie er die Seiten eines Briefs an die Eltern füllen sollte: »Oder aber soll ich Euch erzählen, wie die Schweine in Italien aussehn, was für eine Mütze der Pabst trägt, wie die Alten ihre Tempel gebaut haben, was für Tücher und Röcke die Weiber von Arriccia tragen, oder von den langen Mützen der Neapolitaner, oder von dem schiefen Turm in Bologna, oder von der Kugel auf St. Peter, oder vom Capitol oder von Syracus, oder daß hier in Berlin ein zweites Museum gebaut wird?«[80] Im Reisebericht gibt es genügend Hinweise darauf, dass Barth durchaus über sich selbst lachen konnte.

Barth war ein Idealist, wie er selbst bekannte: »Ich habe ein
fürchterlich empfindliches Herz, ich habe ein ungeheures Streben
in mir, das uneigennützigste Streben nach dem Großen, Wahren
und Schönen; den Menschen Etwas zu nützen, sie anzuregen und
anzutreiben zu geistig schönem gemeinsamen Leben, ihnen eine
kräftigmachende geistige Speise zu geben – das ist mein einziges
Streben.«[81] Auf dem Höhepunkt seines Zwistes mit Petermann
Anfang der 1860er Jahre bekannte dieser: »Sie, lieber Dr. Barth,
haben ein so gutes Herz, wie ich nur überhaupt einen Menschen
kenne; Sie lassen sich aber auch sehr leicht verleiten, Andern Unrecht zu thun.«[82]

Als ausgesprochener Gemütsmensch liebte er das Zusammen-
sein mit seiner Familie über alles. In seinen Briefen von der Mittelmeerreise sind seine Gedanken an seine Lieben in Hamburg immer
mit Begriffen wie »gemütlich« und »behaglich« verknüpft. Wenn er
seine Verwandten in Dresden besuchte, freute er sich auf die Spa-
ziergänge im Wald mit seinen kleinen Neffen. »Hoffentlich können
wir doch uns recht ein bischen herumtummeln und gedenke ich mit
den beiden Knaben recht viele Ausflüge zu machen.«[83]

Seine Liebe zur Natur hatte ihn vermutlich überhaupt dazu bewogen, Geograph zu werden. Die Briefe und Reiseberichte sind voll
von Schilderungen der Natur und lassen erkennen, wie sehr er sie
genoss: »Denn Dattelpalmen, *dum*, Ardub von der großartigsten
Pracht, Sykomoren und ein vereinzelter rimi ein cypressenartiger
Baum sind hier in eine prachtvolle Baumgruppe zusammenge-
mischt und gewähren mir außerordentliches Vergnügen.«[84] Auf
dem Weg nach Timbuktu musste er bei dem Ort Bōne einen sehr
anstrengenden Pfad durch Sumpfgebiet benutzen. »Aber dafür be-
lohnte mich der malerische Anblick der Scenerie. Ein hübscher
Wasserfall stürzte sich nämlich über die steilen Klippen der Bōne
überragenden Felshöhe herab, aus einer Höhe von etwa 200 Fuss,
und bildete in der Thalsohle einen mächtigen Giessbach, der, von
schönem Pflanzenwuchs umgürtet, in der Richtung nach Bōne
hinabströmte.«[85] Bei all den Streitereien und den Anstrengungen
bei der Abfassung des Reiseberichtes übermannte ihn zuweilen die
Sehnsucht: »Wie sehne ich mich nach einem freien Nachtlager in
der Wüste, in jenen unermeßlichen Räumen, wo ohne Ehrgeiz,
ohne Sorge um die tausend Kleinigkeiten, die hier den Menschen

quälen, ich mich im Hochgenuß der Freiheit, nach Beendigung des Tagesmarsches ich mich auf meine Matte zu strecken pflegte, um mich meine Habe, meine Kameele, mein Pferd.«[86] Er nannte sein Lieblingspferd sogar seinen »alten Gefährten«.[87] Auch später unternahm er Reisen zur Erholung, die anderen anstrengend erschienen, und er fühlte sich nach seinen mehrwöchigen Exkursionen durch fremde Länder erfrischt.

Wenn Barths Idealismus auf schnöden Egoismus, beschränkte Interessen und gehässige Intrigen stieß, konnte seine Reaktion jedoch einigermaßen explosiv ausfallen. Sein ausgeprägtes Ehrgefühl entsprang seinem maskulinen Selbstverständnis und war beeinflusst von der Statusunsicherheit eines gesellschaftlichen Aufsteigers, der sich in seiner Überempfindlichkeit Herabsetzungen manchmal einbildete. Um Barths Verständnis von Männlichkeit zu verstehen, muss man einen Begriff beleuchten, der für ihn zentral war, nämlich Energie. Dem energiegeladenen Mann kam eine besondere Ehre zu, die seinen Leistungen entsprang, und Barth verlangte viel von sich selbst.[88] Politische Führer mussten als wichtigste Eigenschaft Energie haben, sonst waren sie in seinen Augen nicht viel wert, und wenn sie noch so gelehrt waren wie der Sultan Aliyu von Sokoto oder so umgänglich wie sein Kollege Umar von Bornu. Barth war überzeugt, »dass ein energischer Häuptling vom Benuë aus ganz Central-Afrika beherrschen könnte. Energie ist jedoch leider gerade das, was diesen Leuten fehlt.«[89] Bei solchen Einschätzungen kann man Barth Ethnozentrismus vorwerfen, da er nicht sah, dass das Zögern afrikanischer Oberhäupter oft zu deren Deeskalationsstrategien und zur Suche nach Konsens gehörte. Was überlegtes Vorgehen war, wertete Barth als Charakterschwäche. Der Wille war auch für den Erfolg eines Afrikaforschers entscheidend: »Wo nicht der volle geistige Aufschwung und der moralische Rückhalt da ist, hält kein Europäer jene Fährlichkeiten, Strapazen und Entbehrungen aus.«[90]

Er stellte hohe Ansprüche nicht nur an sich, sondern auch an andere, die ihm nur zu leicht energielos oder charakterschwach erschienen. »Ein Charakter-fester Mann kann zu Zeiten Viel ausrichten, wenn er nur sich nicht von der Menge fortreißen läßt. Dabei darf er dann den Augenblick nicht an Weib und Kind denken, für die wird schon gesorgt werden.«[91] Als er die Namen derer Revue passieren ließ, die ihre Afrikaforschung mit dem Leben bezahlt hatten, folgerte er: »Mancher ohne Zweifel wird sich von ähnlichen Unternehmungen abschrecken lassen, wenn auch an solchen schwachen Charaktern wenig liegt.«[92] Gerade für einen Forschungsreisenden waren männliche Qualitäten unabdingbar, wie Barth dem Stubenhocker Petermann vorhielt, der seiner Meinung nach die Strapazen nicht einschätzen konnte und das Reisen in Afrika mit Vergnügungsausflügen verwechselte: »Eine Expedition nach Inner-Afrika ist etwas bitter Ernstes, wozu es aller möglichen Entsagungen, des entschiedensten männlichen Muthes und der Vorbereitung zu den unerträglichsten Leiden bedarf.«[93]

Sogar seine Schwester fühlte sich bemüßigt, ihn zu mahnen, die Messlatte nicht zu hoch zu hängen: »Ich denke mir immer, der Du selbst so vergnüglich bist, so über alle Maaßen gewissenhaft, legst Du einen zu strengen Maaßstab auch an andere Menschen, sie können aber nicht Alle sein wie Du bist, sie sind nur eben gewöhnliche Erdenkinder, nicht gestählt wie Du durch Erfahrungen und schwere Prüfungen, behandele sie auch in ihrer Dummheit mit Milde und Freundlichkeit und gewiß mein süßes Brüderchen Dein Leben wird glücklicher sein! Du mußt nicht über mich brummen, daß ich dergleichen schreibe, es geschieht ja nur aus der innigsten Schwesterliebe, die Dich so gern glücklich und hoch, hoch geehrt sehen möchte.«[94]

Seinem mit Stärke, Leistung, Unbeugsamkeit und Zähigkeit assoziierten Männlichkeitsbild entsprach im Kontrast seine zeitübliche Vorstellung von Weiblichkeit, die er angesichts der Geburt der ersten Nichte, der Tochter von Bruder Ludwig und Schwägerin Amalie, zum Besten gab: »Haben wir doch nun auch ein kleinstes Fräulein Nichtchen, ein langgewünschtes blondlockiges Zauberwesen, das mit ihrer lieblichen Zartheit und Anmuth ihre wilden Brüder und Neffen bezähmen und mildern wird.«[95]

Der Charakter eines rechten Mannes zeichnete sich für Barth neben Energie durch Wahrhaftigkeit und Aufrichtigkeit aus. Tatsächlich gibt es keine Anzeichen, dass er sich jemals an einer Intrige beteiligt, mit verdeckten Karten gespielt oder andere Menschen hintergangen hätte. Diese Behandlung erwartete er aber auch von anderen sich selbst gegenüber. So trat er, selbst wenn er am Verhalten bestimmter Menschen Anstoß nahm, für deren faire Behandlung ein. Exemplarisch dafür war seine ausgewogene Charakterisierung von James Church, dessen Leistungszulage für seine Afrikareise er befürwortete.

Das Leben in London

Neben dem Kreis um Shaw gab es zahlreiche Geographen, die Barths Verdienste sehr wohl anerkannten und zu denen er auch ein gutes Verhältnis aufbauen konnte. Mit den Präsidenten der Royal Geographical Society, Admiral Frederick William Beechey (1796-1856), und vor allem mit dessen Nachfolger, Sir Roderick Murchison (1792-1871), verstand er sich gut und pflegte das Verhältnis auch ganz bewusst, denn wie er einige Zeit später Petermann ermahnte: »Lieber Petermann, seien Sie überzeugt, daß ich Ihr eifriges Bemühen in der Wissenschaft mit der höchsten Bewunderung betrachte, aber in den Beziehungen derselben zu den Persönlichkeiten haben Sie große Versehen begangen und ich ebenso. Der alte brave Beechey ist todt und Murchison jetzt Vicepräsident. Ich bitte Sie dringend nichts zu sagen oder zu thun, was diesen vitalen Mann beleidigen könnte[,] im Gegentheil ihm einmal etwas Angenehmes mitzutheilen.«[96]

Auch nach seiner Rückkehr nach Berlin hielt Barth den Kontakt zu Murchison, denn er schrieb ihm 1863, als er selbst gerade Vorsitzender der Berliner Gesellschaft für Erdkunde geworden war: »Möge es den Deutschen, und besonders den Preußen, gelingen, die Gefühle der Freundschaft zwischen der englischen und der deutschen Nation zu fördern, die die kurzsichtige Politik ihrer Regierungen fast zerstört hat.«[97]

Nicht nur unter den Präsidenten der Royal Geographical Society fand Barth Unterstützer, denn gerade diejenigen, die selbst geographische Forschungen in Afrika betrieben hatten, wussten seine Leistungen zu schätzen und erlagen auch nicht dem kleinkarierten Nationalismus eines Shaw und einiger anderer. So hatte Barth ein gutes Verhältnis zu Marineoffizieren wie William Henry Smyth (1827-1864), der in der Sahara topographische Messungen durchgeführt hatte, und John Washington (1800-1863) sowie zum General Edward Sabine (1788-1883), der ihm für die Ausarbeitung des Reiseberichts die noch in seinem Besitz befindlichen Papiere Gordon Laings lieh.[98] Er pflegte auch freundlich-kollegialen Umgang mit William Balfour Baikie, der kurz darauf zu seiner zweiten Expedition mit einem Dampfschiff auf dem Niger aufbrach und mit Barth von dort aus in Kontakt blieb.

David Livingstone

Barths Neidern kam sehr zupass, dass kurze Zeit nach ihm der vom Missionar zum Afrikaforscher gewandelte David Livingstone von seiner ersten großen Afrikareise zurückkehrte. Livingstone war von

David Livingstone

Südafrika aus nach Norden aufgebrochen und wurde von Sebituane, dem Oberhaupt der Kololo, am mittleren Sambesi gastfreundlich aufgenommen. Von dort reiste er zunächst nach Luanda an die Westküste und dann den ganzen Weg zurück und weiter bis zur Sambesimündung in den Indischen Ozean. Damit hatte er als erster Europäer den Kontinent von West nach Ost ganz durchquert.

Livingstone war ein ähnlich tapferer Charakter wie Barth, er hielt gegen alle Widerstände an seinen Zielen fest, wodurch er sich gut zu einer Heldenfigur eignete. Dazu baute ihn die Royal Geographical Society unverzüglich auf, wobei man sich des Eindrucks nicht erwehren kann, dass sie beabsichtigte, damit gleichzeitig Barths Leistungen zu relativieren und ihn in den Hintergrund treten zu lassen. Barth blieben diese Intentionen nicht verborgen: »Natürlich werden L.'s Sachen nun von allen bedeutendsten Kräften hier ausgearbeitet zum Ruhm der Engl. Nation.«[99] Auch Francis Galton konzedierte, Barths schlechte Behandlung in England sei u.a. auf die Konkurrenz zu Livingstone zurückzuführen: »Livingstone kehrte zurück und hatte den Vorteil der Low Church-Anhängerschaft. Sie wissen, wie blind populäre Gefühle sich einem einzigen Objekt zuwenden, sie können nicht zwei gleichzeitig erfassen.«[100] Livingstone wurde in London wie ein Star gefeiert und in der Öffentlichkeit herumgereicht, behielt aber zu Barth ein gutes Verhältnis, dem er von seiner zweiten Reise Berichte über seine Forschungen und Abenteuer sandte.[101]

Dieser schätzte den Schotten sehr, den er am 12. Dezember 1856 persönlich kennenlernte.[102] Livingstone bewunderte Barths schriftstellerisches Werk und bekannte, was ihn selbst betraf:»Wie Sie fünf Bände zustande bekommen haben, macht mich sprachlos. Sir Roderick Murchison hat mich einmal zum Schreiben gebracht, und ich wollte nicht geschlagen werden, aber er kann mir eher befehlen, mich auf den Kopf zu stellen, als dass ich noch einen schreibe.«[103] Weil Barth durchschaute, was gespielt wurde, beeilte er sich umso mehr mit der Abfassung seines eigenen Reiseberichts, damit Livingstone ihm nicht zuvorkommen konnte.

Der Reisebericht

Barth schrieb die englische und die deutsche Fassung parallel, allerdings etwas zeitversetzt, da die englische Vorrang hatte, schließlich erhielt er dafür Geld von der Regierung. Die beiden Versionen wichen oft voneinander ab. Barth selbst betonte, die deutsche Ausgabe würde ungleich besser, denn die Engländer wollten den Reisebericht primär zur Unterhaltung lesen und hatten weniger Interesse an wissenschaftlichem Gehalt. Er versicherte Perthes, »daß ich Alles, was in meinen Kräften stehn wird, thun werde, um der deutschen Ausgabe in den Augen der Deutschen, für die sie ja bestimmt ist, bei weitem den Vorzug vor der Englischen zu geben. Sie ist ungleich reichhaltiger.«[104]

Insgesamt schrieb Barth während der drei Jahre, die er in London lebte, 7000 Seiten Text. So erstaunlich diese Leistung für jemanden ist, der gerade eine ungeheuer anstrengende Reise hinter sich hatte, die seine Gesundheit nachhaltig schädigte, kam ihm doch zugute, dass er während der Reise seine Notizen und Beobachtungen in zusammenhängende Texte umgearbeitet hatte. Deshalb hatte er das Rohmaterial weitgehend vor sich liegen.

Dennoch ging der Reisebericht über eine Erzählung von Begebenheiten und Erlebnissen hinaus, da Barth immer wieder gelehrte Exkurse, manchmal ganze Kapitel zur Ethnographie und Geschichte einer gerade von ihm durchreisten Region einschob. Zwar finden sich im Kursivdruck die Tagesangaben, wodurch der Grundcharakter eines Reisetagebuchs im Erscheinungsbild gewahrt blieb. Aber oft fehlen die Daten, man kann dann im Text nur lesen, dass er am nächsten Tag wieder aufgebrochen sei und häufig geht er zu einer kohärenten, manchmal längere Zeiträume umfassenden Erzählung über, wodurch der Tagebuchcharakter fast verloren geht. Barth hat auch nicht, wie es manche spätere Autoren unternahmen, thematisch getrennte Kapitel angelegt, jeweils eines über die Geographie, Flora und Fauna, die Ethnographie, Geschichte, Sprachen usw., sondern alle Themen ineinander verwoben. Dadurch spricht er stärker die Vorstellungskraft seiner Leser an und zeigt ein umfassendes Bild einer bestimmten Region, die er durchreiste. Dagegen findet man bei ihm nicht allzu viel über das Alltagsleben der Menschen, das zwar vorkommt, aber immer nur bei bestimmten Gelegenheiten geschildert wird. Möglicherweise hat ihn die geradezu exzessive und häufig banale Darstellung von Alltagsszenen bei anderen Reisenden, insbesondere in Richardsons Büchern, abgeschreckt.

Die ausführlichen Exkurse über Ethnographie und Geschichte der besuchten Regionen führten dazu, dem Werk beim englischen wie deutschen Publikum den Ruf *allzu* großer Gelehrsamkeit einzutragen. Alle Bände enthielten umfangreiche Anhänge, in die Barth weitere historische und ethnographische Überblicke auslagerte, aber auch meteorologische Beobachtungen, linguistische Sammlungen und Itinerare für die Gebiete, die er nicht besucht hatte. So wird Band 2 mit Itineraren und Wegbeschreibungen ergänzt. Band 3 kommt sogar auf zwölf Anhänge, u.a. zur früheren Geschichte Bornus und seiner Nachbarn, enthält aber auch eine Nachricht von Lord Palmerston. In Band 4 finden sich neun Anhänge, u.a. der Stammbaum der Familie al-Bakkai und eine Chronologie des Songhai-Reiches. Dem Band 5 sind neben anderem Reiserouten angefügt, ebenso eine ethnographische Übersicht über die Tuareg und Empfehlungsbriefe al-Bakkais für Barth.

Im Vorwort zur deutschen Ausgabe legte Barth ein Bekenntnis zum Ritterschen Verständnis von Geographie ab. Im Zentrum seiner wissenschaftlichen Interessen stand »der historische Zusammenhang des Menschen mit der reichen Gliederung der Erdoberfläche«.[105] Dies machte auch den eigentümlichen Stellenwert der Barthschen Geographie aus, die immer Geschichte mit einbezog, weil er sie als umfassende Wissenschaft von den menschlichen Lebensformen verstand.

Zunächst schrieb er drei Bände, die folgende Abschnitte der Reise enthielten: die Reise von Tripolis bis nach Damerghu, wo die drei Reisenden sich trennten (1. Band), die Reise Barths nach Kuka und von dort nach Adamaua (2. Band) und die übrigen Reisen von Kuka nach Kanem, Musgu und Baghirmi (3. Band). Der dritte Band endete mit dem Tod Overwegs und Barths Entschluss, nach Timbuktu zu gehen. Erst als die ersten drei Bände der englischen wie der deutschen Ausgabe ganz fertiggestellt und veröffentlicht waren, ging Barth an die beiden letzten, die seine Reise nach Timbuktu behandelten.

Die englische Ausgabe widmete Barth dem britischen Außenminister Lord Clarendon als Zeichen der Hochachtung und Wertschätzung.[106] Demgegenüber war die Widmung der deutschen Ausgabe an Friedrich Wilhelm IV. weniger als Zeichen der persönlichen Verehrung zu verstehen, sondern als Dank für die finanzielle Unterstützung, die ihm der preußische König einige Jahre lang gewährte, als er ihm während der Reise Geld geschickt hatte.

Mit der Zeichnung der Karten beauftragte er Petermann, von dessen kartographischen Künsten er längst überzeugt war. Er versicherte ihm noch 1860, ihn »Ihrer ausgezeichneten technischen Ausführung und vortrefflichen Terrains halber Kiepert vorzuziehen«.[107] Den Arbeitsaufwand Petermanns konnte der ungeduldige Autor nicht immer angemessen einschätzen, und er beschwerte sich sogar manchmal bei Perthes über Petermanns vermeintliche Saumseligkeit.

Die englische wie die deutsche Ausgabe waren für die damalige Zeit opulent ausgestattet. In eine Papiertasche, die jeweils am hinteren Buchdeckel innen angebracht wurde, waren die ausfaltbaren Landkarten gesteckt. Insgesamt gab es 16 solcher Karten, darunter zwei große Übersichtskarten. In den Text selbst wurden zusätzlich Stadtpläne und Hausgrundrisse sowie zahlreiche Abbildungen in Form von 153 Holzschnitten eingefügt. Ungewöhnlich waren die 60 farbigen Abbildungen, die mit speziellen lithographischen Verfahren hergestellt und in das Werk eingebunden wurden. Sie stellten Landschaften, aber auch wichtige, im Buch beschriebene Ereignisse dar. Das berühmteste war das Bild von Barths Einzug in Timbuktu, wo man ihn selbst auf seinem Pferd sah, wie er einer Gesandtschaft von Stadtbewohnern entgegenritt, die ihn begrüßte. Tatsächlich entsprechen die Bilder sehr häufig den Beschreibungen und sind genau an den entsprechenden Stellen eingefügt. Auf vielen Bildern ist Barth selbst zu sehen, der oft im Vordergrund in der jeweils landesüblichen Kleidung sitzt oder steht, so dass die Bilder den Text veranschaulichen und einem Publikum, das die Region nicht aus eigener Ansicht kannte, afrikanische Landschaften und Siedlungen näher bringen sollten.

Für die Farbbilder engagierte Barth den Kunstmaler Martin Bernatz, der für seine Orientdarstellungen bekannt war, die er während einer Reise im Jahr 1836 durch Kleinasien, den Sinai und Ägypten gemalt hatte. Für Barths Zweck eignete er sich, weil er aus Ägypten afrikanische Landschaften kannte und Barths Zeichnungen in farbige Bilder verwandeln konnte. Dafür wohnte er eine Zeit lang bei Barth, um sich in der Gestaltung der Bilder mit diesem abzustimmen und dessen eigene Eindrücke möglichst genau wiederzugeben. Die Bilder und Karten fanden in beiden Ausgaben Verwendung, in der englischen wie der deutschen, die Kosten teilten sich die Verlage.[108]

Die Arbeit an dem Reisebericht, die Barth über drei Jahre hinweg sehr anstrengte, wurde nur unterbrochen durch Ereignisse in seiner Familie, die seine Anwesenheit in Deutschland erforderten. Das tiefgreifendste war der Tod seines Vaters am 3. November 1856. Er war häufiger krank gewesen, manchmal über längere Perioden. Soweit es sich rekonstruieren lässt, handelte es sich um Atemwegserkrankungen, möglicherweise grippale Infekte, die in einer Zeit, als es noch keine Antibiotika gab, nicht effektiv bekämpfbar waren und durchaus lebensgefährlich verlaufen konnten. Barth reiste sofort nach Erhalt der Todesnachricht zu Mutter und Schwester Henriette nach Hamburg, um ihnen beizustehen.

Im Vertrauen berichtete ihm Gustav Schubert im selben Jahr von einer Fehlgeburt Mathildes und begründete mit deren physischen und psychischen Folgen für seine Frau, warum er Barth in London nicht Gesellschaft leisten konnte, worum ihn dieser von Brief zu Brief dringlicher gebeten hatte.[109] Als Mathilde im Jahr darauf wieder schwanger wurde und am 6. Oktober 1857 ihr erstes Kind gebar, wählten sie und Gustav ihren Bruder Heinrich zum Taufpaten des Sohnes Rudolph, ein Ereignis, für das Barth seinen Aufenthalt in London unterbrach und nach Dresden fuhr.[110]

Barth versuchte auch, die Aufzeichnungen Overwegs auszuwerten, musste aber bald kapitulieren. Dabei erkannte er Overwegs »grosses Geschick« an, »sich mit den Eingeborenen zu belassen, und [er] würde, wenn es ihm beschieden gewesen wäre, glücklich zurückzukommen, gewiss einen interessanten, lebensvollen Reisebericht entworfen haben«.[111] Overwegs intensiv gepflegte Geselligkeit mit Afrikanern hinterließ kaum Spuren in seinen Notizen; abgesehen von einigen Briefen, in denen er über seinen Aufenthalt in den nicht-islamischen Städten Gober und Maradi berichtete,[112] war der Rest nicht verwertbar, mit Ausnahme der Notizen über die Tschadsee-Erkundung, die mehr als hundert Jahre später veröffentlicht wurden.[113]

Barth war nicht nur enttäuscht, sondern im Nachhinein regelrecht genervt, als er versuchte, aus den Fragmenten Erkenntnisse zu ziehen: »Es ist unbegreiflich, wie er sich hat gehen lassen, die größten Kleinigkeiten u. Lappalien ausführlich aufnotiert, ob ihn Hans oder Peter besucht, aber nichts für Topographie oder sonst[iges]. Hätte er gelebt um es auszuführen, so würde er wol Haltpunkte gefunden haben, aber für einen anderen ist es ganz unmöglich.«[114] Vogels Papiere wurden von seinen Mördern vernichtet, so dass neben Richardsons posthum veröffentlichtem, wenig gehaltvollem Tagebuch nur Barths ausgearbeitete Schriften von der großen Reise berichten.

Rezeption des Reiseberichts

Obwohl der Reisebericht in Großbritannien wie in Deutschland zahlreiche Rezensionen erhielt, blieb der große Verkaufserfolg aus. Von den ersten drei Bänden der englischen Ausgabe wurden nur 2250 Stück gedruckt und von den beiden letzten nur jeweils 1000,[115] obwohl Murchison sie in seiner Presidential Address 1858 lobend erwähnt hatte.[116] Von Livingstones Bericht dagegen wurden über

50.000 Exemplare vertrieben. Der erste Band von Barths deutscher
Ausgabe verkaufte sich noch so gut, dass er nach kurzer Zeit nach-
gedruckt werden musste.[117] Aber Barth selbst überschätzte die Rezeption der englischen Ausgabe, wenn er noch Ende 1860 behauptete: »So gehören die beiden Schlußbände meines Reisewerkes zu
den noch diesen Augenblick gelesensten Büchern in England und
sind, obgleich schon vor 3 Jahren publicirt, noch nicht second hand
zu haben.«[118] In Wirklichkeit stand sein Werk im Schatten des viel
breiter gelesenen Livingstone und anderer englischer Forschungsreisender.[119]

Auch die deutsche Ausgabe wurde ein Ladenhüter. Zwar lasen
die Freunde und unmittelbaren Kollegen Barths an der Berliner
Universität den Bericht eifrig, aber bei einem breiteren Publikum
stieß er auf kein nachhaltiges Interesse. Vergleicht man Barths Reisebericht mit den Bestsellern, die Afrikareisende wie Nachtigal oder
Schweinfurth in den Jahrzehnten danach auf den Markt warfen, ist
die geringe Resonanz einer der Gründe, warum Barth nach seinem
Tod so schnell in Vergessenheit geriet. Man hat oft Barths Neigung
zu Schachtelsätzen, seinen schwerfälligen und wenig ansprechen-
den Stil als Grund genannt, weshalb sein Werk so erfolglos blieb.[120]
Schon sein Zeitgenosse Karl Andree bemängelte: »Für eine plastische Darstellung fehlte es ihm an der erforderlichen Sinnlichkeit; er
beobachtete treu, verknüpfte verständig und klar das Nächste mit
dem Nächsten und damit begnügte er sich. Philosophische Durchdringung, ästhetische Formgebung und das Zusammenfassen der
Dinge in großem Styl, Eigenschaften also, welche Humboldt in so
glänzender Weise bethätigte, fehlten ihm.«[121] Dabei hatte Barth sich
einige der stilistischen Schwächen, die das Mittelmeerbuch belaste-
ten, mittlerweile abgewöhnt, und er verbesserte seinen Stil später
weiter von Buch zu Buch. Sein Schwager lobte die Fortschritte, als
er 1864 Barths Balkanbuch erhielt: »Auch die Art der Darstellung
hat gegen Deine frühere Gewohnheit sehr gewonnen und so ließ
sich das Werk sehr angenehm.«[122]

Was dem Reisebericht fehlte, war eine flotte, spannende Erzählung. Barth beschrieb keine Abenteuer und Großwildjagden, wie
man sie in späteren Berichten anderer Reisender so häufig finden
kann. Der Bericht war sehr gelehrt, die Sätze vollgestopft mit Informationen, wodurch die Darstellung außerordentlich dicht wurde.

Das hat sicherlich die Rezeption erschwert und sie auf die Gelehrtenwelt beschränkt. Zudem hat Barth oft Ausdrücke aus afrikanischen Sprachen in den Text verwoben, um die Begrifflichkeit zu präzisieren, doch das konnten dann nur noch Spezialisten verstehen. Die Einschübe und Exkurse dürften ebenfalls bei vielen Lesern auf Unverständnis oder Ablehnung gestoßen sein. Seine ethnographischen Überblicke lassen aufgrund ihrer Genauigkeit und Differenziertheit heute noch erstaunen, gut lesbar sind sie deswegen nicht.

Viel gravierender war wohl der Inhalt, denn Barth stellte seinen verwunderten Lesern eine Welt vor, die sie in Afrika nicht erwartet hatten. Er schilderte einen Erdteil, in dem es Schriftkulturen gab, in dem Gelehrte lebten, die sich in weltoffener und neugieriger Weise mit dem Fremden aus Europa auf Gespräche einließen.[123] Die Afrikaner in Barths Reisebericht waren keine begriffsstutzigen Faulenzer, die nur die Sprache der Gewalt verstanden. Kurzum: Barth bediente nicht die Vorurteile seiner Leser, sondern präsentierte ihnen ein differenziertes Bild, das den Europäern weitgehend die Illusion nahm, die Überlegenen zu sein. »Man weiss in der That in Europa wenig davon, wie freundschaftlich in diesen Ländern Mann und Weib mit einander leben.«[124] Als al-Bakkai für das Seelenheil seiner gerade verstorbenen Schwiegermutter an einem Marabut-Grab betete, nutzte Barth die Gelegenheit, seine Leser auf die Verehrung hinzuweisen, »welche diese Araber dem weiblichen Theil ihres Stammes zollen«.[125] Ähnliches galt für die Tuareg, über deren Verhältnis zu ihren Frauen Barth zu berichten wusste: »Die Tuareg lieben ihre Frauen und alle freien Männer dieser Gegend enthalten sich, so viel ich bemerkte, der Vielweiberei gänzlich, aber sie sind auch durchaus nicht eifersüchtig und gestatten ihren Frauen einen Grad von Freiheit, der schwerlich seines Gleichen findet.«[126] Das deckte sich kaum mit populären westlichen Vorurteilen über die Unterdrückung der Frauen im islamischen Raum.

Es stand für Barth völlig außer Frage, dass Afrika eine Geschichte hatte. Als er die Ruinen der alten Hauptstadt von Bornu besuchte, sinnierte er: »Gewiss ist es eine nicht alles Interesses entbehrende Betrachtung, sich in dieser Stadt des Sudans, so weit von den Mittelpunkten orientalischer und occidentalischer Bildung entfernt, einen glänzenden Hof vorzustellen.«[127] Er verglich sogar die Herrschaft von Askia Muhammad mit der Afrika-Umsegelung durch die Portugiesen, was vielen seiner Leser wohl sehr gewagt erschienen sein dürfte: »wie zur selbigen Zeit ein Negerkönig im Inneren des Festlandes nicht allein seine Eroberungen weit und breit ausdehnte […] sondern auch die unterworfenen Stämme mit Gerechtigkeit und Billigkeit regierte und aller Orten innerhalb der Grenzen seines weiten Gebietes Fülle und Wohlhabenheit, sowie auch solche Einrichtungen Mohammedanischer Bildung, wie er sie für seine Unterthanen nützlich erachtete, hervorrief.«[128] Die zeitgenössischen Herrscher erschienen bei Barth zwar oft als »energielos«, aber sie waren keine Despoten. Ahmed al-Bakkai gewann seine politische Macht vornehmlich aus seinem Ruf als islamischer Gelehrter, der im ganzen westlichen Sahel nicht seinesgleichen hatte.

Im Gegensatz zu Hegel, der die Afrikaner als irrelevant aus der Weltgeschichte ausschloss, betonte Barth: »Denn auch die Völkerbewegungen Central-Afrika's haben ihre Geschichte, und nur indem sie in das Gesammtgebilde der Geschichte der Menschheit eintreten, kann das letztere sich dem Abschluss nähern.«[129]

Auch Barth unterschied zwischen Zivilisierten und Barbaren, doch traf er diese Entscheidungen situativ und in ganz unterschiedlichen Kontexten, weshalb sie sich nicht pauschalisieren lassen in der Form, die Europäer seien zivilisiert und die Afrikaner barbarisch. So verband er Barbarei, etwa wenn er über die muslimischen Tuareg sprach, mit ihren »anarchischen« politischen Zuständen, dem Fehlen einer stabilen Staatsform. Dagegen waren in Adamaua die Muslime die Zivilisierten, die »Heiden« dagegen die Barbaren, womit er ihren kulturellen Entwicklungsstand meinte. Nur ausnahmsweise sprach er von der ganzen Region als »diesen Ländern eines fast rohen Naturzustandes«.[130] Für viele Europäer musste es als skandalös erscheinen, wenn Barth die Tuareg mit den Spartanern verglich,[131] denn er suchte Ähnlichkeiten, um fremdartige politische Strukturen einordnen und verstehen zu können. Doch wandte Barth das Begriffspaar »barbarisch – zivilisiert« auch ironisch und relativierend an, wenn er den Diebstahl mit dem Zivilisationsfortschritt in Verbindung brachte, denn »unter den heidnischen Stämmen kommt anerkanntermaassen kein Diebstahl vor«.[132]

Dies wirft die Frage auf, wie Barth es mit den zeitüblichen Rassentheorien hielt. In großen Überblicken identifizierte er bestimmte

Eigenschaften mit ethnischen Gruppen, auch wenn er im Einzelnen stets zu differenzieren wusste. Barth zeigte eine deutliche Neigung, ein äußeres Erscheinungsbild bestimmten Gruppen zuzuordnen, dazu zählte auch die Hautfarbe.[133]

»Aber während die wichtigste Rasse Nordafrikas, wie diejenige Südafrikas, sehr klar ihre Einheit und Zusammenhalt bewahrt hat, fand in den fruchtbaren Regionen des Negerlandes eine Mischung und Abstufung der Stämme zwischen dem 5ten und 15ten und in einigen Orten dem 16ten Grad nördlicher Breite in so bemerkenswerter Weise statt, dass nur eine sehr genaue Untersuchung der Sprachen all dieser Stämme uns den Faden liefern kann, der uns mit einiger Sicherheit durch dieses ethnographische Labyrinth führt.«[134] Bereits die ägyptischen Skulpturen würden erweisen, dass sich die schwarze Rasse bereits klar herausentwickelt hatte, »doch ist es eine bemerkenswerte Tatsache, dass nahezu alle Stämme, die ich erwähnen werde, zwei voneinander getrennte Klassen aufweisen, eine von hellerer, die andere von dunklerer Farbe«.[135] Diese Unterteilung in Schwarze und Rote sei in allen Bevölkerungsgruppen aufzufinden.

Die Identifizierung von Hautfarbe und anderen körperlichen Merkmalen mit bestimmten ethnischen und sprachlichen Gruppen ist aber sehr selten mit einer Wertung verbunden.[136] Zwar wies er manchen Gruppen bestimmte »Charaktereigenthümlichkeiten« zu,[137] aber fast nie stellte er einen Bezug zu ihrer Hautfarbe her. So waren die Hausa energischer, wirtschaftlich aktiver, kulturell aufgeschlossener und produktiver[138] als die Kanuri, die Barth als besonders energielos und wenig kommerziell interessiert beschrieb. Bei den Fulbe wurde er nicht müde, ihre hellere Hautfarbe, die er als rötlich bezeichnete, mit ihrer größeren Kulturfähigkeit in Verbindung zu setzen,[139] aber ihre Staaten waren schwach. Solche Pauschalisierungen wurden ausgehebelt durch die oft ganz andere Bewertung einzelner Personen und durch die geographische und historische Perspektive Barths, die ebenfalls einer rassischen Determinierung von Kulturfähigkeit und kulturellen Leistungen entgegenwirkte.

Nachdem er in einem Lexikoneintrag über »Neger, Negerstaaten«, zunächst die Äußerlichkeiten der Afrikaner beschrieben (und damit für den Rest des Textes abgehakt) hatte, hob er – ganz der Schüler Ritters – die geographischen Gründe für die »Frage in Betreff der geistigen Befähigung« hervor, nämlich die »höchst ungünstige Gestaltung des Afrikanischen Kontinents«, der weniger gegliedert sei und durch die große Wüste im Norden äußeren Einflüssen weniger zugänglich als andere Erdteile. »Die Entwicklung ist hier also um Jahrtausende verzögert worden«, wobei das Wort »verzögert« entscheidend ist, denn Barth spricht den Afrikanern nicht die Befähigung ab, die Entwicklung nach- und aufzuholen.[140] Auch stellte er fest, dass die Europäer erst durch »den ungeheuersten Völkerkampf und die gewaltigste Völkermischung« das wurden, was sie heute sind. Geschichtliche Entwicklung bedurfte der Anregung, wie sich an der Begegnung unterschiedlicher Sprachgruppen zeigen ließ. Eine von Barth als »fremdländisch« angenommene Dynastie in Kanem-Bornu führte Berberisch und Arabisch als Hofsprachen ein, wodurch das Kanuri »erst unter diesem Einfluß sich allmählich zu einer reichgegliederten Sprache entwickelte, während die verwandte Tebu-Sprache nicht über die ersten Bildungsstufen hinausgekommen zu sein scheint«. Derartige Befruchtung konnte höchste Blüten hervorbringen, wenn »ein aus Kanem gebürtiger berühmter Dichter in der zweiten Hälfte des zwölften Jahrhunderts am verfeinerten Hofe eines andalusischen Fürsten sich auszeichnen konnte«.[141]

Eine Verschlechterung durch Vermischung mit Sklaven findet sich in Barths Beurteilungen häufig, etwa im Hinblick auf die Tuareg. Dabei ging er nicht davon aus, Sklaven seien aufgrund ihres Status primitiver als andere. Vielmehr standen die Menschengruppen, aus denen die meisten Sklaven rekrutiert wurden, auf einer niedrigeren Zivilisationsstufe. Dies waren die Völker, die er als »Heiden« bezeichnete und die Opfer der Sklavenjagden der Muslime waren. Wirklich reflektiert war dies alles nicht und Barth ging nie so weit, eindeutige Zuschreibungen vorzunehmen. Als er in Adamaua in Gebiete mit »Heiden« kam, zeigte er Sympathie und angesichts ihrer Bedrängnis Mitleid mit ihnen. Er hielt sie für perfektibel wie alle Menschen, Opfer der Sklavenjagden waren sie primär wegen ihrer politischen Zersplitterung. An Kampfesmut waren sie nach seiner Einschätzung den Soldaten der Bornu-Armee sogar überlegen.

Immer wieder distanzierte er sich von Pauschalurteilen über ganze Völker und »Rassen«, räumte dem Individuum stets den Vorrang vor Kollektiven ein. Doch gingen die zeittypischen Begriffe und Diskussionen nicht ganz spurlos an ihm vorüber. So benutzte er das Wort »Kaukasier«, wenn er Europäer meinte. Bei Afrikanern schrieb er von »großer äußerer Annäherung des Schädels an den Affentypus«, der unterstrich, dass »der Gesichtswinkel anstatt des fast rechtwinkligen des Kaukasiers zu einem sehr spitzen wird«,[142] womit er sich auf eine Annahme des niederländischen Anatomen Petrus Camper (1722-1789) aus dem 18. Jahrhundert bezog, der den »Gesichtswinkel« zum rassischen Bestimmungsmerkmal erklärt hatte, »der sich aus den Linien ergab, die horizontal vom Gehörgang hin zum unteren Teil der Nase und vertikal von der Stirn hin zum Oberkiefer gezogen wurden«.[143]

So war Barth von den zeitüblichen Rassenlehren bis zu einem gewissen Grad beeinflusst, gründete aber keine Hierarchie der Begabung und Zivilisationsfähigkeit darauf. Er räumte der »Rasse« keinen hohen Stellenwert ein und unternahm deswegen keine Versuche, einen Zusammenhang von Hautfarbe und Kultur zu systematisieren, was ein ausgesprochener Rassist wie Karl Andree bemängelte.[144] Überhaupt schien das familiäre Umfeld Barths bemerkenswert frei von rassistischen Vorurteilen zu sein, denn seine jüngere Schwester Mathilde fügte einem Brief, den sie ihm nach Bornu schickte, das Postscriptum hinzu: »Ich erwarte mit Bestimmtheit, daß Du uns eine Afrikanerin zur Schwägerin schenkst!«[145]

Ähnlich differenziert beurteilte er europäische Völker. Während sein Schwager Schubert seine Abneigung gegen die Engländer pflegte, war Petermann antifranzösisch eingestellt, wie er selbst ganz offen bekannte: »Man kann mich der Partheilichkeit für französische Reisende oder der Leichtgläubigkeit in französische geogr. Arbeiten nicht beschuldigen, im Gegentheil.«[146] Barth selbst schimpfte gelegentlich über die »Krämer« in England, aber er hütete sich davor, das zu Pauschalurteilen aufzublasen. Ähnliches galt für die Franzosen, die bei ihm nie als »Erbfeinde« firmierten. Für die Italiener hegte er starke Sympathien, seit seinem Studienaufenthalt in Rom bewunderte er sie als ein besonders kultiviertes Volk. Auch die zeitüblichen Beschwerden protestantischer Nordeuropäer über den Schmutz im katholischen Italien sucht man bei ihm vergeblich. Barth hat sich sehr selten über Juden geäußert, dabei gelegentlich Stereotype benutzt, aber ohne eine antisemitische Obsession an den Tag zu legen.

Barths Islambild wird nur verständlich, wenn man sein Verständnis des Christentums analysiert. Er bezeichnete sich selbst als »unitarisch« und bastelte sich sein ganz persönliches Christentum zurecht, in dem die Trinitätslehre praktisch nicht mehr vorkam. Als Anhänger eines strengen Monotheismus empfand er eine Affinität zum Islam und eine größere Nähe und Verwandtschaft der beiden Religionen als viele andere Europäer. Im Reisebericht gibt er den Inhalt etlicher religiöser Diskussionen mit Muslimen wieder, aus denen er meist als der Überlegene hervorging. Dies hatte einerseits mit den geringen Kenntnissen der meisten Muslime in Westafrika über das Christentum zu tun, da sie kaum jemals Gelegenheit hatten, Christen kennenzulernen. Vielmehr waren alle möglichen Gerüchte und Legenden über Christen im Umlauf, die teilweise etwas absonderlich klingen, wie die den Christen unterstellte Gewohnheit, rohe Eier zu verspeisen. Um den Gegensatz zu den Christen zu verstärken, umgaben westafrikanische Muslime deren religiöse Lehre mit kultureller Fremdheit, durchaus vergleichbar der Art, wie es manche Christen bis heute mit dem Islam veranstalten.

Indem Barth die Ähnlichkeiten der beiden Religionen hervorhob, wollte er die Feindseligkeit mancher Muslime abbauen und ihr intellektuelles Interesse am Christentum wecken, das zu studieren für sie durchaus lohnend sei. »In der That kann sich ein Christ auf keine Weise sicherer die Achtung eines Moslims erwerben […], als wenn er sich so bestimmt und erhaben wie möglich in den Grundsätzen seiner Religion ausspricht; nur darf er kein eifriger Römisch-Katholischer sein oder mit Dogmen hervortreten, welche der Einheit Gottes Eintrag thun.«[147] Zudem warf er direkt die Frage auf: »Warum erfaßt nicht das Christenthum das allerdings halb erstickte, aber doch aus Wissensbegierde unbewußt zur Wissenschaft leitende Princip des Islams, die Bewunderung von Gottes herrlicher, bis ins kleinste Leben hinein so unendlich reich durchgebildeter Schöpfung?« Als Gemeinsamkeiten beider Religionen nannte er »die göttliche Gnade und Barmherzigkeit, Gottes Allmacht und Vorsehung, und auf seiten der Menschen die Pflicht der Wohlthätigkeit und Nächstenliebe«, während er die gravierenden theologischen Unterschiede erst gar nicht ansprach.[148]

Barth konnte den Afrikanern das Christentum als Monotheismus und damit als dem Islam sehr nah verwandt präsentieren und im Gegenzug sogar hervorheben, dass es bei vielen Muslimen die Tendenz gebe, dem Propheten Mohammed eine Verehrung zuteil werden zu lassen, die nur Gott selbst gebühre. Dies sei ein ähnlicher

Irrweg fort vom wahren Islam wie der Katholizismus vom wahren, sprich lutherischen, Christentum.[149] Aus diesem Grund sah Barth in der streng monotheistischen Lehre der Wahhabiten eine begrüßenswerte Revitalisierung des Islam, der durch sie zum reinen Glauben zurückkehre. Der Gelehrte Sambo, den er in Baghirmi traf, war für ihn »ein sehr aufgeklärter Mann und in der Tiefe seines Herzens ein Wahabi, welchen Namen er mir selbst meiner unitarischen Grundsätze halber beilegte«.[150]

Der Islam war für Barth die zivilisierende Kraft in Afrika. Im Gegensatz zu vielen seiner Zeitgenossen in Europa sah er ihn nicht als feindliche Religion, die bekämpft werden musste. Vielmehr konnte er ihm viel abgewinnen, nicht zuletzt dem Alkoholverbot, das er positiv bewertete. Aus Barth sprachen durchaus die Wertmaßstäbe des bürgerlichen Europa seiner Zeit, wenn er feststellte, »die ersten Elemente einer Gesittung bestehen in anständiger Kleidung«,[151] was von der »Nacktheit« der »Heiden« vorteilhaft abstach. Das Erfolgsgeheimnis des Islam, der sich in Barths Zeit im ganzen Sahel ausbreitete und neben den Herrscherdynastien erstmals auch die breite Bevölkerung erfasste, lag seiner Ansicht nach im »nächsten Anschluß an die menschlich sinnlichen Bedürfnisse« sowie in der Einfachheit und leichten Verständlichkeit der Glaubensinhalte.[152]

Die Delegation aus Timbuktu

1852, während der Reise von Barth und Overweg, ging der Generalkonsul in Tripolis, George William Crowe, in den Ruhestand. An seine Stelle trat der britische Oberst George Frederick Herman, der die Expedition unterstützte, aber die diplomatischen Initiativen Barths unterlief. Herman war ein Rassist, wie seine Briefe klar belegen, in denen er sich durchweg abfällig über Afrikaner äußerte. Als der Sultan von Bornu einen Abgesandten über Tripolis nach London schicken wollte, hielt ihn Herman in Tripolis zurück und behauptete gegenüber seinen Vorgesetzten in London, es handle sich um einen Sklaven.[153] Bunsen, der dazu befragt wurde, wischte die Einwände vom Tisch, insbesondere reagierte er auf Hermans Betonung, der Abgesandte sei schwarz, verständnislos: »Er kann nicht anders als schwarz sein, denn schwarz ist die natürliche Farbe

aller Bornuesen.«[154] Im Foreign Office sah man dies anders, da Sklaven mit dem Betreten Großbritanniens automatisch frei wurden.[155]
Warum das ein Problem für eine Regierung sein sollte, die sich die
Abschaffung der Sklaverei auf die Fahnen geschrieben hatte, leuch-
tet nicht unmittelbar ein. Jedenfalls erhielt Herman grünes Licht,
den Abgesandten mit Geschenken versehen wieder nach Bornu
zurückzuschicken, wobei er das Argument von der Unverträglich-
keit des europäischen Klimas vorschob.[156] Der Vorgang wiederholte
sich einige Jahre später, als Barth bereits wieder in Europa war und
al-Bakkai die ihm in Aussicht gestellten diplomatischen Möglichkeiten nutzen wollte.

Im Juli 1857 unterrichtete der britische Konsul Herman Barth
von der bevorstehenden Ankunft einer Delegation aus Timbuktu
unter Führung des Neffen und Vertrauten al-Bakkais, Muhammad
Ben Khattar, von dem Barth schrieb, dass er ihn »seines hellen Ver-
standes und seines ritterlichen Charakters wegen sehr hoch
schätzte«.[157] Dieser sollte weiter nach London reisen, um dort
direkte Gespräche mit der britischen Regierung aufzunehmen.
Al-Bakkai wollte die Briten gegen die vordrängenden und erobern-
den Franzosen ausspielen.[158] Barth setzte große Hoffnungen in den
Besuch der Delegation, nicht zuletzt für den britischen Handel;
doch er sollte enttäuscht werden.

Die britische Regierung war mittlerweile zu einer Neubewer-
tung ihrer Interessen in der westlichen Sahara gekommen. Dazu
hatte Barth selbst entscheidend beigetragen, als er argumentierte, es
sei für die Briten viel einfacher, mit den Gebieten südlich der Sahara
in Handelsbeziehungen zu treten, wenn sie den Unterlauf des Niger
mit Dampfern erschließen und auf diese Weise ihre Waren bequem
direkt in die Gegend bringen könnten. Gleichzeitig würde ihre Präsenz die brasilianischen Sklavenhändler abschrecken, die den Niger
hinauffuhren, um dort ihre menschliche Ware einzukaufen.[159] Als
in London der Verdacht aufkam und Barth offenbar einem Vertreter
des Foreign Office bestätigte, al-Bakkai mehr oder weniger deutlich
die Hilfe Großbritanniens gegen eine französische Expansion versprochen zu haben, blies die Regierung erst recht zum Rückzug und
war nach anfänglicher Euphorie über den Besuch von Ben Khattar
nicht mehr bereit, ihn zu empfangen.[160] Bald darauf gaben die Briten ihre Interessen am Oberlauf des Niger auf und konzentrierten

sich auf die dichtbesiedelten Regionen an der Mündung, wo später die Royal African Company tätig wurde und schließlich die britische Kolonie Nigeria entstand. Barth schrieb verächtlich von der »kriechenden Haltung zu Frankreich«, der aber »Egoismus« zugrunde lag.[161] Da Großbritannien zum Zeitpunkt von Barths Reise sehr wohl imstande gewesen wäre, die französische Expansion in Westafrika aufzuhalten, sah sich Barth, der den ursprünglichen Instruktionen gefolgt war, hintergangen und desavouiert.[162]

Während die britische Regierung und namentlich der Außenminister diese Änderung der Politik vertrat, um Konflikten mit Frankreich aus dem Weg zu gehen, beging der britische Konsul in Tripolis Eigenmächtigkeiten, die dasselbe Ziel hatten, aber rassistisch motiviert waren. Am selben Tag, an dem Clarendon Barth seine Bereitschaft mitteilen ließ, die Delegation in England zu empfangen und sie offiziell unterzubringen,[163] berichtete Herman von einer angeblichen Hautkrankheit des Neffen al-Bakkais, die ansteckend sei und sich in einem kälteren Klima verschlimmern würde.[164] Er konnte Khattar schließlich zur Abreise bewegen und den Besuch in England erfolgreich verhindern. Seine wahren Beweggründe gab er später zu: »Wenn durch Bettelei alles zu ergattern wäre, was Tripolis enthält, hätten sie es bekommen. In diesen Leuten bedeckt eine sehr dünne Schicht von Muselmanismus ein tiefes Substrat des reinsten Barbarismus, am besten war ihr frommer Horror vor allen Waschungen, so dass die sie umgebende Atmosphäre ausgereicht hätte, ein Kamel zu ersticken.«[165]

Der Neffe al-Bakkais durchschaute das Intrigenspiel und äußerte sich gegenüber Duveyrier, der ihn im Dezember 1860 auf dem Rückweg nach Timbuktu in Ghadames traf: »Der englische Consul von Tripoli ist kein gerader Mann.« Duveyrier erfuhr, »dass Sidi Ahmed an Sie mehrere Briefe seit Ihrer Rückkehr gesandt hat, und dass dieselben in Tripoli angekommen sind[,] aber – wenigstens so sagt mir Sidi el Bekkay – sie seien dort vom Consul zurückgehalten. Auch ein Brief Sidi Ahmeds an 'Abd el Medjīd wäre vom Consul confiskirt.«[166] Gleichzeitig schickte Reade, der sich gerade in Dresden aufhielt, »streng vertraulich« einen Brief al-Bakkais an Barth weiter, »denn hinsichtlich der Mission von des Scheichs Neffen Mohamed Ben Chattar nach Tripolis sind Colonel Herman und ich nicht derselben Meinung. Meiner Ansicht nach hätte er nach Eng-

land geschickt werden sollen, wie es der gute Scheich wünschte und
nach all seiner Freundlichkeit Ihnen gegenüber bedauerte ich sehr,
dass er es nicht tat – wäre ich amtierender Generalkonsul, wäre er
[nach London] gegangen und zu seiner eigenen Zufriedenheit und
der des Scheich nach Timbuktu zurückgekehrt.«[167] Reade konnte
mit einem persönlichen Brief an al-Bakkai die Wogen etwas glätten,
trotzdem drückte dessen Schreiben »die tiefe Entrüstung des
Scheich« über die Behandlung aus, die seinem Neffen widerfahren
war. Er schrieb »in sehr ironischen Ausdrücken von seiner Illusion
in Bezug auf die englische Politik. Dabei erwähnt er meiner in den
freundschaftlichsten Ausdrücken und hofft, daß ich an der Vernach-
lässigung seiner Boten keine Schuld habe.«[168]

Hier kam nun der Untersekretär im Foreign Office, Edmond
Hammond, ins Spiel, für Barth »der verächtliche Untersekretär […]
den ich in der Seele hasse«.[169] Hammond wollte einen Besuch der
Delegation ebenfalls verhindern, ob mit oder ohne Wissen seines
Ministers John Russell, lässt sich nicht mehr feststellen. Hammond
schrieb einen Brief an Herman, in dem er von ihm forderte, even-
tuell vorliegende Briefe von al-Bakkai unverzüglich ans Foreign
Office zu senden.[170] Am selben Tag, also bevor eine Antwort Hermans vorliegen konnte, beschied er Barth, solche Briefe existierten
nicht.[171] Dies legt den Verdacht nahe, dass Hammond mit Herman
unter einer Decke steckte.

Herman richtete nämlich einen Privatbrief an Hammond, in dem
er seine rassistischen Motive offenlegte, warum er den Besuch einer
Delegation in London verhindern wollte: »Ihre Gewohnheiten und
Manieren waren ekelhaft und ihre Moral, soweit es um Ehrlichkeit
ging, auf einem sehr niedrigen Standard. Wären sie nach England
gereist, hätte man sie dort nicht für einer Königin vorzeigbar gehalten. Das Ziel dieser neuen Mission kann meiner Meinung nach in
dem Wort Backschisch [Geschenk] ausgedrückt werden.« Als al-
Bakkai einige Jahre danach eine neue Delegation schicken wollte,
bat Herman in London um Instruktionen.[172] Die kamen Mitte November und waren eindeutig. »Ich habe Ihnen mitzuteilen, dass Sie
am besten dem Scheich seine Absicht ausreden, und dafür sollen Sie
dieselben Argumente verwenden, die ihnen der Earl of Clarendon
1857 im Hinblick auf die damalige Mission hat mitteilen lassen, die
der Scheich damals durchführen wollte, nämlich: die Abwesenheit

des Hofs von London, die ernsthaften und schmerzlichen Unannehmlichkeiten, mit denen die Mission in dieser Jahreszeit konfrontiert wäre und die großen Beschwernisse, denen die Mission in einem Klima und bei Temperaturen ausgesetzt wäre, die sich so von denjenigen unterscheiden, an die sie gewöhnt sind.«[173] Die Gründe waren nicht sehr überzeugend und al-Bakkai verstand auch sofort, was die wirklichen Motive waren.

Nachdem ihm Reade den Brief zugänglich gemacht hatte, sah Barth sich veranlasst, mehrfach direkt an den britischen Außenminister, Lord John Russell, zu schreiben und ihn nach dem Verbleib der Briefe zu fragen.[174] Er eröffnete ihm, dass Richard Reade ihm einen Brief al-Bakkais zu lesen gab:»Dieser Brief des Scheikh beschwerte sich darüber, in welcher Weise die Engländer seine Angebote der Freundschaft missachteten und er schrieb ganz offen, dass er nicht mehr weiß, was er von ihnen denken soll.«[175] Daraufhin wiederholte Russell nur, im Foreign Office seien keine Briefe eingegangen.[176]

Zwischenzeitlich zeigte sich Barth erleichtert, als er vom Gouverneur des Senegal, Louis Faidherbe, der der Hauptmotor der französischen Expansion Richtung Osten war, einen im April 1861 abgeschickten Brief erhielt, in dem dieser eine Entspannung in den Beziehungen zur Familie al-Bakkais ankündigte und auf Empfehlung Barths ein von den Franzosen gefangen gehaltenes Mitglied der Familie freiließ.[177]

Ende 1861 wollte al-Bakkai trotz seiner schlechten Erfahrungen einen erneuten Versuch starten, einen seiner Vertrauten nach London zu senden, aber Reade war sich sicher,»alles ist nutzlos aus Gründen, die er und auch Sie kennen«.[178] Es ist nirgendwo überliefert, ob al-Bakkai tatsächlich noch einmal eine Delegation auf den Weg brachte, aber er wurde in den folgenden Jahren weiter in den Konflikt mit den Fulbe von Massina und nach 1862 mit al Hajj Omar Tall verwickelt. Nur wenige Monate vor seinem eigenen Tod erreichte Barth die Nachricht, dass Ahmed al-Bakkai verstorben war.[179]

Im Herbst 1858 war Barth froh, seine Sachen packen und seinen Londoner Haushalt auflösen zu können. Der Aufenthalt auf der Insel war zwar interessant, aber gleichzeitig oft unerfreulich gewesen. Zudem ärgerte er sich, weil London ein so teures Pflaster war, weshalb er das Honorar, das ihm die Regierung für den Reisebericht bewilligt hatte, während der drei Jahre ganz für seinen Unterhalt aufgebraucht hatte.

Jahre später, als er wieder in Berlin lebte, bilanzierte er in der Rückschau: »Die Engländer sind bei ihrer ungeheuren nationalen Tüchtigkeit gegen Ausländer ein so übermüthig stolzes Volk, daß sie Einem erst gerecht werden, wenn man sie vor den Kopf gestoßen hat.«[180] Er hatte dazu eine ganze Liste seiner Beschwerden an seinen guten Bekannten, den Geographen Francis Galton, geschickt,[181] der versuchte, seine Stimmung zu heben: »Denken Sie nicht, dass eine ganze Nation oder Regierung schlecht wäre, weil einige wenige ihrer Mitglieder nachlässig oder unfähig sind, zumal es sich um Untergebene handelt. Sie sind hier in England hoch angesehen und beliebt, ziehen Sie sich nicht von uns zurück. Ich meine nicht, dass Sie ihre Zukunft, wie Sie es früher getan haben, unserer unphilosophischen und risikoscheuen Administration anvertrauen sollen, aber ich wünschte, sie würden ihren Namen in der englischen Öffentlichkeit bekannt halten und den Rang eines philosophischen Geographen einnehmen, der in England unbesetzt ist.«[182] Trotz dieser besänftigenden Worte blieb Barths Verhältnis zu Großbritannien ein gespaltenes, er hegte einen Groll, weil ihn die britische Regierung in seinen diplomatischen, aus seiner Sicht höchst erfolgreichen Verhandlungen mit Bornu, Sokoto und dem Scheich al-Bakkai desavouiert und auch ein Stück weit blamiert hatte.

Der Abschied von England fiel ihm umso leichter, als er 1858 einen medizinischen Ehrendoktor der Universität Jena erhielt.[183]

Als Gelehrter in Berlin
1859-1865

Die Reise nach Kleinasien 1858

Nachdem Barth im Herbst 1858 seinen großen Reisebericht abgeschlossen hatte und bevor er sich Anfang 1859 in Berlin niederließ, unternahm er seine erste Reise nach der Rückkehr aus Afrika. Der Kontinent selbst kam wegen seiner angeschlagenen Gesundheit nicht mehr in Frage, doch Barth verfolgte wieder stärker sein altes Interesse am Mittelmeer und begab sich auf den Weg in Richtung Türkei. Er plante ursprünglich, über Wien nach Italien zu gehen, er »ziehe jedoch das Unbekannte vor, da ich die unteren Donauländer, die jetzt so großes Interesse in Anspruch nehmen, noch gar nicht besucht habe«.[1] Darum fuhr er von Wien mit dem Schiff nach Budapest, aber die schnelle Weiterreise nach Konstantinopel verzögerte sich, weil er sich zuerst das heutige Rumänien ansehen wollte. Die Fahrt auf der Donau war für ihn besonders interessant, weil der Fluss Vergleiche mit dem Niger anbot »in Beziehung seiner verschiedenen Abstufungen, seiner verschiedenen Schnelligkeit, seiner so höchst interessanten Verengung und wieder andrer Verhältnisse«. Er bedauerte sogar, die Donau nicht schon vor der Afrikareise gekannt zu haben, denn »manches wäre lebendiger und anschaulicher geworden und wäre durch Vergleichung schärfer in's Licht getreten«.[2] Schließlich hatte er in Afrika »ganz besondere Aufmerksamkeit und Theilnahme dem eisernen Thor der afrikanischen Donau geschenkt«, der Verengung des Niger bei Tossay.[3]

Von Giurgiu an der Donau, wo er das Schiff verließ, reiste er nach Bukarest. »Bukurescht hat ein recht freundliches Aeußere und ist in verschiedenen Beziehungen nicht ganz ohne Interesse, besonders in seiner eigenthümlichen Stellung als Mittelglied zwischen orientalischem und occidentalischem Leben.«[4] Der preußische Konsul, der sich um ihn kümmerte, überredete ihn zu einem Ausflug in die Karpathen nördlich der Stadt, wo sie mehrere Klöster besichtigten.

Andreas Mordtmann

Danach bestieg er das nächste Schiff Richtung Konstantinopel und traf sich mit Andreas Mordtmann, einem hanseatischen Diplomaten und Orientalisten, den er schon während seiner Mittelmeerreise kennengelernt hatte. Zunächst fuhren die beiden mit dem Schiff am 25. Oktober 1858 nach Trapezunt (heute Trabzon) im Osten Anatoliens an der Küste des Schwarzen Meeres.[5] »Unvergleichliches Wetter hat meine Fahrt bis jetzt begünstigt und die dreitägige Seefahrt längs der Küste von KleinAsien war nicht allein in vieler Hinsicht reich belehrend, sondern verschaffte auch eine lebendige Ansicht eines von der Natur reich gegliederten und besonders im griechischen Alterthum höchst bedeutenden und in Reichthum und Fülle aufblühenden Landstriches.«

Die Stadt selbst begeisterte ihn mit ihrer Mischung aus byzantinischer, osmanischer und antiker Architektur. So »hat sich die neue türkische Stadt in die alten Befestigungen hineingebaut und die beiden tiefen von schönem Baumwuchs belebten Felsspalten welche sich durch die Stadt herabziehen sind von schmalen Steinbrücken überspannt, von denen herab man des malerischsten Anblicks genießt«.[6] Barth und Mordtmann suchten die Stadt nach Inschriften ab, die sie kopierten.[7] Dann brachen sie auf und bewegten sich durch das Landesinnere allmählich in Richtung Westen. Sie besichtigten alte Gebäude und Kunstwerke, doch ist Barths Bericht für heutige Leser nicht zuletzt deswegen interessant, weil er das Zusammenleben von Türken und Armeniern schilderte und auf die verschiedenen Volksgruppen und ihr äußeres Erscheinungsbild einging. So stellte er fest, dass weder bei den Yürüks »noch bei ein Turkmannen […] es Frauen und Mädchen mit dem Verschleiern sehr genau« nähmen.[8]

Westlich der einst bedeutenden Stadt Kara-Hissar fanden sie in Enderess künstliche Bewässerung und intensive landwirtschaftliche

Trapezunt

Tätigkeit der armenischen Einwohner, »aber die Aufnahme im Orte entbehrte gleich von Anfang an jener herzerfreuenden Gastlichkeit, der man so oft in moslemischen Dörfern begegnet«.[9] In den Gegenden, die sie durchreisten, hatten sich Dialektformen des Türkischen in den Tälern erhalten, weil die Menschen kaum je ihre engere Heimat verließen.[10] »Recht gebirgig und wild war die Landschaft, durch die der größere Theil unserer Reise führte und um so lieblicher waren dann die in den reichen Thalbildungen sich ausbreitenden Pflanzungen.«[11]

Als sie sich Tokat näherten, konnte Barth stärkere Anzeichen von Gewerbe entdecken, weil der Fluss Iris zur Flößerei benutzt wurde, denn »nicht einmal zu so einfachen Zwecken sieht man sonst hier zu Lande die von der Natur gespendete Gabe der schönen Wasserwege benutzt«.[12] Die Gasthäuser oder Chane waren Barth zuwider, da sie oft schmutzig und voller Ungeziefer waren, und er gewöhnte sich auch für seine späteren Reisen an, lieber privat oder auf dem Land unterzukommen als in den Städten.[13] Am folgenden Tag lernten sie in Tokat den amerikanischen Missionar Henry van Lennep kennen, dessen Weltoffenheit Barth lobte, da er nicht »von der gewöhnlichen Strenge und Beschränktheit der Missionäre« beherrscht war.[14]

Die nächste größere Station, die Barth und Mordtmann durch eine verschneite Landschaft erreichten, war die Stadt Amasya, wo sie »zu grosser Überraschung« Felsengräber über der Stadt entdeckten, die sie in den folgenden Tagen eingehend untersuchten.[15] Barth beschrieb seinem Schwager die Stadt: »Amasia ist ein höchst eigenthümlich gelegener Ort in einem engen Thal mit hohen Felskämmen zu beiden Seiten und die Kuppen nach Norden sind mit höchst interessanten Grabkammern im unteren und mit überaus festen Kastellen auf der Höhe besetzt. Da sieht man die interessantesten Fortifikationsmethoden aus dem vorchristlichen Alterthum, drei bis in das Herz des Felsens gehende in den Fels gehauene Brunnengänge bis zu ei[ner] Tiefe von 300 Fuß.« Die beiden Deutschen wohnten bei einem Schweizer Seidenhändler, der sich hier niedergelassen hatte, da Amasia »von großer Wichtigkeit für den Seidenbau« war.[16]

Nach eingehender Besichtigung der Stadt waren die nächste Station Alaca und vor allem die westlich davon gelegene Siedlung Bogazkale, wo die beiden Reisenden die weitläufigen Ruinen der hethitischen Hauptstadt Hattusa eingehend erkundeten. »Gar manches neue und wichtige Motiv ward hier erforscht.«[17] Barth erkannte den archäologischen Stellenwert der Siedlung, die er in zwei wissenschaftlichen Aufsätzen beschrieb.[18] Von dort aus ging die Reise weiter in Richtung Süden ins Zentrum Anatoliens, nach Kayseri. Von dieser Stadt gewann Barth keinen guten Eindruck: »Wirklich erschien uns die ganze Stadt wie ein einziger Haufen Koth und Schmutz.«[19] Nur einigen seldschukischen Gebäuden konnte er etwas abgewinnen, zumal auch ihre Unterkunft unsauber war.

Dagegen erschien nicht nur Barth, sondern auch Mordtmann das etwas südwestlich gelegene Incesu »als die reinlichste Stadt, welche er im Türkischen Reiche gesehen hatte. Alle Häuser sind aus wohl behauenem Sandstein erbaut und viele derselben waren nicht allein niedlich, luftig und reinlich, sondern selbst stattlich zu nennen, ja gar manche hatten, was in dieser Gegend viel sagen will, keine Papier-, sondern Glasfenster.«[20] Barth fand dann heraus, dass sich in dieser reinen Wohnstadt griechische Kaufleute niedergelassen hatten, die aber nicht hier ihre Geschäfte betrieben, sondern in Konstantinopel.[21]

Von dort ging es weiter nach Ürgüp, »eine ganz wohlhabende, schön gebaute Stadt mit 1500 Häusern, von denen etwa 1000 von

Amasia und die Burg von Amasia

Moslemin, die übrigen 500 von Griechen bewohnt werden«.[22] Sie
erkundeten die Tuffsteine und Felshöhlen von Göreme, dann reisten sie weiter nach Kirsehir. Vorher hatten sie noch das Vergnügen,
»uns mit zwei gesetzten Matronen zu unterhalten, die aus Neu-
gierde da sie noch nie einen Europäer gesehen – herankamen, und
offenbar machten wir mit unseren Bärten einen guten Eindruck auf
sie; auch bewunderten sie meine hohen Wasserstiefel als eine recht
männliche, stattliche Bekleidung.«[23]

Nachdem sie Kirsehir erkundet hatten, zogen sie weiter nach
Angora, das heutige Ankara, damals noch eine Provinzstadt, die sie
am 7. Dezember 1858 erreichten. Die Stadt hatte nach Barths Einschätzung an Bedeutung verloren, aber er zeigte sich von den römischen Überresten sehr beeindruckt.[24] Nach zwei Tagen Aufenthalt
reisten sie weiter nach Westen bis ins heutige Seyitgazi, wo sie nach
Süden abbogen, um die phrygischen Königsgräber und andere Altertümer bei Kümbet zu besichtigen.[25] Schließlich eilten sie »im
Parforceritt durch Schneegestöber, eisige Kälte und Nebel«[26] nach
Norden über Eskisehir und Iznik zurück nach Konstantinopel.

Barth zog abschließend Bilanz: »Die ganze Reise hatte mich sehr
befriedigt, obgleich ich gewünscht hätte, Manches mit mehr Musse
untersuchen zu können. Jedenfalls hatte die auf meiner ersten, im
Jahre 1847 von Syrien bis Konstantinopel in den grössten Zickzack-
windungen ausgeführten Reise durch die südlichen und westlichen
Gestadelandschaften Klein-Asiens erworbene Ansicht dieser so
höchst interessanten, von Natur und Geschichte reich ausgestatteten Halbinsel einen ganz anderen Hintergrund gewonnen und fing
an sich zu einem Gesammtbilde zu vervollständigen.«[27]

Neuanfang in Berlin

Auf dem Rückweg von Konstantinopel machte Barth zuerst bei
Schwager und Schwester in Dresden halt und fuhr dann weiter
nach Berlin, wo er wie immer bei seinen kürzeren Besuchen im
Hotel de Russie in der Georgenstraße abstieg. Nach London kehrte
er nicht mehr zurück, sondern er ließ sich nun dauerhaft in Berlin
nieder. Nach kurzer Zeit fand er eine möblierte Wohnung in der
Schellingstraße Nr. 6 im dritten Stock, allerdings mit 25 Talern

Monatsmiete nicht ganz billig. Trotzdem vergrößerte er sich schon im April desselben Jahres, als er die ganze Etage übernahm.[28] Die Wohnung lag in der Nähe des Potsdamer Platzes und ein Stück südlich des Tiergartens. »Meine Wohnung ist, wie gesagt, recht freundlich. Leider ist mein sonst sehr niedliches Schlafzimmer etwas klein und dafür mein beßtes Zimmer so prächtig, daß ich es selten benutze. Auch bin ich mit meinen Wirthen ganz zufrieden. Eine gewisse notwendige Lokalität ist auch hier nicht sehr stattlich und beneide ich Euch darum. Mein Mittagsbrot muß ich in der Stadt nehmen und ist mir das eine gute Bewegung; bei gutem Wetter kann ich übrigens eben so leicht nach Charlottenburg gehen, wohin von hier ein sehr hübscher Weg führt ganz draußen um den Thiergarten hinum, wo die Abendbeleuchtung sich prächtig macht.«[29]

Am 6. Januar 1859 berichtete er dem Schwager: »Schon habe ich einen großen Theil meiner alten Bekanntschaften erneuert.«[30] Er lernte auch neue Leute kennen, oft bei Einladungen zu Freunden. Zunächst klagte Barth noch, dass er keinen eigenen Hausstand hatte und darum keine Einladungen aussprechen konnte. Doch später nahm er sich eine Haushälterin, »die Kagel«. Dadurch verbesserte sich die Situation, denn bald lud Barth zu sich nach Hause ein und wurde so Teil eines Netzwerks von Intellektuellen, die sich an der Universität, der Akademie und in beider Umfeld tummelten. Seinem Schwager gegenüber zeigte er sich zufrieden mit seinen neuen Lebensumständen: »Ich freue mich, daß mir Berlin jetzt besser gefällt, als früher. Theilweise trägt dazu die ungleich freundlichere Gegend bei, wo ich wohne, andererseits ist mir der Umgang mit so vielen ausgezeichneten Männern der Wissenschaft nach so langer Entbehrung umso angenehmer und schätzenswerther und läßt mich über vieles Andere hinwegsehn.«[31] Er fand »einige angenehme Familiencirkel«, wozu der Mikrobiologe Christian Ehrenberg und sein alter Freund Leopold von Winter gehörten.

Im Jahr 1859 verlor er drei »meiner beßten und einflußreichsten« Freunde.[32] Am 6. Mai starb Alexander von Humboldt im 90. Lebensjahr. Noch drei Monate vor seinem Tod hatte er Barth besuchen wollen, musste aber angesichts der drei Treppen aufgeben und bat Barth brieflich darum, stattdessen zu ihm zu kommen: »Ich bin tief beschämt, theurer Reise-College, daß die Furcht vor Ihren für

mich jetzt unersteiglichen drei Treppen in der Philosophen Straße
mich so lange gehindert hat den zu besuchen den wir das Glück
haben möchten, ganz den unsrigen zu nennen und der uns einen
Welttheil aufgeschlossen hat.«[33] Im Juli 1859 starb ein weiterer
Förderer, Carl Friedrich Dieterici, Schwiegervater von Barths Freund
Leopold von Winter und einflussreicher Professor an der Berliner
Universität. Einige Monate später, am 28. September, schloss auch
Carl Ritter seine Augen für immer. »Möge der Allmächtige meine
Gesundheit stärken und meine geistige Kraft erhöhen, um wenigstens zum kleinen Theil den gefeierten Verstorbenen ersetzen zu
können. Besonders die geographische Gesellschaft verliert Unendliches an Ritter.«[34] Mit diesen drei Wissenschaftlern starben Barths
wichtigste Förderer und Fürsprecher in der Universität wie in der
Akademie der Wissenschaften. Damit war er trotz seiner Freundschaften aus dem Patronagenetzwerk der Berliner Gelehrten weitgehend ausgeschlossen, woraus sich in der Folgezeit Schwierigkeiten für ihn ergaben, als er eine institutionelle Einbindung erreichen
wollte.

Seine Bemühungen, sich über den Weg der üblichen Lehrer-
Schüler-Patronage im akademischen Leben Berlins mit einer bezahlten Stelle zu etablieren, hatten nicht funktioniert, so wenig wie
seine Versuche, sich über eine Heirat stärker mit diesem Milieu zu
verbinden. Doch sein Ruhm als Forschungsreisender, sein beeindru-
ckender Reisebericht und die Leichtigkeit, mit der er Kontakte
schloss, halfen ihm. Viele seiner Freunde verehrten ihn nicht nur als
den großen Afrikaforscher, sondern schätzten ihn auch als Mensch.

Nach dem Tod Ritters wurde der Physiker Heinrich Wilhelm
Dove dessen Nachfolger als Vorsitzender der Gesellschaft für
Erdkunde und Barth zum Stellvertreter gewählt. Ein neuer Bekannter war der Arzt Robert Avé-Lallemant (1812-1884) aus Lübeck, der
sich dort intellektuell etwas vereinsamt fühlte und froh war, bei
einem Besuch in Berlin von Barth zu einer Sitzung der Gesellschaft
für Erdkunde eingeladen zu werden. Er hatte seit 1836 fast 20 Jahre
in Brasilien verbracht und dort maßgeblich zur Verbesserung des
Gesundheitssystems beigetragen, außerdem hatte er zahlreiche
Forschungsreisen unternommen. So begeistert er von der Berliner
Gesellschaft für Erdkunde war, galt seine Bewunderung vor allem
Barth selbst: »Glauben Sie es mir, Herr Doctor, ich habe trotz aller

Höflichkeit, die bei unserm Zusammentreffen und Zusammen-
mensein herrschte, garnicht ab-
lassen können, Sie mit einem
heiligen Ernst und mit wirkli-
cher Andacht zu betrachten. Ich
brauche es Ihnen ja nicht zu
wiederholen, was Ihnen die
ganze Welt sagt, daß Sie einer
der merkwürdigsten Männer
unseres und aller Jahrhunderte
sind, ein Eroberer eines Welt-
theils, dem nur wenige einzelne
Helden, wie Columbus, Gama,
Cook zur Seite gestellt werden
dürfen.«[35] Der Naturforscher
Robert Hartmann rief Barth bei

Christian Ehrenberg

dessen Abreise in die Kur 1865 nach: »Beim Scheiden sage ich Ihnen
meinen herzlichsten Dank für die außerordentlich große Güte und
Freundlichkeit, welche Sie mir während der Zeit unserer, mir so
sehr werthen, Bekanntschaft erwiesen und bitte Sie, mir Ihre Ge-
neigtheit auch ferner zu erhalten.«[36]

Barth wurde Mitglied der Gesetzlosen Gesellschaft zu Berlin,
deren Mitglieder sich zu freier Debatte zusammenfanden. Auch
wenn der Name sich anhört, als handle es sich um eine kriminelle
Vereinigung oder einen Bund von Anarchisten, rührte er nur daher,
dass die Gesellschaft auf Statuten verzichtete. In Wirklichkeit war
es sogar ein ausgesprochen elitärer Verein, in dem alles, was in der
intellektuellen Elite Berlins Rang und Namen hatte, Mitglied war.

Barth war mit etlichen Naturwissenschaftlern bekannt und traf
sich mit ihnen entweder zu gemeinsamen Spaziergängen wie mit
dem Botaniker Hermann Karsten[37] oder zu Abendeinladungen. Er
nahm am geselligen Leben teil, besuchte häufig Freunde und beteiligte sich an Ausflügen, z.B. an einer gemeinsamen Tagesreise
mit dem Botaniker Karl Heinrich Koch, mit Christian Ehrenberg,
dem Chemiker Carl Rammelsberg, dem Geologen Gustav Rose und
dessen Bruder Heinrich sowie mit seinem guten Bekannten Ludwig
Schmarda, der zwei Jahre später an die Universität Wien wechsel-

te.[38] Schmarda freute sich über die 1863 verliehene Ehrenmitgliedschaft in der Gesellschaft für Erdkunde vor allem, weil sie ihm
zeigte, »daß ich noch im Gedenken eines Mannes existire den ich
um seiner großen Verdienste willen sehr verehre und um seiner
übrigen vortrefflichen Eigenschaften willen sehr liebe«.[39] Barth
stellte auch eine Verbindung Schmardas zum Perthes-Verlag her.[40]

Das Bild, das Barths Schwager Schubert in seiner Biographie von
ihm zeichnete, als schroff und abweisend, lässt sich nach Lektüre
des Barthschen Briefwechsels kaum aufrechterhalten. So schrieb
der Naturforscher Robert Hartmann, er sei Barth dankbar »für die
vielfache *Anregung*, welche mir Ihr so lieber Umgang schon gewährt hat und noch gewähren wird«.[41] Und sein Bankier Alexander
Mendelssohn reagierte auf eine Einladung: »Ihre 3 Treppen schre-
cken mich nicht; zu Ihnen käme ich, und wohnten Sie auf der Platt-
form des Strasburger Münsters!«[42] Der Ägyptologe Heinrich
Brugsch freute ich, als Barth, mittlerweile Vorsitzender der Gesellschaft für Erdkunde, ihm eine Einladung zu deren Jubiläumsfeier
sandte, weil dies »mir die langgewünschte Gelegenheit giebt dem
ausgezeichnetsten Manne deutscher Nation meine aufrichtigen
Huldigungen von Neuem persönlich auszudrücken«.[43] Die Prinzessin von Preußen, Augusta, die Frau des späteren Königs Wilhelm I.,
lud ihn zum Tee ein, »wo es einfach und nett zuging«.[44] Sie hatte
Jahre zuvor, damals noch in Koblenz lebend, Bunsen bedrängt, sie
mit Barth bekannt zu machen.[45] Solches Interesse blieb nicht auf
Berlin beschränkt, Carl Alexander, Großherzog von Sachsen-Weimar und wohl der liberalste aller deutschen Fürsten im 19. Jahrhundert, sprach eine Einladung nach Weimar aus[46] und bekundete auch
später sein dauerhaftes Interesse an geographischen Forschungen
wie an Barth persönlich.[47]

Um diese Zeit lernte Barth die Witwe des Mineralogen Christian
Samuel Weiss, Luise, kennen, mit der er sich anfreundete und die
ihn wiederum mit dem jungen Mediziner und Biologen Ernst
Haeckel bekannt machte, der zu der Zeit noch am Anfang seiner
Karriere stand.[48] Haeckel wurde später der wichtigste und einflussreichste Vorkämpfer des Darwinismus in Deutschland – und des
Rassismus, was zur Zeit seiner Freundschaft mit Barth noch nicht
absehbar war. Luise Weiss »war äußerst regen Geistes, voll Interesse
für die Wissenschaft, das lebende Nachschlagebuch für alle Vor-

kommnisse an der Universität«, wie sich Schubert erinnerte. Sie wandte »ihre mütterliche Liebe in immer steigendem Maße unserm Heinrich zu«.[49] Diesem wurde es manchmal etwas zu bemutternd, und er sprach Ernst Haeckel gegenüber von »unserer gemeinsamen guten biederen, höchst emsigen und streitsüchtigen Freundinn«.[50] Sein letztes Neujahrsfest 1865 beging Barth gemeinsam mit Schwester Henriette »mit einem recht gemüthlichen, geselligen Mittagstisch im befreundeten Kreise, wo der alte und junge Häkel, die Weiss und Beyrich's sich befanden«.[51] Letzterer war ein Paläontologe, der mit dem verstorbenen Ehemann von Luise Weiss befreundet gewesen war und dessen Nichte, die Jugendschriftstellerin Clementine Helm, geheiratet hatte.

Durch solche Netzwerke weitete er seinen Bekanntenkreis weiter aus, zumal viele Berliner Bürger den berühmten Forschungsreisenden kennen lernen wollten. Als Barths guter Bekannter aus Weimar, der Hofrat Adolf Schöll (1805-1882), Berlin besuchte, wohnte er bei dem renommierten Kunstmaler Eduard Magnus, der prompt seine Chance nutzte und Barth zu sich nach Hause einlud, um ihn kennenzulernen und gleichzeitig ein Wiedersehen mit Schöll zu ermöglichen.[52]

Der breiten Spanne von Barths Interessen und Forschungsthemen entsprach die große Zahl seiner Korrespondenten in anderen Städten und Ländern. Seine linguistischen Arbeiten stießen, als die »Vokabularien« veröffentlicht waren, auf großes Interesse. Der katholische Missionar Anton Kaufmann in Brixen, der die Sprachen des Obernilgebiets erforscht hatte, war an Barths Arbeiten generell sehr interessiert.[53] Ernest Renan, der französische Sprachwissenschaftler, zeigte sich beeindruckt von Barths linguistischen Analysen, wie auch der prominente Geograph Victor Malte-Brun.[54] Mit dem bedeutenden Arabisten Heinrich Leberecht Fleischer in Leipzig verband ihn eine wechselseitige Wertschätzung.[55] Von dem auf die Phönizier spezialisierten Althistoriker Franz Movers ließ er sich dessen Expertenmeinung zu seinen Nordafrikaforschungen mitteilen.

Für seinen Reisegefährten aus Konstantinopel, Andreas Mordtmann, stellte Barth die Verbindung zu Theodor Mommsen her, für den er einige bezahlte Aufträge ausführen konnte, was dem zeitweise stellungslosen Mordtmann in seiner schwierigen Lage half.[56]

Victor Malte-Brun   *Heinrich Leberecht Fleischer*

Barth selbst erhielt Anfragen für Gutachten, etwa vom Bibliographischen Institut Hildburghausen, wo man einen neuen Atlas bewertet sehen wollte, offenbar mit dem Hintergedanken, Barths Einschätzung zur Werbung zu nutzen.[57]

Auch die gezielte Überreichung seiner Publikationen diente der Pflege wissenschaftlicher Kontakte. Barth beauftragte seinen Verleger, Exemplare seines Reiseberichts an Freunde zu schicken sowie an wissenschaftliche Gesellschaften, wie die Geographische Gesellschaft in Wien, wo man sich überschwenglich dafür bedankte.[58] Als die französische Übersetzung herauskam, bedachte Barth einflussreiche Geographen wie Alfred Jacobs in Frankreich mit Exemplaren.[59] Eigens gedruckte Prachtausgaben seines Reiseberichts gingen an gekrönte Häupter wie den König von Württemberg und Friedrich Wilhelm IV. von Preußen, dem die deutsche Ausgabe gewidmet war. Über Mordtmann ließ er dem Osmanischen Sultan ein Exemplar überreichen.[60]

Dagegen blieb er sparsam mit Zusagen für Vorträge über seine Reise, obwohl »sich mein Vortrag so verbessert hat, daß alle Leute ihn vortrefflich finden; das war früher ein Hauptnachtheil bei mir. Ich muß suchen, diese Eigenschaft noch mehr auszubilden, was allerdings nur durch häufigere Gelegenheit geschehen kann und um

Zeit zu sparen ist es stets mein Grundsatz, mich etwas zurück zu halten.«[61] Sorgfältig pflegte er seine politischen Verbindungen, insbesondere zum jeweils amtierenden Kultusminister, indem er ihn über seine neuesten Veröffentlichungen unterrichtete und damit seine Forschungsaktivitäten dokumentierte, immer in der Hoffnung, eine Professur an der Universität zu erhalten.[62] Zu dem Afrikareisenden Wilhelm von Schlieffen hatte er herzliche Beziehungen und besuchte ihn 1861 auf seinem Gut in Mecklenburg.[63] Barth konnte ihn und seine Mutter als Spender für die Ritter-Stiftung gewinnen.[64]

Wissenschaftliche Aktivitäten

In der Berliner Zeit trafen die ersten Reaktionen auf den Reisebericht ein. Joseph Wolff, ein vom Judentum konvertierter christlicher Missionar, der in Nordafrika, dem Nahen Osten, Indien und Amerika gereist und seit 1845 Vikar in Somersetshire war, versicherte ihm, »daß ich meiner lieben Frau Lady Georgiana Wolff jedes Wort ihrer fünf Bände über Timbuktu mit lauter Stimme vorlas; und meine Frau wie ich selbst wurden vom Inhalt erfreut und belehrt.«[65] Der österreichische Geograph Franz Foetterle fand es »ein Prachtwerk in jeder Beziehung […]; es ist eine Schöpfung großartig in ihrer Durchführung, auf dessen Schöpfer so wie auf das Geschaffene jeder Deutsche mit Stolz blickt.«[66] Der Hamburger Kaufmann Theodor Dill, ein Förderer Barths, bedauerte, dass viele seiner Mitbürger dessen Verdienste nicht recht zu würdigen wussten, fügte aber hinzu: »Natürlich ist die Zahl der dankbar Anerkennenden auch nicht so ganz klein und ich freue mich[,] daß ich derselben angehöre.«[67]

Auch liefen Angebote ein, den Reisebericht ins Französische zu übersetzen. Der Verleger Louis Hachette zeigte großes Interesse und wandte sich direkt an Perthes, dem er mitteilte, der Gothaer Verlag hätte keine Rechte mehr, weshalb »jeder andere Verleger früher oder später eine Uebersetzung bringen kann«.[68] Gleichwohl wollte er nur eine autorisierte Ausgabe publizieren, doch verlangte Barth 2500 Francs, während der Franzose ihm nur 1000 bezahlen wollte.[69] Der Vertrag kam deshalb nicht zustande und eine franzö-

sische Übersetzung erschien schließlich 1860 beim Brüsseler Verlag
A. Lacroix, Fr. van Meenen u. Co.[70] Sie fällt qualitativ deutlich
hinter die von Barth selbst verfassten englischen und deutschen
Ausgaben zurück und wurde schon von Zeitgenossen als mangel-
haft kritisiert. Wichtige Aussagen wurden gekürzt und vieles ist
fehlerhaft, wie genauere Untersuchungen feststellten. Dieser Umstand hat Barths Rezeption und sein Bild in der französischen Geographie nachhaltig beeinträchtigt.[71]

Schon bald erschienen weitere Übersetzungen: 1858 ins Nieder-
ländische und ein Jahr später eine dänische. Von der englischen
Fassung gab es verschiedene Ausgaben, da in New York 1857-1859
eine dreibändige auf den Markt kam. Weil der Text vielen Lesern zu
schwere Kost war, schlug Perthes Barth vor, zusätzlich eine gekürzte
zweibändige deutsche Ausgabe zu veröffentlichen.[72] Barth überließ
die Entscheidung dem Verlag, der schließlich den Philologen und
Journalisten Karl Lorentzen (1817-1888) – damals als Lehrer in
Gotha tätig – damit beauftragte. Barth zeigte sich mit dem Ergebnis
zufrieden,[73] obwohl er den Text streckenweise »schrecklich trocken«
fand[74] und zu Kürzungen riet, »um Einförmigkeit zu vermeiden«.[75]
Perthes versprach sich von der gekürzten Ausgabe einen Verkaufserfolg und wollte mit einer Erstauflage von 8000 Exemplaren starten.[76]

Während Barth sich wieder in die Berliner Gesellschaft einlebte,
begann er gleichzeitig mit einer neuen Arbeit. Er wollte einige seiner Forschungsergebnisse aus Kleinasien der Berliner Gesellschaft
für Erdkunde und ihrer »Zeitschrift für allgemeine Erdkunde« zukommen lassen, versicherte aber, er »behalte […] entschieden den
Gesammtbericht« dem Perthes-Verlag vor.[77] Mit Petermann wurde
er schnell handelseinig, den Bericht seiner Reise nach Kleinasien als
ersten Band einer neuen Reihe von Sonderheften zu dessen »Mitteilungen« herauszubringen. Sein Bericht war zu umfangreich, um
ihn in die Zeitschrift selbst aufzunehmen, und konnte zudem bebil-
dert und mit ausklappbaren Karten versehen werden.[78] Kurz darauf
saß Barth schon an der Ausarbeitung, um das Buch bald publizieren
zu können.[79] Die Arbeit daran begeisterte ihn, da er mittlerweile die
Vermessungstechniken besser beherrschte: »Es ist wirklich eine Art
Weltschöpfung im Kleinen, wenn man aus selbst genommenen
Winkeln so ein Land mit Berg und Thal zu Papier bringen kann. Es

ist meine liebste Beschäftigung.«[80] Außerdem verschaffte ihm die Reise »lebendige Gelegenheit, mich an meinem eigenen Faden in diesen Theil der Mittelmeerländer, die ich früher fast ganz vernachlässigt, hineinzuarbeiten.« Dabei stand er in engem Austausch mit dem schlesischen Kartographen Friedrich Handtke, der ihm vor der Reise seine eigene Türkeikarte geschickt hatte.

Barth war stolz auf seine Leistung, plastische Formen, denen er sein Hauptaugenmerk widmete, darstellen zu können: »In vielen Fällen habe ich wirkliche Triangulationen die auf ein Haar auskommen und mir großen Spaß machen.«[81] Aber ähnlich wie beim Afrikabericht kamen bald seine Klagen, Petermann brauche mit den Karten so lange, weshalb der Inhalt des Buches veralte.[82] Schließlich drohte er sogar damit, nichts mehr für »Petermanns Mitteilungen« schreiben zu wollen.[83] Tatsächlich erhielt er die Karte im November, und der Reisebericht konnte erst im Juli 1860 erscheinen.[84]

Ab 1859 begann er mit der Arbeit an seinen afrikanischen Vokabularien, die er bis Jahresende abzuschließen hoffte. Sie sollten ihn in Wirklichkeit bis an sein Lebensende beschäftigen, da die Arbeit zeitaufwendiger war als gedacht. Immerhin verglich er darin die Grammatiken von neun afrikanischen Sprachen.[85] So hatte er zunächst die Hoffnung, den ersten Band Anfang 1860 herauszubringen, doch verzögerte sich dies um zwei Jahre.[86] Letztlich erschienen der dritte Band posthum im Jahr 1866.[87] Barth strich durch die Struktur der Arbeit bewusst seine linguistischen Fähigkeiten heraus, denn »ich habe es mit einer gewissen Malice so philologisch wie möglich gehalten. Man soll doch sehen, daß ich obgleich Afrikanischer Reisender doch auch geübter Philolog bin.«[88]

Barth konnte mit August Friedrich Pott, einem der renommiertesten Sprachwissenschaftler Deutschlands, der an der Universität Halle lehrte und sich schon seit längerem mit afrikanischen Sprachen beschäftigte, einen ausgewiesenen Experten für die Überprüfung seines linguistischen Werkes gewinnen. Pott war als großer Bewunderer Barths bereit, die Druckfahnen seiner Bücher kritisch zu lesen. Es habe »ganz meinen Beifall, daß Sie selbst, unbeirrt durch fremde Einflüsse, das gewonnene Material dem Publikum vorlegen wollen. Findet sich hinterher daß die Sprachforschung das Eine oder Andere anders stellen möchte: was schadet's?«[89] Bei der weiteren Lektüre konnte er nicht umhin, Barth zu bescheinigen, dass er »mit größter Gewissenhaftigkeit verfahren« sei. Allerdings warnte er ihn, sich nicht zu stark am Ägypten-Werk Bunsens zu orientieren, denn man dürfe sich »mit nichten zu so mancherlei hastigen Schlüssen verleiten lassen, deren sich Bunsen (zum großen Schaden der Wissenschaft) nur zu oft in seinen linguistischen Studien hat schuldig gemacht«.[90] Linguistische Besonderheiten seien nicht immer Hinweise auf Verwandtschaften zwischen Sprachen. Vielmehr mahnte Pott ihn: »Bauen Sie nicht zu rasche Schlüsse oder gar ethnogr[aphische] Systeme auf dergleichen Findlinge.«[91]

Als er das gedruckte Werk erhielt, war Pott voll des Lobes: »Ich kann Ihnen nicht genug mein bewunderndes Staunen zu erkennen geben, wie es möglich gewesen, daß unter den mühseligsten Sorgen und Gefahren einer Reise, die nicht so glatt abgehen kann wie auf einer Eisenbahn (und wäre es die, welche wir vor Jahren zusammen von Wien auf den Semmering machten) ein einziger, wenn auch willenskräftiger und eisenfester, doch immer nur ein Mann neben hunderterlei anderen Beschäftigungen noch so viel Ausdauer besessen habe, um für das ernsthafte Studium von 9 und mehr als 9 früher so gut wie unbekannten Sprachen noch genügend Zeit und Lust zu finden.«[92]

Barths Leistungen auf dem Feld der Sprachwissenschaft wurden schnell bekannt, denn Richard Gosche, Theologe und Orientalist an der Universität Halle, lud ihn Anfang 1865 ein, eine »alphabetisch-linguistische Conferenz« zu besuchen, an der neben Pott, dem Indologen Hermann Brockhaus und dem Sinologen Hans von der Gabelentz aus Leipzig sowie August Schleicher, dem Erforscher der »indogermanischen« Sprachen an der Universität Jena, auch Richard Lepsius teilnehmen sollte, mit dem Barth sich aber heftig zerstritten hatte. Es ist leider nicht überliefert, ob Barth der Einladung folgte, doch legte sich Gosche sehr ins Zeug, um ihn dafür zu gewinnen, indem er ihm schmeichelte, »dass ohne Sie der Conferenz ein wesentlicher Schmuck fehlen würde«.[93]

Aus Finnland kontaktierte ihn der Linguist David Europaeus, der ihn um afrikanische Zahlwörter bat, zu denen er vergleichend forschte.[94] Barth verschickte Autorenexemplare seiner Vokabularien an Sprachwissenschaftler, wie den in Algerien stationierten Offizier Adolphe Hanoteau, mit dem er schon länger im Austausch stand.[95] Sein Freund Duveyrier staunte »über die Masse des Materials in den Vokabularien und über die scharfsinnige Behandlung desselben«.[96] Noch hundert Jahre später wurden seine methodische Umsicht gelobt ebenso wie seine Zurückhaltung vor zu raschen Schlussfolgerungen. Seine veröffentlichten »Vokabularien« wurden als »eine der besten Pionierarbeiten auf dem afrikanischen Sektor der Linguistik« bewertet.[97]

Auch vom berühmten französischen Sprachwissenschaftler Ernest Renan, den Barth zum Ehrenmitglied der Gesellschaft für Erdkunde ernannte, erhielt er viel Lob für seine Vokabularien: »Ihr Werk, mein Herr, ist ein wahrer Lichtstrahl auf die interessanten Fragen der afrikanischen Ethnographie.«[98] Die Ehrungen dauerten an, denn 1863 lud ihn die Geographische Gesellschaft in Paris zu ihrem jährlichen Festbankett ein,[99] an dem er aber wegen anderweitiger Verpflichtungen nicht teilnehmen konnte.

1864 trat die Hakluyt Society an ihn heran mit der Anfrage, ob er »La descrittione dell'Africa« von al-Hasan ben Muhammad al-Wazzan al-Fasi (ca. 1490–ca. 1540), bekannt als Leo Africanus, herausgeben wollte. Die 1847 auf Cooleys Initiative gegründete Gesellschaft hatte es sich zum Ziel gesetzt, alte, bislang unpublizierte Reiseberichte in Buchform zu veröffentlichen, und dazu den Namen Richard Hakluyts gewählt, der in der späten elisabethanischen Zeit Ende des 16. Jahrhunderts als erster dergleichen Texte publiziert hatte. Die Anfrage an Barth hatte Roderick Murchison vermittelt, Präsident sowohl der Hakluyt als auch der Royal Geographical Society und Barths alter Bekannter aus Londoner Tagen.[100] Barth nahm das Angebot gern an, doch bevor er mit der Arbeit beginnen konnte, verstarb er.

Schon 1859 unterbreitete er Perthes seinen Plan, »eine systematische Beschreibung von ganz Afrika in zwei Bänden auszuarbeiten. Diese Arbeit wird aber Zeit kosten und keinesfalls vor 1862 fertigwerden. Bis dahin werden dann wol noch einige Hauptfragen gelöst werden. Ein solches Werk wird mir einen interessanten Strebepunkt geben und mittlerweile werde ich noch einige Teile Afrikas, die ich nicht berührt, wenigstens in kurzem Besuche aus eigener Anschauung kennen lernen, wie vielleicht Abyssinien.«[101] Er schloss also eine weitere Reise nach Afrika mittlerweile nicht mehr aus, doch kam es dazu ebenso wenig wie zu dem geplanten zweibändigen Werk, denn Barth wurde in den folgenden Jahren mit intensiver

Organisationstätigkeit zur Ausrüstung und Aussendung von Reisenden nach Afrika in Beschlag genommen.

Familienangelegenheiten

Barth reiste 1859 durch Mecklenburg; der Hauptgrund für diese Tour war die Familie des jüngeren Bruders Ludwig, weil er selbst sehen wollte, wie sich dessen Lebensumstände entwickelt hatten. Tatsächlich hatte sich die schwierige Lage entspannt. In jungen Jahren hatte Ludwig sich durch Leichtsinn hoch verschuldet, was ihn aber nicht davon abgehalten hatte, sich zu verheiraten. Darum hatte er einige Zeit bei seinem Schwiegervater gelebt, doch als seine Mutter ihm 26 Taler monatlich gab, konnte er »selbst wieder auf eigene Hand seinen kleinen, wenn auch sehr beschränkten Hausstand« führen. Ludwig hatte in den zwei Jahren in der Abhängigkeit von seinem Schwiegervater einiges dazugelernt und sich weiterentwickelt. »Etwas Bedeutendes wird er natürlich nie leisten, und er wird ewig meinen, daß wir es sind[,] die ihm Unrecht gethan haben.«[102]

Seine Schwester Mathilde gebar am 12. Dezember 1859 ihren zweiten Sohn Hans Georg Wilhelm. Schubert kommentierte die frohe Botschaft: »Es waren schwere 12 Stunden, aber die Geburt ist das Heldenthum der Frau u. Tildchen hat Eurem Namen durch Standhaftigkeit u. Energie Ehre gemacht u. das Kind ohne ärztliche Hülfe selbst zur Welt gebracht.«[103]

Mittlerweile war Barths Mutter durch einen 1860 erlittenen Schlaganfall zum Pflegefall geworden, »doch hat sie die Lebenslust noch nicht verloren«.[104] Die ältere Schwester Henriette musste sich nun ständig um die Mutter kümmern, die Ende 1862 verstarb, während Barth auf Reisen war.[105] Er konnte zu seinem Bedauern nicht an der Beerdigung teilnehmen. Im April 1863 wurde das Barthsche Haus in der Hamburger Deichstraße für etwas mehr als 35.000 Reichstaler verkauft. Die ältere Schwester Henriette blieb alleine in Hamburg wohnen, obwohl Schwester und Schwager sie gern bei sich in Dresden gehalten hätten. Aber sie wollte nicht, wie Gustav etwas resigniert an Barth schrieb: »Mir thut es wahrhaft leid um sie, denn sicher fühlt sie tief, daß ihr auf immer ein ihrem Herzen zusagender Wirkungskreis entrissen ist. Auf der anderen Seite ist sie aber zu sehr eingefleischte Hamburgerin[,] als daß sie sich außerhalb ihrer Vaterstadt auf die Länge der Zeit wohlbefinden sollte.«[106] Wenn Henriette ihren Bruder Heinrich in Berlin besuchte, führte er sie in die Museen und ins Theater, weil er wusste, wieviel ihr das bedeutete. Ihre intellektuellen Interessen hatte sie nie entwickeln dürfen, und ihr Dasein war schon als die pflegende Tochter ihrer schwer kranken Mutter nicht angenehm gewesen, wurde jetzt aber einsam. Deshalb dürfte sie ihr Leben vermutlich weniger idyllisierend beschrieben haben als ihr Bruder Heinrich: »Welch schönes Leben jetzt für das liebe Jettchen, so als liebe, liebende und geliebte Tante von den einen ihrer Neffen und Nichten so alljährlich zu den anderen zu reisen und den Fortschritt der kleinen Geschöpfe zu beachten, Vergleiche anzustellen, kleine Fehler zu verbessern und wieder zu loben.«[107]

Barth und die Frauen

In der Berliner Zeit trug sich Barth immer wieder mit dem Gedanken an eine Heirat. Über sein Verhältnis zu Frauen finden sich im Reisebericht zahlreiche Hinweise. Er war keineswegs unempfänglich für weibliche Reize, unabhängig von der Hautfarbe. Das lässt sich an seiner Beschreibung zweier junger Fulbe-Mädchen in Adamaua sehen. In Mbutudi kamen wie immer alle möglichen Besucher, doch diesmal auch junge Frauen, die Barth schon zuvor interessiert beobachtet hatten. Sie blieben länger als alle anderen und wollten gar nicht mehr fort. Ein Mädchen von ungefähr 15 Jahren machte ihm einen Heiratsantrag, »aber ich tröstete sie mit der Erklärung, dass ich glücklich sein würde, ihr Anerbieten anzunehmen, wenn es meine Absicht wäre, im Lande zu bleiben«.[108]

In Agadez wurde er öfters von jungen Frauen besucht, deren »leichte Sitten« er zwar monierte, aber nicht wirklich abstoßend fand. Sie gingen ihm etwas zu weit, denn es war Vorsicht geboten: »Ich war zu sehr überzeugt von der Nothwendigkeit, in der ein Europäer sich befindet, der unangetastet und angesehn diese Länder durchwandern will, sich mit äusserster Vorsicht und Zurückhaltung in Bezug auf das weibliche Geschlecht zu benehmen, als dass diese ausgelassenen, keineswegs abstossenden Personen mich hätten wankend machen können.«[109]

In Baghirmi fand er sich »angenehm überrascht durch die wohlgefälligen Formen des weiblichen Geschlechtes, ihr anmuthiges Wesen und ihren gutstehenden Kopfputz«.[110] In der Hauptstadt Massena wurde Barth wie so oft als Arzt konsultiert:

>»Aber bisweilen waren auch die Kranken recht interessant, besonders die Frauen, und es machte mir eines Morgens nicht wenig Vergnügen, als eine schöne, wohlgewachsene junge Dame in Begleitung eines Dieners des Statthalters sich einfand und mich dringend bat, ihre Mutter zu besuchen, die unpässlich sei. In der Meinung, dass ihr Haus nicht weit entfernt sei, folgte ich ihr zu Fuss, hatte aber die ganze Stadt zu durchwandern, da sie in der Nähe des nach A'bū-Gher führenden Thores wohnte, und es verursachte meinen Freunden einige Unterhaltung, mich mit dieser jungen Dame durch die Strassen schreiten zu sehn. In Zukunft aber pflegte ich, wenn ich meine Patientin besuchen wollte, mein Pferd zu besteigen, und die Tochter des Hauses war stets höchlich vergnügt, so oft ich kam [...]. Sie war eine recht hübsche Person und würde als solche selbst in Europa angesehen worden sein, mit der einzigen Ausnahme ihrer Haut, deren glänzendes Schwarz ich damals ganz wohlgefällig fand, ja zu weiblicher Schönheit fast wesentlich.«[111]

Der letzte Satz klingt fast wie eine Entschuldigung gegenüber seinen Lesern, die eine schwarze Frau möglicherweise nicht schön finden könnten.

Westlich von Sinder auf der Reise nach Sokoto kam Barth an einen Brunnen, wo ein junger Stier eingesetzt wurde, um den Schöpfeimer hochzuziehen. »Der junge Stier wurde von einem hübschen Amoscharh-Mädchen geführt, dem ich als Belohnung für die Mühe ein Geschenk mit einem Kastenspiegel machte, worauf sie denn nicht verfehlte, mir mit einem leichten Knix und einem sehr anmuthigen »agaischeka – »ich danke Dir« – zu danken.«[112] Barth hatte es sich zur Gewohnheit gemacht, der schönsten Frau in jeder Stadt einen Spiegel zu schenken, was manchmal zu Streit und beleidigten Mienen führte.[113]

Als er auf dem Weg nach Timbuktu ein Tuareg-Lager besuchte, wollten alle Anwesenden von ihm gesegnet werden. »Ich entdeckte bei dieser Gelegenheit unter den Letzteren einige hübsche junge Frauen, besonders eine, die mit ihrem Kinde eine allerliebste Gruppe bildete, indem die Schüchternheit, mit der sie sich mir nahte, nicht wenig zur Erhöhung ihrer Schönheit beitrug.«[114]

Auf dem Rückweg von Timbuktu wurde Barth von Tuareg begleitet und immer wieder aufgesucht, u.a. auch von einer jungen Frau: »Die Schönste[,] die ich unter ihnen kennen gelernt, heißt Nahšăru und ist die Tochter eines vornehmen Kelissukr; obgleich ziemlich weit von uns entfernt, als wir mehre[re] Tage bei Tinsherifen gelagert waren, kam sie auf ihrem Esel mehre[re] Mal mit ihren Verwandtinnen mich zu besuchen und stellte sich sogar am Morgen unseres Aufbruchs ein, um von mir Abschied zu nehmen, wo sie dann mit dem Targi-Lebewohl bism Illah Abd el Kerim von mir Abschied nahm.«[115] Aus dem Reisebericht geht hervor, dass die Anziehung offenbar gegenseitig war, denn Barth hält mit seiner Bewunderung nicht hinter dem Berg: »Dies war eine der schönsten Frauen, die ich hier zu Lande zu Gesicht bekommen, und ihr zierlicher Anzug trug nicht wenig dazu bei, ihre Schönheit noch zu erhöhen; denn über ihrem Untergewand trug sie ein Obergewand von abwechselnd rothen und schwarzen Seidenstreifen, das sie gelegentlich zur Erhöhung ihres guten Aussehens über den Kopf zog. Ihre Züge waren ausgezeichnet durch sanften Ausdruck und Regelmässigkeit, aber sie war etwas zur Beleibtheit geneigt, die jedoch von den Tuáreg gerade sehr geschätzt wird. Da sie sah, dass sie mir gefiel, schlug sie mir halb im Scherze vor, dass ich sie heirathen möchte, und ich erklärte mich bereit, sie mit zu nehmen, wenn eines meiner etwas geschwächten Kameele im Stande sein sollte, sie mit ihrer Last zu tragen.«[116] In diesem Fall vertröstete Barth sie nicht wie das Fulbe-Mädchen in Adamaua einige Jahre zuvor. Dagegen ignorierte er eine Gruppe von Songhai-Frauen, die aus Neugier abends zu seinem Lager gekommen waren, weil unter ihnen »nicht eine einzige anziehende Persönlichkeit« war, d.h. sie waren ihm nicht hübsch genug.[117]

Barth wollte sich nach seiner Rückkehr verheiraten, hatte diese Absicht auch gegenüber Bunsen geäußert, der sie begrüßte. Weil er sich aber nur zu bald in der Arbeit vergrub, ergaben sich kaum

Gelegenheiten, obwohl ihm seine Berühmtheit sicher genutzt hätte. Ein Versuch, um die Hand der Tochter eines englischen Bekannten anzuhalten,[118] verlief ähnlich wie seinerzeit bei Boeckhs Tochter, wobei Barth nicht viel dazu gelernt hatte, wie man dergleichen anbahnt. Geschickter verhielt er sich später in Gotha, wo er Clara Becker kennenlernte, der er mehrfach über Petermann Grüße ausrichten ließ.[119] Vermutlich handelte es sich um Clara Luise Marie Becker, die am 1. Oktober 1834 in Gotha als Tochter des Verlegers und Politikers Friedrich Gottlieb Becker (1792-1865) geboren wurde. Diesmal war es ihm durchaus ernst, denn im Mai 1859 bekannte er: »Ich habe mit großem Vergnügen hier Fräulein Becker wieder gesehen. Fast glaube ich, ich könnte mit ihr leidlich glücklich leben. Ich bin nun halb und halb hier angesiedelt und, obwohl ich Unabhängigkeit über Alles schätze, muß ich mich doch wol nachgerade nach einer Frau umsehen, da man einmal menschliche Bedürfnisse geistigen und ungeistigen Zusammenleben's hat. Machten Europäische Frauen weniger Ansprüche und schlügen ihre Männer weniger in Fesseln, so hätte ich mich wol schon lange verehelicht.«[120] Der letzte Grund war ausschlaggebend, warum er von einer Verheiratung Abstand nahm, wobei nicht überliefert ist, aus welchem Grund seine Beziehung zu Clara Becker nicht weiter gedieh. Er blieb aber hin und hergerissen: »Wollte, ich wäre schon verheirathet und hätte ein liebes anspruchsloses Weibchen, gewiß würde das mich glücklich machen, da ich doch nun einmal mich etwas zu den Weibern hingezogen fühle. Natürlich hat mein unstätes Leben und mein zu starker Unabhängigkeitssinn bei eifrigem Bemühen, etwas Tüchtiges zu leisten die Wahl erschwert, so oft ich schon auf dem Sprunge war, aber eine unglückliche Wahl könnte auch mein ganzes Leben mit Einem Male verbittern.«[121]

Mit seinem 39. Geburtstag nahm er von einer reinen Zweckehe Abstand: »Jedenfalls aber werde ich nicht heirathen, blos um zu heirathen, sondern nur, wenn entschiedenster Herzensdrang mich zu einem Wesen hinzieht. Darüber also wird erst die Zukunft entscheiden. Diesen Augenblick ist mein Herz völlig frei, wenn ich auch mit warmer Theilnahme an einige weibliche Wesen zurückdenke, mit denen ich in zeitweilige Berührung gekommen bin und zu denen ich mich augenblicklich stark hingezogen fühlte.«[122] Dazu gehörten zweifelsohne Nahsăru und Clara Becker. Aber Barth ließ die Gelegenheiten verstreichen; wenn er wirklich wollte, packte er es falsch an, jedenfalls war er bis zum Ende seines Lebens kein überzeugter Junggeselle.

Die Akademie der Wissenschaften

1860 versuchte Barth, in die Königlich Preußische Akademie der Wissenschaften als Vollmitglied aufgenommen zu werden. Korrespondierendes Mitglied war er seit 1855, aber mit der Vollmitgliedschaft waren neben einer Statuserhöhung mehr Rechte verknüpft. Die Akademie war 1744 von Friedrich II. gegründet worden, sie war im 18. Jahrhundert eine Hochburg der Aufklärung, als Voltaire einige Zeit in Berlin lebte. Damit war sie deutlich älter als die Universität, ihr anzugehören, erhöhte das Prestige jedes Gelehrten.

Am 7. Januar 1860 richteten drei Mitglieder der Königlich Preußischen Akademie der Wissenschaften einen Antrag an diese Institution: »Die Unterzeichneten erlauben sich, Herrn Doctor philos. Heinrich Barth als Mitglied der K Akademie vorzuschlagen. Seine Verdienste um die Geographie von Afrika, so wie um die Geschichte der von ihm durchreisten Länder sind so allgemein anerkannt, daß es nicht nöthig scheint, dieselben hier noch besonders hervorzuheben.« Die drei Unterzeichner waren der Historiker Leopold von Ranke, der Orientalist Heinrich Petermann und der Altphilologe Gustav Parthey.[123] Barth kannte Ranke schon lange, als Student hatte er seine Vorlesungen besucht, ihn später in England getroffen, in Berlin einen Vortrag Rankes über Wallenstein gehört.[124]

Leider kam der Aufnahmeantrag für Barth zu einer ungünstigen Zeit, denn es waren nur zwei Sitze bei acht Kandidaten vakant. Die am 9. Januar 1860 anwesenden Mitglieder diskutierten ausgiebig die Meriten der Kandidaten, jedoch ohne Ergebnis, und vertagten die Entscheidung auf die folgende Sitzung. Am 6. Februar teilte Leopold von Ranke der Akademie mit, er ziehe angesichts des Missverhältnisses von Kandidaturen und Vakanzen seinen Vorschlag »mit Vorbehalt künftiger Requestiation, für dießmal« zurück.[125] Wegen der höheren Seniorität anderer Kandidaten war der Antrag aussichtslos. Zudem war Barth der jüngste Aspirant, weshalb in seinem Fall der Verlust weniger groß war, wenn er noch einmal

Carl Richard Lepsius

antreten musste. In der folgenden Sitzung kam es zur Abstimmung, bei der sogar Barths Doktorvater August Boeckh gegen ihn votierte. Damit war die Aussicht dahin, als Mitglied der Akademie dem Staat einen Vorwand zu geben, ihm auf Dauer ein Gehalt zu zahlen.

Barth war wegen einiger Bemerkungen einzelner Akademiemitglieder, die ihm zugetragen wurden, zutiefst beleidigt. Sein Zorn richtete sich in erster Linie gegen seinen alten Freund und Unterstützer, den Ägyptologen Richard Lepsius. Lepsius war während der Afrikareise der wichtigste Adressat seiner Briefe gewesen, beide verband ihr linguistisches Interesse und bis dahin war ihr Verhältnis immer sehr gut gewesen. Lepsius wies den Vorwurf Barths zurück, er habe gegen ihn intrigiert, und berief sich auf den Kartographen Kiepert und den langjährigen Sekretär der Akademie, den Philosophen Friedrich Adolf Trendelenburg, als seine Zeugen. Er selbst sei für Barth tätig gewesen und bei der Abstimmung in der Minorität geblieben.[126] Auf das Gesprächsangebot Lepsius' ging Barth nicht ein, sondern reagierte in seiner Antwort so undiplomatisch, wie es überhaupt möglich war. Barth warf Lepsius vor, während der Akademiewahl und während seiner gesamten wissenschaftlichen Karriere gegen ihn gearbeitet zu haben.[127] Er betonte, er hätte sich mehrfach vergewissert, ob die Nachrichten über Lepsius' Umtriebe wirklich stimmten, bevor er seine Vorwürfe nun erhob. Die Gegenzeugen, die Lepsius angeführt hatte, ließ er nicht gelten, »da eben sie vornehmlich sich als Vertreter jener nichtigen Kabale erwiesen haben, in der höhnisch-beleidigenden Weise, mich als ›Kaufmann‹ zu bezeichnen«.[128] Das war der neuralgische Punkt und erklärt Barths überzogene Reaktion. Denn ihn als Kaufmann zu bezeichnen, hieß, seine akademische Leistung und den damit verbundenen sozialen Aufstieg verächtlich zu machen. Vielmehr blieb er auf die soziale Position, die sein Vater erreicht hatte, festgenagelt, und er wurde als Wissenschaftler nicht ernst genommen. Das war für ihn schlimmer als die Abstimmungsniederlage selbst.

Lepsius verhielt sich in der Situation entschieden souveräner, denn er hielt die Tür offen: »Sollten Sie jedoch später aus Ihrer augenscheinlich sehr tiefen Verstimmung heraus zur Angabe klarer Thatsachen zu gelangen vermögen, so bin ich auch dann noch erbötig[,] die weitere Verfolgung und Erledigung derselben wieder aufzunehmen.«[129] Soweit feststellbar, kam es zu keiner Versöhnung der beiden.

Bemühungen um eine Professur 1863

Vor der Reise hatte die preußische Regierung Barth vollmundig versprochen, dass er nach seiner Rückkehr eine Professur an der Berliner Universität erhalten sollte. Ursprünglich hatte er dieses Angebot direkt 1855 annehmen wollen, doch Bunsen redete ihm das aus, da er als preußischer Professor angesichts der ohnehin gegen ihn laufenden Intrigen sein Ansehen eher vermindern würde.[130] Barth hegte deswegen einen Groll gegen »den mit Anderer Leute Leben und Eigenthum so großmüthigen Freiherrn von Bunsen«, der seine finanziellen Verhältnisse verpfuscht hätte,[131] und schimpfte über »die bei aller sonstigen göttlichen Erhabenheit dieses Herrn eingefleischte Verlogenheit desselben«.[132]

Wegen der Arbeit am Reisebericht und des dreijährigen Aufenthalts in London hatte man in Berlin keine Anstalten getroffen, das Versprechen einzulösen.[133] Gleichwohl hatte König Friedrich Wilhelm IV. dem Reisenden eine finanzielle Unterstützung für die Ausarbeitung des Reiseberichtes gewährt. Barth hoffte, dass sie nach seiner Ansiedlung in Berlin in eine lebenslängliche Pension von 1000 britischen Pfund verstetigt würde.

Als Wilhelm, der Bruder des Königs, wegen dessen Erkrankung die Regentschaft und nach dessen Tod 1861 selbst die Krone übernahm und eine neue Regierung eingesetzt wurde, ergriff Barth die Gelegenheit, Wilhelm I. sein Reisewerk zu übersenden und ihn an das Interesse zu erinnern, mit dem er seine Reise und Erlebnisse verfolgt hatte. Der Wissenschaftler versicherte, weiterhin dem preußischen Staat dienen zu wollen, und suggerierte, um dies tun zu können, wünsche er sich als korrespondierendes Mitglied der Akademie der Wissenschaften mit der Aussicht, bald Vollmitglied zu werden, ein Jahresgehalt von 2000 Talern.[134] Statt der 2000 erhielt er als Zwischenlösung für drei Jahre ein Gehalt von 1500 Talern, womit ihm die Möglichkeit eröffnet werden sollte, die angekündigte Geographie Afrikas zu verfassen.[135] Während der Kultusminister von Bethmann-Hollweg (1858-1862) für eine Sonderstellung Barths eintrat, die ihm ohne Anbindung an die Universität das freie Forschen ermöglicht hätte, bestand der Finanzminister darauf, dass Barth über den Universitätshaushalt mit einer festen Stelle bezahlt werden sollte. Eine solche gab es aber nicht, da Heinrich Kiepert nach Ritters Tod zum außerordentlichen Professur ernannt wurde, während Ritters Ordinariat kassiert wurde.[136]

Der 1862 ins Amt gekommene Kultusminister von Mühler bemühte sich, Barth nun ein Ordinariat für Geographie an der Universität zu verschaffen und zu diesem Zweck die vakante Stelle Ritters zu reaktivieren. Die Fakultät der Universität bildete daraufhin erneut eine Kommission, die aber eine Berufung Barths ablehnte.[137]

1863 veränderte sich die Lage zu seinen Gunsten, da er mittlerweile sehr gute Aussichten hatte, einen Ruf an die Universität Jena, also von Preußen gesehen im Ausland, zu erhalten. Am 5. Januar 1863 wandte Barth sich direkt an den Kultusminister: »So lange habe ich in Geduld gewartet, daß die mir schriftlich gegebenen Versprechungen sich erfüllen möchten. Nun aber kann ich nicht länger warten und bereite einen Artikel für die Zeitungen vor, um mir eine feste Stellung anderswo zu erbitten und ich hege die feste Zuversicht, daß man anderswo meine Leistungen zu schätzen weiß, die man hier auf alle erdenkliche Weise zurückgestellt hat.« Er könne seine gegenwärtige unsichere Stellung »nicht länger ertragen und bitte dringend, ohne längeren Verzug ihr auf die eine oder andere Weise ein Ende zu machen«.[138] Die drohende Blamage, einen so angesehenen Mann ins Ausland abwandern zu lassen, zeigte Wirkung. Minister von Mühler grub den älteren Vorschlag wieder aus, Barth nochmals für zwei Jahre eine direkte Bezahlung zu gewähren, um ihm damit freie Forschung und die Abfassung seiner Geographie Afrikas zu ermöglichen, aber ohne Anstellung an der Universität.[139]

Solange keine Antwort der preußischen Regierung vorlag, hielt Barth sich die Möglichkeit offen, nach Jena zu gehen. Sein wichtigster Kontakt war der ihm mittlerweile gut bekannte Ernst Haeckel, der dort seit 1861 Professor war.[140] Haeckel war hocherfreut über die Aussicht, Barth bald zum Kollegen zu bekommen. Trotz dieses Eigeninteresses nannte er ihm ganz offen die Nachteile Jenas, nämlich die schlechte Bezahlung, die für Barths Fach kaum vorhandenen Bibliotheksbestände, um dann in den höchsten Tönen die Vorteile herauszustreichen, nämlich Freiheit, viel Zeit, eine schöne Umgebung, keine Intrigen und Cliquen an der Universität und das preiswerte Leben. Sogar eine Wohnung konnte er ihm in Aussicht stellen. Allerdings drängte er ihn, bald tätig zu werden, da die bürokratischen Mühlen sich in Jena besonders langsam drehten. Die Universität gehörte nämlich den vier sächsischen Herzogtümern gemeinsam, weshalb für jede Personalentscheidung die Zustimmung aller vier Regierungen eingeholt werden musste.[141]

Weil Barth den Herzog von Sachsen-Coburg und Gotha über die Heuglin-Expedition gut kannte und der Großherzog von Sachsen-Weimar, der über den größten Einfluss verfügte, ihn schätzte, war er frohgemut, dass sich in Jena etwas erreichen ließe. Er schmiedete schon Pläne, fragte Haeckel nach genaueren Angaben zu der Wohnung, ob seine Möbel wohl hineinpassten. Auch wollte er seine Haushälterin mitbringen, aber die Wohnung dürfe »um Himmels Willen nicht in enger Gasse« liegen, denn er brauche »frische, ausgezeichnete Luft« und wollte deswegen »lieber, viel lieber ganz draußen« wohnen.[142] Haeckel hielt Barths Beziehung zum Großherzog für entscheidend, da das Hauptproblem an der Universität Jena die Geldknappheit und damit das geringe Gehalt für den »ordentlichen Honorar-Professor« war, zu dem Barth ernannt werden sollte. Obwohl Haeckels Hoffnungen gesunken waren, »eine wissenschaftliche Zierde ersten Ranges, wie Sie, für unsere kleine, im Ganzen doch etwas obscure Universität zu erobern«, bemühte er sich weiter.[143]

Erst als die Verhandlungen schon fortgeschritten waren, weihte Barth seinen Schwager Gustav Schubert ein: »Ich stehe nämlich auf dem Punkte, vielleicht schon zu Ostern, Berlin mit Jena zu vertauschen und so aus dem Stockpreußenthum, das meinen Sinn ganz abstumpft und das frische Leben in mir zu ersticken droht, nach dem zerstückelten, aber doch frei aufathmenden Mittel-Deutschland überzusiedeln.«[144] Trotzdem war erkennbar, dass er sich in seinem ausführlichen Brief Jena schön redete. Schubert reagierte überrascht und zweifelte, ob Jena die richtige Wirkungsstätte für Barth sei. Er riet ihm, in Berlin zu bleiben und die Aussicht auf Jena zu benutzen, um dort etwas in Bewegung zu setzen.

Tatsächlich war Berlin für Barth die interessantere Option. Im April 1863 konnte Barth dann erleichtert mitteilen: »der Minister hat mir bestimmt versprochen, meine Angelegenheit fest zu ordnen und mir eine (außerordentliche) Professur zu geben.«[145] Von Mühler entschloss sich, Barth direkt zum außerordentlichen Professor zu ernennen, ohne die Fakultät nochmals damit zu befassen. Da der Etat der Universität zu einer Ausstattung der Professur mit einem Gehalt nicht ausreichte, blieb es bei dem Arrangement, dass Barth seine 1500 Taler weiterhin direkt aus der Staatskasse und zusätzlich eine eigentlich unbesoldete Professur erhielt.[146] Auch der für die Universitäten zuständige Vortragende Rat Justus Olshausen, der selbst Gelehrter, nämlich Orientalist, und fünfmal Rektor der Universität Kiel gewesen war, setzte sich mit großem Nachdruck dafür ein, Barth eine dauerhafte finanzielle Sicherung zu verschaffen. Das lehnte aber der Finanzminister ab, der auch zuvor immer auf der Bremse gestanden hatte. Abermals wurde eine provisorische Regelung für zwei Jahre getroffen. Sie trat nicht mehr in Kraft, weil Barth Ende November 1865 überraschend verstarb.

Während die preußischen Kultusminister sich um eine Festanstellung für Barth bemühten, scheiterten sie entweder am Finanzminister oder an einer konservativen starken Fraktion in der Philosophischen Fakultät der Universität. Es waren teilweise dieselben Personen, die auch Barths Aufnahme in die Akademie der Wissenschaften als deren ordentliches Mitglied verhinderten. Die kastenmäßige Abschließung der »wahren« Gelehrten gegen einen Außenseiter wurde im Memorandum der Universität vom 22. Dezember 1862 in den schlecht formulierten Satz gefasst: »Aber ein andres ist ein kühner, ausdauernder Reisender, ein andres ein Universitätslehrer und Gelehrter.«[147]

Am 9. Juni 1863 berichtete Barth seinem Schwager, dass er seine Ernennung zum Professor erhalten und bereits seine ersten Lehrveranstaltungen, nämlich allgemeine Erdkunde und Geschichte der Geographischen Entdeckungen, für das Wintersemester angekündigt hatte.[148] Im Gegensatz zu seinen Anfängen als akademischer Lehrer im Jahr 1848 war Barth diesmal mit der Resonanz zufrieden, seine öffentliche Vorlesung zog 50 Zuhörer an, zu seinem Privatkolleg kamen sechs.[149]

Obwohl seine Anträge an Lord Russell, von der britischen Regierung weiter Zahlungen und eine Pension zu erhalten, erfolglos geblieben waren, versuchte er es zwei Jahre später erneut und wieder ohne Erfolg.[150] Trotzdem hielt Barth große Stücke auf die führenden britischen Politiker, mit denen er zu tun gehabt hatte. Als Palmerston 1865 starb, beurteilte er seinen Tod als bedeutenden Verlust für England, hoffte aber, die britische Politik gegenüber Deutschland würde sich bald ändern, ohne dass er sagen konnte, wem unter den britischen Politikern er einen solchen Kurswechsel zutraute.[151]

Barths politische Ansichten

Barth war generell an Politik interessiert, er diskutierte brieflich mit seinem Offiziers-Schwager Schubert über den amerikanischen Bürgerkrieg und kommentierte intensiv die europäische Politik. Sein Freund Leopold von Winter, der in der preußischen Verwaltung arbeitete, verschaffte ihm mehrfach Zugang zur Besuchergalerie des Preußischen Landtags.[152] Barth unterhielt freundschaftliche Beziehungen zu einigen Politikern, wie Karl von Vincke-Olbendorf (1800-1869), dem er mit Empfehlungsbriefen behilflich sein konnte, als der rechtsliberale Politiker und Vertraute Wilhelms I. nach London reiste.[153] Er empfand es als »eine wahre Freude«, sich mit Vincke »über diese politischen Verhältnisse« auszutauschen.[154]

Als Bürger einer Stadtrepublik hatte Barth keine großen Sympathien für den Erbadel. Ein sozialer Aufsteiger wie Barth war stolz auf seine eigenen Leistungen und hatte wenig Respekt für Menschen, die nur durch ihre Geburt in hohe Ämter gekommen waren. Obwohl er immer die äußeren Formen und die entsprechenden

Devotionsformeln in seiner Korrespondenz mit Fürsten beachtete, hielt sich seine Hochachtung für den Herzog von Sachsen-Gotha in Grenzen. Bei seinem ersten Besuch auf dessen Schloss in Gotha hatte er nichts zu essen bekommen, und er kritisierte die ganze Haltung des Herzogs in der Heuglin-Angelegenheit. Als der Herzog selbst eine Reise nach Ägypten und ins heutige Eritrea unternahm, hielt er sie für sinn- und nutzlos; er befand, der Herzog hätte besser die verschwendeten Gelder Heuglins ersetzt. Aus dem Brief Robert Kretschmers, der den Herzog begleitete, ging hervor, wie wenig Freiheiten der Maler erhielt, der wie ein höfischer Diener behandelt wurde. Barth strich sich die Stelle dick an und lobte Kretschmer in einer Rezension des Berichtes über die herzogliche Reise ausdrücklich, wobei er gleichzeitig dessen abhängige Stellung hervorhob.[155]

Seine vielleicht nicht anti-aristokratische, aber gewiss nicht pro-aristokratische Haltung färbte auch seine Beschreibungen afrikanischer Höfe, etwa als er den Statthalter des Sultans von Sokoto in Kano aufsuchte: »Hunderte von trägen und anmassenden Höflingen, Freien und Sklaven, wohlgenährt von der Arbeit der Armen und gekleidet in weite, unkriegerische Gewänder, trieben sich hier umher oder hockten in zahlreichen Gruppen zusammen, ihre reiche Musse mit fadem Geschwätz oder albernen Spässen verbringend.«[156] Über die Armee von Bornu äußerte er sich ebenfalls verächtlich: »Diese verweichlichten Höflinge sind keine Freunde übergrosser Anstrengung.«[157] In einer Philippika gegen Petermann ließ er sich von seinem Zorn weitertreiben und zog gegen das vom Leder, was für ihn von keiner Leistung gedeckt und daher bloße Anmaßung war: »Oder meinen Sie, daß ich mich wundere, daß der Herr v. d. Decken noch nicht Größeres erreicht hat; ist er doch bei allem seinem noblen Streben und seiner ungeheuren Mittel noch ein Neuling auf so gefahrvollem Felde der Selbstverleugnung, vielleicht etwas zu stolz und zu herrisch, zu wenig Menschenkenner und fähig, sich Kleines bieten zu lassen, um Großes zu erreichen – kurz er ist erst Anfänger.«[158]

Barth war ein überzeugter Anhänger der deutschen Einigungsbewegung, aber er hegte Zweifel, ob Preußen sie herbeiführen würde. Sie beeinflussten seine Bewertung der preußischen Politik. Beim Ausbruch des Sardinischen Krieges im Mai 1859 schrieb er dem Schwager: »Deutschland ist ein altes abgestandenes Ding dem Ausland gegenüber, Preußen in Deutschland ist frisch, lebenskräftig und erweiterungsfähig. Nur fragt es sich, wie weit die Preußen sich als Deutsche fühlen und da ist die Antwort darauf hier in Berlin wenigstens nicht eben erfreulich, aber so ist es keineswegs überall.«[159] Nur wenige Wochen darauf meinte er abschätzig über die »Ultra-Preußen«, sie seien Leute »die nicht über die Kanten ihrer Schuhe hinüberzusehn im Stande sind«.[160] Dem Reiseschriftsteller Alexander Ziegler bekannte er: »Der hohle Hochmuth einer gewissen Klasse von Berlinern, die kaum sich je klar gemacht haben, wo Deutschland liegt und wie es sich zu Preußen verhält, haben Berlin in vielen Theilen Deutschland's so verhaßt gemacht, daß man von ihm nichts wissen will.«[161] Kurz vor dem Ausbruch des Krieges gegen Dänemark um den Besitz von Schleswig-Holstein betrachtete Barth das Verhalten Preußens als Verrat an der deutschen Sache und vermengte seine eigenen Erfahrungen mit nationalen Bestrebungen:

»Bin ich nicht […] als Geborener eines Kleinstaates, obgleich in Berlin angesiedelt und unter Preußens Schutz und Aegide der Expedition beigefügt, in dem schändlichsten Verrath in London ohne Schutz, ohne Vertretung geopfert worden? und bin ich dann nicht hier noch höhnisch behandelt worden? aber leider nicht allein von den Stockpreußen, nein von da viel weniger, als von den gebackenen Heringspreußen, und den nationaldeutschen Schwätzern, die wunder glauben, einen wie vorurteilsfreien Standpunkt sie einnehmen. Meine Brust möchte auch mir zerspringen, wie jedem wahren Vaterlandsfreund.«[162]

Besorgt äußerte er sich über das Vordringen italienischer Interessen in Südtirol. Da kam sein eigener Nationalismus ins Spiel, aber er fügte hinzu: »Du weist, ich bin ein Freund der Italiänischen Bewegung, weil sie Vermodertes und Verwesetes bei Seite schafft und Neues und Lebensvolleres an dessen Stelle setzt, aber eben indem wir ihnen das ihnen wirklich Gehörige gönnen, wenn sie sich dessen würdig zeigen, wollen wir auch das Unsrige uns wahren.«[163]
Überraschenderweise hegte Barth im Amerikanischen Bürgerkrieg Sympathien für die Südstaaten, aber nicht für deren Politik,

schon gar nicht für die Sklavenhaltung, vielmehr galt seine Bewunderung der Tapferkeit und den strategischen Fähigkeiten ihrer Generäle. »Obgleich ich entschiedenst Gegner der Sklaverei bin, nehme ich doch ein lebhaftes Interesse für sie, vielleicht, weil sie die größere Energie bewiesen haben und die entschieden schwächere Partei sind. Ihre Bewegungen sind im Ganzen unzweifelhaft mit mehr Präcision geleitet.«[164] Er bewunderte einzelne Generäle, die er für besonders kluge Strategen hielt, wie Stonewall Jackson oder Robert Lee: »ein ganzer General«.[165] Darum rechnete er angesichts des wenig offensiven Vorgehens der Unionstruppen in der ersten Phase des Bürgerkriegs nicht mit einem Sieg des Nordens, sondern mit einem Verständigungsfrieden.[166] Die Politiker der Nordstaaten hielt er für vulgär, nannte sie »die hohlen Großmäuler«. »Leute, die den armen Negern keineswegs wolwollen und eine so scheußliche vulgäre Sprache führen selbst bei den gewichtigsten Lagen und in das Blaue hineinschwazen, wie Elstern, sind mir zuwider.« Hinsichtlich der Sklaverei gab er sich überzeugt, sie werde »wol keinesfalls bestehen bleiben«, »sondern wird wol in eine Art von Leibeigenschaft übergehen und so am Ende d[er] Zustand d[er] Neger erleichtert werden«.[167] Hinsichtlich des Rassismus in den Nordstaaten machte er sich keinerlei Illusionen, wo befreite Sklaven mit »Geringschätzung und Zurücksetzung« behandelt würden. Darum hatte er »für die sogenannten Befreier« wenig Sympathie.[168]

Schließlich erdrückte die Militärmaschine des Nordens mit ihren industriellen Ressourcen die Südstaaten: »Jetzt allerdings wird die Conföderation in ihrer früheren Stellung sich nicht mehr lange halten können. Das ist ja mit Bezug auf die unausbleibliche Abschaffung der Sklaverei ein wahres Glück, daß dieser Schandflecken unserer Zeit ausgelöscht wird.«[169] Zur Person von Lincoln äußerte er sich nicht, aber sein Hamburger Freund Schleiden stellte in Reaktion auf einen nicht erhaltenen Brief Barths befriedigt fest, »daß wir auch in politischer Hinsicht so gut zusammenstimmen«, um dann ein Loblied auf den kürzlich ermordeten Lincoln anzustimmen, der ausersehen war, »der politischen Freiheit und der Rechtsgleichheit aller Menschen zu einem glänzenden, nie wieder zu vernichtenden Siege zu verhelfen«.[170]

Es fällt schwer, Barth den politischen Strömungen seiner Zeit zuzuordnen. Er war deutscher Nationalist, aber kein Chauvinist, die deutsche Einigung sehnte er herbei, selbst seine Carl-Ritter-Stiftung betrachtete er als ein Instrument, sie zu fördern. Weil er sich nie dezidiert im Sinn einer bestimmten Partei oder Richtung äußerte, kann man ihn mit aller gebotenen Vorsicht aufgrund des Eindrucks, den seine über viele Briefe verstreuten politischen Äußerungen hinterlassen, dem nationalliberalen Lager zurechnen. In einem Nachruf war allerdings von »freisinnigen«, also eher linksliberalen Ansichten die Rede.[171] Ob er viel für die Demokratie übrig hatte, lässt sich nicht klären, aber es sieht nicht danach aus, als wäre sie ihm ein besonders erstrebenswertes Ziel gewesen.

Barth als Wissenschaftsorganisator

Barths Zukunftspläne waren gar nicht so eindeutig auf die Wissenschaft fokussiert. Denn er erwog noch 1859, sich um ein preußisches Konsulat zu bewerben. Im Fall desjenigen in Damaskus ging es sogar über reine Gedankenspiele hinaus, zerschlug sich aber dann doch sehr schnell, weil das Gehalt zu niedrig war.[1]

Seine Unentschiedenheit zwischen der vita activa des Diplomaten und der vita contemplativa des Gelehrten erklärt, warum Barth eine Art Doppelleben führte. Er arbeitete kontinuierlich weiter als Wissenschaftler und trug sich mit Projekten, die seine Arbeiten über die bisherigen Reiseberichte stärker zu systematischen Abhandlungen fortentwickeln sollten. Gleichzeitig war er intensiv als Wissenschaftsorganisator tätig, indem er sich an der Finanzierung und Aussendung wissenschaftlicher Afrikaexpeditionen beteiligte. Dabei fiel ihm sogar eine führende Rolle zu, weil er institutionell in wichtigere Stellungen kam und mit seinem enormen, europaweit ausstrahlenden Renomee als der beste Kenner des Kontinents galt, der zudem über eigene Erfahrungen als Feldforscher, Diplomat und Direktor einer Expedition verfügte.

Die Carl-Ritter-Stiftung

Als stellvertretender Vorsitzender der Gesellschaft für Erdkunde wurde Barth im Frühsommer 1860 zum Hauptinitiator einer Stiftung, die nach seinem Mentor Carl Ritter benannt wurde. Sie war formal eine Unterorganisation dieser Gesellschaft, und Adalbert Prinz von Preußen übernahm die Ehrenpräsidentschaft. Die Hauptaufgabe der Stiftung sollte darin bestehen, »Reisende in bescheidener Weise zu unterstützen, bald mit Instrumenten, bald mit baarem Geld und ich kann aus eigener Erfahrung bezeugen, wie unendlich bedeutend für den Reisenden selbst bei größeren Mitteln von anderer Seite her solcher Zuschuß ist«. Er bat Petermann darum, in seinen »Mitteilungen« für die Stiftung zu werben.[2] 5000 Taler Stiftungskapital waren das Minimum, das benötigt wurde, um die

Arbeitsfähigkeit zu gewährleisten.[3] Damit hoffte er eine Eigendynamik auszulösen, denn war die Stiftung erst einmal aktiv, »kann es bei der wissenschaftlichen Regsamkeit des Deutschen nicht fehlen, daß ihr immer reichlichere Mittel zufließen«.[4] Den Vorsitz der Stiftung teilte sich Barth mit Christian Gottlieb Ehrenberg, wobei Barth aber die treibende Kraft war. Der Vorsitzende der Gesellschaft für Erdkunde, Heinrich Wilhelm Dove, zog jedoch nicht richtig mit und unterstützte die Stiftung nur halbherzig.[5] Als Barth 1863 die Führung auch der Gesellschaft übernahm, ermöglichte dies eine ungehinderte Tätigkeit der Stiftung.

Offiziell gegründet wurde die Stiftung am 4. August 1860.[6] Barth verhinderte erfolgreich, das Stiftungsgeld für eine Statue in Ritters Geburtsstadt Quedlinburg einzusetzen. »Ehren können wir Carl Ritter nur, indem wir eine Stiftung in's Leben rufen, die in seinem Sinne auf die Nachwelt fortwirkt; war es doch seine schönste Freude, Reisende auf irgend eine Weise zu erfreuen oder zu unterstützen.«[7]

Nach erfolgter Gründung suchte Barth gezielt nach Ansprechpartnern in anderen Regionen Deutschlands und Europas, die dort Spenden entgegennehmen konnten und deren Berühmtheit eine Werbewirksamkeit für die Stiftung entfalten konnte. In München gewann er den Botaniker und Ethnographen Carl Friedrich von Martius (1794-1868), der sich durch seine Reisen und biologischen Sammlungen in Brasilien einen Namen erworben hatte.[8] Sein alter Bekannter Karl Heinrich Schleiden sammelte in Hamburg für ihn, ohne ihm jedoch Hoffnungen auf große Summen machen zu können; »wenn zu gleicher Zeit für ein Irrenhaus, Schillerstandbild, Arndtdenkmal, Kunsthalle u. Nikolai-Kirche etc. gesammelt wird, so werden die Leute müde zu geben.«[9] Auch Barths alter Freund Theodor Dill, ein sehr einflussreicher Kaufmann und Mitglied der Bürgerschaft, beteiligte sich, so dass bis zum Oktober 1860 immerhin 317 Taler zusammenkamen.[10]

Barth schrieb eigenhändig viele einflussreiche und wohlhabende Personen an, um sie auf die Stiftung aufmerksam zu machen und zur Mitarbeit zu bewegen.[11] In Paris konnte er den Geographen Alfred Jacobs begeistern, der ihm Unterstützung zusagte, selbst spendete und Anzeigen in Zeitungen schaltete.[12] Der russische Geograph Nicolas de Khanikof nannte Barth die Namen von Ritter-

Verehrern in Russland, an die er sich wenden sollte.[13] Damit eröffnete er der Stiftung eine weitere Einnahmequelle, und in den
folgenden Jahren kamen in Russland einige Spenden zusammen.[14]
Auch in England stieß Barth auf Resonanz, denn der Mathematiker
und Neffe seines englischen Verlegers Thomas Longman, William
Spottiswoode, versprach: »Ich will sehr gern beitragen und ich bin
froh, dass Sie mich darauf hingewiesen haben.«[15]

Obwohl Barth sich wunderte, dass er in Berlin so »populär« geworden war, nutzte er diese Bekanntheit, um die Stiftung zu fördern. So hatte ihn die »Doctorenschaft« der Philosophischen Fakultät angesichts der anstehenden 50-Jahr-Feier der Berliner
Universität »einstimmig zu ihrem Deputirten zur Jubelfeier gewählt, obgleich ich mich völlig zurückgezogen und mich gar nicht
sehn gelassen hatte«.[16] Er zeigte durchaus Talent für die Reklame,
als er in der »Augsburger Allgemeinen Zeitung«, damals eine der
einflussreichsten Zeitungen im deutschsprachigen Raum, einen
Artikel platzierte mit einer genauen Auflistung der bereits eingegangenen Spenden und Förderzusagen der Stiftung.[17]

In den nächsten Jahren veröffentlichte Barth in jedem Jahr in der
»Zeitschrift für allgemeine Erdkunde« einen Bericht über die Tätigkeit der Stiftung, laufende und geplante Projekte sowie Listen der
eingegangenen Spenden, die zur Nachahmung ermuntern sollten.
Im Bericht für das Jahr 1863 verbarg Barth seine Enttäuschung über
das langsame Wachstum des Stiftungskapitals kaum. Die erfolgreichen Tätigkeiten der Stiftung, um Karl Moritz von Beurmanns
Forschungen in Nordafrika zu erleichtern, waren in Wirklichkeit
allesamt seine eigenen, die er aber hinter einem unbestimmten
»wir« verbarg, mit dem er die Stiftung als wichtige Akteurin plat-
zieren wollte. An den Namen der Spender in den jährlichen Berichten lässt sich ablesen, wie wirkungsvoll Barth seine Verwandten,
Freunde und Bekannten mobilisiert hatte, denn selbst der Schwiegervater seines jüngeren Bruders Ludwig spendete und sammelte
von anderen ihre Gaben ein.[18] 1864 war das Kapital der Stiftung
deutlich gestiegen, weil die Mutterorganisation, die Gesellschaft für
Erdkunde, aus Anlass ihres 35-jährigen Jubiläums 500 Taler dazu
gegeben hatte.[19] 1865 war das Kapital der Stiftung auf 6600 Taler
angewachsen. Mittlerweile vergab die Stiftung auch ein Jahres-
stipendium an einen vielversprechenden jungen Reisenden, im Jahr

1864 an Gerhard Rohlfs, obwohl Barth Schweinfurth für den wissenschaftlich befähigteren hielt. Aber Rohlfs Reise in den Hohen Atlas versprach einen größeren Zuwachs an neuen Erkenntnissen zu liefern als Schweinfurths Arbeiten an Nil und Rotem Meer.[20]

Ungewissheit über Eduard Vogel

Das Schicksal von Eduard Vogel beschäftigte Barth nach seiner Rückkehr intensiv, zumal er mittlerweile dessen Vater gut kannte. Carl Vogel war der Direktor eines angesehenen Gymnasiums in Leipzig, der mit Barth in Briefverbindung stand und den er auch mehrfach persönlich traf. Die letzte Nachricht seines Sohnes stammte vom Dezember 1855, als er seinen bevorstehenden Aufbruch nach Wadai bekanntgab. Da die Übermittlung von Briefen lange dauerte, war dies zunächst noch kein Anlass zur Beunruhigung, aber als 1857 immer noch keine Sendungen von ihm kamen, begannen seine Familie, Barth und das Foreign Office sich Sorgen zu machen. Aus Tripolis kamen Gerüchte über Vogels gewaltsamen Tod, aber trotz intensiver Anstrengungen gelang es nicht, sie zu erhärten oder zu widerlegen. Es wurde viel gemutmaßt und Christian Ehrenberg, der selbst in Afrika gereist war, befürchtete, Vogel könnte religiöse Tabus durch die Übernachtung in einem »Dodo-Haus« gebrochen und dadurch den Zorn der Einheimischen auf sich gezogen haben.[21] Erst im Januar 1860 erhielt Barth genauere Nachrichten, die ihn vom Tod Vogels überzeugten, und er bedauerte, dass Humboldt, der mit Karl Vogel befreundet war, diesem noch Hoffnungen gemacht hatte, als schon alles auf den Tod seines Sohnes hindeutete.[22]

Die Reise nach Wadai, vor der Barth immer wieder gewarnt worden war und die er wohlweislich unterlassen hatte, war Vogel zum Verhängnis geworden. Richard Reade, der britische Vizekonsul in Tripolis, schrieb Barth später: »Als ich von der Absicht des armen Vogel erfuhr, dorthin [Wadai] zu gehen, befragte ich verschiedene zentralafrikanische Kaufleute in Tripoli, die mir dringend nahelegten, ihm sofort zu schreiben, dass er nicht reisen solle, was ich auch tat, aber er erhielt meinen Brief nicht mehr rechtzeitig.«[23]

Dies deckt sich mit der Beurteilung Vogels durch Konsul Herman, der Vogel als »exzellenten und liebenswürdigen jungen

Mann« bezeichnete, der sicher ein hervorragender Astronom sei, »aber in den Niederungen dieser Welt so hilflos und ohne Erfahrung wie ein Kind«.[24] Barth bezeichnete ihn als »unglaublich leichtsinnig«.[25] Vogel tendierte dazu, in gefährlichen Situationen den starken Mann zu spielen und auf Drohungen mit Gegendrohungen zu reagieren, wodurch er sich in schwierige Lagen brachte.[26] Außerdem war er nicht sprachbegabt. Obwohl er mehrere Jahre in London gelebt und gearbeitet hatte, schrieb er ein fehlerhaftes Englisch[27] und es gelang ihm nie, genügend Arabisch zu lernen, um sich ohne Dolmetscher verständigen zu können. Dies alles trug zu seinem Untergang bei.

Barth fand sich in der unangenehmen Lage, den Vater des Vermissten darauf vorbereiten zu müssen, dass sein Sohn wahrscheinlich nicht mehr lebte. Je plausibler dies wegen der ausbleibenden Briefe aus Afrika wurde, desto schwerer fiel es Barth, das rechte Verhältnis zwischen der Vorbereitung auf das Schlimmste und der Aufrechterhaltung der Hoffnung zu finden. Vogels Vater klagte denn auch immer wieder, wie sehr ihm die Ungewissheit zusetzte,[28] seine Frau verfiel in Kummer und verstarb bald; Carl Vogel selbst sollte die Todesnachricht nur kurze Zeit überleben. Eduard Vogels Schwester Elise Polko, die auch die Schuberts schon besucht hatte,[29] nahm Kontakt zu Barth auf und bat ihn, sie und ihren Mann bei der Durchreise durch Minden doch einmal zu besuchen. »Sie würden uns also beide wahrhaft glücklich machen durch ein längeres Verweilen unter unserm Dache. […] Noch einmal aus voller Seele: bitte bitte kommen Sie zu uns!«[30] Barth antwortete postwendend und bekundete seine Absicht, sie zu besuchen, doch wegen seines Umzugs nach Berlin konnte er nichts versprechen;[31] ob er sie je getroffen hat, lässt sich nicht mehr feststellen. Elise Polko war eine bekannte und populäre, heute vergessene, Schriftstellerin. Nach dem Beginn einer vielversprechenden Karriere als Opernsängerin, worin sie von Felix Mendelssohn gefördert worden war,[32] war sie nach ihrer Heirat zur Wortkunst gewechselt, weil sich das für eine verheiratete Frau eher »schickte«. 1863 veröffentlichte sie ihr Buch »Erinnerungen an einen Verschollenen« über ihren Bruder, das sie Barth zuschickte.[33] Barth nahm die Verantwortung sehr ernst und setzte alle Hebel in Bewegung, um das Schicksal Vogels aufzuklären. Sein alter Freund, der französische Afrikaforscher Edme François Jomard, veranlasste sogar den Vizekönig von Ägypten, den Sultan von Darfur brieflich um Hilfe zu bitten.[34]

Schon im September 1859 hatte sich der Schriftsteller Hermann Wagner an Barth gewandt, um ihm ein Exemplar des von ihm verfassten Buches »Dr. Ed. Vogels Reisen in Afrika« zu übersenden, bei dem er sich – wie Barth feststellen musste – nicht nur bei Barths Bericht bedient, sondern ganze Passagen plagiiert hatte.[35]

Die Expedition von Theodor von Heuglin

Anfang der 1860er Jahre ergab sich eine Gelegenheit, die Suche nach Vogel mit der Carl-Ritter-Stiftung zu verbinden, als der Naturwissenschaftler und Publizist Otto Ule (1806-1876), Herausgeber der Zeitschrift »Die Natur« und Aktivist der Revolution von 1848, sich an Petermann wandte, »um diesen zu veranlassen, die Angelegenheit in die Hand zu nehmen und so durch die Autorität seines Namens eine neue Bürgschaft zu leihen«. Ule trat auch mit dem aus der Umgebung von Stuttgart stammenden Ornithologen und erfahrenen Afrikaforscher Theodor von Heuglin (1824-1876) in Verbindung, der sein Interesse bekundete, sich an einer Expedition zu beteiligen. Andere bekannte Geographen und Reiseschriftsteller wie der Geograph Henry Lange und der später durch sein Buch »Brehms Tierleben« bekannt gewordene Zoologe Alfred Brehm halfen Ule, eine Route für die Expedition zu entwerfen, während sie gleichzeitig begannen, ihren Plan in die Öffentlichkeit zu tragen. Man wollte ein Komitee gründen, das die Expedition planen, finanzieren und kontrollieren sollte. Aus diesem Grund wandte sich Ule an Barth »mit der herzlichen und dringenden Bitte, in dieses Comittee eintreten zu wollen. Ihr Name und Ihre Erfahrungen sind von unschätzbarem Werthe für unsere Angelegenheit.«[36]

Obwohl es sehr unwahrscheinlich war, Vogel noch lebend aufzufinden, plädierte Barth dafür, den Versuch zu unternehmen, um wenigstens genauere Informationen zu erhalten.[37] Mit diesem Wunsch verband Barth sein geographisches Interesse, den östlichen Teil der Sahara zu erforschen, »da wir über jene Gegenden bis jetzt noch so gut wie gar nichts wissen und ungeachtet der im Allgemeinen noch öderen Natur jener Wüste im Vergleich zur westlichen

Wüste doch viel allgemeine interessante Fragen sich daran knüpfen, so besonders die Höhe über dem Meere«.[38] Zudem war dies eine günstige Gelegenheit, seiner Ritter-Stiftung einen Schub zu geben, wenn sie sich an der Expedition finanziell beteiligte, da sie damit unter Beweis stellte, dass sie Geld sinnvoll investierte. Ehrenberg, der Co-Vorsitzende der Stiftung, stimmte zu.[39]

Zu einer Besprechung am 15. Juli 1860 in Gotha reiste Barth eigens an. Vorher war er »zu Hunger und Eislimonade

Theodor von Heuglin

beim Herzog von Gotha« eingeladen und kurz darauf beim Großherzog von Sachsen-Weimar. In der nachfolgenden Besprechung wurden zwei Komitees gebildet, ein »inneres«, das die eigentlichen Entscheidungen traf und dem Ernst II., Herzog von Sachsen-Gotha, offiziell präsidierte, meist vertreten durch seinen Staatsminister Camillo von Seebach. Barth bemängelte frühzeitig, dass dieses innere Komitee in seiner Zusammensetzung primär die Interessen Gothas durchsetzen wollte, d. h. diejenigen des Herzogs und des Perthes-Verlags. So mahnte er Petermann, den Sekretär des Komitees: »Nur müssen Sie das Unternehmen nicht gar zu Gothaisch machen. So hätte ich gewünscht, daß außer Ihrem gastlichen Herzog von hier, der Ehrenpräsident der Ritter-Stiftung [Adalbert von Preußen] und vielleicht der Herzog von Weimar Ehrenpräsidenten des Unternehmens geworden wären.«[40]

Neben dem von Gotha dominierten gab es ein »äußeres« Komitee, dem zusammen mit Barth ein Kreis von Förderern, Experten und Freunden im ganzen deutschsprachigen Raum angehörte, das aber nur beratenden Status hatte.[41] Als Leiter der Expedition wurde Theodor von Heuglin bestimmt, vor dessen wissenschaftlichen Leistungen und Fähigkeiten er Hochachtung hatte. Heuglin hatte sich sieben Jahre lang in Nordost-Afrika aufgehalten, verfügte

demnach über weitreichende Erfahrung und viele Kontakte.[42] Doch
kamen Barth bald Zweifel an seinem Charakter, denn schon bei
ihrem ersten Zusammentreffen gewann er den Eindruck, »daß
Heuglin (Baron!) nicht eben ein Mann von tiefem Ehrgefühl ist
und das erkannte ich auf der Stelle an seinem ganzen Auftreten in
Gotha, besonders auch daran, daß, als wir den einen Tag zusammen
waren, wo doch eigentlich ich als Gast war, er unverschämter Weise
meinte, ich sollte für ihn bezahlen«.[43]

Dessen ungeachtet erklärte Barth die Bereitschaft der Carl-Ritter-Stiftung, sich mit 1000 Talern zu beteiligen.[44] Barth waren
große Werbeaktionen zuwider, für die Petermann, der Sekretär des
»inneren« Komitees, eine Schwäche hatte. Er fürchtete, dadurch
würden zu große Erwartungen und bei Nachbarvölkern Neid und
Eifersucht geweckt. Der Vorteil einer Stiftung lag darin, dass sie
wissenschaftliche Unternehmen im Stillen fördern konnte. Andererseits sah er die Notwendigkeit ein, »an die Stelle des langwei-
ligen und schon so alltäglich gewordenen Stiftungscharakters« ein
konkretes Projekt treten zu lassen, um der Carl-Ritter-Stiftung
durch bleibende öffentliche Aufmerksamkeit Stabilität und lang-
fristige Erfolge zu ermöglichen.[45]

Seine Bedenken drückte Barth in Form einer Warnung an Petermann aus: »Uns beiden, verehrter Freund Ihnen, wie mir, wünsche
ich einen glücklichen Erfolg des Unternehmens ganz in's Besondere; denn wir Beide werden allen möglichen Angriffen ausgesetzt
sein, wenn es mißlingt. Darum lassen Sie uns ja nicht die Erwartungen zu hoch spannen, sondern in bescheidenen Grenzen halten.«[46]
Petermanns lautstarke Reklameaktivitäten – er verbreitete eine eigene Werbebroschüre[47] – hielt Barth für überzogen und mahnte ihn
wiederholt zur Zurückhaltung. Anderen gegenüber formulierte er
seinen Unwillen unverblümt: »Petermann hat leider einen höchst
beschränkten Blick und schadet vielen Sachen durch sein Geschrei.«[48]
Im Juni 1861 wurde er dann auch gegenüber Petermann deutlicher:
»Sie, so wie die meisten Herrn des Komité's […] scheinen das als
eine Art pomphafter und höchst amüsanter Excursion aufgefaßt zu
haben und demgemäß die Sache mit Ausfahrten, Schauvorstellun-
gen und großen Verkündigungen eingeleitet zu haben.«[49]

An weiteren Sitzungen des Komitees nahm Barth nicht mehr
persönlich teil, doch übermittelte er seine Ansichten schriftlich und

protestierte gegen eine Änderung der Reiseroute, weil
Heuglin über Massaua am Roten Meer und Äthiopien nach
Wadai reisen wollte. Barth unterstrich mit Nachdruck, »daß
die Mitglieder und vor Allem
der Leiter der Expedition, indem sie die aus ganz Deutschland zusammengekommenen
und noch fürder zusammen-
kommenden Beiträge als Ausstattung zu ihrem Reiseunter-

Werner Munzinger

nehmen annehmen, sie auch eben durch diesen Akt die moralische
Verpflichtung übernehmen, den Hauptwunsch der Beitragenden
und das was ihnen in allen Aufforderungen als das erste Ziel des
Unternehmen's vorgehalten ist, nämlich vollen Aufschluß über
Vogel's Schicksal im Lande selbst, wo er verschollen, zu erlangen
und seine Forschungen in jenen Ländern fortzusetzen, nach beßten
Kräften auszuführen und also nicht andere Zwecke, wie den Besuch
Abyssinien's und vielleicht andere mit jenem Lande in Verbindung
stehende Fragen zum Hauptzweck machen dürfen.«[50] Er fürchtete,
dass der Großteil des Geldes aufgebraucht sein würde, bevor die
Expedition überhaupt in die Nähe von Wadai käme. Stattdessen
betonte er immer wieder, der Weg von der Hafenstadt Bengasi im
Osten des heutigen Libyen nach Wadai sei der kürzeste und einzig
geeignete, um so rasch wie möglich Erkenntnisse über Vogel zu
gewinnen.[51]

Zunächst mussten die weiteren Mitglieder der Expedition gewonnen werden. Neben Heuglin nahm der Stuttgarter Astronom
Theodor Kinzelbach teil. Barth vermittelte mit Hilfe des Schweizer
Geographen Jakob Melchior Ziegler die Teilnahme von Werner
Munzinger, einem aus Winterthur stammenden jungen Linguisten,
der sich zu der Zeit bereits in Äthiopien aufhielt und in den Barth
große Erwartungen setzte.[52] Dem Gothaer Komitee empfahl er
Munzinger »auf das Eifrigste«.[53] Ebenso fand Barth über die Gesellschaft für Erdkunde in Hermann Steudner einen möglichen Begleiter, »bewanderter Botaniker und liebenswürdiger Mensch, kräftiger

Gesundheit im Alter von 27 Jahren«.[54] Schließlich stieß noch der Österreicher Martin Hansal dazu, der bereits für die katholische Mission von Ignaz Knoblecher gearbeitet hatte und dadurch die Region des oberen Niltals gut kannte; der einzige Nicht-Akademiker war der Jäger Hermann Schubert. Anfang Dezember konnte Barth erfreut seinen Schwager davon in Kenntnis setzen, dass die Expedition nun »wirklich völlig gesichert« sei. »Nur gefällt mir nicht recht, daß sie durch Abyssinien gehen wollen oder wenigstens längs der nördlichen Grenze von Abyssinien.«[55]

Doch die Expeditionsteilnehmer ließen sich reichlich Zeit, bis sie überhaupt aufbrachen. Erst im Januar 1861 machte sich Heuglin selbst auf den Weg,[56] danach verbrachten die Teilnehmer endlose Monate in Kairo, wo Heuglin schnell eine Gemeinsamkeit mit Steudner in ihrer beider Vorliebe für Bier entdeckte.[57] Barths Hoffnungen waren bereits deutlich gedämpft, denn schon im Juni musste er einräumen, dass er bei Steudner »große Unentschiedenheit« beobachtet hatte,[58] später nannte er ihn sogar »Steudner der Bummler«.[59] Petermann drängte er: »Nun aber lassen Sie um Gottes Willen die Herren doch nicht länger zögern.«[60]

Ein erstes Alarmsignal traf in Gestalt eines Briefes des preußischen Generalkonsuls König in Kairo ein, der Barth darüber informierte, dass Heuglin in Ägypten Schulden angehäuft hatte. Außerdem brachte Heuglin den Herzog von Gotha in eine peinliche Situation, als er dem Vizekönig von Ägypten einen Orden des Herzogtums Sachsen-Gotha überreichte, den dieser ablehnte, weil Ägypten mit dem Herzogtum keine diplomatischen Beziehungen unterhielt.[61] Barth blieb abwartend und stellte sich trotz seines wachsenden Misstrauens nicht gleich gegen Heuglin, sondern wollte zuerst geklärt wissen, inwiefern die Vorwürfe ein Hindernis für die Expedition darstellten. Denn er war der Ansicht, er habe als Mitglied des beratenden Komitees »durch das Vorschieben meines Namen's dem Publikum gegenüber, dem man tausende von Thalern zu diesem Unternehmen entlockt, eine gewisse Verantwortlichkeit«, und verlangte eine Klärung der Angelegenheit.[62]

Barth zog weitere Erkundigungen ein und fand heraus, dass Heuglin beim ägyptischen Vizekönig selbst verschuldet war, ebenso beim österreichischen Konsul Joseph Natterer in Khartum.[63] Perthes übermittelte Barths Bedenken an den sächsischen Staatsminis-

ter von Seebach, der seinerseits eine offizielle Anfrage an die österreichische Regierung richtete.[64] Als Petermann am 11. Mai 1861
deren Antwort an Barth übermittelte, in der die Frage der Schulden
und des beschlagnahmten Eigentums Heuglins deutlich relativiert
wurde, reagierte Barth erleichtert.[65]

Bald darauf kamen ihm wieder Zweifel, weil er mittlerweile
einen Brief von Emil von Koenen, Mitglied des preußischen Staats-
rats und Onkel des preußischen Generalkonsuls König, erhalten
hatte, der dessen Vorwürfe wiederholte und Heuglins Ernennung
zum Expeditionsleiter als »Fehlgriff« bezeichnete.[66] König beharrte
auf seinen Vorwürfen und Barth konnte nur hoffen, dass Heuglin
»wenigstens jetzt sich zusammennimmt und durch treffliche Leitung des Unternehmens das Uebertriebene jener Anklage zu Aller
Ueberzeugung darthut«.[67] Ende des Jahres 1861 war er sich sicher,
Heuglin sei »ein Mensch ohne alles Ehrgefühl«.[68]

Als größter Hemmschuh für die Expedition erwies sich also deren Leiter, der von Kairo nach Konstantinopel fuhr,[69] das nicht gerade auf dem direkten Weg nach Wadai lag und sich dort mit seinen
Privatangelegenheiten befasste, ohne sich wenigstens zu bemühen,
vom Sultan einen Empfehlungsbrief zu erhalten.[70] Nach einem
längeren Ausflug auf den Sinai setzte sich die in Barths Augen »bis
dahin nicht sehr ruhmvolle und höchst schwerfällige«[71] Expedition
endlich auf der von Heuglin gewünschten Route in Bewegung,
nämlich auf einem Dampfer im Roten Meer und nicht auf dem Nil,
was sie deutlich schneller zum Ziel Wadai gebracht hätte. Barth
hatte auch wegen der unruhigen politischen Lage in der Region
Bedenken.[72] Ungeachtet seiner Instruktionen erklärte Heuglin
seine Absicht, zuerst nach Äthiopien zu reisen und sich dort mit
dem Kaiser Tewdoros zu treffen.[73] Dann sollte es in die südliche
Provinz Kaffa zu einer Forschungsreise gehen, was die Expedition
immer weiter von Wadai wegführte.

Nun wurde Barth ungehalten: Er könne zwar verstehen, dass
eine Reise nach Kaffa interessant sei, aber dafür war die Expedition
nicht ausgerüstet worden. Er hatte mittlerweile über den österreichischen Konsul in Kairo erfahren, dass Heuglin »nur zu diesem
Zweck mit dem Einverständniß des Herrn Dr. Petermann die Straße
über das Rothe Meer vorgeschlagen hat«. Barth verlangte deswegen
eine Rückerstattung des Beitrags der Carl-Ritter-Stiftung.[74] Im

Dezember 1861 nahm er kein Blatt mehr vor den Mund, als er an Perthes schrieb: »Es ist wahrhaft unbegreiflich, wie der Chef, der sich öffentlich zu einer Expedition nach Wadai verpflichtet hat, sich mit so vollkommener Charakterlosigkeit hin- und herwenden kann.«[75]

Schließlich fand Barth heraus, dass Petermann als Sekretär des »inneren« Komitees Heuglins Pläne von Anfang an gutgeheißen hatte[76] und dessen Berichte über Abessinien eifrig in seiner Zeitschrift druckte. Die Empörung insbesondere im »äußeren«, aber machtlosen Komitee war groß, viele sahen sich, ähnlich wie Barth, in einer ausgesprochen unangenehmen Situation: Barth hatte diese Expedition nach seinen schlechten Erfahrungen in England unterstützt, um die deutsche wissenschaftliche Forschung zu fördern. »So können wir auch einmal hoffen, in achtbarer Weise gemeinschaftlich irgend ein Unternehmen mit den Engländern auszuführen, anstatt daß sie jetzt über unsere materielle Misere unsere geistige Kraft selbst nicht recht gelten lassen wollen.«[77] Gleichzeitig sah er in einem solchen »grund-deutschen Unternehmen«,[78] das nicht von einem der deutschen Staaten allein finanziert und organisiert wurde, sondern durch Unterstützer im ganzen deutschsprachigen Raum, eine Möglichkeit, den deutschen Einigungsgedanken zu fördern. In seiner Korrespondenz äußerte er sich kritisch zu Preußen, das seine ihm angemessene Rolle, nämlich Vorreiter dieser Einigung zu sein, nicht wahrnahm. Mit der Ritter-Stiftung und den von ihr ausgestatteten Forschungsreisen hoffte Barth, »diesen Herrn Stockpreußen zu zeigen, in welcher Richtung etwa Deutschland liegt und wie es zu gewinnen ist«.[79] Statt auf die Politiker zu vertrauen, sollte eine von der breiten Bevölkerung getragene Expedition ihren Beitrag zum Einigungsprozess leisten und gleichzeitig dem Ausland gegenüber Deutschlands angemessenen Platz in der internationalen Forschungslandschaft einfordern.

Heuglin torpedierte diese hehren Pläne durch sein verantwortungsloses Verhalten, Barth war erzürnt und sah sich gegenüber dem Ausland blamiert, wobei er seinen Ärger in erster Linie auf Petermann ablud. Darin wurde er bestärkt durch ein Schreiben des österreichischen Konsuls in Khartum, Joseph Natterer, der in der ganzen Expedition ein abgekartetes Spiel vermutete: »Nach dem was ich hörte[,] möchte ich glauben[,] daß seine Reise nach Abyssi-

nien mit Hrn Petermann längst abgemacht war.«[80] Nun entspann
sich eine ziemlich unerfreuliche Korrespondenz zwischen Barth
und Petermann, in der sie sich gegenseitig mit Vorwürfen über-
häuften. Barth sah seine Ehre verletzt, weil er Spenden gesammelt
und die Expedition unterstützt hatte, deren Hauptziel die Suche
nach Vogel und die Fortsetzung seiner Forschungen war. »Was aber
hat dieses Unternehmen, wozu so viele nicht allein reiche und
wohlhabende Herren, sondern arme Schullehrer und Leute aller
Stände ihre Groschen nur aus Theilnahme für Vogel hergegeben
haben, mit dem Suez-Canal zu thun, mit dem Heuglin sich breit
macht?« Er betonte, er werde »meinen Namen nicht zu Charlatanerien« hergeben.[81] Ende des Jahres 1861 hatte Barth »jetzt nicht den
allergeringsten Zweifel mehr, daß der Herr Dr. Petermann von
vornherein mit Herrn von Heuglin einverstanden gewesen ist und
uns Alle und mich ganz in's Besondere gefoppt und bei der Nase
herumgeführt hat«.[82]

Barth beurteilte Petermann zunehmend als einen intriganten
und unehrlichen Menschen, auch wenn er ihn weiterhin als Kartographen hoch schätzte, während Petermann sich als verfolgte Un-
schuld sah und Barth für streitsüchtig hielt. Insbesondere verwahrte er sich gegen Barths Vorwurf, er hätte von Anfang an
Heuglins Absicht unterstützt, von seinem Auftrag abzuweichen
und eine nicht autorisierte Reise nach Abessinien zu unternehmen.
Barth war sogar überzeugt, dass Petermann einen brieflichen Pro-
test des Komitees an Heuglin unterschlagen würde. »Niemand in
der Welt als Sie, lieber Herr Doctor Barth, würde eine solche ungeheure Doppel-Verdächtigung gegen mich wagen, weil alle Welt
Beweise in den Händen hat, ob diese Verdächtigungen auch nur
einen Schein der Wahrscheinlichkeit für sich haben.« Barths »früher gegen mich ausgesprochene freundschaftliche Gesinnungen«
hätten offenbar nur seinen »kartographischen Diensten« gegolten.
»Als Ihr Kartenzeichner bin ich Ihnen auch vielleicht gut genug.«[83]

Ende des Jahres 1862 wurde der Ton noch rauer, als Petermann
in Steudner den Denunzianten identifiziert zu haben glaubte. Jedenfalls drohte er, »daß wenn Dr. Steudner auch nur die geringste
Andeutung macht, und von Ihnen veröffentlicht wird, als sei ich mit
der Reise nach Kaffa oder Abessinien einverstanden gewesen, ich
dies öffentlich sofort als die infamste Lüge würde hinstellen müs-

sen, und ich die allerschlagendsten schriftlichen Beweise in den Händen habe, dieses zu beweisen«.[84] Dann begann Petermann, Barth in seiner Zeitschrift öffentlich zu kritisieren, wobei er einen privaten Brief Baikies an ihn publik machte und dadurch das Verhältnis Barths zu dem Engländer vorübergehend belastete: »Wie auch aus dem unten folgenden Briefe Dr. Baikie's hervorgeht, ist Herr Dr. Barth zu leicht geneigt, zu geringschätzend und verdammend über Andere und ihre Leistungen zu denken und zu sprechen, und wenn wir auch überzeugt sind, dass er es nicht so böse meint, als man aus seinen Kritiken und Ausdrücken schließen könnte, so sollte er sich doch […] zur Warnung dienen lassen, ein klein wenig vorsichtiger zu sein, wenn es sich um die Ehre anderer Menschen handelt.«[85]

Barths Empörung lässt sich an seiner wiederauflebenden Neigung zu ellenlangen Sätzen ablesen:

> »Haben Sie denn gar keine Vorstellung davon, in welche durch und durch häklige Lage Sie mich hier durch diese von Heuglinsche Expedition gebracht haben, oder ist das nicht vielmehr Ihre Absicht dabei gewesen? Haben Sie nicht wirklich so gehandelt, daß ich annehmen mußte, Sie hätten es darauf abgesehen, mich hier zu blamiren und immer mehr und mehr zu verfeinden? Oder ist es nicht eine Sophisterei, nachdem man das Aufsuchen Vogel's oder wenigstens die bündigste Erforschung seines Schicksals und möglichste Rettung seiner Papiere dem ganzen deutschen Publikum als Ehren- und National-Sache vorgehalten und in bogenlangen Broschüren ans weiche Herz gelegt hatte, diese großartig ausgestattete Expedition nach Abessinien gehen zu lassen und nun mit den in diesem Lande errungenen wissenschaftlichen Resultaten die ganze Angelegenheit zu verdecken als hätten nicht viel glorreichere wissenschaftliche Resultate auf ganz neuem Boden errungen werden können, hätte sich die gesammte Expedition mit ihrer ganzen innewohnenden Kraft von Menschen und materiellen Mitteln von Anfang auf das ihr bestimmte Ziel geworfen.«[86]

In späteren Jahren sollten sich Barth und Petermann einander wieder annähern, aber zur früheren Herzlichkeit fanden sie nicht mehr zurück. »Als Chartographen werde ich ihn stets hochschätzen, sonst mich aber recht sehr vor ihm in Acht nehmen«, schrieb Barth seinem Schwager Ende 1862.[87] Bis kurz vor seinem Tod war sein Urteil über Petermann nicht günstiger geworden: »Petermann ist mir trotz seiner großen und wahrhaft ausgezeichneten günstigen Befähigung als Erz-Schurke und gesinnungsloser Wetterhahn ganz widerlich geworden.«[88]

Heuglins verantwortungsloses Vorgehen hatte auch ein Zerwürfnis unter den Expeditionsteilnehmern zur Folge. Steudner entwickelte eine heftige Abneigung gegen Hansal und Kinzelbacher, die er ungehemmt in einem Brief an Barth diffamierte und der völligen Unfähigkeit zieh.[89] Als Munzinger, der in Eritrea als letzter zu der Expedition gestoßen war, von Heuglins Plänen erfuhr, kam es zu einer hitzigen Diskussion aller Teilnehmer. Das Gothaer Komitee hatte Heuglin weitreichende Befugnisse als Direktor eingeräumt, wodurch die übrigen ihm eigentlich zu Gehorsam verpflichtet waren. Munzinger war jedoch empört über Heuglins Eigenmächtigkeiten und weigerte sich in einer längeren Aussprache der Reisenden am 20. Oktober 1861, mit nach Abessinien zu gehen. Steudner pflichtete ihm in der Beurteilung bei, zog aber andere Konsequenzen, denn er hatte sich mittlerweile mit Heuglin angefreundet. Er wurde, wie Barth es ausdrückte, »von seinem Chef ganz in's Gängelband genommen«[90] und folgte ihm nach Äthiopien.[91] Barth bedauerte sehr das Zerwürfnis zwischen Munzinger und Steudner, »denn sonst hätten sich diese beiden, an sich außerordentlich nützlichen Kräfte, die so ihre Mängel gegenseitig ergänzen, auf die ersprießlichste Weise zu einem Unternehmen vereinen lassen«.[92]

Munzinger und Kinzelmann trennten sich von der Expedition und gingen auf direktem Weg nach Khartum, um von dort aus nach Wadai weiterzureisen.[93] Barth forderte das Komitee in Gotha auf, Munzinger zum neuen Direktor der Expedition zu ernennen und ihn finanziell so auszustatten, dass er sie zu einem erfolgreichen Abschluss führen konnte. »Ein selbstständiges Vorwärtsdringen Munzinger's in dieser Richtung scheint mir nach den gemachten Erfahrungen um so nothwendiger, als wenn der ganze schwerfällige Troß mit derselben Unbehülflichkeit und Ungeschicklichkeit wie bisher, sich diesem schwierigen Ziele zuwendete, sie unzweifelhaft in ihrem Schneckengang an der Grenze von Kordofan Halt machen

und dort in schimpflichem Siechtum sich auflösen würde.«[94] Barth
schlug vor, der Herzog von Sachsen-Gotha sollte aus seinem Privat-
vermögen das verschleuderte Geld der Expedition ersetzen, um
Munzingers weitere Reise zu ermöglichen.[95]

Die Auseinandersetzungen um die Heuglin-Expedition erreichten am Ende doch noch die breitere Öffentlichkeit. Ein Mitglied des
»äußeren« Komitees, Dietrich Georg Kieser, Professor für Medizin
in Jena und Präsident der Deutschen Akademie der Naturforscher
Leopoldina, zieh Barth in einem Artikel, den er in der populären
Zeitschrift »Die Gartenlaube« veröffentlichte, des Egoismus und
der grundlosen Verdächtigung Heuglins. Barth schrieb eine Replik,
um sie in der »Gartenlaube« zu veröffentlichen, doch deren Herausgeber Ernst Keil, ein alter 48er-Demokrat, lehnte dies ab, weil
Barth den Artikel zuvor schon in der »Neuen Preußischen Zeitung«
publiziert hatte, wobei möglicherweise seine Abneigung gegen
diese erzkonservative Zeitung eine Rolle gespielt haben mochte.[96]
Barth wies in dem sachlich gehaltenen, aber deutlichen Artikel die
Vorwürfe Kiesers zurück und nutzte die Gelegenheit, Heuglins
verantwortungsloses Verhalten im Einzelnen darzulegen.[97] Dafür
erhielt er Beifall von seinem Freund Ernst Haeckel, der sich über die
»verdiente Züchtigung« seines Jenenser Kollegen Kieser freute.
»Nur hätten die wohlverdienten Schläge um Vieles derber kommen
müssen, um von diesem würdigen Naturphilosophen empfunden
zu werden. Derselbe besitzt nämlich ein außerordentlich dickes Fell
(– viel stärker, wie Nilpferdhaut) so daß gewöhnliche literarische
Flintenkugeln völlig wirkungslos abprallen, nur Spitzkugeln könnten noch seine abgestumpften Nerven kitzeln. Sollten Sie daher in
noch weitere Heuglinsche Conflicte mit demselben gerathen, so
würde ich Ihnen zu einem schwereren Caliber rathen.«[98]

Mittlerweile hatte auch das innere Komitee genug von Heuglins
Verhalten, zumal bisherige Unterstützer wie Ule und Alexander
Ziegler ebenfalls protestierten.[99] Perthes war empört über Heuglin,[100] und nachdem dieser sich auch an brieflich geäußerte Instruktionen, direkt nach Wadai zu gehen, nicht hielt, wurde er Anfang
1862 vom Komitee als Direktor entlassen[101] und später Munzinger
zum neuen Chef der Expedition ernannt.

Dieser reiste gemeinsam mit Kinzelbach zur Ostgrenze von Darfur, das er durchqueren musste, um nach Wadai zu gelangen. Barth

frohlockte, dass die Expedition ihrem eigentlichen Ziel entgegen-
strebte – aber er freute sich zu früh.[102] Munzinger hatte schon
vorher angekündigt, wenn er und Kinzelbach keine Durchreiseer-
laubnis für Darfur erhielten, bliebe ihnen angesichts der geringen
Mittel, die ihnen noch zur Verfügung standen, nur die Rückkehr
nach Europa übrig.[103] Tatsächlich erhielt er auf sein briefliches An-
suchen an den Sultan von Darfur, sein Land betreten zu dürfen,
einen Bescheid, der ihn misstrauisch machte. Sein Bruder Walther
Munzinger leitete die Nachrichten weiter an Barth: »Der Sultan
gestattet die Reise von Kordofan nach Tendetti und zurück[,] nur da
wäre den Reisenden selbst nach der optimistischen Ansicht des
Scheich Sogheirun in L'Obeid, der ein Bekannter des Sultan's ist,
eine strenge Einschließung im Hause eines vornehmen Eunuchen
bevorgestanden; die Rückkehr sehr zweifelhaft, da sich selbst der
Gesandte Said Pascha's seit 2 Jahren in dieser Gefangenschaft befindet. Dann ist im Briefe des Sultan's die Möglichkeit, ja Wahrscheinlichkeit des Todes der Reisenden so offen ausgesprochen, daß er sich
alle allfälligen Anklagen zum voraus verbittet.«[104] Munzinger hatte
keine andere Wahl, als die Reise abzubrechen und zusammen mit
Kinzelbach unverrichteter Dinge nach Europa zurückzukehren, was
dort nicht gerade auf Begeisterung stieß, zumal die beiden für diesen Schritt keine Genehmigung des Komitees eingeholt hatten.[105]
Auch Barth, der immer große Stücke auf Munzinger gehalten hatte,
war nicht sonderlich erfreut: »Warmes Lob kann auch ich ihm gewiß nicht spenden. Man muß aber wol bedenken, wie verrannt die
ganze Expedition schon war.«[106]

Heuglin und Steudner hingegen unternahmen ihre Reise durch
Äthiopien und erreichten dann doch noch das Gebiet westlich des
Nils. Dort verstarb Steudner in der Stadt Wau am Fieber, »gerade
jetzt, wo er auf dem Punkte stand, ein ganz neues vielversprechen-
des Feld zu betreten und wo er dem Trinken, dem er leider etwas
ergeben war, wol Lebewohl hätte sagen müssen«.[107]

Da der nun allein übriggebliebene Heuglin kaum noch über genügend Geld verfügte, um bis nach Wadai zu kommen, schloss er
sich der Expedition von Alexine Tinné an, einer ebenso reichen wie
abenteuerlustigen niederländischen Forscherin, die gemeinsam mit
ihrer Mutter unterwegs war. Barth äußerte sich verächtlich über
»diese Frauen-Expedition«,[108] war aber trotz aller Erfahrungen mit

Heuglin bereit, ihn finanziell zu unterstützen, wenn er dem ursprünglichen Auftrag nachkommen würde, die Region zwischen Nil und Tschadsee zu erforschen und Vogels Schicksal aufzuklären. »Gelobt sei Gott, wenn Herr v. Heuglin sich noch nachträglich zusammen nimmt und etwas Tüchtiges leistet.«[109] Als das Komitee Heuglin 1000 Taler zuschickte, billigte er das »vollkommen« und war »fest entschlossen«, ihn selbst zu unterstützen, wenn er weiter Richtung Wadai oder bis an die Westküste Afrikas vordringt.[110] »So habe ich auch jetzt Heuglin versprochen, ihm eine kleine Summe – wenigstens 500 Thaler – zu verschaffen, wenn er wirklich ganz in das unbekannte Innere ein- ja vielleicht durch – dringt. Leider ist dazu aber bei seiner Vereinigung mit, und totalen Abhängigkeit von, einem so kolossal unsinnigen und schwerfälligen Troß[,] wie der der Damen Tinne ist, wenig Aussicht.«[111]

Die Aufklärung von Vogels Tod

Vogels Schicksal wurde schließlich auf anderem Weg aufgeklärt. Am 22. Februar 1863 unterrichtete Konsul Herman in Tripolis Barth, dass Mohammed bin Suleiman, ein überlebender afrikanischer Begleiter Vogels, aufgetaucht war. Er war bei dessen gewaltsamem Tod zugegen gewesen, hatte selbst nur knapp überlebt und war einige Zeit in Wadai versklavt worden, bevor er floh, auf langen Umwegen an die nordafrikanische Küste kam und alles erzählen konnte. Herman befragte ihn nach Einzelheiten über Vogels Aussehen und Kleidung und war danach überzeugt, dass Muhammad bin Suleiman die Wahrheit sagte.[112] Barth war zunächst misstrauisch und verlangte von Herman weitere Überprüfungen. Diese überzeugten schließlich auch ihn, und er veröffentlichte Suleimans Darstellung in der »Zeitschrift für allgemeine Erdkunde«.[113]

Demnach kam Vogel in den letzten Januartagen des Jahres 1856 in Wara, der Haupstadt Wadais, ums Leben. Der Grund war nicht, wie zuvor häufiger behauptet worden war, Vogel hätte religiöse Tabus verletzt und sei darum getötet worden. Zunächst war Vogel in Wadai sogar freundlich empfangen worden und hatte auf die Frage nach dem Grund seines Aufenthalts angegeben, er wolle das Land kennenlernen. In Mohammed bin Suleimans Worten:

»Am vierzehnten Tag nach unserer Ankunft ließ der Sultan den Doktor rufen und erklärte ihm, dass er ›instanter‹ sein Land verlassen müsse. Entsprechend kam Dr. Vogel zurück zu seiner Unterkunft und begann mit Vorbereitungen zur Abreise, als ein Diener des Sultans kam und uns anwies, das Haus nicht zu verlassen. Darauf verlangte der Doktor den Sultan zu sehen und steckte einen Revolver in seinen Gürtel, wovon ich ihn wieder abbringen konnte. Wir gingen dann zum Sultan, der befahl, die anderen drei Diener des Doktor zu holen. Als sie erschienen, sagte er zum Hagig Kheighama ›Wir müssen diesen Christen töten‹ wogegen Kheighama Einspruch erhob.
Der Sultan befahl uns allen die Hände hinter dem Rücken zu binden – als Dr Vogel zweimal von einer Lanze durchbohrt wurde und mit einem tiefen Stöhnen zu Boden fiel, worauf er sofort enthauptet wurde. Seine drei Diener (----) ereilte dasselbe Schicksal. Mir war das auch zugedacht, aber nachdem ich drei Säbelschläge mit meinem Arm abgewehrt hatte, den ich hatte losmachen können, und nachdem er feststellte, dass ich noch lebte, drängte Hagig Ruhma den Sultan, mein Leben zu verschonen.«[114]

Der Sultan ordnete darauf an, er sollte versklavt und verkauft werden. Es gelang ihm später, nach Bornu zu fliehen.

Karl Moritz von Beurmann

Noch bevor die Heuglin-Expedition, die mit großem Tamtam begonnen hatte, sich auflöste und ihre Mitglieder geräuschlos zurückkehrten, hatte Petermann mit einer neuen Idee aufgewartet, nämlich eine zweite auszusenden, die den ursprünglich von Barth vorgeschlagenen Weg von Bengasi direkt durch die Wüste nach Wadai nehmen sollte. Perthes fühlte bei Barth vor, wie er dazu stünde,[115] und dieser machte seine ablehnende Haltung postwendend deutlich: »Ich bin der bestimmten Ueberzeugung, daß das Gothaer Komité durchaus nicht berechtigt ist, eine zweite Expedition zur Aufsuchung Dr. Vogel's, unabhängig von der von Heuglinschen auszusenden.«[116]

Karl Moritz von Beurmann

Als der von Petermann aus-
erkorene Forscher Karl Moritz
von Beurmann (1835-1863)
dann doch loszog und am 25. Januar 1862 in Tripolis ankam,
änderte Barth seine Haltung. Er
hatte Beurmann vor dessen Abreise kennengelernt und zwei
Vorträge von ihm über dessen
frühere Reise ins Obernilgebiet
und nach Äthiopien gehört.[117]
Nun bot er an, den Beitrag der
Carl-Ritter-Stiftung zur Heuglin-Expedition, den er vom Gothaer Komitee zurückverlangt
und erhalten hatte, Beurmann
zukommen zu lassen; ja er
wollte ihn nur von Berlin unterstützt sehen und Geldsendungen
von Gotha ausschließen.[118] Dem britischen Konsul Herman in Tripolis schickte er ein Empfehlungsschreiben für Beurmann.[119] Dieser
hatte während seiner ersten Reise auch Munzinger kennengelernt,
sein großes Vorbild war aber Barth.[120] Als ausgesprochener Einzelgänger[121] unternahm er seine Reise allein und zog so rasch wie
möglich über Mursuk nach Bornu, wo er einige Zeit krank danie-
derlag. Barth beklagte, dass Beurmann kein Naturforscher war »und
nicht eben an allgemeiner Vorbildung Ueberfluß hat«, doch bewunderte er seine Energie und hoffte, er könnte etwas über Vogel herausfinden.[122]

Von Bornu reiste Beurmann am Nordufer des Sees vorbei nach
Kanem. Offenbar war er unvorsichtig und versuchte, direkt nach
Wadai zu gelangen, ohne sich vorher zu vergewissern, ob er dort
willkommen sein und unbehelligt bleiben würde. Barth meinte, als
er die Nachricht von Beurmanns Ende erfuhr: »Räthselhaft ist mir
in B.'s Verhalten überhaupt Vieles und leider ist daran nicht zu
zweifeln, daß er kein klarer Kopf war.« So hatte er sich mit einem
vertriebenen Bruder des Sultans von Wadai angefreundet, ohne in
Rechnung zu stellen, wie sehr er damit das Misstrauen des Macht-
habers in Wara steigern würde.[123] Jedenfalls wurde er in der Stadt

Mao nahe der Grenze ermordet, seine Papiere gingen wie diejenigen Vogels verloren.

Barth als Organisator der Afrikaforschung

Barth wurde durch seine Tätigkeit in der Gesellschaft für Erdkunde und der Carl-Ritter-Stiftung zur wichtigsten Anlaufstelle für alle, die sich wissenschaftlich mit Afrika beschäftigten oder dies planten. Der Schweizer Geograph Jakob Melchior Ziegler bezeichnete ihn als das »africanische Central Bureau in Europa«.[124] Von Berlin aus leitete er »gleichsam die Forschungsreisen jüngerer Kräfte auf den von ihm betretenen Pfaden«.[125] Ebenso betrieb die Gesellschaft Nachwuchsförderung, als sie jüngere Forscher wie Henri Duveyrier und Werner Munzinger[126] zu Ehrenmitgliedern ernannte.

Durch seine einzigartige Erfahrung als Reisender und seinen Ruhm als Autor des gehaltvollsten Reiseberichts seit Humboldt war Barth ein wichtiger Ratgeber. Andere Reisende und Forscher schickten ihm ihre Arbeiten zu, wie der junge Arzt Adolf Bastian (1826-1905), der gerade mit seiner ethnographischen Sammeltätigkeit begann, die ihn um die ganze Welt führen und zum Begründer der Ethnologie als Wissenschaft im deutschsprachigen Raum sowie zum Gründer des ethnologischen Museums in Berlin werden lassen sollte. Jetzt, als noch ganz Unbekannter, überreichte er Barth sein erstes Buch über eine Reise ins ehemalige Kongo-Reich,[127] in der Hoffnung, dass Barth »in Ihren Mußestunden einige Augenblicke finden das beifolgende Buch zu durchblättern«.[128]

An drei Beispielen aktiver Förderung jüngerer Forscher soll Barths Bedeutung als Wissenschaftsorganisator und Förderer von Forschungsreisen illustriert werden.

Albrecht Roscher und Karl Klaus von der Decken in Ostafrika

Während seines Aufenthalts in London hörte Barth erstmals von Albrecht Roscher (1836-1860), der eine Abhandlung über die Weltkarte des Ptolemäus und ihre Darstellung der innerafrikanischen

Handelsstraßen als Dissertation verfasst hatte.[129] Der Autor schickte
ihm ein Exemplar zu und kündigte an, sich bald selbst als Reisender
an der Afrikaforschung zu beteiligen.[130] Barth war nach der Lektüre
des Büchleins alles andere als überzeugt. Es sei »von Grund aus auf
Irrthum basirt und das Ganze ist ein bloßes Hirngespinst«. Roscher
hätte vieles falsch verstanden, insbesondere Orts- und Flussnamen
falsch zugeordnet.[131] Obwohl Roscher von Barths Kritik erfuhr, bat
er ihn um Empfehlungsschreiben an mögliche Geldgeber, da er
vorhatte, schon Ende desselben Jahres nach Sansibar abzureisen
und von dort aus das Festland zu erkunden.[132] Barth bemühte sich,
ungeachtet seiner Kritik an dessen Thesen, Roscher finanzielle Unterstützung durch den König von Bayern zukommen zu lassen.
Offenbar hatte ihn eine Begegnung mit Roscher von dessen Fähigkeiten als Reisender überzeugt. Gleichzeitig brachte er Roscher in
Verbindung mit einer anderen Nachwuchskraft in der Afrikaforschung, dem wohlhabenden Baron Karl Klaus von der Decken
(1833-1865).[133] Von der Decken, der durch eine Reise in Algerien
bereits über Afrikaerfahrung verfügte, lernte er persönlich kennen
und war sehr angetan, denn er sei nicht nur wohlhabend, sondern
»ein characterfester, entschlossener Mann[,] der viel für Förderung
der Wissenschaft thun kann«.[134] Er überredete von der Decken, der
vorhatte, eine Reise in Südafrika zu unternehmen, stattdessen nach
Ostafrika zu gehen, um Roscher zu unterstützen.

　　Roscher seinerseits reiste im Januar 1860 von der Ostküste Afrikas ins Landesinnere Richtung Südwesten, wo er den Malawi-See
erreichte, aber bei der Ankunft bereits schwer an Fieber litt. Der
riesige innerafrikanische See, über den der Missionar Johann Jakob
Erhardt aufgrund mündlich gesammelter Informationen berichtet
hatte, galt als ein noch zu lösendes geographisches Rätsel.[135] Im Juni
1860 traf die Nachricht ein, Roscher ginge es »ziemlich schlecht, da
die Araber ihm während seiner Krankheit fast Alles abgenommen
hatten«. Aber von der Decken sei bereits auf dem Weg und könne
möglicherweise schon Ende Juli in Sansibar eintreffen.[136] Tatsächlich war Roscher schon im März 1860 in der Nähe des Malawisees
ermordet worden, doch die Gewissheit über seinen Tod erreichte
Europa erst gegen Ende des Jahres.[137] Barth bedauerte den Tod
Roschers sehr, »aber wir dürfen sie [die Forschungen] darum nicht
aufgeben«.[138] Deshalb drängte er von der Decken, dessen Arbeiten

fortzuführen, »denn sonst wären ja Roscher's Vorarbeiten ganz nutz- und spurlos verloren gegangen«.

Nun musste er einen wissenschaftlichen Begleiter für von der Decken finden.[139] »Hätte er doch Roscher bei sich! Die Ausbeute wird so, selbst im beßten Fall, eine in wissenschaftlicher Beziehung sehr mangelhafte bleiben.« Er traute ihm also als Wissenschaftler nicht allzu viel zu, bewunderte aber seine Tatkraft.[140] Auf den Baron richtete er fortan seine ganze Aufmerksamkeit, und er setzte viele He-

Karl Klaus von der Decken

bel in Bewegung, um ihn zu unterstützen. Zunächst sah es auch so aus, als sollte von der Decken an Roschers Forschungen anknüpfen, da er im September 1860 von Sansibar nach Kilwa übergesetzt war, um den Malawisee zu erreichen, den Versuch aber vorzeitig abbrach.

Anfang 1862 erhielt Barth die telegraphische Mitteilung, von der Decken hätte den Kilimandscharo erreicht.[141] Über einen riesigen Berg mit Schnee auf dem Gipfel hatte 1848 erstmals der Missionar Johannes Rebmann berichtet, war aber von vielen nicht ernst genommen worden. Von der Decken konnte bestätigen, dass der Berg an die 6000 m hoch und schneebedeckt war. Der Kilimandscharo wurde nun das Forschungsobjekt von der Deckens, der ihn 1861 und 1862 erkundete und zu besteigen versuchte.[142]

Barth zeigte sich zufrieden mit den Fortschritten, nicht zuletzt der erfreulichen Entwicklung von der Deckens selbst, »weil er damals als er zu mir kam, ein etwas verwöhnter junger Herr war und noch nichts derartiges geleistet hatte«. Die Familie betrachtete Barth als Mentor ihres Sprösslings und dieser war überzeugt, der Baron würde »hoffentlich noch recht viel Schönes für jene Gegend leisten«.[143] Seine Mutter machte sich Sorgen, nachdem sie vom Tod Roschers erfahren hatte, appellierte an Barth, einen Ersatz für

Roscher zu suchen, und brachte Werner Munzinger ins Spiel.[144]
Tatsächlich neigte Barth eine Zeitlang dazu, diese Idee aufzugreifen
und Munzinger zur Verstärkung von der Deckens loszuschicken,
blieb dann aber dabei, dass er besser die Heuglin-Expedition verstärken sollte, weil dort ein Ethnograph benötigt würde.[145]

Abgesehen davon wurde es dringlich, von der Decken einen Wissenschaftler an die Seite zu stellen, nachdem Roscher nicht mehr
lebte. Barth schrieb deswegen an verschiedene Kollegen wie Haeckel,
den er sogar bat, über einen Aushang am schwarzen Brett der Universität Jena bei der Suche zu helfen.[146] Auch der Geograph Wappäus
in Göttingen machte sich auf die Suche und fand tatsächlich zwei
junge Astronomen, die aber nur gemeinsam reisen wollten.[147] Daraus wurde nichts, denn Barth hatte mittlerweile mit dem »jungen,
vielseitig gebildeten« Otto Kersten (1839-1900) selbst jemanden
gewonnen.[148] Kersten hatte die für Barths Wertschätzung nötige
Energie und machte sich im März auf den Weg, um von der Decken
bei seiner zweiten Kilimandscharo-Expedition zu begleiten.[149] Dabei erwies er sich als gute Wahl Barths, denn er lieferte nicht nur
sehr genaue geographische Messungen, sondern war auch ein hervorragender Botaniker.

Der vom Fieber befallene von der Decken war mittlerweile an die
Küste zurückgekehrt und hatte sich »auf das Meer nach Madagascar
geflüchtet«.[150] Seine Sammlungen schickte er in mehreren Sendungen zurück nach Europa, was sich unter Spezialisten schnell herum-
sprach, die sich mit ihren Anfragen an Barth wandten, wie etwa der
Ornithologe Gustav Hartlaub.[151] Andere, wie der Geologe Gustav
Rose, erhielten durch Barth vermittelt Gesteinsproben.[152]

Von der Decken wollte eine weitere Expedition zur Erforschung
der ostafrikanischen Flüsse nutzen und benötigte dafür einen Dampfer. Er selbst traf im August 1863 wieder in Europa ein und Barth war
von dem mecklenburgischen Reisenden so überzeugt, dass er ihn
gegen Kritik von William Cooley in Schutz nahm, »der den trefflichen Decken in einem schamlosen[,] ganz ehrenrührigen Artikel des
letzten Athenaeum angegriffen hat«. Barth versicherte seinem
Schwager Schubert, dass er diesen »heißen ernsthaften Strauß mit
Cooley« ausfechten werde. »Es ist aber eine Antwort, die sich gewa-
schen hat, dessen versichere ich dich.«[153] Cooley, selbst ein reiner
Stubengelehrter, hatte die Neigung, an seinen Positionen festzuhal-

ten und sie mit großer Aggressi-
vität zu verteidigen, selbst wenn
sie empirisch widerlegt worden
waren; in diesem Fall bezweifelte
er hartnäckig die Existenz des
Kilimandscharo. Abgesehen von
Cooley hatte von der Decken in
Großbritannien und in Frankreich aber auch Bewunderer wie
Charles Beke, der ihn getroffen
hatte, »ein interessantes Gespräch« mit ihm führte und bedauerte, dass er ihn nur einmal
sehen konnte.[154] Er erhielt sogar
eine der Ehrenmedaillen der Royal Geographical Society.[155]

Otto Kersten

Mit einem von Barth vermittelten Empfehlungsschreiben an den
Vizekönig von Ägypten ausgestattet traf von der Decken im September 1864 wieder in Sansibar ein, von wo er weitere Forschungen
unternahm. Um die Jahreswende berichtete er Barth über die Ankunft seines Dampfers, mit dem er im neuen Jahr den nördlichen
Abschnitt der ostafrikanischen Küste erkunden wollte.[156] Otto Kersten konnte wegen einer schweren Erkrankung an dieser Expedition
nicht mehr teilnehmen und kehrte nach Deutschland zurück.[157] Das
rettete ihm das Leben, denn von der Deckens Dampfschiff lief auf
den Stromschnellen des Juba auf Grund, er selbst wurde am 28. September 1865 in der Stadt Bardera ermordet. Fast seine ganze Mannschaft kam im Kampf gegen die lokale Bevölkerung ums Leben.
Diese Hiobsbotschaft erreichte Barth aber vor seinem eigenen Tod
nicht mehr.

Duveyrier und die Erforschung Algeriens und der Sahara

Anfang 1857 lernte Barth den gerade 17-jährigen Franzosen Henri
Duveyrier (1840-1892) kennen, der in Leipzig bei Heinrich Leberecht Fleischer Arabisch studiert hatte und von diesem an Barth

empfohlen wurde. Fleischer schrieb, dass »es kaum irgend einen
jungen Mann geben kann, der Ihren wissenschaftlichen Großthaten
mit regerem, liebevollerem Interesse gefolgt wäre als Herr
Duveyrier«.[158] Sein Vater besaß Landgüter in Algerien, war Schriftsteller und über die gemeinsame Begeisterung für die sozialistische
Lehre des Saint-Simonismus mit Heinrich Heine bekannt.[159] Diese
Lehre prägte Duveyriers Haltung zu Afrika, die von der Suche nach
friedlichem Austausch und wechselseitiger kultureller Befruchtung
bestimmt wurde. Im selben Jahr, in dem er Barth kennenlernte,
hatte er eine erste, fünfwöchige Reise nach Laghouat in Algerien
unternommen.[160]

Duveyrier sollte zunächst eine Laufbahn als Geschäftsmann bei
Freunden seines Vaters einschlagen, wurde aber nicht zuletzt durch
die Begegnung mit Barth dazu animiert, seine Zukunftspläne zu
ändern, und entschied sich für eine wissenschaftliche Karriere.[161]
Neben der Vertiefung seiner Arabischkenntnisse besuchte er naturwissenschaftliche Vorlesungen in Biologie und Geologie am Collège
de France und begann, Pläne für eine erste eigene Reise in die Sahara zu schmieden.[162]

Aus der ersten Begegnung entstand eine Freundschaft, die bis zu
Barths Tod andauerte, zunächst noch als Lehrer-Schüler-Verhältnis,
das von Bewunderung seitens des 19 Jahre jüngeren Franzosen
geprägt war. Bald wurde der Ton vertrauter und nahm die Züge
eines intensiven wissenschaftlichen Austauschs an. Später wohnte
Duveyrier bei Barth, wenn er ihn in Berlin besuchte.[163] Der Franzose verstand sich als Schüler Barths, dem er nacheiferte und dessen
Forschungsmethoden er ebenso übernahm, wie er ihm in der Band-
breite der wissenschaftlichen Interessen folgte. Noch 1863, als er
sich längst einen eigenen Ruf als fähiger und erfahrener Afrikaforscher erworben hatte, schätzte er sich glücklich, »dass Sie unser
junger Patriarch unter uns anderen Saharareisenden sind«.[164]

Barth hielt seinerseits große Stücke auf ihn, sprach von ihm bald
schon als »mein junger Freund Duveyrier«[165] und veranlasste wiederholt, dass der Franzose mit neuesten Publikationen versorgt
wurde, etwa Karten direkt von Perthes zugesandt erhielt, wenn er
sich zu Forschungen in Algerien und der Sahara aufhielt.[166] Die
Genfer Gesellschaft für Geographie machte er nachdrücklich auf
ihn aufmerksam: »Ich höre gute Dinge über Herrn Duveyrier, der

ein ernsthafter Mensch voll Enthusiasmus für unsere Sache ist.«[167]

Als Duveyrier im Frühjahr 1859 aufbrach und zunächst die Großoase Mzab in Algerien besuchte, um dann weiter nach el Goléa zu ziehen, informierte er Barth über seine Fortschritte, Schwierigkeiten und Forschungsergebnisse und bat um dessen linguistische Studien. Mit seinen eigenen Messungen korrigierte Duveyrier die Karten des französischen Militärs, geriet aber in El Golea in Schwierigkeiten, weil man ihn als Christen ablehnte,

Henri Duveyrier

aber möglicherweise auch, weil er als Franzose verdächtig war.[168] Darum musste er nach Ghardaia, der zentralen Stadt im Mzab, zurückkehren.[169]

Infolgedessen näherte sich Duveyrier den französischen Militärkommandanten in Algerien an, die ihn in seinen Forschungen unterstützen wollten.[170] Die Armee hatte sich zunächst rigoros geweigert, mit einem nicht einmal 20-Jährigen etwas zu tun zu haben, zumal er eher als Störenfried wahrgenommen wurde. Doch Duveyrier wandte sich direkt an Napoleon III., dem der Heroismus des jungen Mannes imponierte.[171] So erhielt er vom Kolonialministerium eine Unterstützung von 6000 Francs, wodurch er aber in Abhängigkeit von den Behörden geriet, die sich von ihm nutzbare Informationen erhofften, auch wenn Duveyrier selbst bestritt, nun für staatliche Auftraggeber zu arbeiten.[172] Duveyrier verfolgte weiter sein Ziel, das noch ganz unbekannte Gebirge im heutigen Südalgerien zu erforschen, weshalb Barth bald Petermann erfreut berichtete: »Unser Freund Duveyrier ist nun wol hoffentlich schon auf dem Wege nach dem so interessanten Hogār-Gebirge.«[173]

Als Duveyrier einige Zeit später im Land der Asgar-Tuareg war, klagte er über den »Hass der überall gegen meine Nationalität herrscht«, was ihn zu einer »unaufhörlichen Geistesspannung«

zwang, was man heute Stress nennen würde.[174] Hier wurde zum ersten Mal erkennbar, dass wissenschaftliche Forschung und imperiale Interessen keineswegs wechselseitig förderlich waren, sondern ein Mann wie Duveyrier, wohin er auch kam, unausweichlich als Vertreter eines expansiven und für die Tuareg immer gefährlicher werdenden französischen Imperialismus angesehen wurde. Dies erschwerte ihm das Reisen, wie der Generalsekretär der französischen Geographischen Gesellschaft, Victor Malte-Brun, beobachtete: »Weil die Franzosen in der Sahara gefürchtet werden und ein einzelner Reisender für einen Spion gehalten wird, musste der arme Henri Duveyrier daraufhin seinen gesamten Reiseplan ändern.«[175]

Duveyrier bot an, für Berliner Wissenschaftler Aufträge, insbesondere meteorologische und topographische Messungen, auszuführen.[176] Seine eigenen geographischen Spekulationen über frühere Flusssysteme bzw. ehemalige Buchten des Mittelmeers, die ins Landesinnere reichten, übermittelte Barth an Petermann, betonte aber, es seien eigentlich keine wirklich neuen Thesen.[177] Er bezeichnete Duveyrier trotzdem als »fähigen Reisenden«, was aus seinem Mund eine Auszeichnung war.[178]

Mit seiner Reise und dem publizierten Bericht wurde Duveyrier zum »shooting-star« der französischen Forschung, mit gerade 21 Jahren wurde er sogar in die Ehrenlegion aufgenommen. Barth selbst äußerte seine Wertschätzung »des außerordentlich gediegenen und reichen Inhaltes« von Duveyriers Buch über die Tuareg.[179] Nach Barths Tod war Duveyrier für einige Zeit neben Livingstone die größte Zelebrität in der Afrikaforschung, geriet aber dann in den Sog des gewaltsamen Imperialismus. Weil er, dem Vorbild Barths treu, einen Ausgleich und Dialog mit den Afrikanern anstrebte, stellten ihn diese Verstrickungen in den französischen Imperialismus vor immer größere Probleme, wodurch er depressiv wurde und sich am 24. April 1892 das Leben nahm.[180]

Doch nach seiner Rückkehr aus Algerien lagen solche Krisen noch in weiter Zukunft. Durch seine Forschungen erwarb er sich Respekt und Hochachtung bei den älteren Geographen in Frankreich, deren Gesellschaft ihn 1864 mit ihrer Großen Medaille in Gold auszeichnete.[181] Als Barth Duveyrier zusammen mit Ernest Renan zum auswärtigen Mitglied der Gesellschaft für Erdkunde ernannte, fühlte sich der junge Forscher sehr geehrt: »Diese unerwartete Ehrung vergrößert meine Hochachtung für Sie und ich danke Ihnen aus ganzem Herzen.«[182] Renan seinerseits bezeichnete die gleichzeitige Auszeichnung des jüngeren Duveyrier und des Kleinasien-Forschers Georges Perrot als »zwei ausgezeichnete Entscheidungen«.[183] Ein Jahr später war Duveyrier froh, sich für Barths Zusendung seiner »Central-Afrikanischen Vokabularien« mit einem Satz Druckfahnen des ersten Bandes seines eigenen Werkes »Exploration du Sahara« revanchieren zu können.[184]

Duveyrier ließ von seiner Verehrung Barths nie ab und wahrte sein Andenken. Im Krieg von 1870/71 geriet er in deutsche Kriegsgefangenschaft und wandte sich an Gustav Schubert um Hilfe. Dieser hielt sich zu der Zeit in Paris auf und besuchte Duveyriers Pflegemutter, die ihm sein Arbeitszimmer zeigte, wo Schubert »über dem Schreibtisch das Bild meines Schwagers Heinrich Barth hängen sah«.[185]

Rezensent und Autor

Abgesehen von der Arbeit an seinen eigenen Reiseberichten war Barth vielseitig als Autor aktiv. Er redigierte Briefe und Berichte, die ihm Afrikareisende zuschickten,[186] er übersetzte und fasste zusammen, was Franzosen, Engländer u. a. erforschten und er rezensierte Neuerscheinungen. So engagierte er sich ganz besonders für seine Schützlinge wie von der Decken, Kersten oder Duveyrier, deren Briefe er in seine eigene »Zeitschrift für allgemeine Erdkunde« beförderte, um so das öffentliche Interesse an diesen Unternehmen wach zu halten.

Barth war auch ein Rezensent von Reiseberichten, wovon ein Beispiel vorgestellt werden soll, das für Kontroversen unter Geographen in ganz Europa sorgte, nämlich die Reise des französisch-amerikanischen Forschers Paul Du Chaillu (1835-1903). Dieser hatte seine Jugend bei seinem als Missionar tätigen Vater am Gabun-Estuar verbracht, sprach mehrere afrikanische Sprachen, hatte aber keinerlei wissenschaftliche Ausbildung.[187] Trotz des großen Bildungsunterschieds waren Barth und Du Chaillu als Reisende einander sogar recht ähnlich: Beide benötigten aufgrund ihrer Sprachkenntnisse keine Dolmetscher, beide zogen es vor, als einzige

Europäer gemeinsam mit Afrikanern zu reisen, beide kamen mit Afrikanern gut aus und ließen individuelle Unterschiede nicht hinter Kollektivzuschreibungen verschwinden.[188]

Als Du Chaillu 1860 von einem mehrjährigen Aufenthalt in Zentralafrika wieder in die USA zurückkehrte und dort zu einem gefeierten Publikumsliebling wurde, gab Barth in der »Zeitschrift für allgemeine Erdkunde«, basierend auf einem in New York gehaltenen Vortrag des Reisenden, eine positiv wertende Zusammenfassung der geographischen Forschungsergebnisse.[189] Zu dem Zeitpunkt bat er Roderick Murchison, dem Reisenden, dessen Veröffentlichung er »mit dem größten Interesse« entgegensehe, seine »beste Empfehlung« zu übermitteln.[190] Der Ton änderte sich aber gänzlich, als Du Chaillus Reisebericht erschienen war und Barth ihn gründlich gelesen hatte; jetzt schrieb er von »Charlatanerien« und »unverschämten Lügen«.[191] Während Barth das Buch denjenigen, die eine spannende Reiseerzählung lesen wollten, zur Lektüre empfahl, hielt er es für wissenschaftlich wertlos.

Dies begründete er in einer ausführlichen Rezension in der »Zeitschrift für allgemeine Erdkunde« teilweise mit der fehlenden wissenschaftlichen Ausbildung, doch war das nicht der ausschlaggebende Grund. Er hielt vielmehr große Teile des Buches für erfunden und kam zur Schlussfolgerung, »daß Du Chaillu nicht allein völlig ungenau in seinen Angaben und Beschreibungen ist, sondern, daß er auch wenigstens einen großen Theil seiner Reisen gefälscht hat«.[192] In einer scharfsinnigen und detaillierten Analyse bemängelte Barth, dass Du Chaillu seinen Bericht mit überflüssigen und unwichtigen Details überfrachtet habe. Andererseits verschweige er Daten seiner Reise, wo sie wichtig seien, denn die Landschaftsbeschreibungen ohne Angaben zur Jahreszeit in einer Region mit starken Unterschieden zwischen Regen- und Trockenzeit seien sinnlos.[193] Ungereimtheiten in der Chronologie veranlassten ihn zu der Behauptung, Du Chaillu habe ein ganzes Jahr seines Reiseberichts frei erfunden. »Diese Reise ist also unzweifelhaft erlogen, nicht erdichtet, weil sie nicht als eine erdichtete Ausführung der faktischen Reise eingewebt ist, sondern weil alle Daten der wirklichen Reise verschoben und gefälscht sind, um ihr Platz zu machen und das Publikum absichtlich hinter das Licht zu führen.«[194] Barths Kritik hatte ihre Berechtigung, denn »der luftige, windige

Erzähler«,[195] als den er ihn bezeichnete, neigte zu sensationalistischen Übertreibungen, etwa als er über die angeblich kannibalistischen Fan berichtete. Auch gab er seine eigenen Quellen nicht preis, wobei Barth aber wusste, dass es andere Reisende und Missionare gewesen sein mussten, von denen Du Chaillu Informationen bezog, die er als eigene Beobachtungen ausgab.[196] Damit untergrub er seine Glaubwürdigkeit und da er oft sehr unpräzise in seinen geographischen Angaben war, konnte Barth das Buch als wissenschaftlich »fast unbrauchbar« abtun.[197]

Aber der Vorwurf der Fälschung und absichtlichen Täuschung der Leser sowie der Angriff auf die Person des Autors, der ihm als »charakterloser Mensch« erschien,[198] waren zweifellos überzogen. Heute wird Du Chaillus Buch insbesondere wegen der reichhaltigen ethnographischen Informationen geschätzt, und Barth dürfte in seiner Kritik über das Ziel hinausgeschossen sein.[199] Du Chaillu war sehr getroffen, dass ausgerechnet Barth, den er verehrte, ihn so vernichtend kritisierte.[200] In Großbritannien wurde sein Buch, etwa von Roderick Murchison, viel positiver beurteilt, und vor allem Victor Malte-Brun verteidigte ihn. Obwohl er Fehler Du Chaillus einräumte, meinte er: »Wenn es mir gestattet ist, das zu sagen, so erscheint uns, Herrn Vivien de Saint Martin und mir, dieser Reisende nicht alle die Beschuldigungen zu verdienen, die gegen ihn vorgebracht werden.«[201] In Deutschland nahm ihn August Petermann in Schutz, da Barth eine auf den Angaben des Reisenden beruhende Karte Petermanns kritisiert hatte. Weil die beiden sich zu der Zeit wegen der Heuglin-Expedition ineinander verbissen hatten, erklärt dies den indignierten Tonfall Petermanns, der Barth in der Sache eigentlich recht geben musste, sich dann aber aufs Moralisieren verlegte: »Wir wollen uns lieber einmal irren, als einem Menschen schreiendes Unrecht thun.« Mit dem Opfer des von Barth verübten Unrechts meinte er nicht nur Du Chaillu, sondern mindestens in gleichem Maß sich selbst. Er ließ es sich nicht nehmen, Barth unter die Nase zu reiben, dass er vor Jahren auch die Berichte von Krapf und Rebmann über schneebedeckte Berge in Ostafrika als Märchen abgetan hätte, um die beiden nun, seit von der Decken sie bestätigt hatte, als große Entdecker zu feiern.[202] Barth antwortete Petermann gleich zweimal, einmal wegen Du Chaillu, ein zweites Mal wegen der Schneeberge.

Da Petermann den Streit in der Öffentlichkeit austrug, sah er es als eine Sache der Ehre an, sich ebenfalls öffentlich zu wehren. Er blieb sachlich und äußerte sich nicht zu den moralischen Vorwürfen Petermanns, sondern betonte nochmals seine Kritik an Du Chaillu.[203] In dem anderen Text hob er hervor, dass er nie gesagt hätte, Rebmann und Krapf hätten die Unwahrheit gesagt, also gelogen, sondern er hätte seinerzeit vermutet, Rebmann könne sich geirrt und eine weiße Felsschicht für Schnee gehalten haben.[204] Du Chaillu seinerseits ließ Barths Kritik nicht auf sich sitzen, lernte in einigen Intensivkursen die geographischen Messmethoden und reiste 1862-1865 nochmals in derselben Region, um seine Reputation wiederherzustellen, was ihm mit dieser zweiten Reise tatsächlich gelang.[205]

Geographie weltweit

1863 wurde Barth zum Vorsitzenden der Gesellschaft für Erdkunde gewählt und damit auch zum offiziellen Herausgeber ihrer »Zeitschrift für allgemeine Erdkunde«. Die eigentliche Redaktion übernahm der Geograph Wilhelm Koner (1817-1887), mit dem sich Barth anfreundete und der einer der wenigen Menschen außerhalb seiner Familie war, mit denen er sich duzte; er übernahm sogar die Patenschaft für Koners Kind.[206] Der Vorsitz war ein einflussreiches Amt, denn in der Gesellschaft versammelten sich nicht nur die geographisch interessierten Wissenschaftler der Universität und der Akademie der Wissenschaften, sondern auch zahlreiche Militärs bis hinauf zum Generalstab. So war die Gesellschaft für Erdkunde politisch durchaus einflussreich, und solche Kontakte konnten die Erschließung weiterer Forschungsmittel erleichtern.

Der Vorsitz brachte eine Ausweitung von Barths Tätigkeit auf die Geographie in der ganzen Welt. In dieser Stellung konnte er selbst Verbindungen knüpfen und jüngere Talente fördern. So lud er noch als stellvertretender Vorsitzender Ernst Haeckel ein, im Juli 1860 über seine Forschungen in Sizilien einen Vortrag zu halten.[207] Anfang 1865 wandte sich der aus Deutschland stammende Botaniker Ferdinand Mueller (1825-1896), der seit 1857 Leiter der »Royal Botanic Gardens« in Melbourne war, an Barth. Eine Gruppe australischer Frauen hatte Spenden gesammelt, um eine Suchexpedition

auszusenden, die den in Australien verschollenen deutschen Forscher Friedrich Wilhelm Leichhardt (1813-1848) aufspüren sollte.
Mueller erbat diplomatische und politische Hilfe Barths,»ob nicht
das Ministerium der Königl. Regierung Preußens den Staatssecre-
tair Englands für die Kolonien oder die Gouverneure unserer Staaten ermahnen möchte, doch kein Mittel unerschöpft zu lassen, das
vielleicht den Unglücklichen oder irgend einen seiner Begleiter zu
uns zurückführen könnte«.[208] Er erhoffte sich Hilfe von der preußischen Kronprinzessin, der ältesten und gleichnamigen Tochter
der britischen Königin Victoria,»ist doch die Prinzessin berufen
einst die Krone des Reiches zu tragen, dem Leichhardt angehört u.
ist der Arme doch in dem Lande verloren, über das ihre königliche
Mutter das Scepter hält«. Er hoffte ferner, dass die Expedition viele
neue Aufschlüsse über die Geographie Australiens erbringen würde.[209] Barth konnte tatsächlich die Kronprinzessin für die Sache
gewinnen und wollte sich auch selbst mit einem Geldbetrag beteiligen.[210] Eine Ehrenmitgliedschaft in der Gesellschaft für Erdkunde
erhielt auch John McDouall Stuart, der auf seiner letzten von sechs
Reisen Australien ganz von Norden nach Süden durchquert hatte.[211]

Auch zu Forschern in den Amerikas unterhielt Barth Kontakte,
sowohl persönlicher wie brieflicher Art, insbesondere zu Brasilien,
ein Land, das wegen deutscher Auswanderung in der Zeit besonde-
res Interesse fand. Mit Friedrich von Gülich erhielt ein preußischer
Diplomat die Ehrenmitgliedschaft, der vor allem in den La-Plata-
Staaten bestens vernetzt war und Barth einige Dienste geleistet
hatte.[212] Er schlug ihm seinerseits Südamerikaner als Kandidaten
für Ehrenmitgliedschaften vor, wie den damaligen Präsidenten Pa-
raguays, Francisco Solano Lopez.[213]

Am Ende seines Lebens, im Jahr 1865, war Barth auch in die von
Petermann betriebenen Arktis-Expeditionen involviert.[214] Er wandte
sich an den Korvettenkapitän Reinhold Werner, der in der Marine
als der wichtigste Unterstützer angesehen werden kann, doch distanzierte sich Barth von Petermanns spekulativen Thesen über das
angeblich eisfreie Polarmeer.[215] Petermanns eifrige Werbeaktivitä-
ten fand er wie schon früher gänzlich kontraproduktiv und bedauerte,»daß Sie in mancher Beziehung durch Hineinziehen aller unangenehmen materiellen Seiten und zu frühes Besprechen völlig in
der Schwebe befindlicher Behandlung der Sache oft schaden«.[216]

Petermann verteidigte sich und behauptete, er sei von anderen dazu gedrängt worden, während es ihm selbst nur um die wissenschaftliche Forschung ging.[217]

Unter Barths nur zweijährigem Vorsitz entwickelte die Gesellschaft eine neue Dynamik und wurde international einflussreicher.[218] Sie begann, gezielt Ehrengliedschaften zu verleihen, etwa an Jakob Melchior Ziegler, der ein wichtiger Verbindungsmann in der Schweiz war.[219] Diese Ehrungen beschränkten sich keineswegs nur auf Afrikaforscher, sondern die Gesellschaft verlieh Ehrenmitgliedschaften auch Forschern zu ganz anderen Regionen wie Ferdinand von Richthofen, der zu jener Zeit an der Westküste Nordamerikas arbeitete, bevor er sich China zuwandte,[220] oder Georges Perrot, einem französischen Archäologen, der sich auf Kleinasien spezialisiert hatte.[221] Der italienische Diplomat und Geograph Cristoforo Negri, der dafür gesorgt hatte, dass Barth einen hohen italienischen Orden verliehen bekam, wurde im Gegenzug mit einer Ehrenmitgliedschaft der Gesellschaft für Erdkunde bedacht.[222]

So hielt er Kontakt zu den Geographischen Gesellschaften in Nachbarländern und beteiligte sich nicht an dem Gerede über Erbfeindschaft.[223] Vielmehr vertiefte er die Beziehungen, indem er wichtige Geographen und Funktionsträger, wie den langjährigen Generalsekretär der Société de Géographie de Paris, Victor Adophe Malte-Brun, sowie deren Vizepräsidenten Joseph Reinaud zu Ehrenmitgliedern machte.[224] In London wurde dem neuen Sekretär der Royal Geographical Society, Clements Markham, diese Ehre zuteil.[225] Das war ein vielversprechender Neuanfang, denn Francis Galton informierte Barth vertraulich über eine Neuausrichtung der Royal Geographical Society, die stärker die Auslandskontakte pflegen wollte, wobei Barth als Schlüsselfigur betrachtet wurde.[226] Die Kontaktaufnahme zur Geographischen Gesellschaft in Genf wurde dadurch erleichtert, dass in der Stadt die Erinnerung an Besuche Ritters noch lebendig war.[227]

Zu diesen Beziehungen gehörte auch der Austausch der jeweiligen Publikationen, woran sich in einem Fall sogar der französische Bildungsminister persönlich beteiligte, als er der Gesellschaft für Erdkunde neue französische Werke zur Archäologie Kleinasiens zukommen ließ.[228] Als Barth sich an die Geographische Gesellschaft Russlands wandte, informierte ihn der dortige Sekretär von Osten-

Sacken über die laufende Forschung im Zarenreich sowie über Forschungsdesiderate.[229] Aber auch den aus Deutschland stammenden und in St. Petersburg an der Universität tätigen Physiker Emil Lenz beehrte Barth.[230]

So wie er der Ritter-Stiftung durch gesamtdeutsch organisierte und finanzierte Expeditionen einen Beitrag zur nationalen Einigung zudachte, las Barth auch in geringe Spendierlust größere Bedeutung hinein: »Ist es nicht übrigens nicht recht charakteristisch für unsere deutschen Zustände, daß für diese Richtung, die ungeheure Summen benöthigt zum gedeihlichen Fördern der wirklich nationalen Bestrebungen und Bedürfnisse kaum so viele Silbergroschen, ja kaum soviele Pfennige zusammenkommen, wie für die Schiller und Tiedgestiftungen, halb und halb Anstalten für geistige Miser, Unbedeutendheit und Hungerleider.«[231] Selbst sein Nationalismus blieb an Leistung und Tüchtigkeit gebunden.

Barths späte Reisen
und sein Wissenschaftsverständnis

1859 beließ Barth es bei Reisen im deutschsprachigen Raum, wovon er aber nichtsdestoweniger profitierte, denn er nutzte sie, um »mich in Geognosie, einer meiner schwächsten Seiten mehr auszubilden«.[1] Danach aber unternahm er in jedem Jahr bis zu seinem Tod Ende 1865 eine mehrwöchige Auslandsreise. Alle diese Reisen haben gemeinsam, dass Barth in erster Linie Gebirgsgegenden aufsuchte: die Pyrenäen, die Gebirge in Anatolien, die Alpen, den Balkan, das Rilagebirge, den Apennin, das Gebirgsland in Albanien.

Die erste im Herbst 1860 führte ihn zunächst an den Vierwald-stätter See als Ausgangspunkt für Streifzüge in verschiedene Richtungen. Dann reiste er über Genf und am Mont Blanc vorbei nach Genua.[2] Eigentlich hatte er nach Italien gehen wollen, »bei näherer Ueberlegung aber und Berücksichtigung des riesigen Vorschreitens Garibaldi's hielt ich es für zweckmäßiger meine Schritte westwärts einzuhalten«. Einen Monat später schrieb er seinem Schwager aus Bagnères de Luchon in den Pyrenäen, südlich von Toulouse. Auf dem Weg nach Westen hatte er drei »genuß- und lehrreiche Tage« in Nizza verbracht: »Diese mit Oliven im reichsten Wuchse, Wein und Fruchtbäumen dicht besetzten reich gegliederten Hügel mit zahlreichen Dörfern, Landhäusern und Klöstern auf den malerischsten Punkten sind herrlich und man genießt sie erst, wenn man so ganz allein bald sich an diesen, bald an jenen Eingeborenen anschließend darin herumstreift.«[3] Von dort war er über Toulouse in die Pyrenäen gefahren, und einige Tage später berichtete er stolz: »Auch habe ich keine Mühe gescheut, hohe Berggipfel zu besteigen und in die Mitte der Schnee- und Eismassen einzudringen.« Immerhin stand er auf dem Gipfel des 3404 m hohen Aneto, des höchsten Bergs im Massif de la Maladeta.[4] »Nur wer die Wüsten Afrikas in Sonnengluth passiert hat, weiß diese frischen Bergthäler mit ihrer kühlen Gletscherwand zu würdigen.«[5] Weil es eine reine Erholungsreise war, veröffentlichte er keinen Bericht über die Reise.

Im darauffolgenden Jahr setzte er sie fort, als er abermals zum Maladeta-Gebirge in den Pyrenäen fuhr, aber nun auf die spanische

Seite hinüberging. Dort beobachtete er im Tal ein Pilgerfest in Héas.
Er wanderte weiter nach Süden und übernachtete in Ainsa, »der
alten Hauptstadt von Sobrarbe jetzt aber ein ganz herabgekomme-
ner Ort mit flohreichem Quartier«, wie er seiner Schwester schrieb.
In Huesca besichtigte er die »Kathedrale mit wunderschönen Altar-
sculpturen«, während er die »sogenannte Universität« zwar von
außen »zierlich und nett, aber sonst ziemlich hohl und leer« fand.
Später besuchte er Pamplona und Bilbao,[6] um dann in einer 44-stün-
digen Bahnfahrt von Bayonne nach Berlin zurückzukehren.[7]
  Über seine Reisen in die Alpen und Pyrenäen sowie nach Italien
im Jahr 1864 veröffentlichte Barth keine Berichte, weil für ihn
selbst vieles neu war, er aber keine wichtigen wissenschaftlichen
Entdeckungen gemacht hatte. 1864 reiste er über Pfingsten in
Deutschland, als er in Mecklenburg unterwegs war und auch Rügen
besuchte, das er bis dahin noch nicht gekannt hatte.[8]

Die Balkanreise 1862

Umso reichhaltiger sind die Nachrichten über die Reise des Jahres
1862. Der zweite veröffentlichte Reisebericht nach seiner Afrikareise betraf wieder das Osmanische Reich, diesmal die noch verblie-
benen europäischen Provinzen, die er 1862 und 1865 erkundete.
Von der letzten Reise in die westlich anschließende Region Albaniens
konnte er keinen Bericht mehr erstellen, weil er kurz nach der
Rückkehr im November 1865 unerwartet verstarb. Doch die Reise
von 1862 beschrieb er in Buchform, was ihm unter den Kennern der
Region Lob und Bewunderung eintrug. Sein Schwager bekannte:
»Ich bin erstaunt, wie es Dir möglich gewesen ist, in der kurzen
Zeit, welche du überhaupt auf diese Tour verwenden konntest, so
wie bei der Schnelligkeit Deiner Art des Reisens diese Fülle von
Material herbeizuschaffen. Das macht Dir so leicht Niemand nach.«[9]
Victor Malte-Brun kommentierte den Bericht: »Er zeigt Ihre unab-
lässige Aktivität und Ihren lobenswerten Eifer für geographische
Arbeiten.«[10]
  Barth fuhr wieder die Donau hinab und besuchte Budapest, dem
er eine »bedeutende Zukunft« voraussagte. Er fand an den Ungarn
»viel Tüchtiges und Liebenswürdige[s]« und durchreiste das Land

mit einer gemieteten Kutsche, deren Fahrer der »vernünftigste und anständigste Mensch von der Welt« war. Weil er nicht trank und rauchte, kaufte ihm der Musikliebhaber Barth für 10 Kreuzer eine Flöte, worüber er sich »wie ein Kind« freute und »während des Fahrens fortwährend« Flöte spielte. Barth durchkreuzte mit ihm Siebenbürgen, von wo aus er sich »durch einen der gangbareren Gebirgspässe zum Lande hinaus der Donau zu wenden« wollte.[11] Siebenbürgen erschien ihm als ein Land, »wo deutsche Bildung und Intelligenz ganz festen Fuß fassen und die Nachbarländer wenigstens geistig beherrschen sollten«, doch standen dem die »Uneinigkeit und die Rivalität zwischen den kleinen schwachen deutschen Gemeinden« entgegen.[12] Er kontaktierte den siebenbürgischen Naturforscher Eduard Albert Bielz und blieb mit ihm später brieflich in Verbindung.[13]

Doch entsprach es nicht Barths Art, das Land nur von der Kutsche aus zu betrachten, deshalb legte er längere Fußmärsche zurück, obwohl es »warm wie nur im wärmsten Sommer« war.[14] Das einzige, was er zu kritisieren hatte, war das schlechte Wasser, das seinem schwachen Magen unzuträglich war, und an »Zwetschgenschnaps und schlechten Wein« konnte er sich nicht mehr gewöhnen.[15] Als er auf dem Pass die Grenze zur Walachei überschritt, wurde wenigstens die Wassersituation deutlich besser, denn »ein herrlich krystalliner Born quillt hart an der Contumaz und an ihm füllte ich mein kleines geschliffenes Reiseglas viele, viele Mal und hielt es hoch in die Höhe und schaute hinein und freute mich seiner Klarheit, so daß die Walachen zu mir kamen und mir sagten, da unten in Bukarest sei das Wasser gar schlecht und wenn ich so ein Wasserfreund sei solle ich fern davon bleiben«.[16]

An der Donau überschritt Barth bei Rustschuk, dem heutigen Russe Pyce, die Grenze zum Osmanischen Reich und betrat jene türkischen Provinzen, die heute die Republik Bulgarien bilden. Hier setzte sein veröffentlichter Bericht über die Reise ein, die der Erweiterung seiner Kenntnis einer Region diente, von der er am Ende seiner Mittelmeerreise 1847 »nur eben die Perle, die Orientalische Welthauptstadt Stambūl selbst kennen gelernt« hatte.[17] Das galt jedoch nicht nur für ihn, sondern die Region war in Mitteleuropa generell bis dahin weitgehend unbekannt: »Unendlich viel ist noch zur richtigen geographischen Kenntniß dieser Länder zu thun und große Orte von mehreren tausend Einwohnern, so wie ganze, reich gegliederte Höhenzüge fehlen auf den Karten ganz.«[18] Die osmanische Provinz, die er bereiste, nannte er bei ihrem späteren Namen Bulgarien und beschrieb genau, wo jeweils wieviele Türken bzw. Bulgaren lebten.[19]

In Tarnowo, der Hauptstadt des mittelalterlichen bulgarischen Reiches, war trotz des wirtschaftlichen Bedeutungsverlusts neben einem französischen und einem österreichischen Konsul auch ein russischer stationiert, da für diese Mächte die Bulgaren ein »Hauptobjekt politischer Machination« seien.[20] Zu Pferd überquerte Barth die Hauptkette des Balkangebirges und kam nach Philippopel oder türkisch Filibeh, das heutige Plovdiv, in der breiten, von der Mariza durchflossenen Oberthrakischen Tiefebene mit ihren zahlreichen Thermalquellen.[21] Er bewunderte die ausgedehnten Rosenkulturen, und auch »die Vorzeit hat in den zahlreich über die Ebene ausgestreuten tumuli Denkmale ihrer freilich mehr geahnten, als gekannten Geschichte zurückgelassen«.[22] Zwar war die Zahl der christlichen, bulgarischen Stadtbewohner in der Marizaebene viel größer als die der Türken, doch gab es mehr Moscheen als Kirchen, was Barth als typische Erscheinung »in den Städten dieses von fremden Eroberern unterjochten Landes« bezeichnete.[23] Auf der Straße sah er, wie die Muslime Birnen wegfuhren, während aus einem christlichen Dorf Raki transportiert wurde, eine Manifestation der »zweiseitige[n] Kultur des Landes«.[24] Seine Sympathien galten den Muslimen und ihrer Lebensweise, wie er in der Beschreibung seiner Übernachtungsstätte offenbarte: »Zuerst entbehrte ich viel, besonders den unschätzbaren Kaffe, der unter den Gläubigen, selbst unbestellt, den Reisenden sogleich bei seiner Ankunft erfrischt, während es bei diesen Christen nichts in Bereitschaft giebt, als den ewigen Schnaps.«[25] Die Gegenüberstellung der »Gläubigen« gegen »diese Christen« war vielsagend.

Wie schon in Afrika befragte er die Bewohner und seinen Begleiter nach den Handels- und Verkehrsverhältnissen der Gegend.[26] Dabei bedauerte er, das »Türkische nur sehr gebrochen und unzulänglich« sprechen zu können, weshalb er auf einen Übersetzer angewiesen war.[27] Plovdiv, die heute zweitgrößte Stadt Bulgariens, war zu Barths Zeit ein »wohlhäbiger und handelsthätiger Ort« und lag »auf einigen Granithügeln die aus der gewaltigen Thalebene

Kloster Rila

aufsteigen und den Ort auf Stunden Weite sichtbar machen«.[28] Die Stadt war in der Antike vom makedonischen König Philipp als Vorposten angelegt worden.[29]

Dann betrat er »Hoch-Bulgarien« wie er das Rilagebirge nannte, dessen Bewohner ihm gefielen, obwohl er ihre Sprache nicht verstand. »Denn diese Bulgaren, so roh, unwissend und abergläubisch sie sind, haben doch viel häuslichen Sinn und gewähren meist einen sehr erfreulichen Einblick in das Familienleben.« Dieses Urteil ging aber nicht zu Lasten der Muslime, denn als er in das Dorf Sarambeg kam, freute er sich auf sein Lieblingsgetränk: »Das hiesige Kaffe war voll von Besuchern, anständig gekleideten Móslemīn, wie auch das ganze Dorf einen sehr netten Anstrich hatte.« Auch äußerlich gefielen ihm die muslimischen Dörfer besser.[30] Als er dem Rilagebirge, dem höchsten Gebirgszug Bulgariens, näher kam, enthüllte sich dem geschulten Auge des Geographen »ein blumenartig gegliederter Gebirgsknoten«, wo »mehrere Joche, von tiefen Schluchtenthälern gespalten, sich sowohl nach NNO. als nach W. rosettenartig ausbreiten und mit hohen Kuppen heruntersteigen«.[31]

In der Stadt Samakov hatte er ein interessantes Gespräch mit dem lokalen Vertreter der osmanischen Obrigkeit[32] und besichtigte verschiedene Eisenhütten, die er äußerst primitiv und unwirtschaftlich fand.[33] Dann kam er in das Haupttal der sieben Seen, von wo es abwärts zum Kloster Rila ging. »Ein so großartiges Gebäude hatte ich hier wahrlich nicht erwartet, mit drei und selbst vier massiven Säulenhallen über einander und einer schmucken Kirche in der Mitte.«[34] Er übernachtete im Kloster und nutzte den Rest des Tages, um die Landschaft zu betrachten und seine Messungen vorzunehmen. Für ihn gehörten »diese Ansichten bei Rīlo zu dem Großartigsten, was sich meinem, doch leidlich geübten Gedächtniß eingeprägt hat«. Es war die »wunderbare Mischung des Wilden und Lieblichen«, die ihn so beeindruckte.[35] Nachts um 3 Uhr brach er auf, um die Höhe des Gebirges zu erklimmen. Aus seiner Erzählung wird nicht ganz deutlich, ob er den Musala selbst, den mit fast 3000 Meter höchsten Berg Bulgariens, bestieg. Zumindest sah er ihn, schätzte seine Höhe recht zutreffend auf »nicht unter 9000 Fuß« und mutmaßte, ob er nicht sogar höher als der Olymp sei.[36] Der Abstieg war abenteuerlich, da Barth sich verschätzte und sich schließlich querfeldein wieder hinab zum Kloster durchschlug. Das war wegen des hohen Grases anstrengend, weil »man bei jedem Schritt niederfiel, wenn man nicht auf dem Allerwerthesten hinuntergleiten konnte«. Barth war danach überzeugt, das Gebirge sei »die alte Entwicklungsstation des Hellenen oder Griechenvolkes und als solche eben so geschichtlich merkwürdig, wie seiner ganzen Natur nach hoch romantisch«.[37] Am Abend unterhielt er sich mit den Mönchen, die über die zurückgegangenen Besucherzahlen klagten. Weil die Gäste ihre Haupteinnahmequelle waren, spottete Barth: »Die sehr geistige Natur der Klosterpflege kann man daraus ermessen, daß jährlich im Durchschnitt 5000 Okka Rakī und 10,000 Okka Wein verbraucht werden.«[38]

Barth hatte »in dieser kurzen Zeit eine Menge neuen geographischen Materials für die Türkei gesammelt«. Er war in der Lage, viele falsche Angaben zu berichtigen. »So habe ich denn manche Ortschaften entdeckt von 300-500 Häusern die vorher gar nicht bekannt waren und ganze Höhenzüge niedergelegt, wo vorher gar nichts war. Wo möglich habe ich mich im Gebirge gehalten und so theils selbst den Vortheil frischerer Gegenden gehabt theils große Landschaften überschaut.«[39]

Barth im Rilagebirge

Über die südlich des Klosters gelegene Kleinstadt Dubnitsa ging
es weiter Richtung Südwesten in das heutige Nordmazedonien. In
einem südlich ausschlagenden Bogen über Strumica kam er nach
Radovis, wo er den zahlreichen Weinreben die Folgen einer Dürre
ansehen konnte.[40] Barths Kurs erklärt sich daher, dass es keine verlässlichen Karten gab und die lokalen Beamten ihn wegen der unsi-
cheren Straßen nur über Konche nach Kavadarci ließen, was ein
Umweg war. Er bot ihm aber die Gelegenheit, das Land genauer zu
erforschen. Nun kam er ins Tal des Vardar, den er überquerte,[41] um
dann durch eine reiche Weingegend Richtung Südwesten über Pri-
lep nach Monastir, das heutige Bitola, weiterzureisen.[42] In der aufgrund ihrer strategischen Lage bedeutsamen Stadt erkannte er das
antike Herakleia.[43] Er bestieg den Pelister, den mit 2600 Meter
höchsten Berg im nahe gelegenen Baba-Gebirge, bekam aber wegen
Nebels den Prespasse-See direkt westlich nicht zu Gesicht.[44] Zwischen Bitola und Florina, wohin er als nächstes zog, verläuft heute
die Staatsgrenze zwischen Nordmazedonien und Griechenland.
Sein Ziel war die Stadt Kailar, heute Ptolemaida, wo er zum ersten
Mal in der Ferne den Gipfel des Olymp erblickte.[45]

Der Weg führte weiter nach Süden über Kozane. Hier fand er Einwohner, die etwas Deutsch konnten, was er auf den regen Handel der Stadt mit Wien zurückführte. Der Metropolit machte ihm ein Geschenk von zwei Flaschen Wein, und Barths Begabung, schnell in freundlichen Kontakt zu treten, hatte sich vorteilhaft für ihn bewährt.[46] Dann kam er nach einigen Stunden Weiterreise über Servia (Selvidje) an den nordwestlichen Fuß des Olympmassivs.[47] Er wanderte auf dessen westlicher Seite hinab und bestieg den Berg von der Kleinstadt Elassona her. Der dortige osmanische Amtmann Hassan war früher in Tripolis stationiert gewesen und hatte Barth seinerzeit bei seinem Aufbruch zur Sahara-Durchquerung gesehen.[48] Er erhielt einen zum Islam konvertierten Griechen als Führer, »ein wirklich feingebildeter Mann von großem Anstand«.[49] Die Besteigung erwies sich als sehr mühsam, zumal Barths Begleiter den Weg doch nicht so gut kannten. Aber er konnte sich davon überzeugen, dass im Gegensatz zu den Angaben in geographischen Lehrbüchern der Olymp im Sommer nicht schneebedeckt war.[50] Von Litochoro an der Ostseite des Olymp war der Weg zum Meer nicht mehr weit und Barth zog im Eiltempo weiter nach Thessaloniki, um dort ein Dampfschiff nach Athen zu besteigen.[51] Der Stadt Thessaloniki sagte er eine große Zukunft als mögliche Hauptstadt eines künftigen Bulgarien voraus – ein Ergebnis seiner Beobachtungen über die weit im Süden festzustellenden slawischen Einflüsse.[52] Schon bevor das Schiff Athen erreichte, schwirrte es an jedem Landeplatz von Gerüchten über eine bevorstehende Flucht des griechischen Königs.[53] In Athen selbst geriet er mitten in die »kleinstädtische Griechische Revolution«[54] gegen den Wittelsbacher Otto I., »vom Lykabettos aus auf das Kleinleben im modernen revolutionären Athen niederblickend«.[55]

Der Reisebericht gehörte zu seinen fortgeführten Forschungen zum Mittelmeer, er stellte eine wichtige Ergänzung des bis dahin Gesehenen dar: »Meine kleine türkische Arbeit macht mir wirklich ungemeines Vergnügen, es schafft mir lebendige Gelegenheit, mich an meinem eigenen Faden in diesen Theil der Mittelmeerländer, die ich früher fast ganz vernachlässigt, hineinzuarbeiten.«[56]

Den Bericht über die Reise veröffentlichte er 1863 sowohl in der »Zeitschrift für allgemeine Erdkunde«[57] als auch als Monographie und erhielt begeisterte Resonanz. Der Kartograph Friedrich Handtke

Monastir

war nach der Publikation des Reiseberichts erstaunt »durch die
Menge der Arbeiten, welche Sie auf Ihrer doch immerhin flüchtigen
Reise ausgeführt, wobei Sie dort auch noch ethnographische und
linguistische Studien gemacht haben«. Er verglich seine eigene
Karte mit derjenigen Barths und konnte dessen Verbesserungen
sofort erkennen. »Möchte doch in jedem Jahre ein Reisender so viel
zur Erweiterung der Kenntnisse dieser Gegenden beitragen, wie Sie
es jetzt durch Ihr Werk thun, so würden die Karten über die Türkei
bald ein ganz anderes Aussehen bekommen.«[58]

Eduard Gerhard, ein klassischer Archäologe in Berlin, bedankte
sich für ein Exemplar des Reiseberichts und zeigte sich erfreut, »Sie
nicht bloß für Afrika und Asien sondern auch auf dem klassischen
Boden, auf welchem ich selbst sitzen blieb, als lehrreichen Wegwei-
ser begrüßen zu können«.[59] Auch der Althistoriker Ernst Curtius
war beeindruckt, aber nicht überzeugt von Barths These, dass die
Griechen ihren Ursprung in der Gegend des Rilagebirges hätten.[60]
Adolphe de Circourt bescheinigte Barth, er habe in diesem Buch
seine bereits bekannten Qualitäten erneut unter Beweis gestellt:

»eine außerordentliche Fähigkeit zur Berechnung der geognostischen Formen und der Pflanzendecke der Regionen, selbst wenn er
sie schnell durchreist.«[61]

1863 erwanderte Barth die »bayerischen, graubündner, tiroler,
cadorischen und cottischen Alpen«, im Jahr danach Italien, wo er
sich ebenfalls den Bergen widmete. Seine Reise führte ihn »durch
die Ostalpen hinunter bis zum Gran Sasso, Apulien und den herrlichen Neapolitanischen Golf, über Genua und die Westalpen
zurück«.[62]

Die vielfachen öffentlichen Aktivitäten Barths hatten zur Folge,
dass er in den verbleibenden Jahren seines Lebens in der Öffentlichkeit primär als Afrikaforscher wahrgenommen wurde. Er organisierte Expeditionen, unterstützte Reisende finanziell und mit
Ratschlägen, er publizierte und rezensierte hauptsächlich zum
Thema Afrika und widmete auch einen größeren Teil seiner Lehrveranstaltungen ab 1863 dem afrikanischen Kontinent. Dadurch
konnte leicht übersehen werden, dass Barth in seiner wissenschaftlichen Beschäftigung wieder zu seinem früheren Thema zurückkehrte, dem Mittelmeerraum, Koner zufolge »seiner eigentlichen
Lebensaufgabe«.[63] Es war trotz seiner großen Leistungen in der
Erforschung Afrikas, wie er schon 1846 seinen Eltern bekannte,
sein Lebensthema oder, wie Schubert es nannte »die Quintessenz
seiner Lebensarbeit«.[64] Er strebte, wie sein Freund und Kollege
Wilhelm Koner seine Ambitionen zusammenfasste, »eine genaue
Kenntniß der vielgestalteten Küsten des Mittelmeeres[,] ein Ver-
ständniß der Verkehrsverhältnisse aller Zeiten« in diesem Raum
an.[65]

Damit verbunden war auch ein Wiederaufleben seiner althistorischen Interessen, wenn er sie auch wegen der intensiven Arbeit an
afrikanischen Themen nicht so verfolgen konnte, wie er das gern
getan hätte. Dem Altphilologen Emil Hübner versicherte er, »wenn
ich mich augenblicklich vornehmlich mit sehr unklassischen und
dennoch mit dem Alterthum verknüpften Gegenständen beschäf-
tige, so ist mir darum das Alterthum nicht minder werth geblieben
und denke ich noch recht oft und auf lange Zeit dazu
zurückzukehren«.[66] Ähnlich äußerte er Theodor Mommsen gegenüber die Hoffnung, »daß unsre Studien sich noch manchmal begeg-

nen mögen«.[67] Tatsächlich war für ihn das Interesse am Mittelmeer vom Altertum nicht abtrennbar, »das diesen Gegenden einen so ganz eigenthümlichen Reiz verleihet«.[68]

Doch hatte die große Afrikareise sein Bild des Mittelmeers verändert und reifen lassen, so dass er beide Themen als gleichberechtigt und einander befruchtend ansah. Er hoffte, noch die Möglichkeit zu finden, »meinen reichen Einzelstoff auch zu allgemeinen Ideen ganz zu bemeistern«. Beide Themenfelder wollte er in den kommenden Jahren in umfassender Weise bearbeiten: »Eine systematische Geographie von Afrika und eine natur- und kulturhistorisch-geographische Beschreibung des Beckens des Mittelmeeres.« Er betonte ausdrücklich ihren inneren Zusammenhang: »Beide greifen in einander und beleben sich gegenseitig; das Mittelmeer erfrischt dabei den von Afrikas Einförmigkeit mitunter erschlafften Sinn und greift mit seinen culturhistorischen Fäden dahin ein. Das zusammen ist die Aufgabe eines langen Lebens.«[69]

Die Betonung der Kulturhistorie soll Anlass sein, anhand von Barths späteren Arbeiten sein Wissenschaftsverständnis und sein Bild von den beiden Fächern, in denen er hauptsächlich arbeitete, nämlich Geographie und Geschichte, etwas genauer zu beleuchten.

Geographie und Geschichte

Für Barth war die Geographie eine Universalwissenschaft, »denn im rechten Sinn gefaßt, begreift diese Wissenschaft alle Disciplinen mehr oder weniger und bildet das schönste Band zwischen Mensch und Natur«.[70] Zudem schlug die Geographie die Brücke zwischen Natur- und Geisteswissenschaften. »Ein vollkommener Geograph muß eigentlich die Resultate und das Abstrakt aller übrigen Wissenschaften in sich vereinen als da sind Astronomie, Mathematik, Metereologie, Anthropologie, Ethnographie, Linguistik mitsammt der geographischen Seite von Botanik und Zoologie, während wiederum die Geschichte das Alles im Zusammenhang mit dem Menschen verbindende und einigende Band bildet.«[71] Nicht umsonst sprach Barth von seinem Streben nach »umfassender wissenschaftlicher Erkenntniß des historischen Völkerlebens«.[72] In der Rückschau konnte er seine eigene Entwicklung als Loslösung von einem

Wissenschaftsverständnis beschreiben, wie es ihm auf der Universität ursprünglich vermittelt worden war:

>»Wie merkwürdig, daß ich so viele Jahre in dem rein geistigen Gange der Culturgeschichte befangen, immer um den Brei herumgegangen bin. Möchte mir nur noch einige Spanne Zeit zugemessen sein, damit ich die richtige Anschauung, die ich mir im Laufe vieler Jahre autodidaktisch selbst erkämpft, noch recht zu allgemeinen Zwecken ausbeuten könne. In meiner Jugend fehlte mir ja jede Anleitung zum richtigen Erfassen der wahren Wege in Wissenschaft und Leben und im schweren Kampfe und auf weiten Irrfahrten habe ich mir Alles selbst erringen müssen.«[73]

Barth verstand, im Gegensatz zu den Historikern seiner Zeit, Geschichte nicht nur als politische Geschichte. Die interessierte ihn auch und das wurde sichtbar in seiner rühmenden Beschreibung bedeutender afrikanischer Herrscher. Aber sein Geschichtsverständnis war nicht so einseitig staatsbezogen wie bei den deutschen Historikern des 19. Jahrhunderts. Geschichte war für Barth vielmehr eine umfassende Kulturgeschichte, was schon in seiner Dissertation deutlich zum Ausdruck kam. Ökonomische Entwicklungen, ethnographische Verhältnisse, sprachliche Verbindungen, materielle Bedingungen zählten dazu. Insofern nahm er in seinem Verständnis von Geschichte vieles vorweg, was einige Jahrzehnte später Karl Lamprecht verkündete. Im Gegensatz zu diesem war er aber ein viel präziser arbeitender empirischer Forscher.[74]

Barth schrieb an vielen Stellen von versunkener Größe, Niedergang und Verfall einst blühender Regionen. Dies fand sich im Mittelmeerbuch so häufig wie im Bericht über die Afrikareise. Darüber meditierte er angesichts der Armseligkeit der Stadt Gao am Niger, die einst die Stadt eines der größten Reiche Afrikas gewesen war und nun gerade 300 Häuser zählte. Er ließ die Abfolge großer Reichsbildungen Revue passieren, um dann die entscheidende Frage zu stellen: »Ist die Lebenskraft dieser Völker schon erschöpft, oder findet sich hier noch ein frischer Keim zu neuen Schöpfungen und neuen Reichen?«[75] Barth stellte diese Frage bei verschiedenen Gelegenheiten, denn er war kein Kulturpessimist, vielmehr sah er die Möglichkeit einer neuen Blütezeit. Dabei verfiel er aber nicht auf die Schlussfolgerungen der späteren Imperialisten, die sich selbst als die Retter vor dem fortschreitenden Verfall betrachteten.

Barth war kein Historiker der Pfadabhängigkeiten, sondern der kontingenten Prozesse. Es konnte immer anders kommen, nichts war vorherbestimmt. Die Afrikaner, die einst solch große Reiche gegründet hatten, würden auch in der Zukunft dazu in der Lage sein. Die einzige Hilfestellung, die sie brauchen konnten, waren der Handel, kulturelle Anreize und ein Ende von Verwüstung und Sklaverei. Aber die neue Blüte kam aus innerer Kraft, besonders aus dem Islam. Dieser Religion schrieb er eine zivilisierende Wirkung zu, die er für bedeutender hielt als die christliche Mission.

Dennoch ist eine Neigung zu Dekadenzerzählungen unübersehbar.[76] Was in der Gegenwart noch sichtbar war, war nur ein matter Abglanz vergangener Größe. Möglicherweise kann man hier einen gewissen Einfluss der Romantik und ihrer Verherrlichung des Mittelalters erkennen, wichtiger erscheint aber der Bezug auf die Antike, die für Barth eindeutig ein goldenes Zeitalter war. Dekadenzerzählungen waren gegenläufig zum Fortschrittsoptimismus des 19. Jahrhunderts, und der Widerspruch zwischen beiden wurde von vielen Autoren durch eine ethnische Zuweisung der Dekadenz zu den Anderen, den Afrikanern, dem Islam, dem Orient, und eine exklusive Reklamierung des Fortschritts für Europa aufgelöst. Barth sah den Niedergang historisch begründet, suchte ihn aber nicht im Glaubenssystem oder in der Kultur.

Die Geographie schuf einerseits die Grundlage für das Verständnis der Geschichte menschlicher Gesellschaften und war andererseits selbst Teil der Historie. Raum und Zeit bildeten für Barth eine Einheit, die Geographie beschrieb zunächst die Räume, doch wäre sie, ohne die Zeit einzubeziehen, keine vollständige, ja nicht einmal eine vollwertige Wissenschaft. Schon 1850 proklamierte Barth, dass »der ganze Stoff der Geographie nicht allein in Bezug auf die Bewohnungsverhältnisse, sondern auch in allen übrigen Beziehungen ein sich entwickelnder historischer ist, und dass nur das Relief des bezüglichen Landes ein Gegebenes ist, das nicht einmal selbst den Veränderungen entzogen wird und auch wieder für uns erst durch den historischen Prozess der allmählichen Entdeckung hervortritt«.[77]

Dieses Wissenschaftsverständnis leitete ihn bei seiner wissenschaftlichen Neukonzeption des Mittelmeerraums, womit er sich endgültig von Ritter löste. Dabei war Barth in der Wahl des Mittelmeerraums und in der ursprünglichen Konzeption durch seinen Lehrer beeinflusst. Hier stießen die drei Kontinente aufeinander, die gegensätzlich gestaltet waren und sich in diesem Raum wechselseitig befruchten und ergänzen konnten. Barth orientierte sich anfangs an dieser Konzeption, doch gewann seine eigene Mittelmeerforschung ihre charakteristische Eigendynamik. Während Ritter geschichtsphilosophische Spekulationen mit seiner Konzeption der Erdteile verband, war Barth, für den die Geographie primär eine Erfahrungswissenschaft war, ein Empiriker. Aus einem Unterschied der wissenschaftlichen Methode entstand allmählich seine eigene neue Konzeption.

Anfang 1860 wurde Barth von seinem alten Hamburger Bekannten Karl Heinrich Schleiden (1809-1890) angesprochen, der eine Vorlesungsreihe an dem renommierten Gymnasium Athenäum organisierte,[78] da eine Universität in Hamburg erst nach dem Ersten Weltkrieg gegründet werden sollte. Schleiden lud Barth ein, im Rahmen dieser Reihe im März 1860 einen Vortrag zu halten, wobei dieser bezeichnenderweise kein afrikanisches Thema wählte, sondern über das Mittelmeer referierte. Er wählte den Titel »Das Becken des Mittelmeeres in natürlicher und kulturhistorischer Beziehung«, in dem er die enge Verbindung von Geographie und Geschichte erfasste. Es ging um den Einfluss, »den die natürliche Bildung des Mittelmeers auf die Kulturgeschichte geübt hat«.[79] Der Vortrag weckte viel Interesse und Beifall, denn Schleiden meinte in seinem Dankesbrief, es sei sinnvoll, »wenn Sie Ihre Vorlesung durch den Druck auch denen noch zugänglich machen wollten, die sie nicht gehört haben«.[80] Noch im selben Jahr kam Barth dieser Aufforderung nach und veröffentlichte den Vortrag als Broschüre.

Barths neue Konzeption des Mittelmeers

Barth beschrieb zunächst die verschiedenen Becken des Mittelmeers, betonte dessen Ost-West-Ausrichtung, die aber von der Adria gekreuzt wurde, denn von Venedig bis zur großen Syrte war sie das Becken mit der weitesten Nord-Süd-Ausdehnung.[81] Von seinem geographischen Ausgangspunkt betonte er das Dauerhafte, nahm jedoch bei dessen Beschreibung die dynamischen Kräfte in den Blick, nämlich Wind und Meeresströmungen. Während das Mittelmeer seit der Antike als ein die drei Kontinente voneinander trennendes Meer angesehen wurde, betonte Barth, es sei »vielmehr die natürliche Verbindung zwischen einander mehr oder weniger entsprechenden Küstenländern und die große Handels- und Verkehrsstraße«. Er wendete den Blick vom Trennenden zum Vereinenden und damit auf die Strömungsverhältnisse im Mittelmeer, da der Seeverkehr in erster Linie von ihnen abhing.[82]

Das Mittelmeer als Ganzes war für Barth selbst das Ergebnis einer historischen Entwicklung, denn in seiner »Entstehungsgeschichte« ließen sich »mit fast völlig Gewißheit mehrere, mehr oder weniger abgeschlossene, Becken unterscheiden, die in ihrer Trennung von einander noch deutlich Spuren hinterlassen haben«.[83] Darum beschrieb er zunächst die verschiedenen Becken, ihre geographische Gestalt, ihre Umgrenzung und hob ihre Besonderheiten hervor. So war die Ägäis durch ihre zahlreichen Inseln, deren Gestalt er auf vulkanische Aktivität wie auf die erodierende Kraft des Meeres zurückführte, »ein wunderbarer Uebergang von Land zu Meer, eine natürliche Inselbrücke zwischen entlegeneren Festländern, die mit Hülfe von Land- und Seewind den Wandervölkern der Vorzeit eine leichte Passage vom Orient zum Occident eröffnete«. Dort bildete sich »für eine ganze Periode der Geschichte« eine eigene Welt heraus, die die griechische Halbinsel mit Kleinasien in direkte Beziehung setzte.[84] Erst das Römische Reich vereinte das Meer, aber im Gegenzug setzte sich die Prägekraft der einzelnen Becken seit der Antike »in Nationalität, Sitten und Glauben« erneut durch und schuf eine große kulturelle Vielfalt.[85]

Entscheidend war die geographische Breite des Mittelmeeres, da es von Westen nach Osten ausgestreckt in einer warmen Region lag und darum einer stärkeren Verdunstung als der nord-südlich ausgerichtete und viel größere Atlantik ausgesetzt war. Während im Atlantik Wasser aus den kälteren Breiten in die tropischen fließen konnte und der Verlust durch Verdunstung so ausgeglichen wurde, verlor das Binnenmeer zwischen Afrika und Europa ständig Wasser, das ersetzt wurde durch den Zulauf vom Atlantik einerseits, vom Schwarzen Meer andererseits. Denn die Flüsse, selbst der Nil, lieferten nicht ausreichende Wassermengen, um die Verdunstung zu

kompensieren.[86] Damit wurden die Meerengen entscheidend, denen
Barth in seinem Vortrag viel Raum widmete. Durch die Straße von
Gibraltar strömte ständig Wasser vom Atlantik ins Mittelmeer, was
eine Strömung an dessen südlichem Rand, entlang der afrikanischen Nordküste bis in die Levante zur Folge hatte, die die Verkehrsverhältnisse beeinflusste.[87] Sie wurde durch die Gezeiten ge-
stört, denn während sie bei Ebbe besonders stark war, wurde sie bei
Flut durch vielfache Gegenströmungen gedämpft, aber nicht neut-
ralisiert.[88] Barth hatte diese Strömungsverhältnisse in der Straße
von Gibraltar während seiner Mittelmeerreise selbst erlebt.[89] Der
West-Ost-Strom teilte sich in der Mitte des Meeres, nämlich dort,
wo das nord-südlich ausgerichtete adriatische Meer querlag. Ein
Teil des Stromes floss nördlich an Sizilien vorbei, der andere entlang der Küste Libyens. Durch diese Meeresströmung wurde ganz
im Osten der durch das Delta ins Mittelmeer gelangende Nil-
schlamm aufgenommen und nach Osten gespült.[90] Damit erklärte
Barth den Niedergang der levantinischen Hafenstädte durch Ver-
sandung.[91] Die östlich von Ägypten nach Norden umgelenkte Strömung verwirbelte erst in der Ägäis, wo sie auf die durch die Darda-
nellen einströmenden Wasser aus dem Schwarzen Meer traf.[92]

Weil das Schwarze Meer nördlicher und in einer kühleren Zone
lag als das Mittelmeer, war die Verdunstung geringer, gleichzeitig
der Zustrom von den großen Flüssen Russlands und der Ukraine
aber so stark, dass das Schwarze Meer ständig Wasser ans Mittelmeer abgab. Wegen der vielen Flussmündungen war es auch weniger salzhaltig als das Mittelmeer.[93] Auf den Wasserwegen aus dem
Osten fanden zahlreiche Kulturgüter von Mesopotamien ihren Weg
nach Europa, in erster Linie zu den Griechen. Später entwickelte
sich aus Europa ein Rücktransfer in Länder des Islam. Die Meerengen waren Völkerbrücken,[94] ähnlich wie Barth in seiner Dissertation schon den Isthmus von Korinth als Brücke kennzeichnete.

Auf der Pyrenäenhalbinsel war der arabische Einfluss nach
Barths Einschätzung nur scheinbar zurückgedrängt worden, der
Süden gehörte landschaftlich ohnehin eher zu Afrika. Die Pyrenäen
stellten viel eindeutiger eine Grenze dar als die Meerenge von Gi-
braltar. Daher sei ein Neuaufstieg Spaniens erst denkbar nach der
Vereinigung mit dem westlichen Nordafrika.[95] Barths detaillierte
Beschreibung Südspaniens und die Hervorhebung der Ähnlichkeit

zu Afrika schöpfte aus eigener Anschauung während seiner Reisen, etwa in der Sierra Nevada.[96] Die Gartenkultur, wie sie sich in Europa nur in Spanien und Sizilien fand, ging auf Berber und Araber zurück.[97] Arabische Einflüsse erkannte Barth noch im Alltagsleben der Spanier seiner Gegenwart.[98] Spanien war im Mittelalter eine Völkerbrücke wie Kleinasien während des Altertums. Auch in der Topographie entdeckte er eine Analogie: Beide Regionen wiesen ein Hochland im Innern auf, während Gebirgsketten sie vom weiteren Hinterland abtrennten. Aber Kleinasien war insgesamt günstiger gelegen, denn über das Schwarze Meer, den Zugang zu Mesopotamien und die Inselwelt der Ägäis war ein größerer Wirkungsraum gegeben.[99] Der Libanon und Antilibanon bildeten die Grenzlinie zu Syrien, dessen Zentrum das Gartenland um Damaskus war. Palästina war durch den Graben des Toten Meeres im Osten und die Küste im Westen abgekapselt. Barth zufolge war es deswegen das ideale Gebiet, in dem sich ein Volk herausbilden und wo sich ein Monotheismus entwickeln konnte.[100]

Südlich davon lag die arabische Wüste, der Geburtsraum des Islam, der sich dort wieder erneuern konnte, was Barth in der von ihm als fortschrittlich empfundenen Wahhabiten-Bewegung in seiner Gegenwart zu beobachten meinte.[101] Durch die Entdeckung Amerikas verlor der Mittelmeerraum an Bedeutung, erlebte aber durch die Kanalprojekte an der Landbrücke von Suez zum Roten Meer einen erneuten Aufschwung.[102] Deswegen war und blieb für Barth Ägypten eine Schlüsselregion im Mittelmeerraum, obwohl er dem eigentlichen Kanalprojekt eher skeptisch begegnete, weil die Durchfahrt vom Roten Meer her für Segelschiffe wegen der Nordwinde kaum möglich sein würde.[103] Er sah eine größere Chance für einen Kanal, der das Schwarze mit dem Kaspischen Meer verbinden sollte.

Barth skizzierte in diesem grandiosen Überblick die geographischen Grundlagen der historischen Entwicklung des Mittelmeerraums. Damit nahm er die langen Zeitdauern in den Blick und entschied sich folgerichtig für eine Kulturgeschichte, nicht für die herkömmliche, aus dieser Sicht eher kurzatmige politische Geschichte.[104] Geschichte wurde damit zweigeteilt, neben die Geschichte der historischen Akteure trat eine Strukturgeschichte, deren Forschungsgegenstand die allmählichen Veränderungen in großen Räumen waren. 80 Jahre später sollte der französische

Historiker Fernand Braudel diesen Gegensatz, ohne dass er Barths Werk gekannt hätte, erneut entwickeln. Was Barth in seinem veröffentlichten Vortrag zum ersten Mal, wenn auch nur ansatzweise und nicht im Detail, elaborierte, war die von der Geographie auf die Geschichte gerichtete Perspektive der »longue durée«.[105] Aber Barth hatte anders als Braudel ein stärker ausgeprägtes Verständnis für die Geschichte als kontingente Entwicklung, was möglicherweise mit seinem Islambild zusammenhing. Denn Braudel, der während der Kolonialzeit an der Universität Algier studiert hatte, war dort mit dem französischen kolonialen Bild vom Islam als der Religion des Stillstands in Berührung gekommen, während Barth den Islam keineswegs als verbrauchte Kraft verstand, sondern Erneuerungspotentiale sah.[106] Es bedurfte vielmehr der von ihm für so wichtig erachteten »energischen« Persönlichkeiten, um die Kräfteverhältnisse im Mittelmeerraum neu auszurichten: »Wie anders wäre das Geschick dieser Länder geworden, wenn Mohammed Ali, der egyptische Napoleon, anstatt die lebensfrischen, kriegesmuthigen Wahabiten zu bekriegen und niederzutreten, selbst ihre reformatorische Fahne erhoben hätte und mit ihr gegen Constantinopel marschirt wäre.«[107]

In seinem letzten Lebensjahr begann Barth, obwohl der Abschluss der Vokabularien noch nicht ganz absehbar war, sich intensiver dem Mittelmeerprojekt zuzuwenden, denn er bot eine Vorlesung »über physische und historisch vergleichende Geographie des Mittelmeerbeckens« an.[108]

Pläne zu einer systematischen Geographie Afrikas

Wie im Fall seiner geplanten Arbeit zum Mittelmeer war es Barth nicht mehr vergönnt, eine systematische größere Darstellung Afrikas zu realisieren. Aber er hat auch zu diesem zweiten Themenfeld eine Reihe kleinerer Publikationen vorgelegt, die erkennen lassen, was ihm vorschwebte.

Ein Vortrag, den er am 10. Mai 1858 vor der Royal Geographical Society hielt und der einen »Allgemeinen Überblick über den Stand der menschlichen Gesellschaft in Nordzentralafrika« gab, war in drei Teile gegliedert: Im ersten Teil beschrieb Barth die Geographie des nördlichen Afrika, wobei er zunächst die wichtigsten Kennzeichen darlegte: geringe Gliederung, Einförmigkeit, Abschließung nach außen.

Er ging anschließend auf einige wichtige landschaftliche Merkmale ein, zunächst für die Sahara: Die Gebirgsgegenden in der Sahara wie Tibesti, Hoggar, Air und andere boten die Siedlungsplätze für Nomaden, die sonst kaum in der Wüste hätten existieren können.[109] Größere, wirklich fruchtbare Regionen fanden sich südlich der Sahara, wobei er betonte, dass sie keineswegs alle so monoton waren, wie viele annahmen.[110] Alluviale Regionen wie Bornu waren tatsächlich höchst einförmig, aber Centralafrika, soweit er es kennenlernte, »scheint ähnlich variiert wie irgendeine Region in Indien«.

Nach diesem geographischen Überblick ging er, ganz im Sinn von Ritter, auf die Wirkung der geographischen Grundlagen auf das menschliche Zusammenleben ein, indem er im zweiten Teil die verschiedenen Bevölkerungsgruppen besprach und im dritten ihre Siedlungsdichte, woraus sich wiederum wirtschaftsgeschichtliche Erkenntnisse gewinnen ließen.

Barth neigte dazu, in solchen Überblicken bestimmte Eigenschaften mit ethnischen Gruppen zu identifizieren, auch wenn er im Einzelnen stets zu differenzieren wusste. Seine Vorstellungen von der Besiedlung Afrikas basierten auf zwei »Strömen« der Zuwanderung. Einer der Ströme kam von Syrien zum fernen Westen bis zum Atlantik und umfasste die Berber. Ein anderer Auswanderungsstrom führte aus Südarabien über Sennár und Äthiopien nach Zentralafrika. Barth zeigte eine deutliche Neigung, ein äußeres Erscheinungsbild bestimmten Gruppen zuzuordnen, dazu zählte auch die Hautfarbe. Die Berber waren die wichtigste Bevölkerungsgruppe in Nordafrika und im Sahararaum, sie waren »zu großer Entwicklung fähig, mit dem besten Körperbau, sehr groß und muskulös, voller Intelligenz, Anwendung, Fleiß und kriegerischer Haltung«.[111] Mittlerweile seien sie mit den Arabern vermischt und im Süden politisch zersplittert. Die Berber seien mit ihrer Ausbreitung nach Süden in Kontakt mit drei »Nationen« gekommen, den Kanuri, den Songhai und den Mandingo oder Wangarawa, die westlich des Nigerknies leben. Die letzteren seien in sich sehr unterschiedlich, würden aber die Hauptzüge des »Negertyps« aufweisen, sie seien »allgemein gesprochen, eine feine Rasse und zu einem hohen Grad an Zivilisation und Intelligenz fähig, mit einer Neigung zum Handel und große Reisende [...] und Fähigkeit zu politischer Organisation«,[112] sie hätten den Islam nach Süden ausgebreitet und seien die Gründer des Reiches Mali gewesen. Hieraus lässt sich ersehen, dass Barth Zivilisationsfähigkeit nicht an die Hautfarbe band, aber sehr wohl dazu tendierte, bestimmten Gruppen kollektive Eigenschaften zuzuschreiben.

Die Hauptkraft der Islamisierung Afrikas in seiner eigenen Gegenwart waren die Fulbe, ein Volk, das ihn außerordentlich interessierte und beschäftigte. Sie hatten zuerst mit Uthman dan Fodio ab 1804 einen Jihad im Hausagebiet durchgeführt, dem in anderen Regionen Westafrikas ähnliche Erhebungen mit anschließenden Reichsbildungen folgten. Einzig Bornu hatte sich durch eine eigenständige Islamisierung und den Sturz der alten Dynastie erfolgreich gegen die Fulbe behaupten können.[113] Ihre Islamisierungsanstrengungen erfolgten keineswegs gleichförmig. Denn während er das Sokoto-Reich als mittlerweile eher konservativ und erstarrt bewertete, war das rivalisierende Reich von Massina am Oberlauf des Niger von Fanatikern geführt, die mit ihrem Rigorismus auch keine Rücksicht auf die Notwendigkeiten des Fernhandels nahmen.[114]

Als Eigenschaften nannte Barth »das Fehlen einer starken Regierung und einer dauerhaften politischen Organisation«.[115] Durch Mischungen mit Nachbarvölkern wiesen sie große Varianz auf, die Wolof seien mit ihnen nah verwandt. Die Songhai waren im 15. und 16. Jahrhundert historisch bedeutend, sie lebten am Niger von Say bis hinter Timbuktu. Seit alter Zeit unterhielten sie eine Verbindung mit Ägypten und hätten von dort den Islam übernommen. Später erlebten sie einen dramatischen Niedergang, viel bedeutsamer waren mittlerweile die Hausa, die eine Zwischenrasse zwischen Berbern und »Negern« darstellten. »Die Hausa sind voller Intelligenz, Lebhaftigkeit und von fröhlichem Wesen, sehr fleißig und für die europäischen Anstrengungen, Zentralafrika dem legitimen Handel zu öffnen, von größter Bedeutung; aber sie haben keine starke politische Organisation und waren nie in der Lage, ein eigenes starkes Königreich zu bilden.« Die Kanuri seien eine »bemerkenswerte Rasse« von großer historischer Bedeutung. Sie seien nicht sehr unternehmend, aber »von verlässlichem Charakter«. »Die Grammatik ihrer Sprache weist eine Verbindung zu der mongolischen Sprache auf und ist sehr reich. Die Kanuri als Rasse sind stark verdorben durch eine Vermischung mit Sklaven und anderen Stämmen.«[116] Nah mit den Kanuri verwandt seien die Teda oder Tebu. Ihr Lebensraum in der östlichen Wüste entspreche dem der Tuareg im Westen, aber sie seien von viel geringerer Bedeutung als die Berber.

Die Yoruba weiter im Süden seien sehr fleißig und hätten große kommerzielle Fähigkeiten, aber hätten unter den Eroberungen und dem Vordringen der Fulbe gelitten. Samuel Crowther sei ein »edles Beispiel für den Grad intellektueller Entwicklung, dessen die Yoruba fähig sind«.[117] Dahomey und Asanti seien gegenwärtig wichtig, aber »von geringem Wert für den künftigen Wohlstand des gesamten Landesinneren«. Zwischen ihnen und den Songhai waren für Barth die Mossi die interessanteste Bevölkerungsgruppe, da sie sich resistent gegen den Islam erwiesen, mit »einer beträchtlichen kommerziellen Tätigkeit hinsichtlich des Handels im Innern«.[118]

Die wirtschaftlichen Aktivitäten waren in erster Linie abhängig vom Vorhandensein wichtiger Handelsstraßen, wozu er ausdrücklich und sogar besonders den Niger zählte. Daneben waren die Fruchtbarkeit des Landes und die kommerzielle Begabung der Bevölkerung wichtige Faktoren. Mit seinem Rekurs auf Begabung sah er weniger gesellschaftliche Entwicklungen, sondern naturgegebene, »rassische« Faktoren am Werk.[119] Historisch fand sich die Konstellation dieser drei Faktoren nach Barths Rekonstruktion erstmals am Oberlauf des Niger, wo neben die Haupthandelsgüter Gold und Salz auch schon die seit dem 11. Jahrhundert nachweisbare Textilindustrie und Kleidung traten. Heute seien früher blühende Gegenden durch Kriege sehr in ihrer ökonomischen Bedeutung reduziert, etwa Nupe und das Gebiet zwischen Hausa und Timbuktu, weshalb der Handel zwischen diesen Zentren einen Umweg über die Saharaoasen wie Ghat, Ghadames und Tuat nehmen müsse, statt den Weg des Nigertals zu nutzen.

Barth huldigte keineswegs einem geographischen Prädeterminismus, sondern räumte der menschengemachten historischen Entwicklung ein Eigengewicht ein, denn gleich ausgestattete Naturräume konnten höchst unterschiedliche Entwicklungspfade nehmen, wie er in einem Vergleich mit Indien zeigte: »Es ist bemerkenswert, dass dieser Teil Afrikas, der von der Natur fast ebenso üppig ausgestattet ist wie Indien, so arm geblieben ist, während dieses einen so immensen Reichtum entwickelt hat.«[120] Angesichts der kommerziellen Interessen und Geschicklichkeit der Afrikaner empfahl Barth den Europäern: Wenn sie mit ihrem Handel Erfolg haben wollten, sei die wichtigste Voraussetzung »die strengste Gerechtigkeit und das einwandfreieste Verhalten«.[121] Barth wollte keine politische Dominanz der Europäer, sondern sah vielmehr die politische Kontrolle als ganz selbstverständlich weiterhin bei den Afrikanern. Abschließend ging er noch auf die Religionen ein. Die indigene, »heidnische« Religion war seiner Einschätzung nach an der Küste bereits degeneriert, denn im Landesinneren sei sie reiner; dort gäbe es auch nicht eine so entwickelte Priesterschaft und Zauberer wie an der Küste. Eine große und hierarchische gegliederte Priesterschaft bewertete er als Zeichen des Niedergangs.[122]

Der Niedergang der islamischen Welt lag für ihn nicht in der Religion selbst begründet, sondern entweder in despotischer Herrschaft wie im Osmanischen Reich oder in energielosen Herrschern, die ihre Länder verkommen ließen, wie der Statthalter von Kano.[123] »Die unmännliche Schlaffheit und Gleichgültigkeit des Sserki von Kano in der Ergreifung von Maassregeln zur Erhaltung der Wohlhabenheit, sowie der natürlichen Reichthümer seiner Provinz ist wahrhaft unglaublich und kann nur von einem Oberherrn wie 'Aliu geduldet werden, der an männlicher Rüstigkeit und Herrscherkraft seinen Vasallen keineswegs übertrifft.«[124] Energielosigkeit war kein Ergebnis von Luxusleben, wie es die orientalistischen Stereotype heraufbeschworen, sondern Askese konnte ebenfalls mit Energielosigkeit einhergehen, wofür der Herrscher von Gwando, Chalilu, ein Beispiel gab.[125]

Barths Wertschätzung des Islam färbte auch seine Beurteilung der beginnenden französischen Expansion im Tal des Senegalflusses und von Algier nach Süden. Er warf den Franzosen vor, sich die Muslime zu Feinden zu machen, statt mit ihnen zu kooperieren. »Denn ohne starke einheimische Macht ist regelmäßiger Handelsverkehr unmöglich.« Dagegen sei am Senegal »wie in allen Besitzungen der Franzosen, Alles auf militärische Gewalt und nicht auf kolonisatorische Organisation basirt«.[126] Barth betrachtete dieses Vorgehen nicht als eine nationale Unart der Franzosen, sondern sah offensichtlich einen Zusammenhang mit der Herrschaft Napo-

leons III., den er in Briefen als einen »sein eigenes Land knechten-
den Tyrannen« klassifizierte.[127] Unter einer Säbelherrschaft konnte
auch die Expansion in Afrika nur gewalttätig sein. Dennoch hielt er
es für ausgeschlossen, dass die Franzosen in der Lage sein würden,
die riesige Landmasse zwischen ihren Besitzungen am Senegal und
in Algerien zu erobern.[128] Er hoffte, seine eigenen Bemühungen
könnten die Franzosen davon überzeugen, »daß eine friedliche Ge-
winnung jener Oase [Timbuktu] und ein Hineinziehen derselben in
ihre Handelsinteressen ihnen einen viel dauernderen Nutzen ver-
spricht, als eine (versuchte) Eroberung«.[129] Eindringlich befürwortete er, wissenschaftliche und humanitäre Expeditionen durchzuführen anstatt militärischer Unternehmungen, denn diese gingen
nicht verloren, während »die Zeiten der Eroberungen und der
Conquistadoren seit langem vorüber sind«.[130]

Auch die Briten kritisierte er, die in den vergangenen Jahren
vermehrt zu Gewalt gegriffen hatten. »Mit sofortigem Bombardi-
ren und Zusammenschellen, wie solche Politik die Engländer neu-
erdings bei Sierra Leone ebenso, wie hier am Gambia im Gebiete der
Badibu befolgt haben, werden sie eben so wenig auf Dauer Glück
machen, wie durch Behandlung der mächtigeren mohammedanischen Staaten vom beschränkten Standpunkte des christlichen
Missionars.«[131] Letztere hatten seiner Meinung nach in den islamisierten Gebieten überhaupt nichts verloren, sondern sollten sich auf
die »Heiden« an der Küste konzentrieren. Die Menschenopfer in
Dahomey zu beenden, sei »ein Feld für christliche Missionare, anstatt von ihrem beschränkten Gesichtskreis aus sich da einzumi-
schen, wo es sich um die mit den mohammedanischen Staaten des
Binnenlandes zu befolgende Politik handelt«.[132]

Die Aufgabe seiner eigenen Expedition und die Chance für die
Europäer bestanden darin, den Afrikanern neue kommerzielle
Möglichkeiten zu eröffnen, »ein im großartigen Sinne von den
europäischen Seestaaten geförderter legitimer Handel, der den Eingeborenen das, was sie begehren, gegen ihre eigenen natürlichen
Produkte liefert«.[133] Alternativen zum Sklavenhandel anzubieten
sei allemal effizienter als den Sklavenschmuggel mit Kanonenboo-
ten zu bekämpfen. Unterwerfung und koloniale Herrschaft kamen
in diesem Szenario kaum vor. Sie lagen weitgehend außerhalb
Barths Vorstellungshorizont, auch wenn es in der Zeit bereits ein-

zelne Siedlungsgründungen wie diejenige von William Baikie gab,
die aber nicht auf politische Unterwerfung der Afrikaner abziel-
ten.[134] Tatsächlich wurde 1861, möglicherweise in Reaktion auf
Barths Vorschläge, versucht, ehemalige Sklaven aus den USA am
Niger anzusiedeln – keine Europäer![135] Die Existenz französischer
Kolonien am Senegal und in Algerien nahm Barth als Gegebenhei-
ten hin, ja er begrüßte sie, denn von der Überlegenheit der europäischen Zivilisation war er überzeugt und hoffte, dass die Afrikaner
von der Begegnung würden profitieren können.[136] Demgegenüber
nahm er eine wohlwollende Haltung gegenüber Liberia ein, wenn
er auch Zweifel hegte, ob sich die Republik als Vorbild und Zivili-
sierungsmotor für den Rest des Kontinents eignete.[137]

Auch wenn er den Islam generell als zivilisierende Kraft in Afrika
lobte, sah er durchaus die Schattenseiten, die sich vor allem an der
Frontier, dem Grenzgebiet zu nicht-islamischen Bevölkerungsgruppen, zu erkennen gaben: »Es ist in der That ein Jammer, die nationale
Wohlfahrt und das einfache Lebensglück dieser heidnischen Gemeinden so schonungslos von ihren Mohammedanischen Nachbarn mit
Füssen getreten zu sehn.«[138] Obwohl er keinen allzu tiefen Einblick
erhielt, entwickelte Barth ein wissenschaftliches Interesse für das
»Heidentum«: »Uebrigens ist große Mannigfaltigkeit im Cultus, wie
in den Sitten zwischen diesen verschiedenen Stämmen; die Sprache
ist vollkommen verschieden. Gewiß ist dies eine andere Lebens-
sphäre, als die der classischen Welt, aber es scheint eine würdige Beschäftigung zu sein, diese weite unbekannte Welt dem wißbegierigen
Europa aufzuschließen und andrerseits diesen rohen Naturmenschen
das Uebergewicht der Geistesbildung zu zeigen.«[139] Ihre Glaubensformen waren gar nicht so primitiv, wie sich viele Europäer das vorstell-
ten. Barth zeigte sich vielmehr überzeugt, dass auch den traditionellen Religionen »eine monotheistische Vorstellung eines einzigen
Naturprincips« zugrunde lag. Darum konnte auch der Islam »im
Gemüthe des nachdenkenden heidnischen Negers einen wohlvorbe-
reiteten Boden« finden.[140] Zugleich beobachtete er das Überleben
vieler »heidnischer« Bräuche in den Hausaprovinzen Kano und
Katsena,[141] wo er in der Nähe der Stadt einen heiligen Baum aus vorislamischer Zeit bemerkte.[142]

Das eigentlich Barbarische an den »Heiden« waren die Menschenopfer in Dahome, Aschanti und anderen Reichen, über die er

aber nur gelesen hatte. Denn die Opfer, die er als »Raub und Mord an den eigenen Unterthanen« bewertete, sprachen »dem Zwecke des Staates in der blutigsten Weise Hohn«. Solche Staaten, zeigte sich Barth überzeugt, waren »ihrem Principe nach der Kultur nicht zugänglich, sondern sind eine ephemere, dem Untergange geweihte Erscheinung«, zumal einige erst durch den Sklavenhandel entstanden waren.[143] Darum beurteilte er die »heidnischen« Reiche als Despotien, was in den Grausamkeiten der Menschenopfer zum Ausdruck kam, während die islamischen Reiche, etwa die Hausastaaten, »ein fast vollständiges, allerdings nicht verantwortliches Ministerium« aufzuweisen hatten. Sobald die Menschenopfer abgeschafft waren, sah Barth die Weiterexistenz anderer vorislamischer Bräuche unter dem Firnis des Islam als unproblematisch, ja »unschuldig« an.[144]

Der Lexikon-Artikel »Neger, Negerstaaten« aus dem Jahr 1862 brachte einen großen, vergleichend angelegten Überblick über die politischen Ordnungen in den islamischen und nicht-islamischen Gebieten insbesondere des Sahel und der Regenwaldzonen Westafrikas. Auch wenn Barth wie die meisten Europäer dazu tendierte, das europäische Verständnis des Territorialstaats auf Afrika anzuwenden,[145] sah er doch klar die Unterschiede und verglich die Reiche, die er besuchte, eher mit Lehnsstaaten des europäischen Mittelalters.[146]

Barths Tabelle über die »Flussschwellen« fand keine so breite Resonanz wie der Mittelmeertext, aber in der Afrikaforschung galt sie als wichtiger Beitrag zur Geographie, da Barth erstmals systematisch die stark schwankenden Pegelstände der afrikanischen Flüsse einer genauen Analyse unterzog.[147] Dabei berechnete er präzise, wann während oder nach der Regenzeit die Flüsse anschwollen, und zwar genau für die einzelnen Flussabschnitte, wie er es beim Niger beobachtet hatte. Indem er sie zu anderen Flüssen in Bezug setzte, wurden deutliche Unterschiede erkennbar.[148] Für Barth war gerade diese Arbeit, in die er sehr viel Zeit investierte, von besonderer Bedeutung für die Geschichte Afrikas, hing doch von den Wasserständen der Flüsse vieles ab: ihre Schiffbarkeit zu bestimmten Zeiten, ihre Überquerung zu anderen, damit aber auch Zugang zu Waren, die periodische Unterbrechung von Handelswegen, die Möglichkeit von Kriegszügen und umgekehrt erhöhte

Sicherheit derjenigen, die Zielscheibe solcher kriegerischen Unternehmungen waren.

In diesen drei Texten, in denen Barth sich von den Reiseberichten als Genre wegbewegte hin zu einer systematischen Entfaltung seiner geographischen Konzeption, setzte er eigene Akzente, die sich schon in seiner Dissertation erkennen lassen und die auch sein Mittelmeerbild prägten: Er legte einen Schwerpunkt auf die Wirtschaftsgeschichte und damit eng verbunden auf eine breite, ethnologisch grundierte Kulturgeschichte, die lange Zeiträume behandelte. Die Geographie war gewissermaßen die naturgegebene Basis, aber ohne dass Barth einem Prädeterminismus verfiel. Denn die historische Entwicklung war genau so sehr der inhärenten Dynamik der gesellschaftlichen Entwicklung geschuldet und emanzipierte sich zumindest teilweise von den geographischen Voraussetzungen. Die politische Geschichte war für ihn ein integraler Bestandteil der Geschichte, genoss jedoch keine Priorität. Barth wusste starke Staatlichkeit zu schätzen, aber als Mittel zum Zweck der ungestörten ökonomischen und kulturellen Fortentwicklung.

Krankheiten

Barths Gesundheit erholte sich nach seiner Rückkehr aus Afrika im Jahr 1855 nie mehr richtig. Er hatte sich während der Reise meist selbst behandelt, indem er z. B. vor der Einnahme von Chinin Galle und Magen reinigte. Man solle »bei den ersten Symptomen fieberhaften Zustandes mit Purgativ und, wo möglich, einem tüchtigen Vomitiv die Keime des Uebels« beseitigen.[149] Als heutiger Leser fragt man sich, ob er mit solchen Maßnahmen sein Übel nicht beförderte, statt es zu heilen.

Zudem gönnte er sich unter dem Druck der Umstände keine Erholung, sondern begann unverzüglich mit der Niederschrift des Reiseberichtes, wobei die Intrigen und Kämpfe, denen er in Großbritannien ausgesetzt war, seine Gesundheit weiter untergruben. Ein Jahr nach der Rückkehr entschuldigte er sich bei Perthes wegen ausbleibender Post: »Ich bin auf acht Tage meines höchst nervösen Zustandes wegen nach Schottland gewesen.«[150]

Im Mai 1857 bat er Petermann, Perthes zu erklären, warum er mit dem dritten Band im Rückstand war:»Ich bin diese Tage etwas unwohl gewesen, sogar sehr unwohl, da mein Leib etwas im Spiele ist, aber ich denke in einem oder zwei Tagen wieder flott zu sein.« Dann folgte der Stoßseufzer:»Möge nur meine Gesundheit aushalten. Im Allgemeinen geht es mir wohl, aber dazwischen kommen immer einige Tage großer Schwäche und Abspannung, wo ich fast gar nichts zu thun im Stande bin.«[151] Im Februar 1858 klagte er:»Ich bin diese Zeit über etwas schwach gewesen und nicht zu angehaltenen Arbeiten fähig.«[152]

Zwei Jahre später hatte er mit anderen Schwächen zu kämpfen:»Ich habe ein geschwollenes Gesicht gehabt u. sind meine Augen noch zur Zeit sehr angegriffen.«[153] Darunter litten auch die Korrekturarbeiten an den Vokabularien,»weil ich diese Tage stark an Kopfreißen litt, in welchem Zustande bei so mühsamer Arbeit nichts zu machen ist«.[154] Neben Kopfschmerzen war es vor allem sein Verdauungsapparat, der schon immer seine schwache Stelle gewesen war, ihm aber seit dem Afrikaaufenthalt fast andauernd zu schaffen machte. Im Dezember 1860 beklagte er seinem Schwager gegenüber:»Mit meinem eigenen Befinden geht es seit vierzehn Tagen sehr flau, d.h. ich habe allen Appetit verloren und trotz Brech- und Purgirmittel bis jetzt noch nicht wieder in das gehörige Gleis kommen können.«[155] Schubert riet ihm zu Hausmitteln und Selbstmedikation:»Für Dein leidendes Befinden, von dem wir mit großem Bedauern gehört haben, weiß ich ein herrliches Mittel – Früh und Nachmittags einen Kaffeelöffel voll Bullrichsches Salz[156] in einem halben Glas Wasser getrunken; thut wahre Wunder u. ist ganz unschädlich. Es wird in Berlin gefertigt u. ist wohl in den dortigen Apotheken zu haben. Es ist wahrscheinlich Magnesia oder dergl. Versuch es ja, ich habe schon 3 Personen damit geheilt.«[157]

Mit solchen Methoden konnte es kaum besser werden und tatsächlich machte sein Magen ihm weiter zu schaffen, etwa bei Beginn seiner Bulgarienreise 1862:»Leider befindet sich mein Magen bei der sehr ungleichen Pflege, besonders in Bezug auf Getränke, bei diesen Reisen nicht immer aufs Beßte. Denn Sodawasser gibt es nicht und an gutem Wein oder Quellwasser gebricht es häufig. Selbst in dem Nordwestlichen salzgeschwängerten Theil dieses Gebirgslandes ist das Wasser abscheulich, aber morgen hoffe ich wieder frisches Quellwasser zu haben, wenn auch nicht so krystallig wie im Tatra, denn der herrliche Filtrier, der Granit fehlt.«[158]

Wegen der anhaltenden Gesundheitsprobleme entschloss sich Barth zu einem Kuraufenthalt, von dem er sich eine umfassende Regenerierung und Erholung versprach. Diese Kur kündigte er dem Schwager erstmals im April 1865 an: »Ich wenigstens denke diesen Sommer eine Radicalcour an mir vorzunehmen, erst eine wirkliche Cour, dann klettern, reiten und strapaziren; daher mein frühes Aufbrechen von hier. Zuerst geht es in die Anstalt bei Cannstadt, wo dann erst das Nähere bestimmt wird.« Beim Aufbruch ein paar Tage später meldete er dem Schwager, dass die Geographische Gesellschaft ihn am Abend zuvor »trotz meines Protestes auf Grund meiner fast halbjährigen Abwesenheit doch wieder zu ihrem Vorsitzenden gewählt« hatte.[159] In Cannstatt musste er rasch feststellen, dass die Kur länger dauern sollte, als er erwartet hatte, »ich fürchte wenigstens zwei Monate«. Er sah große Langeweile voraus und bekannte, dass sein Gesundheitszustand eine Kur schon früher erfordert hätte. Die Langeweile »ist es eben, was mich bisher davon zurückgehalten hat, bis ich sah, daß es nun nicht anders ging und bin ich nun fest entschlossen, es diesen Sommer durchzuführen«.

Ernst Haeckel, der während seiner Abwesenheit gelegentlich Barths Arbeitszimmer in der Schellingstraße benutzte, bat er, ihm Bücher nachzuschicken, die meisten waren Werke über die Geographie der Alpen, in die er nach der Kur reisen wollte. Er wohnte, wie das zu dieser Zeit üblich war, privat bei dem Kurarzt Albert von Veiel, einem Dermatologen, der die Heilanstalt für Flechtenkranke in Cannstatt gegründet hatte.[160] Barth hatte sich nämlich eine Hauterkrankung, eine Bartflechte, zugezogen, weshalb »jedes einzelne inficirte Barthaar mit Stumpf und Stiel auszurotten, dann die ganze wunde Stelle mit Essigsäure auszubrennen war«.[161] Später war es, wie er der Schwester berichtete, Schwefel, womit er sein Gesicht abreiben musste. Das hatte den unerwünschten Nebeneffekt, dass er sich nicht mehr ins Freie traute, »da ich einem abgefiederten Kanarienvogel gleiche«.[162] Daneben machte er eine »völlige Radicalkur«, »um meinen Leib einmal von allen Schlacken und Gebrechen zu reinigen, und um desto gesünder und frischer die mir noch verbleibende Lebenszeit benutzen zu können«. Die erste Zeit der Kur musste er das Bett hüten und durfte nur wenig essen, dafür

umso mehr Heilwasser trinken, 16 große Flaschen in acht Tagen.
Aber bald durfte er spazieren gehen, was er nur zu gern wahrnahm.
Im Lauf der Wochen wurden diese Zeiten, die zunächst auf einein-
halb bis zwei Stunden beschränkt waren, ausgedehnt, so dass er bald
seinem Hang zu langen Wanderungen rund um den Stuttgarter
Talkessel nachgeben konnte.[163] »Ich stieg als Kurgast aber nicht zu
den Palästen hinab, sondern folgte stets oben den herrlichsten Wegen meist Fußpfaden durch Feld, Wein und Frucht mit beherrschen-
der Aussicht und kam so hier gerade zeitig zu einem einfachen, aber
pompösen Mittagessen an, das ich solo, wie es in dieser Anstalt sehr
berechtigter Grundsatz ist, mit Vollgenuß einnahm und darauf ein
Paar Gläser Selzer Wasser mit Himbeersaft genoß und nun meinem
Kaffe entgegensehe. Denn heute nach abgemachter schwierigster
Kur kann ich wieder einmal schwelgen und frei mich bewegen.
Morgen fängt dann eine mildere Kur an.«[164]

Ihm gefiel die Gegend, wo er im beginnenden Frühling »das
wahrhaft herrliche Wetter« genoss. »Cannstatt ist ein recht hüb-
sches sauberes Städtchen mit prächtigen Neckar-brücken, das natürlich seiner Badekur halber an anderer Leute Wohlstand zehrt.
Jetzt sind eigentliche Kurgäste wol noch kaum hier und das ist mir
recht lieb, in vierzehn Tagen aber wird das seinen Anfang nehmen.«[165]
Immerhin lobte er an Cannstatt, wie »alles Innerliche mit den äußerlichen Mitteln in schönster Eintracht« zusammengehe, womit er
das Trinken des Mineralwassers und die äußerlichen Anwendungen
meinte.[166] Er wusste es zu schätzen, dass jeder Kurgast seine Mahl-
zeiten in seinem Zimmer einnahm, »was bei dem Aussehn einiger
der hier zur Behandlung kommenden Kranken allerdings wün-
schenswerth ist«.[167] Jedoch klagte er über dauernde Schlaflosig-
keit.[168]

Haeckel freute sich darauf, gemeinsam eine Reise durch Dalma-
tien unternehmen zu können,[169] denn Barth wollte über die Alpen
an die Adria und dann durch Kroatien und Montenegro nach Albanien reisen. Er erwartete, in der zweiten Junihälfte Triest zu erreichen. »Da hoffe ich dann zuerst die dalmatische Küste und Inseln,
bei denen ich bisher stets nur vorbei geschifft bin, etwas näher
kennen zu lernen und dann zu sehn, was weiter erlaubt und möglich ist.«[170] Insgesamt war er zuversichtlich, zumal ihm Einschrän-
kungen bei seiner Ernährung nichts ausmachten: »Bedeutende

Rücksichten auf Diät werde ich allerdings gern nehmen, wie ich ja
überhaupt kein großer Freund von fettigen Speisen und starken
Getränken bin; aber der volle Genuß der freien Luft und das beständige Leben im Freien bei guter solider Kost und ohne beständige
Reinigungsmittel mit einem gelegentlichen kalten Bad wird mir
unendlich gut thun.«[171]

Zuvor aber plante er, den »bescheidenen Genüssen des beßten
Schwäbischen Wirthshauses zur Post in Urach« zuzusprechen,[172]
wo er tatsächlich am 28. Mai 1865 eintraf.[173] Seine Kur wurde unterbrochen durch einen Vortrag, den er am 15. Mai in Stuttgart
hielt. »Mein Aufenthalt hieselbst kann übrigens noch ein höchst
komisches oder melodramatisches Intermezzo erhalten, indem der
bekannte Reisende Heuglin baldigst hier erwartet wird.«[174] Zu einem Treffen der beiden kam es aber nicht.

Barths letzte Reise

Der osmanische Botschafter in Berlin, Aristarchi Bey, war nur zu
gern bereit, Barth zu helfen, und teilte ihm mit, er habe die Gouverneure aller Provinzen, die Barth besuchen wollte, angewiesen,
ihn zu unterstützen. Dabei erwähnte er ausdrücklich seine frühere
Reise in Kleinasien, was darauf hindeutet, dass Barths Bericht in
Konstantinopel eine gute Resonanz gefunden hatte.[175] Barth kontaktierte auch den Begründer der Albanologie, den österreichischen
Diplomaten Johann Georg von Hahn, der ihm aus Zeitgründen
absagen musste, ihn aber mit geographischen Informationen zu
unterstützen versprach.[176]

Barth war sicher verblüfft, als er einen Brief seines alten Bekann-
ten Richard Reade erhielt, des ehemaligen Vizekonsuls in Tripolis.
Der Engländer war mittlerweile Konsul in Scutari, dem heutigen
Shkodra, in Albanien und hatte mit freudiger Überraschung von
Barths bevorstehendem Besuch erfahren. Er lud ihn sogleich ein,
bei ihm zu wohnen.[177]

Mit dem wissenschaftlichen Ertrag dieser Reise war Barth zufrieden, denn er konnte die bisherigen Landkarten berichtigen. »Ich
habe ohne Rücksicht auf alles Vorhandene eine völlig neue Basis zu
meinen Routen gewonnen, ein völliges trigonometrisches Netz im

Großen und Einzelnen soweit meine Reisestraßen gehen und habe ungeheuer und ohne Unterbrechung gearbeitet.«[178]

Nach seiner Rückkehr war Barth in Berlin wie gewohnt sehr aktiv, das plötzliche Ende war nicht absehbar. Erst einige Tage vor seinem unerwarteten Tod hatte Barth sich unwohl gefühlt. Sein Arzt hatte die Symptome falsch diagnostiziert, so dass sich seine Erkrankung zu einer gefährlichen Magen- und Darmentzündung entwickelte. Nach drei Tagen heftiger Schmerzen verstarb Barth am 25. November 1865 in der Mittagszeit.[179] Die mit Barth befreundete Witwe Luise Weiss informierte Gustav Schubert telegraphisch. Als er mit dem nächsten Zug in Berlin ankam, war Barth bereits tot, »die alte Dame hielt in rührender Weise an seinem Bette die Leichenwache«.

Weil in den Zeitungen Gerüchte kolportiert wurden, Barth sei aufgrund einer »absichtlichen oder unabsichtlichen Selbstvergiftung« verstorben, ließ Schubert eine Obduktion durch Rudolf Virchow durchführen, der herausfand, »daß eine Magenberstung durch Gasanhäufung stattgefunden hatte«.[180] Es gab jedoch keinen Hinweis auf einen Zusammenhang mit Barths Diät während seiner Kur. Barths Tod »raubte mir denjenigen, der als der vertrauteste Freund meiner Mannesjahre den nachhaltigsten Einfluß auf mich ausgeübt, meinen Gesichtskreis erweitert und mir neue Bahnen erschlossen hatte«, schrieb Schubert.[181] Am 29. November wurde Barth auf dem Friedhof III der Jerusalem- und Neuen Kirche bestattet, wobei der Prediger Müllensiefen seine Standfestigkeit im christlichen Glauben rühmte. »Bei seiner Beerdigung versammelte sich alles, was Berlin an Größen der Kunst und Wissenschaft vereinigte, und auch seine Widersacher im Leben waren erschienen und begruben mit ihm ihren Groll.«[182] Am 19. Januar 1866 fand eine Gedenkfeier der Gesellschaft für Erdkunde statt, bei der Wilhelm Koner, einer der wenigen Duzfreunde Barths, eine Rede hielt, die er später als ausführlichen Nachruf in deren Zeitschrift veröffentlichte.[183]

Nach Barths Tod gab es zahlreiche Nachrufe und Würdigungen, die eindrucksvoll belegen, welche Hochachtung er genoss und wie berühmt er in ganz Europa war.[184] Der Präsident der Royal Geographical Society, Sir Roderick Murchison, integrierte einen Nachruf auf Barth in seine jährliche Presidential Address. Nach einer Aufzählung seiner Leistungen schloss er mit den Worten: »Einen intelligenteren, unermüdlicheren, glaubwürdigeren und entschlosseneren Reisenden als Dr. Barth kann man kaum finden, und wir alle bedauern sein zu frühes Ende im Alter von nur vierundvierzig Jahren.«[185] Victor Malte-Brun, der einflussreiche französische Geograph und langjährige Kollege Barths, schrieb: »Der Redakteur der Annales fand in ihm einen seiner wohlwollenden ausländischen Korrespondenten und einen Freund, dessen herzliche Freundlichkeit alle seine Briefe durchzieht.«[186]

Die Zeitschrift »Das Ausland« zählte Barth »unter die größten Heroen der Erdkunde und zu den glänzendsten Erscheinungen unseres Jahrhunderts«.[187] Karl Andree, der Barth gut kannte, erging sich in Pathos: »Barth drang in Gegenden vor, welche vor ihm keines Europäers Fuß betrat, und mit seiner leuchtenden Fackel hat er helles Licht verbreitet über Regionen Innerafrika's, über denen bisher das Dunkel der Nacht gelegen hatte.«[188]

In seinem Nachruf bescheinigte Petermann Barth »einen edlen Charakter und ein treffliches Herz«, die sich unter einer »zuweilen etwas rauhen, auf blosse konventionelle Form keinen Werth legenden Schale« verbargen, was diejenigen, die ihn nicht kannten, leicht hätten falsch deuten können.[189] Schubert bedankte sich »zugleich im Namen der hinterlassenen Geschwister« ausdrücklich bei Petermann für dessen Nachruf. »Es that mir Ihre so wahre u. objective Characterschilderung Barths um so wohler, als ich recht wohl weiß, daß auch Ihr gegenseitiges Verhältniß nicht ohne harte Zeihungen geblieben war. Bei edlen Naturen hört aber der Streit über ihre Gräber hinaus auf und so hat mich Ihre Handlungsweise […] erfreut und beglückt.«[190]

So berühmt und verehrt Heinrich Barth zu seinen Lebzeiten war, wurde es nach seinem Tod bald still um ihn. Er wurde gewohnheitsmäßig in Aufzählungen bedeutender Afrikaforscher genannt, aber selten zitiert und kaum noch gelesen. Die Gründe waren die gleichen, die die Rezeption seiner Schriften von Anfang an erschwert hatten. Doch kam bald hinzu, dass Barths Afrikabild nicht mehr in die Zeit passte. Der Imperialismus benötigte zu seiner Legitimation ein negatives Bild von Afrikanern, die erst durch die Europäer zur Zivilisation gebracht würden und selbst gar nicht in der Lage seien, sich zu regieren. Das stand in krassem und diametralem Gegensatz zu dem, was Barth aufgrund seiner profunden Kenntnis und eigener Erfahrungen über Afrika und die Afrikaner geschrieben hatte.

Schlusswort

»Es ist eines der faszinierendsten Paradoxe der afrikanischen Forschungsgeschichte, dass der größte aller Forscher der am meisten vernachlässigte ist. Während Bücher über Livingstone, Stanley und Mary Kingsley ganze Regale füllen, während Mungo Park und sogar Laing und die Landers genau untersucht wurden, wurde Heinrich Barth in die Rumpelkammer der vergessenen historischen Figuren verbannt.«[1] Diese Feststellung des ghanaischen Historikers Adu Boahen aus den 1960er Jahren ist leider nicht veraltet.

Der erste Versuch, das Interesse an Barth wiederzubeleben, ging von seinem Schwager Gustav von Schubert aus, der ihn als Bahnbrecher der Afrikaforschung anpries und gleichzeitig für die deutsche Kolonialbewegung reklamierte.[2] Es lag für ihn nahe, Barth mit einer Entwicklung in Verbindung zu bringen, die im Kaiserreich populär war. Er war auch nicht der einzige, da auch andere Kolonialenthusiasten sich auf Barth bezogen und ihn als Vorläufer vereinnahmten. Noch die Kolonialbewegung der NS-Zeit berief sich auf Barth. Das vorliegende Buch hat verdeutlicht, dass es dafür keinen Grund gab, da der Erwerb deutscher Kolonien ganz außerhalb von Barths Vorstellungshorizont lag. Man darf sich darüber auch nicht täuschen lassen, wenn er von Kolonien sprach, denn er benutzte den Begriff so, wie es noch bis weit ins 19. Jahrhundert üblich war, nämlich als Siedlung, nicht dagegen mit dem späteren Bedeutungsinhalt einer Fremdherrschaft und Unterjochung.

Niemand kann sagen, wie Barth sich entwickelt hätte, wäre ihm ein längeres Leben beschieden gewesen. Wäre Barth ein Befürworter deutscher Kolonien geworden? Es ist nicht auszuschließen, genauso wenig wie die Möglichkeit, dass er sich dagegen ausgesprochen hätte. Was seine Äußerungen klar ergeben, ist sein Eintreten für die politische Unabhängigkeit und Handlungsfähigkeit afrikanischer Reiche. Intensivierte kommerzielle Kontakte zwischen Europa und Afrika strebte er als Direktor der Zentralafrika-Expedition aktiv an, weil er hoffte, beide Seiten könnten davon profitieren. Gleichzeitig war ihm die Überlegenheit der Europäer in vielen Bereichen selbstverständlich. Doch leitete er sie nicht aus angeborenen

Eigenschaften ab, sondern aus den unzulänglichen Kontakten der Afrikaner mit den Nachbarn in Europa, d.h. aus einer geographisch erklärbaren, aber nur zeitweiligen Unterlegenheit der Afrikaner. Handelsbeziehungen und seine Überlegungen, eine afrikanische Universität zu gründen, sollten helfen, diese Defizite zu beseitigen.

Wenn Barth sich nicht als Zeuge für den Kolonialismus eignete, weil koloniale Herrschaft für ihn noch gar nicht denkbar war, wäre es unlogisch, nun in die gegenteilige Haltung zu verfallen und ihn für eine antikoloniale Haltung zu reklamieren.

Dies führt unweigerlich dazu, sein Bild in die eine oder andere Richtung zu manipulieren, es zu glätten und zu vereindeutigen. Wie diese Biographie hoffentlich zeigt, war Barth eine widersprüchliche Persönlichkeit, der etwa zum Thema Rasse Ansichten geäußert hat, die uns heute fragwürdig oder naiv erscheinen mögen. Doch wird man historischen Persönlichkeiten nie gerecht, wenn man unsere heutigen Maßstäbe an sie anlegt. Es ist immer ratsam, im Eifer tagespolitischer Auseinandersetzungen den eigenen historischen Standort kritisch zu reflektieren und zu relativieren. Wir sind nicht die Kulmination einer Fortschrittsentwicklung, künftige Generationen werden vielleicht unsere Ansichten anstößig oder einfach nur kurios finden.

Barth ist gerade deswegen interessant, weil er sich nicht in eine Schublade stecken und nach heutigen ideologischen Maßstäben etikettieren lässt. Seine Bedeutung als Afrikaforscher war Spezialisten bekannt, und unter ihnen fand sein Werk schon seit langem die verdiente Anerkennung. Wenn diese Biographie dazu beitragen könnte, dass ihn auch Althistoriker, Geographen, Ethnologen und Linguisten als wichtige Figur in der Geschichte ihrer jeweiligen Wissenschaft entdecken, wäre eine Absicht des Autors erreicht, auf einen interessanten, innovativen und ungemein produktiven Wissenschaftler des 19. Jahrhunderts hinzuweisen und ihm den Platz in der Wissenschaftsgeschichte zu geben, der ihm gebührt.

Gerade in Zeiten eines Wiederauflebens von meist auf Unkenntnis beruhenden islamophoben Haltungen und der Wiederkehr überwunden geglaubter rassistischer Einstellungen kann man von Barth lernen. Er hat seine Position zur Forschung über menschliches Zusammenleben auf dieser Erde, zur Begegnung mit Menschen anderer Kultur und Religionen in einem Satz zusammengefasst, der in den heutigen Zeiten wert ist, zitiert zu werden: »Wer unter Völkerschaften des verschiedensten Charakters und der verschiedensten Glaubensformen gelebt hat und bei allen in ihrer Weise treffliche Menschen gefunden hat, wird sich vor Einseitigkeit der Anschauung menschlicher Lebensverhältnisse bewahren.«[3]

Anmerkungen

Einleitung

1 StA HH, 622-2 IV c 2, Humboldt an Barth, 26.2.1859. – 2 Reinhard 2016: 663 ff. – 3 Z. B. Sölken 1965, Schmidt 1965, Keienburg 1966 u. Italiaaner 1967 sowie Schiffers 1967, Geogr. Journal 1966. – 4 Z. B. Kirchberger 2000: 634, sie erklärt auch kurzerhand Carl Sieveking zum »Kolonialagitator«, freilich ohne Beleg dafür.

Herkunft, Jugend und Studium, 1821-1845

1 Klessmann 1981: 411. – 2 Ebd.: 413. – 3 Willmersdorf ist mit 300 Einwohnern heute noch ein kleines Dorf, das zu Großbreitenbach im Ilm-Kreis gehört. – 4 Schubert 1897: 2. – 5 NA, FO 101/23, Bunsen an Lord Eddisbury, 16.11.1849. – 6 Schubert 1909: 62. – 7 Schubert 1897: 2 f. – 8 Stabi HH, NHB 14, Barth an Mutter, 21.12.1843. – 9 Ebd., Barth an Familie, 15.11.1840. – 10 Stabi HH, NHB 10, Schubert an Barth, 26.7.1857, »ich finde, daß sie seit Papas Tod Manches von ihrer früheren Schroffheit verloren hat.« – 11 Stabi HH, NHB 2, Mathilde Schubert an Barth, 7.10.1851. – 12 Z. B. Schiffers 1967a: 1 u. 1969a: 74. – 13 Stabi HH, NHB 3, Barth an Schubert, 20.12.1859. – 14 Stabi HH, NHB 14, Barth an Vater, 13.12.1839. – 15 Ebd., Barth an Familie, 28.9.1839. – 16 Ebd., Barth an Familie, 29.7.1840. – 17 Ebd., Barth an Vater, 13.12.1839. – 18 http://www.lynly.gen.nz/SPStPauliAZinAustralia.pdf, Passagierliste des Schiffes St. Pauli, alle weiteren Angaben zu Theodor Barths Tod, Aufenthaltsort etc. sind unbekannt. S. auch http://www.lynly.gen.nz/SPAppendixV3.pdf – 19 Stabi HH, NHB 14, Barth an Familie, 8.1.1844. Schon 1845 ist er in keiner erhaltenen Einwohner- oder Milizliste von Nelson mehr aufgeführt: http://www.lynly.gen.nz/SPGermansinNelson.pdf – 20 Stabi HH, NHB 14, Barth an Familie, 6.5.1844. – 21 Ebd., Barth an Familie, 21.12.1843. – 22 Trove Website Adelaide Observer Newspaper Saturday 04 July 1846 page 1 & 9 advertising SA 1843-1904 Newspapers; Trove Website the South Australia Newspaper Tuesday 03 October 1848 page 4 advertising – Adelaide SA 1844-1851 Newspapers; Trove Website the South Australia Register Newspaper Saturday 13 & Tuesday 16 January 1849 page 4 – Adelaide SA 1843-1900 Newspapers; Trove Website the South Australia Register & Adelaide Observer Newspaper Saturday 18 August 1849 page 4 – Adelaide SA 1843-1900 Newspapers. Ich bin Lynly Yates sehr dankbar, die mir diese Angaben zur Verfügung gestellt hat. Auf ihrer Internetseite hat sie die Geschichte der Passagiere des Schiffes »St. Pauli«, mit dem Theodor Barth nach Neuseeland kam, soweit wie möglich verfolgt. – 23 Barth 2002: 119, Lebenslauf. Angaben zu Barths Geburt in:

Petermann 1866: 44 mit Zitaten aus dem Geburtsregister und einer Zeitungsanzeige durch Barths Vater. – **24** Stabi HH, NHB 12, Barth an Schubert, 7.6.1850. – **25** Schubert 1909: 148. – **26** Barth 2002: 119, Lebenslauf. – **27** Schubert 1897: 4. – **28** M.M. 1865; Schiffers 1967a: 2. – **29** Koner 1866: 2. – **30** M.M. 1865. S. auch Tiemann 1966: 2 – **31** Petermann 1866: 44. – **32** M.M. 1865. – **33** Heitmann 1883: 6. – **34** Stabi HH, NHB 14, Barth an Familie, 20.5.1843. – **35** Ebd. – **36** Ebd., Barth an Familie, 15.11.1840. – **37** Stabi HH, NHB 15, Barth an Familie, 1.8.1841. – **38** Stabi HH, NHB 13, Danzel an Barth, 6.7.1842, – **39** Stabi HH, NHB 17, Barth an Danzel, 8.7.1842. – **40** Ebd. – **41** Stabi HH, NHB 14, Barth an Familie, 22.6.1844. – **42** Ebd., Barth an Familie, 6.5.1843. – **43** Barth 2002: 121, Anhang: Lebenslauf. – **44** Schiffers 1967a: 3. – **45** Schulz 1983: 45 f. – **46** Zum unterschiedlichen Geographieverständnis Humboldts und Ritters s. Plewe 1959: 106. – **47** Ritter 1862: 20 f. – **48** Marx 1988: 9 ff. – **49** Stabi HH, NHB 9, Barth an Schubert 30.1.1865. – **50** Kremer 1981: 133. – **51** Plewe 1982: 51. – **52** Hözel 1896: 12. – **53** Ritter 1862: 10 f. – **54** Ritter 1852: 161. – **55** Ritter 1862: 11. – **56** Ebd.: 15 u. Ritter 1822: 18 f. – **57** Ritter 1852: 158. – **58** Ebd.: 167. – **59** Ritter 1862: 12. – **60** Ebd.: 20 f. u. 62 f.; Henze 1981: 163. – **61** Ritter 1862: 14 f. – **62** Ritter 1822: 3. Vgl. Osterhammel 1997: 260 ff. – **63** Schiffers 1967: 3 behauptet, er hätte »wenig Kontakt mit Kommilitonen« gepflegt, aber ohne Beleg. – **64** Stabi HH, NHB 14, Barth an Familie, 28.9.1939. – **65** Ebd., Barth an Familie, 20.5.1843. – **66** Stabi HH, NHB 17, Barth an Danzel, 8.7.1842. – **67** Stabi HH, NHB 14, Barth an Familie, 29.7.1840. – **68** Ebd. – **69** Stabi HH, NHB 14, Barth an Familie, 15.11.1840. – **70** Barth 2002: 121, Anhang: Lebenslauf. – **71** Moritz 1866: 196 – **72** Klessmann 1981: 397 ff. – **73** Stabi HH, NHB 14, Barth an Familie, 8.5.1842. – **74** Ebd., Barth an Familie, 24.5.1842. – **75** Ebd. – **76** Stabi HH, NHB 14, Barth an Familie, 6.8.1842. – **77** Todd 2008: 168; Felix Mendelssohn hatte selbst, allerdings lange vor Barth, Geschichte und Geographie bei Boeckh und Ritter studiert; ebd.: 202 f. An der Stelle des Mendelssohn'schen Hauses befindet sich heute das Gebäude des Bundesrats. – **78** Stabi HH, NHB 14, Barth an Familie, 6.5.1843. – **79** Ebd., Barth an Familie, 20.4.1843. – **80** Ebd., Barth an Familie, 8.1.1844. – **81** Ebd., Barth an Familie, 20.5.1843. – **82** Ebd., Barth an Familie, 6.5.1844; Stabi Berlin, Barth, Heinrich, Reisender, 1851, Afrika (1), Barth an Fakultät, 14.5.1844. – **83** Stabi HH, NHB 14, Barth an Familie, 22.6.1844. – **84** Ebd., Barth an Familie, 28.6.1844. – **85** Ebd., Barth an Familie, 21.7.1844. – **86** Petermann 1865: 429. – **87** Zu den Verzögerungen Stabi HH, NHB 14, Barth an Familie, 21.7.1844. – **88** Barth 2002: 18 f. – **89** Ebd.: 22 f. – **90** Ebd.: Anm. 1. – **91** Ebd.: 24 u. 25 ff. – **92** Ebd.: 32 f. – **93** Ebd.: 44 u. 45 ff. sowie 108 u. 109 ff. – **94** Barth 1857/58, II: 145 ff., zu Weberei und Textilherstellung in Korinth s. Barth 2002: 54 ff. – **95** Barth 2002: 74 u. 75 ff. – **96** Ebd.: 94 ff. – **97** Barth 1844. – **98** Stabi HH, NHB 14, Barth an Familie, 28.6.1844. – **99** StA HH, 622-2 IV d 4, Winter an Barth, 5.9.1844. – **100** Ebd., Winter an Barth, 26.10.1844. – **101** StA HH, 622-2 IV c 1, Schöll an Barth 3.12.1844. – **102** StA HH, 622-2 IV d 4, Winter an Barth, 26.10.1844. – **103** StA HH, 622-2 IV d 2, Sieveking an Barth, 23.5.1846. – **104** Stabi Berlin, Barth, Heinrich, Reisender, 1851, Afrika (1), Barth an Friedländer, 18.12.1844.

Die Mittelmeerreise, 1845-1847

1 Zu Ritters Unterscheidung von Geographie und Erdwissenschaft Ritter 1862: 16 f. – 2 Barth 2002: 119, Anhang: Lebenslauf. – 3 Stabi Berlin, Barth, Heinrich, Reisender, 1851, Afrika (1), Barth an Friedländer, 18.12.1844. – 4 StA HH, 622-2 IV c 1, Curtius an Barth, 6.1.1845. – 5 Ebd., Boeckh an Barth, 1.1.1845. – 6 Stabi HH, NHB 14, Barth an Familie, 7.2.1845. – 7 Ebd., Barth an Familie, 24.2.1845. – 8 Ebd., Barth an Familie, 10.3.1845. – 9 Schubert 1897: 23, Fußnote. – 10 Stabi HH, NHB 16, Barth an Familie, 1.1.1846 und in ähnlichem Tenor in vielen anderen Briefen. – 11 Stabi HH, NHB 14, Barth an Familie, 10.3.1845. – 12 Ebd., Barth an Familie, 17.3.1845. – 13 Ebd., Barth an Familie, 4.4.1845. – 14 Ebd., Barth an Familie, 1.5.1845. – 15 Ebd., Barth an Familie, 19.5.1845. – 16 Ebd., Barth an Sieveking, 30.6.1845. – 17 Ebd., Barth an Familie, 30.6.1845. – 18 Ebd., Barth an Familie, 18.7.1845. – 19 Barth schrieb den heute meist nach der französischen Schreibweise Tanger benannten Ort so. – 20 Stabi HH, NHB 16, Barth an Familie, 11.8.1845. – 21 Barth 1849: 11. – 22 Stabi HH, NHB 16, Barth an Familie, 11.8.1845, in dem Brief bat er um eine Gebrauchsanweisung für das Gerät. Er ließ sich dann offenbar gegen Geld anleiten: Stabi HH, NHB, 14, Barth an Familie 3.10.1845. – 23 Barth 1849: 3. – 24 Abun-Nasr 1993: 257 ff. – 25 Barth 1849: 12. – 26 Ebd.: 26. – 27 Ebd.: 35. – 28 Ebd.: 36. – 29 Ebd.: 41. – 30 Ebd.: 36 f. – 31 Stabi HH, NHB 16, Barth an Familie, 11.8.1845. – 32 Barth 1849: 46. – 33 Ebd.: 54. – 34 Ebd.: 55. – 35 Stabi HH, NHB 14, Barth an Familie, 3.10.1845. – 36 Ebd., Barth an Sieveking, 16.12.1845. – 37 Barth 1849: 58. – 38 Ebd.: 60. – 39 Ebd.: 62. – 40 Ebd.: 121. – 41 Ebd.: 69 ff. – 42 Stabi HH, NHB 14, Barth an Familie, 26.11.1845. – 43 Stabi Berlin, NL Ritter: Mappe Barth, Heinrich, Barth an Ritter, 7.2.1848. – 44 Stabi HH, NHB 14, Barth an Sieveking, 16.12.1845. – 45 Barth 1849: 129. – 46 Ebd.: 132. – 47 Ebd.: 148. – 48 Stabi HH, NHB 16, Barth an Vater, 21.12.1845. – 49 Stabi HH, NHB 14, Barth an Sieveking, 16.12.1845. – 50 Anderson 1984: 326 f. – 51 Barth 1849: 145. – 52 Ebd.: 154. – 53 Stabi HH, NHB 16, Barth an Vater, 21.12.1845. – 54 Barth 1849: 157 ff. – 55 Stabi HH, NHB 14, Barth an Sieveking, 16.12.1845. – 56 Barth 1849: 179 ff. – 57 Ebd.: 212. – 58 Stabi HH, NHB 16, Barth an Familie, 1.1.1846. – 59 Barth 1849: 209. – 60 Ebd.: 223. – 61 Ebd.: 225. – 62 Ebd.: 245. – 63 Ebd.: 250. – 64 Ebd.: 251. – 65 Ebd.: 252. – 66 Stabi HH, NHB 16, Barth an Familie, 23.3.1846. – 67 Barth 1849: 260. – 68 Ebd.: 262. – 69 Ebd.: 265. – 70 Ebd.: 272. – 71 Ebd.: 280 ff. – 72 Ebd.: 291. – 73 Stabi Berli, NL Ritter: Mappe Barth, Heinrich, Barth an Ritter, 7.2.1848. – 74 Wright 1989: 60 ff. – 75 Stabi HH, NHB 16, Barth an Familie, 23.3.1846. – 76 Barth 1849: 292. – 77 Ebd.: 293. – 78 Ebd.: 296. – 79 Stabi HH, NHB 16, Barth an Familie, 23.3.1846. – 80 Barth 1849: 296. – 81 Ebd.: 298 f. – 82 Stabi HH, NHB 16, Barth an Familie, 5.5.1846. – 83 Barth 1849: 306 ff. – 84 Stabi HH, NHB 16, Barth an Familie, 5.5.1846. – 85 Barth 1849: 313 f. – 86 Ebd.: 315. – 87 Ebd.: 320. – 88 Spittler 1987: 397. – 89 Barth 1849: 322. – 90 Ebd.: 323. – 91 Stabi HH, NHB 16, Barth an Familie, 5.5.1846. – 92 Barth 1849: 327. – 93 Ebd.: 330. – 94 Ebd.:

331. – **95** Ebd.:   334 f. – **96** Ebd.:   336. – **97** Ebd.:   339. –   **98** Ebd.:
351. – **99** Ebd.: 356. – **100** Ebd.: 357. – **101** Stabi HH, NHB 16, Barth an Familie, 5.5.1846. – **102** Barth 1849: 381. – **103** Ebd.: 384. – **104** Ebd.: 385. –
105 Ebd.: 399. – **106** Ebd.: 407. – **107** Ebd.: 413. – **108** Ebd.: 418. – **109** Ebd.:
420. – **110** Ebd.: 421. – **111** Ebd.: 421-449. – **112** Ebd.: 444. – **113** Ebd.: 453 ff. –
114 Stabi HH, NHB 16, Barth an Familie, 17.5.1846. – **115** Barth 1849:
463. – **116** Ebd.: 471. – **117** Ebd.: 477. – **118** Stabi HH, NHB 16, Barth an Familie,
17.5.1846. – **119** Barth 1849: 500. – **120** Ebd.: 516. – **121** Die heutige Staatsgrenze befindet sich viel weiter westlich, der Ort des Überfalls liegt im heutigen
Ägypten. – **122** Barth 1849: 521-533. Der Apparat wurde nicht zerschmettert, wie
Schiffers ohne Beleg behauptet: Schiffers 1969a: 77. – **123** Barth 1849:
535. – **124** Ebd.: 543 ff. – **125** Stabi HH, NHB 14, Barth an Familie, 16.6.1846.
Vgl. Schubert 1897: 22. – **126** Stabi HH, NHB 14, Barth an Familie,
16.6.1846. – **127** Ebd., Barth an Familie, 20.7.1846. – **128** Ebd., Barth an Familie,
24.8.1846. – **129** Ebd., Barth an Familie, 27.9.1846. – **130** Barth 1859a:
1 ff. – **131** Stabi HH, NHB 14, Barth an Familie, 12.11.1846. – **132** Barth 1859a:
28 f. – **133** Ebd.: 30 f. – **134** Stabi HH, NHB 14, Barth an Familie,
21.11.1846. – **135** Ebd., Barth an Familie, 24.12.1846. – **136** Ebd., NHB 14., Barth
an Familie, 13.2.1847. – **137** StA HH, 622-2 IV d 2, Sieveking an Barth,
12.1.1847. – **138** Stabi HH, NHB 14, Barth an Familie, 13.2.1847. – **139** Ebd.,
Barth an Familie, 28.2.1847. – **140** Ebd., Barth an Familie, 19.3.1847. – **141** Ebd.,
Barth an Familie, 29.4.1847. – **142** Stabi Berlin, NL Ritter: Mappe Barth, Heinrich,
Barth an Ritter, 7.2.1848. – **143** Stabi HH, NHB 14, Barth an Familie, Juli
1847. – **144** Ebd., Barth an Familie, 24.8.1847. – **145** Ebd., Barth an Familie,
2.10.1847. – **146** Ebd., Barth an Familie, 2.11.1847. – **147** Ebd., Barth an Familie,
1.12.1847. – **148** StA HH, 622-2 IV d 4, Barth an Danzel, 24.3.1848. – **149** Stabi
HH, NHB 17, Friedländer an Barth, Anfang 1848. – **150** Stabi Berlin, Barth, Heinrich, Reisender, 1851, Afrika (1), Barth an Friedländer, 18.12.1844; zu Mommsen
und Droysen als Wissenschaftsorganisatoren s. Weber 1987: 262 ff. u.
272 ff. – **151** Stabi HH, NHB 13, Danzel an Barth, 12.6.1846. – **152** StA HH, 622-2
IV c 1, Boeckh an Barth, 28.1.1848. – **153** Stabi Berlin, NL Ritter: Mappe Barth,
Heinrich, Barth an Ritter, 7.2.1848. – **154** StA HH, 622-2 IV c 1, Boeckh an Barth,
5.3.1848. – **155** Schiffers 1967a: 6. – **156** Fleischer 1850. – **157** Koner 1866:
10 – **158** Plewe 1963: 8. – **159** Ebd.: 9. Das Gutachten Ritters ist vom 23.7.1848,
das Boeckhs vom 4.8.1848. – **160** Ebd.: 12. – **161** StA HH, 622-2 II d 2, Barth an
Gerhard, 11.3.1848. S. Barth 1848a, b u. c. sowie 1849; erst später gedruckt wurde
Barth 1850d. – **162** Barth 1850f. – **163** Schiffers 1967a: 6. – **164** Schubert
1897: 30. – **165** StA HH, 622-2 IV d 4, Barth an Danzel, 24.3.1848; Schubert 1897:
28 bestreitet dagegen ein weitergehendes Interesse Barths. – **166** StA HH, 622-2
IV c 1, Boeckh an Barth, 5.3.1848. – **167** Ebd., Boeckh an Barth, 22.3.1848. –
168 Ebd., Boeckh an Barth, 22.4.1848. – **169** StA HH, 622-2 IV d 4, Friedländer an
Barth, 23.3.1848. – **170** StA HH, 622-2 IV c 1, Boeckh an Barth,
13.3.1848. – **171** Weber 1987: 196 f., s. auch 175, 334, zu den Karrieren anderer
Boeckh-Schüler ebd.: 284. – **172** griech.: Ehestand. – **173** StA HH, 622-2 IV d 4,
Barth an Danzel, 24.3.1848. – **174** Schubert an Barth, 3.8.1848, Familienbe-

sitz. – **175** Barth an Schubert, 6.8.1848, Familienbesitz. – **176** Schubert 1909: 61 f. – **177** Ebd.: 66.

Die große Afrikareise I: Zum Tschadsee, 1849-1852

1 NA, FO 101/23, Richardson an Palmerston, 21.9.1848. – **2** Bedeutung im Kampf gegen Sklaverei: Wright 1989: 67. – **3** Prothero 1967: 168. – **4** Brown 2012: 172 ff., 237 ff. – **5** Stabi Berlin, NL Ritter 4 M-P, Overweg u. Petermann, Petermann an Ritter, 18.8.1849. – **6** UB Freiburg, NL 33/39, Nachlass Carl Ritter, Barth an Ritter, 24.1.1858. – **7** Es ist aus den Quellen nicht ersichtlich, dass die Bekanntschaft mit Lepsius für Barths Entscheidung, an der Expedition teilzunehmen, entscheidend war, wie Essner 1985: 77 meint. – **8** Foerster 2001: 280. – **9** NA, FO 101/23, Bunsen an FO, 10.10.1849 u. ebd., Bunsen an Palmerston, 12.10.1849 mit detaillierteren Informationen über Barth. – **10** Ebd., Bunsen an Richardson, 10.10.1849. – **11** Schubert 1897: 33. – **12** NA, FO 101/23, Bunsen an Richardson, 6.11.1849 u. ebd., Richardson an Bidwell (FO), 11.10.1849., – **13** Stabi Berlin, NL Ritter: Mappe Barth, Heinrich, Barth an Ritter, 18.10.1849. Die Zusicherung erhielt Barth in einem Schreiben des zuständigen Ministers Ladenberg am 5.11.1849, in: StA HH, 622-2 I b 1. – **14** Dieser bezeichnete sie tatsächlich als »Helfer«: Richardson 1853, Bd. 1: 3. – **15** NA, FO 101/23, Bunsen an Richardson, 24.10.1849 und Stabi Berlin, NL Ritter: Bunsen, Bunsen an Ritter, 25.10.1849: »Dr. B. muß ein seltsamer Mensch sein, wenn er nach Einsicht meines Schreibens an P. und dessen Antwort Bedenken trägt, die 200 £ anzunehmen. Ich fürchte, wenn ich L[ord] P[almerston] dieß sagte, würde man ihn hier für toll halten und als nicht sehr zuverlässig.« – **16** NA, FO 101/23, Bunsen an Eddisbury (FO), 22.11.1849; Stabi Berlin, NL Ritter 4 M-P, Overweg u. Petermann, Overweg an Ritter, 30.11.1849 über seinen Empfang bei Palmerston. – **17** StA HH, 622-2 a 1 Band 2, FO an Richardson, 30.11.1849. – **18** NA, FO 101/22, FO an Konsuln und Vizekonsuln, 30.11.1849; StA HH, 622-2 I c 7, Offizielles Empfehlungsschreiben von Lord Palmerston vom 28.11.1849 u. Empfehlungsschreiben an Sultan Shafou für Richardson, 30.11.1849. – **19** StA HH, 622-2 I a 1 Band 1, FO an Admiralty, 1.12.1849 u. Antwort v. 6.12.1849; ebd. an Board of Ordnance, 1.12.1849 u. dessen Antwort v. 3.12.1849. – **20** Stabi HH, NHB 2, Barth an Gustav und Mathilde Schubert, 23.10.1849. – **21** Stabi Berlin, NL Ritter Bunsen, Bunsen an Ritter, 5.12.1849. – **22** Ebd., NL Ritter 4 M-P, Overweg u. Petermann, Overweg an Ritter 12.12.1849. – **23** Barth 1857/8 I: 1. – **24** Stabi Berlin, NL Ritter 4 M-P, Overweg u. Petermann, Overweg an Ritter, 30.12.1849. – **25** Barth 1857/8 I: 17. – **26** Croft vertrug das Klima nicht und musste schon im Fessan umkehren: Benton 1968: 160 ff. Zu Richardsons Frau und Schwägerin s. ebd.: 167 ff. – **27** Barth an Lepsius, 17.6.1850, in: Gumprecht 1852: 204-207. Vgl. auch Benton 1968: 158. – **28** Stabi HH, NHB 12, Barth an Gustav und Mathilde Schubert, 2.2.1850. – **29** StA HH, 622-2 I c 1, Crowe, 22.3.1859. Barth und Richardson wahrten, soweit die Quellen darüber etwas mitteilen, immer eine höfliche Beziehung. Crowe und andere hatten

ebenfalls keinen guten Eindruck von Richardson, s. Prothero 1958: 328. – **30** Stabi
Berlin, NL Ritter: Mappe Barth, Heinrich, Barth an Humboldt, 22.3.1850. S. auch
den Bericht, den Barth am 27.2.1850 an den Berliner Ägyptologen Richard Lepsius
schickte: Ritter 1851: 98-102. – **31** Barth 1857/58 I: 26. – **32** Ebd.: 29. – **33** Ebd.:
35, s. auch 51 ff. – **34** Ebd.: 92. – **35** Ebd.: 93. – **36** Ebd.: 94. – **37** Ebd.:
95. – **38** Barth 1857/8 II: 232. Zu Barths Reittieren s. auch Kirk-Greene 1970:
32. – **39** Stabi Berlin, NL Ritter 4 M-P, Overweg u. Petermann, Overweg an Ritter, 5.4.1850. – **40** Barth 1857/8 I: 100. Richardson 1853 I: 4 f. – **41** Stabi Berlin, NL Ritter 4 M-P, Overweg u. Petermann, Overweg an Ritter,
15.4.1850. – **42** Ebd., Overweg an Ritter, 25.5.1850. – **43** Weis 1967 gibt eine
detaillierte Beschreibung des Weges seit der römischen Zeit. – **44** Barth an Lepsius, 13.5.1850, in: Ritter 1851, S. 128-129. Schiffers 1969b: 150 behauptet ohne
jeden Beleg, dass die Entscheidung auf Barth zurückginge. – **45** Barth an Lepsius,
19.5.1850, in: Ritter 1951: 113-115. – **46** Barth 1857/8 I: 125, dort auch eine
Zeichnung des Grabmals. – **47** Barth an Lepsius, 7.5.1850, in: Ritter 1851: 110-
111. S. auch Barth 1850e. – **48** Barth 1857/8 I: 143. – **49** Ebd.: 164 ff. – **50** Ebd.:
168. – **51** Gagliuffi war seit 1849 britischer Staatsbürger und von 1843 bis 1855
britischer Vizekonsul in Mursuk, blieb aber nach seiner Amtszeit in der Region, in
den späten 1870er Jahren eine Zeitlang als belgischer Konsul. – **52** Barth an Lepsius, 7.5.1850, in: Ritter 1851: 110-111. – **53** Stabi Berlin, NL Ritter 4 M-P, Overweg u. Petermann, Overweg an Ritter, 10.5.1850. – **54** Barth an Lepsius,
13.5.1850, in: Ritter 1851, S. 128-129. Zu Gagliuffi s. Boahen 1964: 160 ff. – **55** Ebd.:
169 f. – **56** Barth 1857/8 I: 182 u. II: 113. S. auch den Rüffel, den Reade Gagliuffi
verabreichte: StA HH, 622-2 I a 5, Reade an Gagliuffi, 30.8.1853. – **57** Barth
1857/8 I: 188. – **58** Stabi Berlin, NL Ritter 4 M-P, Overweg u. Petermann, Overweg an Bunsen, 25.5.1850 u. NA, FO 101/30, Barth an Bunsen, 30.5.1850. – **59** StA
HH, 622-2 IV c 3, Ritter an Barth und Overweg, 19.10.1850. – **60** Ritter 1851.
S. auch Rödiger 1854: 718 f. – **61** Stabi Berlin, NL Ritter 4 M-P, Overweg u. Petermann, Petermann an Ritter, 25.8.1850. Petermann kam sogar mit der Idee, die
beiden sollten Produkte Bornus so schnell wie möglich nach Europa schicken, um
sie auf der anstehenden Weltausstellung in London zeigen zu können, als Reklame
für die Expedition: StA HH, 622-2 III 3, Petermann an Barth und Overweg,
26.9.1850. In den Jahren 1850-1854 veröffentlichte Petermann häufig unter der
Überschrift »Expedition to Central Africa« im »Athenaeum« u. Petermann 1851.
Zu seiner Propagandatätigkeit s. Weller 1911: 38 ff. sowie Petermann 1854. – **62** Die
Berichte trugen die Überschrift »Expédition de l'Afrique centrale« oder ähnliche,
begannen 1850 und gingen bis 1856. Dabei handelte es sich meistens um Übersetzungen von Berichten in deutschen oder englischen Journalen. – **63** Spittler 1987:
393. – **64** Barth 1857/8 I: 172. – **65** Barth wusste schon in Tripolis um seine
Bedeutung und äußerte die Hoffnung, dass seine Gesellschaft »uns von unberechenbarem Nutzen sein würde«. Barth 1850b: 370. – **66** »Wir kommen soeben
von einem Besuch bei Mohammed Boro zurück, dessen Freundschaft wir cultivi-
ren, in der Ungewißheit, in der wir sind, über seine wahre Bedeutung.« Barth an
Lepsius, 13.5.1850, in: Ritter 1851, S. 128-129. – **67** Barth 1857/8 I: 173 ff. –
68 Ebd.: 472 f. – **69** Ebd.: 177. – **70** Overweg an Ritter, 14.6.1850, in: Gumprecht

1852: 202. – **71** Stabi Berlin, NL Ritter 4 M-P, Overweg u. Petermann, Overweg an Ritter, 16.6.1850. – **72** Barth an Lepsius, 17.6.1850, in: Gumprecht 1852: 204-207. – **73** Barth 1857/8 I: 193, s. auch Barth an Lepsius, 1.7.1850, in: Gumprecht 1852: 209-211. – **74** Barth 1857/8 I: 184. – **75** Ebd.: 196 u. 204. – **76** Ebd.: 207 f. – **77** Barth an Lepsius, 19.7.1850, in: Gumprecht 1852: 211-213. Vgl. Lhote 1967: 398. – **78** Barth 1857/8 I: 210 ff. – **79** Ebd.: 228. – **80** NA, FO 101/30, Richardson an Palmerston, 19.7.1850. S. auch Richardson 1853 I: 153 ff. Barth nahm später nochmals einen falschen Weg: 173 f. – **81** NA, FO 101/30, Richardson an Palmerston, 19.7.1850. – **82** Barth 1857/8 I: 229 ff. – **83** Ebd.: 259. – **84** Ebd.: 262. – **85** Ebd.: 266 ff. – **86** Ebd.: 304. – **87** Ebd.: 310. – **88** Ebd.: 312 ff. – **89** Ebd.: 316 f. – **90** Barth an Lepsius, 22.8.1850, in: Gumprecht 1852: 231-232. – **91** Barth 1857/8 I: 334. – **92** Stabi Berlin, NL Ritter 4 M-P, Overweg u. Petermann, Overweg an Ritter, 27.10.1850. – **93** Barth 1857/8 I: 348 ff. – **94** RGS, JMS/1/35, Barth an Beke, 20.10.1850. – **95** Stabi Berlin, NL Ritter: Mappe Barth, Heinrich, Barth an Bunsen, 5.8.1850. – **96** »Es ist eine Landschaft voll unabhängiger kleiner Stämme, die sich keiner Autorität fügen, wie die Beschaffenheit des Landes vom Regen befruchtete kraut- und baumreiche weite Thalöffnungen von großen Strecken wüsten Felsterrains von einander geschieden, es mit sich bringt.« Stabi Berlin, NL Ritter: Mappe Barth, Heinrich, Barth an Bunsen, 28.8.1850. – **97** Barth 1857/8 I: 364. – **98** Stabi Berlin, NL Ritter 4 M-P, Overweg u. Petermann, Overweg an Ritter, 25.5.1850 u. 23.7.1850. – **99** Stabi Berlin, NL Ritter: Mappe Barth, Heinrich, Barth an Bunsen, 5.8.1850. – **100** Barth 1857/8 I: 395. In Tintellust war die Erinnerung an die drei Europäer noch 70 Jahre später lebendig: Rennell of Rodd 1967: 219. – **101** Barth 1857/8 I: 400. – **102** Ebd.: 406; genauer ausgeführt in ebd., Kap. XIX. – **103** Barth 1852: 123-125. – **104** Genauere Beschreibung in Barth 1857/8 I: 492 f. S. dazu auch Gruner 1989: 97 f. – **105** Barth 1857/8 I: 441 u. 464. Zur Stellung des Sultans in Air s. ebd.: 514 f. – **106** Ebd.: 482 ff. – **107** Ebd.: 550. – **108** RGS, JMS/1/35, Barth an Petermann, 14.3.1851. – **109** Aus Briefen Barths und Overwegs geht aber hervor, dass der Entschluss, sich von Richardson zu trennen, schon in Mursuk gefallen war, da dieser unbedingt nach Sokoto wollte: FB Gotha, PGM 39/1, Barth an Petermann, 6.6.1850 u. Stabi Berlin, NL Ritter 4 M-P, Overweg u. Petermann, Overweg an Ritter, 16.6.1850. Zur Trennung von Overweg kam es möglicherweise wegen der später auftretenden, aber vorübergehenden Missstimmung zwischen den beiden Deutschen, von der Barth später berichtete. – **110** Barth 1857/8 II: 134. S. auch sein Foto und die Beschreibung bei Rohlfs 1869. Später war er in Diensten von Henri Duveyrier und Gerhard Rohlfs. S. auch Diawara 2006: 151. – **111** Barth 1857/8 I: 559 f. – **112** Barth 1857/8 II: 56. Zu Barths Verständnis der Afrikaner s. auch Kirk-Greene 1970: 25 f. – **113** Barth 1857/8 I: 563; zu Abbau und Bedeutung des Salzes ebd.: 571. – **114** Barth 1857/8 II: 50. Vgl. Spittler 1984: 145. – **115** Barth 1857/8 I: 567. – **116** Ebd.: 601. – **117** Adolf an Auguste Overweg, 10.4.1851, in: Gumprecht 1852: 341-342. – **118** Barth 1857/8 I: 607. – **119** Barth 1857/8 II: 4. – **120** Schiffers 1967a: 19. – **121** Richardson 1853 II: 172. – **122** Barth 1857/8 II: 2, vgl. auch 36. – **123** Ebd.: 4. – **124** Ebd.: 11. – **125** Ebd.: 23. – **126** Ebd.: 32. – **127** Ebd.: 26. – **128** Ebd.: 41. – **129** Ebd.: 91. – **130** Ebd.: 59 ff. – **131** Loimeier

2013: 90-96. – **132** Barth 1857/8 II: 107. – **133** Ebd.: 109. – **134** Ebd.: 144. –
135 Ebd.: 135. – **136** Ebd.: 147 f. – **137** Ebd.: 167. – **138** Ebd.: 191. – **139** Ebd.:
225. – **140** Ebd.: 240. S. auch Barths offizielle Mitteilung über Richardsons Tod
an Bunsen: RGS JMS/1/35, Barth an Bunsen, 3.4.1851. – **141** Barth 1857/8 II:
251. – **142** Ebd.: 261. – **143** Ebd.: 266 u. 376 ff. – **144** Zu den osmanischen Ex-
pansionsbestrebungen vom Fessan Richtung Süden s. Barth 1857/8 III: 10 f. Zu den
Waffenwünschen ebd.: 124. – **145** Eine eingehende Beschreibung des Hauses
findet sich in Barth 1857/8 II: 383 ff. – **146** Ebd.: 267 ff. – **147** Ebd.:
271. – **148** Ebd.: 272 f. – **149** Ebd.: 274. – **150** Ebd.: 296. – **151** Ebd.: 400. –
152 Ebd.: 394 f. – **153** RGS, JMS/1/35, Barth an Petermann, 14.3./28.4.1851. –
154 Barth 1857/8 II: 406. Diese ständigen Änderungen des Sees bestätigt Konrad
1969: 221. – **155** BL, MC, Western Manuscripts, Add. 32117 ff. 15-63, Barth an
Cooley, 13.4.1851; Cooley 1841. – **156** Adolf an Auguste Overweg, 10.4.1851, in:
Gumprecht 1852: 341-342. – **157** Stabi Berlin, NL Ritter 4 M-P, Overweg u. Petermann, Overweg an Ritter, 10.4.1851. – **158** Ebd., Overweg an Ritter,
6.5.1851. – **159** Ebd., Overweg an Ritter, 21.6.1851. – **160** NA, FO 101/30, Overweg an Palmerston, 24.6.1851. – **161** Stabi Berlin, NL Ritter 4 M-P, Overweg u.
Petermann, Overweg an Ritter, 21.6.1851. – **162** FB Gotha, PGM 39/3, Barth an
Beke, 25.7.1851. – **163** Barth sorgte dafür, dass er eine kleine Pension erhielt: NA,
FO 101/45, Barth an FO, 15.5.1856. Bericht von Overweg über seine Tschadseefahr-
ten: Overweg 1969. – **164** Barth 1857/8 II: 429; NA, FO 101/30, Barth an Palmerston, 24.5.1851. – **165** Barth 1857/8 II: 494. Vgl. Kirk-Greene 1967: 199. –
166 Barth 1857/8 II: 461 u. 464. – **167** Ebd.: 462. – **168** Ebd.: 465. – **169** Ebd.:
467. – **170** Ebd.: 468. Zu einigen Bezeichnungen, die ihm unklar geblieben waren,
konsultierte er den langjährigen britischen Vertreter auf Fernando Poo (heute
Bioko, Äquatorial-Guinea), Thomas Hutchinson, vgl. Hutchinson 1967:
319 ff. – **171** Barth 1857/8 II: 499. – **172** Ebd.: 517. – **173** Ebd.: 555. – **174** NA,
FO 101/30, Barth an Palmerston, 25.7.1851. – **175** Barth 1857/8 II: 558. – **176** Ebd.:
557. – **177** Ebd.: 559 u. Barth 1857/8 III: 208. – **178** Barth 1857/8 II:
579. – **179** NA, FO 101/30, Barth an Palmerston, 25.7.1851. Vgl. Kirk-Greene
1967: 208. – **180** Barth 1857/8 II: 586 ff. – **181** Ebd.: 594 f. – **182** Ebd.:
640. – **183** Ebd.: 632. – **184** Ebd.: 634. – **185** Ebd.: 646. – **186** Ebd.: 662. –
187 Barth 1857/8 II: 666. Kirk-Greene 1967: 215 beurteilte Barth als unübertroffen
in der Erforschung der Fulbe. – **188** StA HH, 622-2 I a 1 Band 1, FO an Barth,
7.10.1851, zwei Schreiben mit der Ernennung und der Ermächtigung, Richardsons
Schulden zu begleichen, sowie weiteren Instruktionen. – **189** NA, FO 101/30,
Barth an Palmerston, 21.8.1851. – **190** Barth 1857/8 III: 6. Zu den Uelad Sliman
s. Wright 1989: 70 ff. – **191** Barth 1857/8 III: S. 23. – **192** Ebd.: 31 f. – **193** Ebd.:
34. – **194** Ebd.: 42. – **195** Ebd.: 44 ff. – **196** Ebd.: 55. – **197** Ebd.: 59 ff. –
198 Ebd.: 62 f. – **199** Ebd.: 66 f. – **200** Ebd.: 94 f. – **201** Ebd.: 97 – **202** Ebd.:
98. – **203** Ebd.: 105. – **204** NA, FO 101/34, Barth an Konsul Crowe,
20.11.1851. – **205** Barth 1857/8 III: 117 u. 133 f. – **206** Ebd.: 143. – **207** Ebd.:
123. – **208** Ebd.: 119 f. u. 126 f. – **209** Ebd.: 132. – **210** Ebd.: 139. – **211** Ebd.:
144 f. – **212** Ebd.: 164 f. u. 181. – **213** Ebd.: 171. – **214** Ebd.: 173. – **215** Ebd.:
177. – **216** Ebd.: 184. – **217** Ebd.: 175. – **218** Ebd.: 183, 199 u. 230. – **219** Ebd.:

216. – **220** Ebd.: 224. – **221** Ebd.: 230 f. – **222** Ebd.: 232 f. – **223** Barth 1857/8 IV: 92. – **224** Barth 1857/8 III: 241. – **225** Ebd.: 250 f. – **226** Pratt 1992: 6 spricht von einer Kontaktzone statt von einer Frontier, weil letztere koloniale Expansion beschreibt. Da es jedoch Untersuchungen z. B. zur vorkolonialen afrikanischen Frontier gibt, ist der Unterschied zwischen Kontaktzone und Frontier ein scheinbarer, s. Marx 2001. – **227** Barth 1857/8 III: 270. – **228** Ebd.: 165 u. 402. – **229** Ebd.: 256 ff. – **230** Ebd.: 281. – **231** Ebd.: 289. – **232** Ebd.: 291. – **233** Ebd.: 300. – **234** Ebd.: 306. – **235** Ebd.: 311. – **236** Ebd.: 322. – **237** Ebd.: 324. – **238** Ebd.: 346. – **239** Ebd.: 334 f. – **240** Ebd.: 335. – **241** Ebd.: 357. – **242** Ebd.: 358 u. 386. – **243** Stabi Berlin, Afrika 6 Overweg, Overweg an Barth, 25.6.1852, worin er ihn um Auskunft über die neuen Autoritätsverhältnisse in der Expedition bittet: »Ich ersuche Sie dringend, mir mit dem Reiter, sofern Sie nicht selbst schleunig kommen, Auszüge oder Copien von den Palmerston'schen Depeschen zu senden, damit ich von dem neuen Verhältnisse unterrichtet werde, in das ich durch die Instructionen des F.O. zu Ihnen und zu der African Expedition getreten.« – **244** Barth 1857/8 III: 364. – **245** Ebd.: 365. – **246** Ebd.: 368. – **247** Ebd.: 405. – **248** Ebd.: 378 f. – **249** NA, FO 101/34, Overweg an Malmesbury, 15.8.1852. – **250** Barth 1857/8 III: 418. – **251** Zu diesen Briefen zählte auch ein Bericht an das britische Foreign Office über seine Reise: NA, FO 101/34, Barth an Malmesbury, 15.8.1852 u. 21.8.1852. – **252** Barth 1857/8 III: 420. – **253** Ebd.: 423. – **254** Stabi Berlin, NL Ritter: Mappe Barth, Heinrich, Barth an Ritter, 4.9.1852. Die genauen Umstände des Begräbnisses schilderte er in einem Brief an Overwegs Schwester Wilhelmine vom 28.9.1852, zit. in: Petermann 1953: 208 ff. Zu Overwegs Tod s. auch Kirk-Greene 1959b und zur Umbettung seiner Überreste nach Maiduguri s. Benton 1968: 226. S. auch die Schilderung von Overwegs Tod durch Dorugu, abgedruckt in Schubert 1897: 181 ff. Jany 1967: 250 vermutet, dass Overweg an einer Lungenentzündung verstorben ist. – **255** Stabi Berlin, Barth, Heinrich, Reisender, 1851, Afrika (1), Barth an Petermann, 1.1.1853. – **256** Barth an Bunsen, 7.10.1852, zit. nach Petermann 1853: 205. – **257** Barth 1857/8 III: 426.

Die Kunst des Reisens

1 Schiffers 1967a: 37 u. 46. – **2** Spittler 2006: 56. – **3** Spittler 2008: 43. – **4** StA HH, 622-2 I b 2, Bunsen an Barth, 5.1. u. Pauli an Barth, 6.1.1852. – **5** Ebd., Bunsen an Barth, 27.11.1852. – **6** Ebd., Pauli an Barth, 19.11.1851. – **7** Barth 1857/8 IV: 39. – **8** Ebd.: 138 u. 186. – **9** FB Gotha, PGM 39/5, Barth an Petermann, 9.1.1861; Spittler 2006: 60. – **10** Ebd.: 110. Schiffers macht aus dem selbstironisch gemeinten »halbbarbarisirten« einen »halbarabisierten« und erkennt nicht, dass der »Tebu-Bursche« Muhammad al-Gatroni war und kein Bewohner des Tibesti-Gebirges: Schiffers 1969a: 113. – **11** Barth 1857/8 II: 118. – **12** Barth 1857/8 I: xiii. – **13** Ebd.: 592. – **14** StA HH, 622-2 I d 19, Schweinfurth an Barth, 27.3.1864. – **15** Bovill 1926: 312. – **16** FB Gotha, PGM 39/5, Barth an Petermann,

9.1.1861. – **17** Barth 1857/8 II: 508. – **18** Barth 1857/8 III: 121. – **19** Ebd.:
127. – **20** Stabi Berlin, NL Ritter 4 M-P, Overweg u. Petermann, Overweg an
Ritter, 10.5.1850. – **21** Ebd., Overweg an Ritter, 13.8.1850. – **22** Overweg an von
Dechen, 18.6.1850, in: Schiffers 1942: 69. – **23** Barth 1857/8 II: 14. – **24** Barth
1857/8 II:422. – **25** Schiffers 1967f:512. – **26** Petermann 1855g:310. – **27** Stabi
Berlin, NL Ritter: Bunsen, Bunsen an Ritter, 6.3.1852. S. Barths Klagen über unzu-
reichende Mittel gegenüber dem neuen Konsul in Tripolis, Col. G.F. Herman: NA,
FO 101/34, 21.8.1852. – **28** Ebd., Carl Ritter, Bunsen an Ritter, 8.12.1854. –
29 Barth 1857/8 IV: 516. – **30** Barth 1857/8 II: 25. – **31** Barth 1857/8 V:
230. – **32** Ayandele 1979a: 22. – **33** Stabi HH, NHB 17, Barth an Danzel,
8.7.1842. – **34** Barth 1857/8 II: 235. – **35** Barth 1857/8 IV: 349. – **36** Ebd.:
359. – **37** Barth 1857/8 I: 568 f. – **38** Ebd.: 402 f. u. Barth 1857/8 II: 211. Zu
Barths Ernährung Kirk-Greene 1970: 31 f. – **39** Barth 1857/8 IV: 294 u.
328. – **40** Barth 1857/8 V: 2 f. – **41** Barth 1857/8 II: 182; s. auch 241. Vgl. Wein-
and 1967: 343 ff. – **42** Stabi HH, NHB 9, Barth an Schubert, 22.1.1858. Zur Expedition Baikies und ihren Folgen s. Geary 1965: 159 ff. – **43** Jany 1967: 250 u. 263.
Zu den Krankheiten in Westafrika s. Curtin 1964: Kap. 3. – **44** Zu Barths Krankheiten s. Weinand 1967: 313 ff. – **45** Barth 1857/8 II: 119. – **46** Ebd.:
125. – **47** Barth 1857/8 IV: 451. Vgl. Schubert 1897: 45. – **48** StA HH, 622-2 I d
2, Vogel an Barth, 5.6.1855. – **49** Kirk-Greene 1970: 33. – **50** Ayandele 1979b:
43 f. – **51** Kirk-Greene 1970: 30. – **52** Barth 1857/8 V: 136. – **53** Zu Barths Arabischkenntnissen s. Klein-Franke 1967: 403 f. – **54** Barth 1857/8 III: 134 f. Vgl.
Essing 1967: 376 f. – **55** Barth 1857/8 IV: 321, dazu kritisch Moraes Farias 2006:
216 f. – **56** Barth 1857/8 IV: 496. – **57** Zehnle 2020: 285. – **58** Barth 1857/8 IV:
104. – **59** Ebd.: 88. – **60** Barth 1857/8 V: 397. – **61** Ebd.: 312. – **62** Ebd.:
276. – **63** Barth 1857/8 IV: 214. – **64** Ebd.: 115. – **65** Barth 1857/8 II:
373. – **66** Barth 1861a: 68. – **67** Ebd.: 368. – **68** Ebd.: 369. Barth erwähnt ihn
auch als den »sehr aufgeweckten Pilger Ibrahim« in Barth 1861a: 67. – **69** Barth
1857/8 II: 369 f. – **70** Ebd.: 374. – **71** Zehnle 2020: 180 f. – **72** Barth 1857/8 IV:
129. Zur weiteren Verarbeitung des Wissens in der Kartographie s. Jones/Voigt
2012:17 f. – **73** Barth 1857/8 III:299. – **74** Ebd.:300. – **75** Ebd.:337. – **76** Ebd.:
330. – **77** Ebd.: 331. – **78** Barth 1860d: 331 u. 1853a. – **79** Barth 1857/8 III:
332. – **80** Barth 1857/8 V: 135. – **81** Ebd.: 232. – **82** Barth 1857/8 IV: 74. –
83 Zu Barths diplomatischem Geschick s. Ayandele 1979b: 47 ff. – **84** Boahen
1964: 209 ff. – **85** NA, FO 101/30, Barth an Palmerston, 24.5.1851. – **86** Ebd.,
Barth an Palmerston, 8.8.1851. – **87** StA HH, 622-2 I a 1 Band 1, FO an Barth,
19.1.1852. – **88** Kirk-Greene 1959. – **89** Kirk-Greene 1970: 19 – **90** Barth
1857/8 I: 123. – **91** StA HH, 622-2 IV c 3, Ritter an Barth u. Overweg,
23.12.1851. – **92** StA HH, 622-2 I b 2, Bunsen an Barth, 19.11.1851. – **93** Barth
1856b. – **94** Jany 1967. – **95** Schiffers 1967b: 64 u. c: 78 ff. – **96** Vogel 1854 u.
1855. – **97** StA HH, 622-2 IV c 3, Ritter an Barth u. Overweg, 23.12.1851. Exogyra sind Muschelversteinerungen, die Overweg nach Berlin gesandt
hatte. – **98** Stabi Berlin, Slg. Autogr. Ehrenberg, Ehrenberg an Barth,
8.12.1851. – **99** Stabi HH, NHB 13, Ehrenberg an Barth, 19.1.1860 u. ABBAW, NL
Ehrenberg, Nr. 261, Barth an Ehrenberg, 11.5.1860. – **100** Ebd. – **101** StA HH,

622-2 II d 12, Ploss an Barth, 28.1.1862. – **102** StA HH, 622-2 III 7, Ignaz Olfers an Barth, 17.6.1860. – **103** Lupton 1980: 181. – **104** Wright 1989: 59 ff. – **105** Bruce Lockhart/Lovejoy 2005. – **106** Curtin 1964: 298 ff. – **107** Ebd. 1964: 311 u. Boahen 1964: 214 ff.; Kirk-Greene 1958: 219 f. Eine Beschreibung des Schiffs findet sich in Ritter 1854b: 54 f. – **108** De Gramont 1975: 230 ff. – **109** Zu Laing s. auch Kirk-Greene 1989. – **110** Curtin 1964: 310. – **111** Boahen 1964: 175 u 189. – **112** Zehnle 2020: 110 f. – **113** Allen/Thomson 1848 I: 355 u. 375 ff. u. II: 323. – **114** Barth 1857/8 II: 614 u. III: 266. – **115** Barth 1857/8 IV: 397. – **116** Barth an Beke, 1.9.1851, in: Athenaeum, 1263, 10.1.1852: 52; Barth 1857/8 II: 563 f. – **117** Barth 1863g: 432. – **118** Wenn man Barnett 1998: 248 ff. glauben will, muss Barth eine völlige Ausnahme gewesen sein, weil er sehr wohl indigene Wissensysteme anerkannte, benutzte, seine Informanten identifizierte und dokumentierte, wieviel Wissen er ihnen verdankte. – **119** Petermann 1855b: 14. – **120** Barth 1862c. – **121** Barth 1857/8 III: 162, s. auch 267. – **122** Gumprecht 1852: 288. – **123** Barth 1857/8 IV: 395. – **124** BNF, SG Carton, BA-BIE (73), Barth an Jomard, 21.9.1855. Der Brief wurde umgehend in Frankreich veröffentlicht: Anonym 1855a. – **125** Boahen 1964: 201. – **126** Barth 1857/8 IV: 103. – **127** Ebd.: 185. – **128** Hodgkin 1975: 16. – **129** NA, FO 101/36, Barth an Clarendon, 10.11.1854 u. Barth 1857/8 IV: 299. – **130** Barth 1857/8 V: 44 f. – **131** Barth 1857/8 IV: 170. – **132** Ebd.: 188. – **133** Ebd.: 202 u. 414 ff. – **134** Barth 1855c. S. Barths Begleitbrief an Emil Rödiger, 15.12.1853 in: Barth 1855b. – **135** Barth 1857/8 IV: 202. Einem Brief an Bunsen fügte er eine aus dem Tarikh gewonnene chronologische Tabelle an: Petermann 1855d: 97 f. – **136** Barth hielt an der Zuschreibung zu Ahmed Baba als Autor fest, s. Barth 1857b. Vgl. auch English 2018: 212. Zu Barths unkritischer Lesart s. Moraes Farias 2006: 217 ff. – **137** Barth 1857/8 III: 139. – **138** Barth 1857/8 II: 381. S. auch Masonen 2000: 400. – **139** Barth 1857/8 IV: 436. – **140** Das wurde gerade in Frankreich mit Interesse zur Kenntnis genommen: Anonym 1852. – **141** Barth, 1856a: 286. Petermann stellte Barths Angaben zu einem eigenen Artikel über die Tuareg zusammen, einen über die afrikanischen Staaten sowie einen ethnographischen Überblick: Petermann 1857, 1858 u. 1863. In letztgenannten flossen auch die Forschungsergebnisse anderer Reisender wie Speke und von der Decken ein. – **142** Zur Ethnographie Barths wenig ergiebig ist Sixel 1967. – **143** Barth 1857/8 II: 178. – **144** NA, FO 101/33, Cull an Russell, 17.1.1853. – **145** Barth 1860c: 112-128. – **146** Vgl. auch Spittler 1987: 400 mit genauen Angaben, von wem Barth welche Sprache lernte. – **147** Barth 1857/8 III: 141. – **148** Über ihre Schrift s. Barth 1859b. – **149** Zu Barths linguistischen Forschungen s. Essing 1967. Später fand der Kolonialbeamte und Sprachforscher Philip Benton in Tripolis eine von Barth angefertigte Wörterliste, die dieser offenbar nicht mitgenommen hatte: Benton 1968. – **150** Gowers 1923: 102.

Die große Afrikareise II: Nach Timbuktu, 1852-1855

1 Schiffers 1967: 35 u. 37. – **2** NA, FO 101/34, Barth an Drummond Hay, 16.10.1852 u. Barth an Malmesbury, 22.11.1852. – **3** Barth 1857/8 IV: 6. – **4** Ebd.: 1. – **5** Ebd.: 2 ff. – **6** Ebd.: 7. – **7** Ebd.: 8. – **8** Ebd.: 318. – **9** Dorugu 1971. – **10** Schubert 1909: 152. – **11** Barth 1857/8 IV: 80. – **12** Ebd.: 82 f. – **13** Ebd.: 85. – **14** Ritter 1854a: 67. – **15** Barth 1857/8 IV: 116 u. 123. – **16** Ebd.: 86. – **17** Ebd.: 102. – **18** Ebd.: 128. – **19** Philips 1989: 389. – **20** In seinem offiziellen Bericht an das britische Außenministerium beschrieb Barth Sultan Aliyus Verhalten ihm gegenüber als »extreme Freundlichkeit und Herzlichkeit«. NA, FO 101/36, Barth an Clarendon, 3.5.1853. – **21** Barth 1857/8 IV: 136. S. auch Barths Bericht an Bunsen, in: Petermann 1855b: 12. – **22** Barth 1857/8 IV: 138 f. S. auch seinen Brief an die Familie v. 5.5.1853, in: Gumprecht 1854c: 223 – **23** Barth 1857/8 IV: 168. – **24** Ebd.: 174 ff. – **25** Ebd.: 189 f. – **26** NA, FO 101/36, Barth an Clarendon, 15.3.1854. – **27** Robinson 2010: 139 f. – **28** Barth 1857/8 IV: 192. – **29** Zu den Jihads im 19. Jh. s. Loimeier 2013: Kap. 5; Robinson 2004: Kap 10 u. 2010: 137 ff. – **30** Barth 1857/8 IV: 198. – **31** Ebd.: 196 f. – **32** Ebd.: 199 f. Zu den verschiedenen Schutzbriefen, die Barth erhielt, s. Umar 2002: 154-158. – **33** Barth 1857/8 IV: 204. – **34** Ebd.: 205. – **35** Ebd.: 210 f. – **36** Ebd.: 225. – **37** Ebd.: 238 ff. – **38** Ebd.: 243. – **39** Ebd.: 247. – **40** Ebd.: 244 f. – **41** Ebd.: 253. – **42** Ebd.: 297 f. – **43** Ebd.: 285 f. u. 299 f. u. 201, 328, 344, 352, Barth 1857/8 V: 16. S. auch Petermann 1855d: 94. – **44** Barth 1857/8 IV: 308. – **45** Ebd.: 258 ff. – **46** Boahen 1964: 193. – **47** Zum durchaus reichhaltigen Markt Barth 1857/8 IV: 295. – **48** Ebd.: 311 f. – **49** Ebd.: 314. – **50** Ebd.: 332. – **51** Ebd.: 339. – **52** Ebd.: 345. – **53** FB Gotha, PGM 39/1, Barth an Familie, 28.6.1854. – **54** Barth 1857/8 IV: 360 f. – **55** Ebd.: 380 f. – **56** Ebd.: 366. – **57** Ebd.: 386. – **58** Ebd.: 390. – **59** Ebd.: 397. – **60** Ebd.: 399. – **61** FB Gotha, PGM 39/1, Barth an Beke, 7.9.1853, abgedruckt in Barth 1854a: 284. – **62** Barth 1857/8 IV: 400 f. – **63** Ebd.: 405. Beschreibungen der Stadt finden sich in NA, FO 101/36, Barth an Dickson, 7.9.1853 u. Barth an Clarendon, 2.10.1853. – **64** Barth 1857/8 IV: 409. – **65** Ebd.: 413. – **66** Ebd.: 447. – **67** Ebd.: 449. – **68** Ebd.: 455 f. – **69** Ebd.: 459 f. – **70** Ebd.: 467. – **71** NA, FO 101/36, Barth an Clarendon, 2.10.1853. – **72** Barth 1857/8 IV: 461. – **73** Ebd.: 462. – **74** Ebd.: 466 f. – **75** Ebd.: 468. – **76** NA, FO 101/36, Barth an Clarendon, 2.10.1853. – **77** Barth 1857/8 IV: 469. – **78** FB Gotha, Barth an Bunsen, 25.11.1853. – **79** NA, FO 101/36, Barth an Clarendon, 15.3.1854. – **80** Barth 1857/8 IV: 473. – **81** NA, FO 101/36, Barth an Dickson, 16.10.1853; Barth 1857/8 IV: 474. Zum Konflikt zwischen Ahmadu Lebbo III und al-Bakkai s. Saad 2020: 216 ff. Zu al-Bakkais Gefühl der Überlegenheit s. Zebadia 1974: 234. – **82** FB Gotha, PGM 39/1, Barth an Beke, 14.12.1853. – **83** Barth 1857a: 417. – **84** Barth 1857/8 IV: 496. – **85** Barth 1857/8 V: 87 u. 96. – **86** Barth 1857/8 IV: 476. – **87** FB Gotha, PGM 39/1, Barth an Familie, 8.12.1853. – **88** Ebd.: Barth an Beke, 14.12.1853. – **89** Barth 1857/8 IV: 478. – **90** Ebd.: 483. – **91** Ebd., 485. – **92** Barth 1854b: 180. – **93** Barth 1857/8 IV: 490 f. u. 494. Im späten 16. Jh. hatte Timbuktu ca. 50.000 Einwohner, Saad 2010: 90. – **94** Barth 1857/8 IV: 493 f.

Zur Geschichte Timbuktus s. Loimeier 2013: 70-73. – **95** Barth 1857/8 IV: 500 f. – **96** Ebd.: 503. – **97** Ebd.: 505. – **98** Ebd.: 524. – **99** Barth 1857/8 V: 4 f. – **100** Ebd.: 10. – **101** Ebd.: 17 ff. – **102** Ebd.: 34. – **103** Ebd.: 63. – **104** Ebd.: 64 ff. – **105** Ebd.: 76. – **106** Ebd.: 81. – **107** Lupton 1980: 217 ff. – **108** Barth 1857/8 V: 90. – **109** Ebd.: 136. – **110** Barth an Schubert, 28.2.1854, in: Gumprecht 1854e: 518. – **111** NA, FO 101/34, Barth an Bunsen, 28.2.1854. – **112** NA, FO 101/36, Barth an Clarendon, 15.3.1854. – **113** Barth 1857/8 V: 114. – **114** Ebd.: 116 f. – **115** Ebd.: 122. – **116** Ebd.: 121. – **117** Ebd.: 124; Zebadia 1974: 251. – **118** Barth 1857/8 V: 142. John Russell, 1st Earl Russell (1792-1878), britischer Politiker, Außenminister Dez. 1852-Febr. 1853 u. 1859-1865, verschiedene Ministerämter 1846-1852 und 1865-1866 Premierminister, führender liberaler Reformer. – **119** StA HH, 622-2 III 7, Barth an Russell, 7.5.1857. – **120** StA HH, 622-2 I a 1 Band 2, FO an Barth, 10.6.1853. Baikie, der die Niger-Benue-Expedition leitete, berichtete von einem Afrikaner, der behauptete, zwei Weiße am Unterlauf des Benue gesehen zu haben, und Barth auf einem Bild erkannte, das ihm Baikie zeigte, aber es stellte sich bald heraus, dass diese Angaben nicht stimmen konnten. Barth war zu der Zeit in Timbuktu und hatte Vogel noch gar nicht kennengelernt: Baikie 1856: 101 u. 247. Ganz ähnlich berichtete später ein Araber, Barth und Vogel in Timbuktu gesehen zu haben: Gumprecht 1854d: 392. – **121** StA HH, 622-2 I a 4, Herman an Barth, 2.9.1853 über Vogel, der bereits Mursuk erreicht hatte. – **122** FB Gotha, PGM 39/6, Petermann an Bunsen, 11.1.1853 u. Stabi Berlin, NL Ritter 4 M-P, Overweg u. Petermann, Petermann an Ritter, 14.1.1853. S. auch Petermann 1855e: 237 f. – **123** Beck 1967: 161. – **124** Bunsen an Russell, 29.1.1853, in: Benton 1968: 254 ff. – **125** NA, FO 101/36, Vogel an FO, 12.8.1853; der Vorname von Swenney war nicht zu ermitteln. – **126** Herman an Clarendon, 19.7.1853, in: Benton 1968: 231. – **127** Barth 1857/8 V: 157 ff. – **128** Ebd.: 160 f. – **129** Ebd.: 162 ff. – **130** Ebd.: 168. – **131** Ebd.: 178. – **132** Ebd.: 180 f., 188, 192 und Stabi HH, NHB 9, Barth an Schubert, 5.10.1858. – **133** Barth 1857/8 V: 183. – **134** Ebd.: 192. – **135** Ebd.: 194 ff. – **136** Ebd.: 197. – **137** FB Gotha, PGM 39/1, Barth an Familie, 28.6.1854. – **138** Barth 1857/8 V: 214 u. 217. – **139** Ebd.: 216. – **140** BL, MC, Add. 32117 ff. 15-63, Barth an Cooley, 24.6.1854. – **141** Barth 1857/8 V: 221. – **142** Ebd.: 218. – **143** Ebd.: 219. – **144** Ebd.: 233 f. – **145** Ebd.: 237. – **146** Ebd.: 241. – **147** Ebd.: 247. – **148** Ebd.: 254. – **149** Ebd.: 261. – **150** Ebd.: 268 f. – **151** Ebd.: 272 f. – **152** Ebd.: 275. – **153** Ebd.: 282. – **154** Ebd.: 287. – **155** Ebd.: 294 f. – **156** Ebd.: 298. – **157** Ebd.: 303. – **158** Ebd.: 306. – **159** Ebd.: 311. – **160** Ebd.: 315. S. auch NA, FO 101/36, Vogel an FO, 22.2.1854. – **161** Barth 1857/8 V: 317. – **162** Ebd.: 321 f. – **163** Der Brief wurde in Petermann 1855d abgedruckt. – **164** Barth 1857/8 V: 326 f. – **165** Ebd.: 328. – **166** Ebd.: 331. – **167** Ebd.: 333. – **168** Die Briefe, mit denen schon Anfang 1853 Vogels Entsendung angekündigt wurde, hatten ihn noch nicht erreicht: StA HH, 622-2 I b 2, Bunsen an Barth, 19.2.1853 u. 622-2 I a 1 Band 1, FO an Barth, 19.2.1853 sowie 622-2 III 3, Petermann an Barth, 19.2.1853. – **169** Barth 1857/8 V: 334. Vgl. auch Gumprecht 1955b. – **170** Barth 1857/8 V: 335 u. 343. – **171** Ebd.: 336. – **172** Ebd.: 340. – **173** Ebd.: 341. – **174** Ebd.: 347. – **175** Ebd.: 351. – **176** Ebd.: 358 ff. – **177** Ebd.: 361. – **178** Barth

1857/8 V: 361 f. – **179** NA, FO 101/35, Barth an Gagliuffi, 12.11.1854 u. ebd., Herman an Clarendon, 13.3.1855, worin er über diesen Brief berichtete. S. auch StA HH, 622-2 I a 4, Herman an Barth, 31.3.1855. – **180** Barth 1857/8 V: 364 f. – **181** Ebd. 371 f. – **182** Ebd. 378. – **183** Koner 1866: 20. – **184** Barth 1857/8 V: 379. Petermann ließ sich die Gelegenheit nicht entgehen, über die Begegnung zu berichten: Petermann 1855a. – **185** NA, FO 101/36, Vogel an FO, 14.7.1854. Er informierte auch den britischen Konsul in Mursuk, Gagliuffi: Rhodes House Library, Oxford, Mss. Afr. s.148b, Vogel an Gagliuffi, 18.7.1854. – **186** FB Gotha, PGM 191, Vogel an Bunsen, 3.7.1854. – **187** NA, FO 101/36, Church an Herman, 12.8.1854. Herman schickte die Nachricht sofort weiter ans FO: RGS-IBG Collection, JMS 1/41, Herman an Clarendon, 28.11.1854. – **188** Die Lüge ging aus vom Usurpator Abderrahman von Bornu, der es auf Barths Eigentum abgesehen hatte: Petermann 1855c: 85. – **189** Schubert 1897: 78. – **190** FB Gotha, PGM 39/1, 30/67, J. C. H. Barth an Petermann, 13.11.1854. – **191** Humboldt an Bunsen, 30.12.1854, in: Schwarz 2006: 183. – **192** Päßler 2010: 150. – **193** Barth 1857/8 V: 383. – **194** Ebd.: 387. – **195** Ebd.: 388 f. – **196** Ebd.: 391 ff. – **197** Ebd.: 394 f. – **198** NA, FO 101/45, Vogel an Barth, 30.1.1855 u. 16.2.1855. Zu Vogels Reise s. Adelberger 2000: 7 ff. – **199** UB Freiburg, Nachlass Ritter, Bunsen an Ritter, 28.4.1855. – **200** Barth 1857/8 V: 406 f. – **201** Ebd.: 412 f. – **202** Ebd.: 413 u. 423. – **203** Ebd.: 426 u. 430. Vgl. dazu Spittler 1984: 142. – **204** Barth 1857/8 V: 432 f. – **205** Ebd.: 443. – **206** NA, FO 101/45, Barth an Clarendon, 19.7.1855. – **207** StA HH, 622-2 I a 5, Reade an Barth, 31.7.1855. – **208** StA HH, 622-2 IV d 11, M. J. Gaines an Barth, 27.8.1855. – **209** Ebd.: 445. – **210** Ebd.: 450. – **211** Stabi HH, NHB 10, Schubert an Barth, 29.4.1855. – **212** Stabi HH, NHB 10, Mathilde Schubert an Barth, 4.5.1855. – **213** Stabi Berlin, Autogr. I 713, Negri an Barth, 1.5.1855. – **214** StA HH, 622-2 III 3, Petermann an Barth, 8.5.1855; Petermann 1855h u. i; auch in Frankreich wurde Barths Rückkehr vermeldet: Anonym 1855b. – **215** StA HH, 622-2 III 3, Petermann an Barth, 8.5.1855. – **216** StA HH, 622-I b 2, Bunsen an Barth, 24.6.1855. – **217** Barth 1857/8 V: 452 u. Gumprecht 1855d. – **218** Schiffers 1967a: 19. – **219** FB Gotha, PGM 39/6, Barth an Petermann, 18.7.1863.

Die Jahre in London, 1856-1858

1 StA HH, 622-2 I a 7, Gagliuffi an Barth, 24.3.1855; s. auch Barths Dankesbrief an die Gesellschaft: BNF, SG Carton, BA-BIE (73), Barth an Jomard, 15.10.1855. Barths Biographie und seine Leistungen waren in Frankreich gut bekannt: Buvry 1856, Dinomé 1858a-c, Jomard 1855 u. Malte-Brun 1855 u. 1856. – **2** ABBAW, PAW (1812-1945), II-III-119, Bl. 159, Ritter an Akademie, 4.6.1855. – **3** Ebd., Protokoll der Sitzung am 9.8.1855. – **4** StA HH, 622-2 I a 1 Band 2, Clarendon an Barth, 28.9.1855. George Villiers, 4th Earl of Clarendon, britischer Politiker, u.a. von 1853-1858 und von 1865-1870 Außenminister. – **5** StA HH, 622-2 I d 15, Baikie an Barth, 5.6.1856 u. 622-2 II d 8, Müller an Barth, 30.5.1856. – **6** Schubert

1897: 104. – **7** GB Gotha, PGM 39/2 (601/74), J. C. H. Barth an Petermann, 21.8.1855. – **8** Stabi HH, NHB 10, Schubert an Barth, 23.9.1855. – **9** NA, FO 101/45, Clarendon an Bunsen, 28.9.1855. – **10** StA HH 622-2 I b 2, Bunsen an FO, 18.10.1855. – **11** Trevelyan an Wodehouse (FO), 10.12.1855, in: Benton 1968: 248. – **12** StA HH, 622-2 I a 1 Band 4, FO an Barth, 13.5.1863. – **13** Ebd., Barth an FO, 18.5.1863. Jedenfalls stimmt es nicht, dass der zweijährige (in Wirklichkeit waren es drei Jahre) Aufenthalt Barths von der preußischen Regierung bezahlt worden wäre: Essner 1987: 201 f. Es handelte sich vielmehr um einen Zuschuss. – **14** StA HH, 622-2 I b 2, Bunsen an Barth, 31.10.1855. – **15** Stabi Berlin, NL Ritter: Mappe Barth, Heinrich, Barth an Ritter, 9.10.1855. Freunde in Deutschland hatten beabsichtigt, durch eine Geldsammlung für Barth einen Erholungsaufenthalt im Süden für ihn zu finanzieren, woran sich auch Humboldt beteiligten wollte: Humboldt an Ritter, 11.10.1855, in: Päßler 2010: 159. – **16** FB Gotha, PGM 39/2, Barth an Petermann, 14.10.1855. – **17** StA HH, 622-2 I b 2, Bunsen an Barth, 19.11.1851. – **18** NA, FO 101/32, Bunsen an Foreign Office, 10.12.1852. Auguste Warnier kritisierte noch 1866, dass es in englischen Zeitungen und Zeitschriften keine Nachrufe auf Barth gegeben habe. Warnier 1866: 359. – **19** NA, FO 101/36, Vogel an FO, 14.7.1854, der Vergleich mit Vogel 1855 zeigt dies deutlich. – **20** Humboldt an Bunsen, 1.1.1853, in: Schwarz 2006: 162. – **21** Humboldt an Bunsen, 19.8.1855, in: Ebd.: 191. – **22** Humboldt an Hermann Schlagintweit, 30.10.1852: https://edition-humboldt.de/briefe/detail.xql?id=H0016452&l=de – **23** StA HH, 622-2 IV c 3, Ritter an Barth und Overweg, 5.2.1852. – **24** Stabi Berlin, NL Ritter 4 M-P, Overweg u. Petermann, Petermann an Ritter, 8.5.1853. – **25** RGS Archives, corr. block 1851-60, Renouard, He Rev. George (eci), Renouard an Shaw, 29.9.1851. – **26** Ebd., Renouard an Shaw, 23.3.1853. – **27** Lob: StA HH, 622-2 II d 7, Renouard an Barth, 25.7., 20.8. u. 14.11. 1856, 3.3.1857, negative Äußerungen: RGS Archives, corr. block 1851-60, Renouard, He Rev. George (eci), Renouard an Shaw, 17.10.1858. – **28** RGS Archives, JMS/1/45, Saunders an Shaw, April 1854. – **29** FB Gotha, PGM 540/12 56, Cartwright an Petermann, 8.11.1855. – **30** BNF, SG Carton, BA-BIE (73), Barth an Jomard, 21.9.1855. Vgl. dazu Stoddart 1980: 194 f. u. 199 f. – **31** StA HH, 622-2 I c 5, Galton an Barth, 15.4.1863, nachdem Shaw zum Rücktritt genötigt worden war. Zu Galton s. Schubert 1897: 103. – **32** StA HH, 622-2 I a 1 Band 4, FO an Barth, 19.6.1857. – **33** NA, FO 101/45, FO an Colonial Office, 7.12.1855. – **34** NA, FO 101/45, Barth an Clarendon, 19.7.1855. – **35** Addington (FO) an Ordnance Office, 7.2.1853, in: Benton 1968: 228. – **36** Wie absurd die Vorwürfe waren, erhellt eine Episode, von der Barth berichtet, als er auf dem Rückweg von Adamaua seinen Diener Bu-Sád entließ, weil dieser drei Sklaven gekauft hatte: Barth 1857/8 II: 631. – **37** Rhodes House Library, MSS.Brit.Emp.S.22, G122/A2, Barth an FO, 4.2.1856. – **38** Church 1856: 257 f. – **39** NA, FO 101/45, Barth an FO, 15.5.1856. – **40** Barth 1857/8 III: 218. – **41** Stabi HH, NHB 11, Barth an Schubert, 23.5.1861. Vgl. Schubert 1897: 108 ff. – **42** Barth selbst zeigte nie Interesse daran, die beiden zum Christentum zu bekehren, wie zuweilen vermutet: Kuba 2006: 49. – **43** Stabi HH, NHB 11, Barth an Schubert, 13.12.1861. – **44** Barth 1864d: 274. – **45** NA, FO 101/45, Shaw an Hammond (FO), 22.6.1855; Prothero

1967: 179. – **46** RGS-IBG Collections, JMS 1/41, FO an RGS, 5.7.1855. Barth seinerseits machte Petermann Vorwürfe, dass er Briefe und Messergebnisse Vogels
ohne Autorisierung und Rücksprache publiziert hatte: FB Gotha, PGM 39/2, Barth
an Petermann, 21.12.1855 u. 21.1.1856. – **47** Zu einer generellen Charakterisierung Bridges 1976b. – **48** Zu Cooley s. Bridges 1976a: 40. – **49** StA HH, 622-2
III 4, Cooley an Barth, 30.5.1857. – **50** Dorugu 1971: 85 u. Anonym 1856b; S.
auch Kramer 2011: 44-47. – **51** StA HH, 622-2 IV c 2, Humboldt an Barth,
11.10.1855. Humboldt soll Barth auch mit dem Bruder und Nachfolger des Königs,
Wilhelm I., bekannt gemacht haben: Anonym 1897: 782. – **52** Anonym 1855c:
512. – **53** FB Gotha, PGM 39/2, Barth an Petermann, 14.10.1855. – **54** StA HH
622-2 I b 2, Bunsen an Barth, 2.11.1855. – **55** Schubert 1897: 95. – **56** StA HH,
622-2 IV c 3, Barth an Ritter, 18.10.1855. – **57** Ebd., Ritter an die Philosophische
Fakultät, 21.10.1855. – **58** Engelmann 1967: 118 f. – **59** Barth 1855a, Anonym
1856a u. und nochmals Petermann 1856. – **60** Poppe/Siegmund/Tittlepp 2007:
19 ff. – **61** Demhardt 2006a: 22. – **62** Linke/Hoffmann/Hellen 1986: 76; Demhardt 2008: 67 f.; Painke 1985: 11 f. – **63** Die Anregung zur Gründung der Zeitschrift ging von Adolf Müller aus, nach dem Tod Bernhardt Perthes einer der Ge-
schäftsführer: Wagner 1924: 7. – **64** RGS, RGS corr. block 1851-1860, Barth,
H. – Abschrift, Barth an Shaw, 28.10.1855. – **65** Humboldt an Ritter, 15.10.1855,
in: Päßler 2010: 161 f. – **66** Stabi HH, NHB 10, Barth an Schubert,
6.5.1857. – **67** Schubert 1897: 136. – **68** Dies lässt sich daran erkennen, dass er
in der Biographie ausführlich aus genau diesen Briefen zitiert. – **69** Stabi HH,
NHB 3, Barth an Schubert, 31.1.1859. – **70** Ebd., Schubert an Barth,
5.2.1859. – **71** Ebd., Schubert an Barth, 16.12.1859. – **72** UB Freiburg, NL Ritter,
Bunsen an Ritter, 24.1.1856. – **73** Stabi HH, NHB 11, Barth an Schubert,
19.7.1863. – **74** Schubert 1897: 82. – **75** Schubert 1909: 149. Das wird wiederholt und ausgeschmückt von Schiffers 1969a: 76 u. 144. – **76** Schubert 1897:
171 ff. – **77** Italiaander 1973: 10. Deck 2006 warnt davor, Schuberts positiver
Darstellung über Barths Forschungen zu sehr zu vertrauen, übernimmt aber völlig
seine Charakterschilderung, die ihre ganze Analyse einfärbt, bes. Kap. 7. S. auch
Kuba 2006: 51. – **78** Beck 1967: 152. – **79** Bovill 1926: 315 u. Kirk-Greene 1970:
35. – **80** Stabi HH, NHB 14, Barth an Familie, 1.8.1841. – **81** Ebd., Barth an Familie, 20.5.1843. – **82** StA HH, 622-2 I d 8, Petermann an Barth,
21.1.1862. – **83** Stabi HH, NHB 11, Barth an Schubert, 13.5.1863. – **84** FB Gotha,
PGM 39/1, Barth an Familie, 28.6.1854. – **85** Barth 1857/8 IV: 350. – **86** Stabi
HH, NHB 10, Barth an Schubert, 7.8.1856. – **87** Barth 1857/8 V: 359. – **88** Vgl.
dazu Osterhammel 2009: 937. – **89** Barth 1857/8 III: 124. – **90** UB Basel, NL
265: 66, 3-23: 21 Briefe an Jakob Melchior Ziegler, Barth an Ziegler,
7.7.1863. – **91** Stabi HH, NHB 4, Barth an Schubert, 15.1.1860. – **92** UB Basel,
NL 265: 66, 3-23: 21 Briefe an Jakob Melchior Ziegler, Barth an Ziegler,
5.12.1863. – **93** FB Gotha PGM 39/5, Barth an Petermann 16.6.1861. Interessan-
terweise wies der Stubenhocker, der schon mehrfach das Leben anderer Menschen
für die Forschung aufs Spiel gesetzt hatte, mit ganz ähnlichen Worten wie Barth
einen Seemann zurecht, der nach seiner Ansicht nicht risikobereit genug war:
Felsch 2011: 204 f. – **94** Stabi HH, NHB 11, Mathilde Schubert an Barth,

19.2.1863. – **95** Ebd., Barth an Schubert, 27.6.1863. – **96** FB Gotha, PGM 39/2, Barth an Petermann, 2.12.1856. – **97** BL, MC, Murchison Papers, Add. 46,I 25 ff. 121-133, Barth an Murchison, 29.5.1863. – **98** Stabi HH NHB 13, Sabine an Barth, 2.7.1857. Barth bezieht sich darauf in Barth 1857/8 V: 203, Fußnote. – **99** FB Gotha, PGM 39/2, Barth an Petermann, 15.12.1856. – **100** StA HH, 622-2 I c 5, Galton an Barth, 8.1.1861. Vgl. Prothero 1967: 181. Low Church: Low Church umfasst u.a. die dezidiert protestantisch-calvinistischen Strömungen in der Church of England. Galton gebraucht den Begriff hier nicht im theologischen oder kirchengeschichtlichen Sinn, sondern eher in der Bedeutung von »Volkskirche«. – **101** Stabi HH, NHB 1, Livingstone an Barth, 24.12.1863; StA HH, 622-2 I d 24, Livingstone an Barth, 6.2.1860. – **102** Schubert 1897: 112. – **103** StA HH, 622-2 I d 24, Livingstone an Barth, 18.2.1862. – **104** FB Gotha, PGM 39/2, Barth an Perthes, 21.10.1856. – **105** Barth 1857/8: xvii. – **106** NA FO 101/45, Barth an Clarendon, 23.2.1857. – **107** FB Gotha, PGM 39/4, Barth an Petermann, 13.4.1860. Barth hielt auch menschlich nicht sehr große Stücke auf Kiepert, s. PGM 39/3, Barth an Petermann, 2.5.1860. Kiepert war neben Petermann der bekannteste und innovativste Kartograph im deutschsprachigen Raum; Demhardt 2000: 31 ff. – **108** Zu den bildlichen Darstellungen s. Oppen 2006: 110 ff. – **109** Stabi HH, NHB 10, Schubert an Barth, 28.9.1856. – **110** Schubert 1909: 149. – **111** Barth 1857/8 I: xxii. – **112** Stabi Berlin, NL Ritter 4 M-P, Overweg u. Petermann, Overweg an Ritter, 6.5.1851. – **113** Overweg 1969. – **114** FB Gotha, PGM 39/1, Barth an Petermann, 1.10.1857. – **115** Bovill 1926: 319. – **116** Murchison 1858. – **117** Lange 1857: 342. Rezensionen brachten in Deutschland: Das Ausland, Unsere Zeit, Blätter für Literatur und Unterhaltung; in Großbritannien: Literary Gazette, Saturday Review of Politics, London Quarterly Review, British Quarterly Review, National Review, New Monthly Magazine, Eclectic Review, Edinburgh Review, Literature, Science and Art, Athenaeum, Quarterly Review, New Quarterly Review, Dublin Review, Leader; in Frankreich: Nouvelles Annales des Voyages, in der Abbé Dinomé und Victor Malte-Brun die Bände einzeln und ausführlich besprachen, ebenso Jacobs 1858. In den Niederlanden gab es mindestens eine Rezension, Anonym 1858, ebenso in den USA sehr wertschätzend der ehemalige Konsul in Algier und Tunis: Hodgson 1858. – **118** Stabi HH, NHB 4, Barth an Schubert, 15.12.1860. – **119** Curtin 1964: 319. – **120** Ritter zeigte eine ähnliche Neigung, hatte aber als Schriftsteller durchaus Erfolg. – **121** Andree 1866: 190. – **122** Stabi HH, NHB 9, Schubert, an Barth, 5.4.1864. – **123** Klute 2006: 163 ff. – **124** Barth 1857/8 III: 409 f.; vgl. de Gramont 1975: 218. – **125** Barth 1857/8 V: 59. – **126** Ebd.: 128. – **127** Barth 1857/8 IV: 25. – **128** Ebd.: 424. – **129** Barth 1857/8 II: 82. – **130** Barth 1857/8 III: 185. – **131** Stabi Berlin, NL Ritter: Mappe Barth, Heinrich, Barth an Bunsen, 5.8.1850 u. Barth an Lepsius 19.7.1850, in: Gumprecht 1852: 211-213. – **132** Barth 1857/8 II: 102. – **133** Grosz-Ngaté 2006: 137 f. u. 143. – **134** Barth 1860c: 115 f. u. 1858: 218. – **135** Barth 1860c: 116. – **136** S. dazu Usman 1982: 144 ff. – **137** Barth 1862a: 222. – **138** Ebd.: 227. – **139** Curtin 1964: 412. – **140** Barth 1862a: 220. – **141** Ebd.: 224. – **142** Ebd.: 219 f. – **143** Reimann 2017: 162. – **144** Andree 1866: 189. – **145** Stabi HH, HNB 2, Mathilde Schubert an Barth, 7.10.1851. – **146** StA HH, 622-2 III 3, Petermann an

Barth, 16.4.1860. – **147** Barth 1857/8 II: 545. – **148** Barth 1864h: 526. – **149** Barth 1857/8 V: 64 ff. – **150** Barth 1857/8 III: 332 f. – **151** Barth 1862a: 236. – **152** Ebd.: 239. – **153** Herman an FO, 10.3.1853, in: Benton 1968: 183 ff. – **154** Bunsen an FO, 28.3.1853, in: Ebd.: 185 f. – **155** Addington (FO) an Staveley (FO), 29.3.1853, in: Ebd.: 186 f. – **156** Herman an Clarendon, 2.5.1853, in: Ebd.: 187 ff. – **157** StA HH, 622-2 I a 4, Herman an Barth, 7.7.1857; Barth 1857/8 V: 100. – **158** Zebadia 1974: 255 u. 267. – **159** Wright 2005: 143. – **160** Zu den Vorgängen Boahen 1964: 227 ff. – **161** Stabi HH, NHB 3, 14.6.1859. Zur Annäherung Großbritanniens an Frankreich s. Brown 2012: 445 ff. – **162** Boahen 1964: 229 u. 234. – **163** StA HH, 622-2 I a 1 Band 4, FO an Barth, 13.8.1857. – **164** StA HH, 622-2 I a 4, Herman an Barth, 13.8.1857 – **165** Ebd., Herman an Barth, 10.12.1857. – **166** StA HH, 622-2 I d 26, Duveyrier an Barth, 7.12.1860. – **167** StA HH, 622-2 I a 5, Reade an Barth, 6.12.1860. – **168** Stabi HH, NHB 4, Barth an Schubert, 15.12.1860; vgl. Schubert 1897: 127 ff. – **169** StA HH, 622-2 I b 2, Barth an Bunsen, 9.1.1858. – **170** NA, FO 101/48, FO an Herman, 30.1.1861. – **171** StA HH, 622-2 I a 1 Band 4, Hammond an Barth, 30.1.1861. – **172** NA, FO 101/48, Herman an Hammond, 8.10.1861. – **173** Ebd., FO an Herman, 14.11.1861. – **174** Ebd., Barth an Russell, 23.1.1861. – **175** Ebd., Barth an Russell, 1.4.1861. – **176** Ebd., Russell an Barth, 5.4.1861. – **177** StA HH, 622-2 I b 5, Faidherbe an Barth, 25.4.1861 u. Stabi HH, NHB 11, Barth an Schubert, 23.5.1851; Anonym 1866: 89. – **178** StA HH, 622-2 I a 5, Reade an Barth, 5.11.1861. – **179** StA HH, 622-2 I d 20, Rohlfs an Barth, 25.6.1865. – **180** UB Basel, NL 265: 66, 3-23: 21 Briefe an Jakob Melchior Ziegler, Barth an Ziegler, 28.5.1860. – **181** Stabi HH, NHB 11, Barth an Schubert, 10.1.1861. – **182** StA HH, 622-2 I c 5, Galton an Barth, 8.1.1861. – **183** Stabi HH, NHB 9, Schubert an Barth, 20.8.1858.

Als Gelehrter in Berlin, 1859-1865

1 UB Freiburg, Nachlass Ritter, NL 33/39, Barth an Ritter, 3.9.1858. – **2** Stabi HH, NHB 9, Barth an Gustav und Mathilde Schubert, 5.10.1858. – **3** UB Freiburg, NL 33/39, Nachlass Ritter, Barth an Ritter, 20.10.1858; Barth 1857/8 V: 188 ff. – **4** Stabi HH, NHB 9, Barth an Gustav und Mathilde Schubert, 5.10.1858. – **5** Barth 1860b: 3. – **6** Stabi HH, NHB 9, Barth an Gustav und Mathilde Schubert, 29.10.1858. – **7** Barth 1860b: 5. – **8** Ebd.: 8. – **9** Ebd.: 17 u. 53 f. – **10** Ebd.: 19. – **11** Stabi HH, NHB 9, Barth an Gustav und Mathilde Schubert, 17.11.1858. – **12** Barth 1860b: 21. – **13** Ebd.: 27; Stabi HH, NHB 8, Barth an Schubert, 6.10.1862 vom Balkan: »Denn mein Princip ist, wo möglich in Dörfern mein Hauptquartier zu nehmen, wo ich für Geld und gute Worte fast immer ganz gemüthlich bin, während die Chans in den großen Städten meist höchst unbehagliche, schmutzige und flohreiche Quartiere gewähren.« – **14** Barth 1860b: 22. – **15** Ebd.: 23 u. 31 ff. – **16** Stabi HH, NHB 9, Barth an Gustav und Mathilde Schubert, 17.11.1858 u. Barth 1860b: 28 f. – **17** UB Freiburg, NL 33/39, Nachlass Carl Ritter, Barth an Ritter, 2.1.1859. – **18** Barth 1859a u. b; s. auch Barth 1860b:

42 ff. – **19** Barth 1860b: 65. – **20** Ebd.: 59. – **21** Ebd.: 60. – **22** Ebd.: 61. – **23** Ebd.: 69. – **24** Ebd.: 79. – **25** Ebd.: 90 f. – **26** UB Freiburg, NL 33/39, Nachlass Carl Ritter, Barth an Ritter, 2.1.1859. – **27** Barth 1860b: 101. – **28** Stabi HH, NHB 3, Barth an Schubert, 15.4.1859. – **29** Ebd., Barth an Schubert, 22.1.1859. – **30** Ebd., Barth an Schubert, 6.1.1859. – **31** Ebd., Barth an Schubert, 22.1.1859. – **32** Ebd., Barth an Schubert, 30.9.1859. – **33** StA HH, 622-2 IV c 2, Humboldt an Barth, 26.2.1859. – **34** Stabi HH, NHB 3, Barth an Schubert, 30.9.1859. – **35** StA HH, 622-2 II d 13, Avé-Lallemant an Barth, 17.3.1863. – **36** StA HH, 622-2 II d 12, Hartmann an Barth, 10.4.1865. – **37** Ebd., Karsten an Barth, 6.5.1862. – **38** StA HH, 622-2 IV d 1, Koch an Barth, 25.5.1860. – **39** Ebd., Schmarda an Barth, 19.7.1863. – **40** FB Gotha, PGM 39/4, Barth an Perthes, 21.10.1859. – **41** StA HH, 622-2 II d 12, Hartmann an Barth, 4.3.1863. – **42** StA HH, 622-2 IV b 3, Mendelssohn an Barth, 13.12.1861. – **43** StA HH, 622-2 II d 8, Brugsch an Barth, 11. oder 18.4.1863. – **44** Stabi HH, NHB 3, Barth an Schubert, 22.1.1859. – **45** StA HH, 622-2 I b 2, Bunsen an Barth, 3.1.1857. – **46** Ebd., Karl Louis von Beust an Barth, 19.1.1859. – **47** Stabi Berlin, Autogr. I/706, Großherzog von Sachsen-Weimar an Barth, 9.2.1862. – **48** Stabi HH, NHB 6, Weiss an Barth, 25.4.1860. – **49** Schubert 1909: 154. – **50** Uni Jena, Ernst-Haeckel-Haus, Briefarchiv, Barth an Haeckel, 20.4.1865. – **51** Stabi HH, NHB 9, Barth an Schubert, 4.1.1865. – **52** StA HH, 622-2 IV d 13, Magnus an Barth, 14.3.1861. – **53** StA HH, 622-2 II d 8, Kaufmann an Barth, 11.6.1863. – **54** StA HH, 622-2 II d 16, Malte-Brun an Barth, 30.9.1863. – **55** Stabi HH, NHB 13, Fleischer an Barth, 4.7.1863. – **56** Stabi Berlin, NL Mommsen 1, K4, Barth an Mommsen, 19.12.1859. Außerdem veröffentlichte Barth auch einen kurzen Aufsatz über die Schreibweise türkischer Ortsnamen: Barth 1862h. – **57** StA HH, 622-2 IV b 2, Bibliogr. Institut an Barth, 2.4.1862 u. Meyer an Barth, 7.4.1862 u. Barths Gutachten: Ebd., Barth an Meyer, 22.4.1862. – **58** StA HH, 622-2 IV a 4, Foetterle an Barth, 6.2.1859. S. auch die Liste, die Barth dem Verlag übermittelte: FB Gotha, PGM 39/5, Barth an Perthes, 26.7.1860. – **59** Sta HH, 622-2 I d 6, Jacobs an Barth, 26.6.1860. – **60** StA HH, 622-2 I c 10, Mordtmann an Barth, 26.1.1859. – **61** Stabi HH, NHB 3, Barth an Schubert, 22.1.1859. – **62** StA HH, 622-2 I b 1, v. Mühler an Barth, 24.4.1863. – **63** Stabi Berlin, Barth, Heinrich, Reisender, 1851, Afrika (1), Barth an Schlieffen, 2.10.1860, zu seinem Besuch: ebd., Barth an Schlieffen, 24.7.1864. – **64** Ebd., Barth an Schlieffen, 8.1.1861. – **65** StA HH, 622-2 II d 8, Wolff an Barth, 14.1.1859. – **66** StA HH, 622-2 IV a 4, Foetterle an Barth, 6.2.1859. – **67** Stabi HH, NHB 7, Dill an Barth, 17.4.1861. – **68** FB Gotha, PGM 39, Hachette an Perthes, 17.1.1859. – **69** FB Gotha, PGM 39/3, Barth an Perthes, 20.1.1859 u. StA HH, 622-2 III 2, Barth an Perthes, 5.2.1859. – **70** StA HH, 622-2 III 6, Van Meenen an Barth, 30.5.1860. – **71** Warnier 1866: 360; Schiffers 1967b: 61. Ein genauer Vergleich der deutschen mit der französischen Ausgabe ergab tatsächlich schwere Mängel, was die Rezeption Barths in Frankreich beeinträchtigt haben dürfte: Ricard/Spittler 2006. – **72** FB Gotha, PGM 39/3, Barth an Perthes, 20.1.1859. – **73** S. auch den Vertrag zwischen Barth und dem Perthes-Verlag über die gekürzte Ausgabe vom 2.2.1859: StA HH, 622-2 III 2. Lorentzen holte sich für seine ersten Kapitel die Beurteilung durch Barth ein: StA HH, 622-2 III 5, Lorentzen an Barth,

29.3.1859. – **74** FB Gotha, PGM 39/3, Barth an Perthes, 28.7.1859. – **75** FB Gotha, PGM 39/4, Barth an Perthes, 17.10.1859. – **76** FB Gotha, PGM 39/3, Barth an Perthes, 31.3.1859. – **77** Ebd., Barth an Petermann, 14.1.1859. – **78** StA HH, 622-2 III 3, Petermann an Barth, 6.1.1859. Tatsächlich erschien Barths Reisebericht 1860 als eigenständiges Buch mit Karten Petermanns versehen. FB Gotha, PGM 39/3, Barth an Petermann, 14.1.1859. – **79** FB Gotha, PGM 39/3 Barth an Perthes, 28.1.1859 u. Stabi HH, NHB 13, Petermann an Barth, 3.3.1859 sowie FB Gotha, PGM 39/3, Barth an Petermann, 6.3. u. 5.4.1859 u. wegen der Verzögerung der Kartenzeichnung durch Petermann: Stabi HH, NHB 3, Barth an Schubert, 23.10.1859 u. FB Gotha, PGM 39/4, Barth an Petermann, 7.11. sowie 11.11.1859. – **80** Stabi HH, NHB 8, Barth an Schubert, 6.11.1862. – **81** Ebd., Barth an Schubert, 20.12.1862. – **82** FB Gotha, PGM 39/4, Barth an Perthes, 17.10. u. 22.10.1859. – **83** Ebd., Barth an Perthes, 29.2.1860. – **84** Ebd., Barth an Petermann, 7.11. u. 11.11.1859 u. PGM 39/5, Barth an Petermann, 26.7.1860. – **85** Die Sprachen waren: Kanuri, Teda, Hausa, Ful, Songhai, Logone, Wandala, Bagrimma und Maba. Essing 1967: 375. – **86** FB Gotha, PGM 39/3, Barth an Perthes, 28.6.1859. – **87** Ursprünglich plante Barth vier Bände: FB Gotha, PGM 39/5, Barth an Perthes, 26.1.1861. Die Absicht Duveyriers, den vierten Band noch herauszubringen, wurde nicht umgesetzt; s. FB Gotha, PGM 39/6, Duveyrier an Petermann, 11.4.1867. Der britische Kolonialbeamte Philip Benton (1880-1918) fand zu Beginn des 20. Jahrhunderts weitere Sammlungen, die in Tripolis liegen geblieben waren und nie bearbeitet wurden. Er veröffentlichte sie in Benton 1968: 28 ff.: Vorwort von A. H. M. Kirk-Greene. – **88** Stabi HH, NHB 9, Barth an Schubert, 30.1.1865. – **89** StA HH, 622-2 II d 10, Pott an Barth, 30.1.1861; s. auch 19.2.1861. – **90** Bunsen war bekannt für seine Neigung, steile Thesen zu vertreten: Foerster 2001: 282. – **91** StA HH, 622-2 II d 10, Pott an Barth, 6.8.1861. – **92** Ebd., Pott an Barth, 30.5.1862, ganz ähnlich auch im Brief vom 31.7.1863. – **93** StA HH, 622-2 II d 8, Gosche an Barth, 3.2.1865. – **94** Ebd., Europaeus an Barth, 3.12.1863 sowie am 2. u. 5.4. u. 5.7. 1864. – **95** StA HH, 622-2 IV d 11, Hanoteau an Barth, 27.1.1864. – **96** StA HH, 622-2 I d 26, Duveyrier an Barth, 1.2.1864. – **97** Essing 1967: 371 u. 377. – **98** StA HH, 622-2 II d 8, Renan an Barth, 13.4.1862 u. 15.8.1863. – **99** StA HH, 622-2 IV a 4, Quatrefages an Barth, 11.12.1863 u. 622-2 II d 16, Malte-Brun an Barth, 21.12.1863 mit einem Bericht über das Bankett. – **100** StA HH, 622-2 IV a 2, Markham an Barth, 18.1.1864 u. 25.2.1864, worin er ihn informierte, dass die ursprüngliche arabische Fassung des Buches nicht mehr existierte und Barth die italienische Übersetzung zur Grundlage nehmen müsse. – **101** FB Gotha, PGM 39/3, Barth an Perthes, 20.1.1859. – **102** Stabi HH, NHB 3, Barth an Schubert, 4.11.1859. – **103** Ebd., Schubert an Barth, 12.12.1859 u. Barth an Schubert, 13.12.1859. Er wurde, nachdem sein Vater 1878 in den erblichen Adelsstand versetzt wurde, als Hans von Schubert (1859-1931) ein einflussreicher evangelischer Theologe und Historiker. – **104** Stabi HH, NHB 11, Barth an Schubert, 13.4.1861. – **105** Barth 1864a: 214. – **106** Stabi HH, NHB 11, Schubert an Barth, 18.1.1863. – **107** Ebd., Barth an Schubert, 19.7.1863. – **108** Barth 1857/8 II: 515; s. auch Bovill 1926: 314. – **109** Barth 1857/8 I: 488. – **110** Barth 1857/8 III: 284. – **111** Ebd.:

350f. – **112** Barth 1857/8 IV: 89. – **113** Barth 1857/8 V: 185 u. 204. – **114** Barth 1857/8 IV: 358. – **115** FB Gotha, PGM 39/1, Barth an Familie, 28.6.1854. – **116** Barth 1857/8 V: 185. – **117** Ebd.: 145. – **118** StA HH, 622-2 IV d 6, G. H.M. Wagner an Barth, 2.7.1858. – **119** FB Gotha, PGM 39/3, Barth an Petermann, 4.3.1858, PGM 39/4, Barth an Petermann, 31.7.1859 u. Barth an Perthes, 17.10.1859. – **120** FB Gotha, PGM 39/3, Barth an Petermann, 17.5.1859; s. auch PGM 39/4, Barth an Petermann, 31.7.1859. – **121** Stabi HH, NHB 3, Barth an Schubert, 23.10.1859. – **122** Stabi HH, NHB 4, Barth an Schubert, 16.2.1860. – **123** ABBAW, II-III-24, Personalia, Bl. 158, Ranke, Petermann, Parthey an Akademie, 7.1.1860. – **124** Stabi HH, NHB 3, Barth an Schubert, 12.8.1859. – **125** ABBAW, PAW (1812-1945), II-III-24, 164. – **126** StA HH, 622-2 II d 4, Lepsius an Barth, 12.10.1863. – **127** Plewe 1965: 254, Anm. 16 behauptet, aber ohne Beleg, Lepsius hätte auch gegen die Berufung Barths gestimmt und Kiepert favorisiert. – **128** StA HH, 622-2 II d 4, Barth an Lepsius, 13.10.1863. – **129** Ebd., Lepsius an Barth, 14.10.1863. – **130** StA HH, 622-2 I b 2, Bunsen an Barth, 2.11.1855. – **131** FB Gotha, PGM 39/4, Barth an Petermann, 14.12.1859. Ganz ähnlich Stabi HH, NHB 3, Barth an Schubert, 20.12.1859. – **132** Stabi HH, NHB 4, Barth an Schubert, 9.12.1860. – **133** Schubert 1897: 149. – **134** Engelmann 1967: 121 f. – **135** StA HH, 622-2 I b 1, Bethmann Hollweg an Barth, 10.2.1860. S. auch Engelmann 1967: 122 f. – **136** Engelmann 1983: 162. – **137** Ebd.: 128 ff. – **138** Stabi Berlin, Barth, Heinrich, Reisender, 1851, Afrika (1), Barth an Kultusminister, 5.1.1863. – **139** Engelmann 1967: 131. – **140** S. etwa den Kondolenzbrief Barths zum plötzlichen Tod von Haeckels Frau: Uni Jena, Ernst-Haeckel-Haus, Briefarchiv, Barth an Haeckel, 22.2.1864. – **141** StA HH, 622-2 IV d 5, Haeckel an Barth, 16.1.1863. – **142** Uni Jena, Ernst-Haeckel-Haus, Briefarchiv, Barth an Haeckel, 20.1.1863. – **143** StA HH, 622-2 IV d 5, Haeckel an Barth, 24.1.1863. – **144** Stabi HH, NHB 11, Barth an Schubert, 19.1.1863. – **145** Ebd., Barth an Schubert, 16.4.1863. – **146** Engelmann 1967: 132. – **147** Ebd.: 140, Anlage B, Memorandum der Fakultät vom 22.12.1862. – **148** Stabi HH, NHB 11, Barth an Schubert, 9.6.1863. – **149** Ebd., Barth an Schubert, 24.10.1863. – **150** StA HH, 622-2 I a 1 Band 4, FO an Barth, 22.5.1865. – **151** Stabi HH, NHB 9, Barth an Schubert, 31.10.1865. – **152** Stabi HH, NHB 13, Winter an Barth, 23.5.1860 u. 31.5.1860. – **153** StA HH, 622-2 IV d 1, Vincke an Barth, 27.8.1860. – **154** Stabi HH, NHB 9, Barth an Schubert, 27.3.1864. – **155** StA HH, 622-2 II d 19, Kretschmer an Barth, 12.3.1864 u. Barth 1864 (Reise des Herzogs): 301. – **156** Barth 1857/8 II: 123. – **157** Barth 1857/8 III: 166. – **158** FB Gotha, PGM 39/6, Barth an Petermann, 18.7.1863. – **159** Stabi HH, NHB 3, Barth an Schubert, 18.5.1859. – **160** Ebd., Barth an Schubert, 14.6.1859. – **161** Stabi Berlin, NL Ziegler, Kasten 2, Barth an A. Ziegler, 15.7.1862. – **162** Stabi HH, NHB 9, Barth an Schubert, 11.1.1864. – **163** Ebd., Barth an Schubert, 24.11.1864. – **164** Stabi HH, NHB 8, Barth an Schubert, 22.5.1862; s. auch NHB 11, Barth an Schubert, 6.5.1861. Essner 1987: 202 schließt jedoch daraus, dass Barths Ablehnung der Sklaverei nur eine Konzession an die britischen abolitionistischen Interessen gewesen wäre. – **165** Stabi HH, NHB 8, Barth an Schubert, April 1862 u. NHB 11, Barth an Schubert, 24.10.1863 (über Lee) u. NHB 9, Barth an Schubert, 24.11.1864. – **166** Stabi HH, NHB 11, Barth an

Schubert, 16.2.1863. – **167** Ebd., Barth an Schubert, 9.2.1863. – **168** Barth 1862g: 395. – **169** Stabi HH, NHB 9, Barth an Schubert, 30.1.1865. – **170** StA HH, 622-2 IV d 3, Schleiden an Barth, 2.5.1865. – **171** Moritz 1866: 198.

Barth als Wissenschaftsorganisator

1 Stabi HH, NHB 3, Schubert an Barth, 23.10.1859. – **2** FB Gotha, PGM 39/4, Barth an Petermann, 18.4.1860. – **3** Ebd., Barth an Petermann, 20.4.1860. – **4** FB Gotha, PGM 39/3, Aufruf zur Carl-Ritter-Stiftung, 1.5.1860. – **5** FB Gotha, PGM 39/4, Barth an Petermann, 18.4.1860 u. ABBAW, NL Ehrenberg, Nr. 261, Barth an Ehrenberg, April 1860. – **6** FB Gotha, PGM 39/5, Barth an Perthes, 1.8.1860 u. ABBAW, NL Ehrenberg, Nr. 261, Barth an Ehrenberg, 2.8.1860 über die letzten Feinheiten an den Statuten der Stiftung. – **7** UB Basel, NL 265: 66, 3-23: 21 Briefe an Jakob Melchior Ziegler, Barth an Ziegler, 6.5.1860; StA HH, 622-2 I d 14, Ziegler an Barth, 22.5.1860. – **8** Stabi München, Martiusianae II A 2, Barth an Martius, 13.6.1860 u. 2.1.1861. – **9** StA HH, 622-2 IV d 3, Schleiden an Barth, 15.5.1860. – **10** Stabi Berlin, Barth, Heinrich, Reisender, 1851, Afrika (1), Barth an Schleiden, 7.10.1860. – **11** So schrieb er am 2.1.1861 an Carl Friedrich von Martius, um den Münchner Zoologen und Ethnographen als denjenigen zu gewinnen, an den in Bayern Spendengelder geschickt werden sollten: Bayerische Stabi München, Martiusianae II A 2; Stabi Berlin, Barth, Heinrich, Reisender, 1851, Afrika (1), Barth an Wilhelm von Schlieffen, 19.7.1860. – **12** StA HH, 622-2 I d 6, Jacobs an Barth, 27.12.1860; 622-2 II d 16, Malte-Brun an Barth, 15.3.1860. – **13** StA HH, 622-2 IV a 2, Khanikof an Barth, 31.12.1860. – **14** Barth 1862b: 143 f. – **15** StA HH, 622-2 I c 6, Spottiswoode an Barth, 22.4.1861. – **16** Stabi HH, NHB 4, Barth an Schubert, 7.10.1860. – **17** Stabi Berlin, Barth, Heinrich, Reisender, 1851, Afrika (1), Barth an Augsburger Allgemeine, 27.12.1860. – **18** Barth 1863a: 80. – **19** Barth 1864c. – **20** Barth 1865c. – **21** Stabi HH, NHB 13, Ehrenberg an Barth, 6.8.1858; Ehrenberg bezieht sich auf Ritter 1856: 484. – **22** ABBAW, NL Ehrenberg, Nr. 261, 27.1.1860. Auch Jomard hatte diese Nachricht vom französischen Konsul in Tripolis erhalten: StA HH, 622-2 II d 17, Jomard an Barth, 1.2.1860. S. auch Stabi HH, NHB 12, J. K. C. Vogel an Barth, 24.2.1860 mit der Nachricht vom Tod seines Sohnes. – **23** StA HH, 622-2 I a 5, Reade an Barth, 20.12.1860. – **24** Herman an Clarendon, 23.6.1853, in: Benton 1968: 263. Zu Hermans Verhältnis zu Vogel s. Wagner 1860: 54. – **25** Stabi HH, NHB 17, Barth an Karl Vogel, 2.4.1857. – **26** Vogel an Gagliuffi, 15.9.1854, in: Benton 1968: 275; zu einer weiteren gefährlichen Situation mit einer Gruppe Fulbe ebd. 276; s. auch Adelberger 2000: 10 ff. – **27** Dies lässt sich an den erhaltenen Briefen unschwer sehen: z. B. Stabi Berlin, Afrika 1854 10 Vogel, Vogel an Hind, 30.6.1854. – **28** StA HH, 622-2 I d 2, Karl Vogel an Barth, 12.8.1859. – **29** Schubert 1909: 150. – **30** StA HH, 622-2 I d 2, Polko an Barth, 19.1.1859. – **31** Barth an Polko, 22.1.1859, in: Polko 1863: 179 f. – **32** Am 28. Januar 1847 begleitete Mendelssohn sie bei einem öffentlichen Konzert am Klavier: Todd 2008: 588. – **33** StA HH, 622-2 I d 2, Polko an Barth, April 1863. Vgl. auch die biographischen Abrisse von Grad 1865 u. Schiffers 1969c. – **34** StA HH, 622-2 II d 17, Jomard an Barth, 27.7.1859 u. Stabi HH, NHB 17, Barth an Karl Vogel, 30.7.1859. – **35** StA HH, 622-2 I d 3, Wagner an Barth, Sept. 1859; z.B. ist die Einschätzung der türkischen Herrschaft in Tripolitanien weitgehend von Barth übernommen: Wagner 1860: 70. – **36** StA HH, 622-2 I d 9, Ule an Barth, 9.4.1860. – **37** ABBAW, NL Ehrenberg, Nr. 261, Barth an Ehrenberg, 19.7.1860. – **38** Stabi HH, NHB 4, Barth an Schubert, 29.1.1860. – **39** FB Gotha, PGM 39/5, Barth an Petermann, 15.7.1860. Als Barth nach Italien reiste, drängte er Ehrenberg, während seiner Abwesenheit die Beteiligung der Stiftung an der Expedition voranzutreiben: ABBAW, Allg. Slg, Barth, Heinrich, Barth an Ehrenberg, 5.9.1860. – **40** FB Gotha, PGM 39/5, Barth an Petermann, 15.7.1860. – **41** Stabi HH, NHB 4, Barth an Schubert, 17.7.1860. – **42** Petermann 1860: 4. – **43** Stabi HH, NHB 11, Barth an Schubert, 6.5.1861. – **44** Stabi HH, NHB 4, Barth an Schubert, 7.10.1860. 400 Taler brachte er aus privaten Mitteln auf, was ihn selbst zwischenzeitlich in eine »kleine pekuniäre Klemme« brachte: ebd., Barth an Schubert, 9.12.1860. Die 1000 Taler übersandte er offiziell Anfang November: FB Gotha, PGM 39/5, Barth an Ausschuss der Heuglin-Expedition, 4.11.1860. – **45** FB Gotha, PGM 39/5, Barth an Seebach, 4.2.1861. – **46** Ebd., Barth an Petermann, 9.1.1861. – **47** Petermann 1860. – **48** Stabi HH, NHB 11, Barth an Schubert, 2.5.1861 u. 13.12.1861, wo er vom »Posaunen« sprach. Barth bewogen dazu auch politische Überlegungen, wie er schon Anfang 1860 in einem Brief notiert hatte: »Wenn Jemand im Ernst an ein solches Unternehmen denkt, muß er sehen, es vor den Franzosen zu verdecken, denn die werden es ganz gewiß nicht begünstigen.« Stabi HH, NHB 4, Barth an Schubert, 29.1.1860 u. 7.10.1860. S. auch Barth 1865b: 54. – **49** FB Gotha, PGM 39/5, Barth an Petermann, 16.6.1861. – **50** FB Gotha, PGM 39/5, Barth an Perthes, 23.11.1860. – **51** FB Gotha, PGM 39/4, Barth an Petermann, 18.4.1860. Nicht näher benannte »Unruhen in Mittelafrika«, die angeblich Heuglins Reise nach Wadai verhinderten, waren sicher nicht der Grund für dessen Verhalten, weil er den angemessensten Ausgangspunkt Bengasi von Anfang an ausschlug: Rieke-Müller 1999: 120. – **52** UB Basel, NL 265: 66, 3-23: 21 Briefe an Jakob Melchior Ziegler, Barth an Ziegler, 5.2.1861. – **53** Ebd., Barth an Ziegler, 8.1.1861. – **54** FB Gotha, PGM 39/5, Barth an Petermann, 26.7.1860. – **55** Stabi HH, NHB 4, Barth an Schubert, 1.12.1860. – **56** StA HH, 622-2 I d 8, Petermann an Barth, 28.12.1860. – **57** StA HH, 622-2 I b 4, König an Barth, 17.5.1861 u. König an Koenen (Abschrift), 2.6.1861 sowie Koenen an Barth, 28.4.1861. – **58** UB Basel, NL 265: 66, 3-23: 21 Briefe an Jakob Melchior Ziegler, Barth an Ziegler, 15.6.1861. – **59** Uni Jena, Ernst-Haeckel-Haus, Briefarchiv, Barth an Haeckel, 24.2.1862. – **60** FB Gotha, PGM 39/5, Barth an Petermann, 19.1.1861. – **61** StA HH, 622-2 I b 4, König an Barth, 17.5.1861. – **62** FB Gotha, PGM 39/5, Barth an Perthes, 5.4.1861. – **63** Ebd., Barth an Perthes, 29.4.1861. – **64** StA HH, 622-2 I d 7, Perthes an Barth, 6.5.1861. – **65** FB Gotha, PGM 39/5, Barth an Petermann, 13.5.1861. – **66** Ebd., Barth an Perthes, 17.5.1861. – **67** Ebd., Barth an Petermann, 5.6.1861. – **68** Ebd., Barth an Schubert, 27.11.1861. – **69** Stabi Berlin, NL Ziegler, Kasten 2, Barth an A. Ziegler, 15.7.1862. – **70** Munzinger 1862: 69. – **71** ABBAW, NL Ehrenberg,

Nr. 261, Barth an Ehrenberg, 1.7.1861. – **72** FB Gotha, PGM 39/5, Barth an See-
bach, 3.1.1861. – **73** Erste Nachrichten darüber erreichten Barth durch den preuß.
Generalkonsul König in Kairo: StA HH, 622-2 I b 4, König an Barth, 11.7.1861.
Tewodros II. (1818-1868), Kaiser von Abessinien (Äthiopien) 1855-1868. – **74** Stabi
Berlin, Barth, Heinrich, Reisender, 1851, Afrika (1), Barth an Seebach, 20.11.1861;
StA HH, 622-2 I b 5, Kremer an Barth, 4.11.1861. – **75** FB Gotha, PGM 39/5, Barth
an Perthes, 29.12.1861. – **76** Stabi HH, NHB 11, Barth an Schubert,
25.10.1861. – **77** Ebd., Barth an Schubert, 13.4.1861. – **78** ABBAW, NL Ehren-
berg, Nr. 261, Barth an Ehrenberg, 19.7.1860. – **79** Stabi HH, NHB 11, Barth an
Schubert, 9.2.1863. – **80** StA HH, 622-2 I b 5, Natterer an Barth, 12.5.1862. – **81** FB
Gotha, PGM 39/5, Barth an Petermann, 16.6.1861. – **82** Ebd., Barth an Perthes,
21.11.1861. Petermann schickte diese Information kurz danach an Heuglin weiter:
FB Gotha, PGM 39/4, Petermann an Heuglin, 6.1.1862. – **83** StA HH, 622-2 I d 8,
Petermann an Barth, 31.12.1861, s. auch Barths Replik in: FB Gotha, PGM 39/5,
Barth an Petermann, 3.1.1862. – **84** Ebd., Petermann an Barth, 23.12.1862. –
85 Petermann 1862a: 394 sowie direkt im Anschluss 1862b. – **86** FB Gotha, PGM
39/6, Barth an Petermann, 29.12.1862. – **87** Stabi HH, NHB 8, Barth an Schubert,
20.12.1862. – **88** Stabi HH, NHB 9, Barth an Schubert, 12.10.1865. – **89** StA HH,
622-2 I d 12, Steudner an Barth, 22.9.1861. – **90** FB Gotha, PGM 39/5, Barth an
Petermann, 3.1.1862. – **91** Steudner berichtete Barth ausführlich über den Streit:
Ebd., Steudner an Barth (Abschrift), 5.12.1861. – **92** FB Gotha, PGM 39/6, Barth
an Perthes, 28.2.1862. Zum Zerwürfnis der beiden s. auch den Brief von Munzingers Bruder: StA HH, 622-2 I d 13, Walther Munzinger an Barth, 3.3.1862, der
Steudner übelster Diffamierungen seines Bruders beschuldigte. – **93** Hansal
kehrte von Khartum aus direkt nach Europa zurück, s. StA HH, 622-2 I b 4, König
an Barth, 6.2.1862. – **94** FB Gotha, PGM 39/5, Barth an Perthes, 29.12.1861. –
95 FB Gotha, PGM 39/6, Barth an Perthes, 4.3.1862 u. 28.2.1862 u. UB Basel, NL
265: 66, 3-23: 21 Briefe an Jakob Melchior Ziegler, Barth an Ziegler,
20.3.1862. – **96** StA HH, 622-2 I d 17, Barth an Keil, 13.2.1862. – **97** Ebd., Manuskript von Barths Artikel, 6.2.1862, der Artikel erschien am darauffolgenden
Tag. – **98** StA HH, 622-2 IV d 5, Haeckel an Barth, 12.2.1862. – **99** FB Gotha,
PGM 39/5, Barth an Perthes, 19.12.1861 u. StA HH, 622-2 I d 9, Ule an Barth,
28.10.1861; Stabi HH, NHB 11, Schubert an Barth, 20.11.1861, dass er Ziegler »zur
Opposition aufstacheln« wolle. – **100** StA HH, 622-2 I d 7, Perthes an Barth,
9.12.1861. – **101** Ebd., Perthes an Barth, 26.2.1862. Dies wird alles nicht erwähnt
bzw. beschönigt in: Schmid 2005: XIII. Vgl. dagegen Demhardt 2006. – **102** UB
Basel, NL 265: 66, 3-23: 21 Briefe an Jakob Melchior Ziegler, Barth an Ziegler,
8.4.1862. – **103** StA HH, 622-2 I d 13, Munzinger an Barth, 12.3.1862. – **104** Ebd.,
Walther Munzinger an Barth, 23.9.1862. Mit Said Pascha ist Muhammad Said
(1822-1863) gemeint, der Khedive (Vizekönig) von Ägypten 1854-1863. – **105** StA
HH, 622-2 I d 9, Lange an Barth, 27.10.1862. – **106** FB Gotha, PGM 39/6, Barth an
Petermann, 29.12.1862. – **107** Stabi HH, NHB 11, Barth an Schubert, 19.7.1863.
Heuglin selbst berichtete Barth von den Todesumständen: StA HH, 622-2 I d 16,
Heuglin an Barth, 10.4.1863. – **108** FB Gotha, PGM 39/6, Barth an Petermann,
23.6.1864. – **109** Ebd., Barth an Perthes, 28.3.1863. – **110** Ebd., Barth an Peter-

mann, 12.12.1863. – 111 Stabi HH, NHB 11, Barth an Schubert, 19.7.1863. – 112 StA HH, 622-2 I a 4. – 113 Barth 1863d. S. auch die offenen Fragen, die Barth formuliert hatte: StA HH, 622-2 I a 4, Barth an Herman, 14.3.1863 (Briefentwurf). Vgl. auch Euting 1864. – 114 StA HH, 622-2 I a 4, Herman an Barth, 22.2.1863. – 115 StA HH, 622-2 I d 7, Perthes an Barth, 23.10.1861. – 116 Ebd., Barth an Perthes, 24.10.1861. – 117 Kraft 1969: 314. – 118 Stabi Berlin, Barth, Heinrich, Reisender, 1851, Afrika (1), Barth an Seebach, 20.11.1861 u. Stabi HH, NHB 11, Barth an Schubert, 27.11.1861. – 119 StA HH, 622-2 I a 4, Barth an Herman, 29.3.1862. – 120 Kraft 1969: 269, 294 u. 310 f. zur Begegnung mit Munzinger. – 121 Ebd.: 268. – 122 Uni Jena, Ernst-Haeckel-Haus, Briefarchiv, Barth an Haeckel, 24.2.1862. S. auch seine Kritik an Beurmanns Karte: Barth 1862 f. – 123 FB Gotha, PGM 39/5, Barth an Petermann, 12.12.1863; Kraft 1969: 322 ff.; Barth 1863i. – 124 StA HH, 622-2 I d 14, Ziegler an Barth, 14.10.1861. – 125 Koner 1866: 27. – 126 StA HH, 622-2 I d 13, Munzinger an Barth, 17.7.1863. – 127 Bastian 1859. – 128 StA HH, 622-2 II d 19, Bastian an Barth, 15.3.1859. – 129 Stabi HH, NHB 10, Barth an Gustav und Mathilde Schubert, 29.5.1857; Roscher 1857. – 130 Stabi Berlin, Autogr. I/715, Roscher an Barth, 17.5.1857. – 131 Stabi HH, NHB 10, Barth an Schubert, 30.6.1857; vgl. Roscher 1857. – 132 StA HH, 622-2 I d 5, Roscher an Barth, 27.8.1857. – 133 FB Gotha, PGM 39/4, Barth an Petermann, 18.4.1860. Barth mobilisierte erfolgreich den bekannten Forschungsreisenden und Botaniker Carl Friedrich von Martius, sich für Roscher bei der bayerischen Regierung zu verwenden: StA HH, 622-2 I d 6, Martius an Barth, 4.4.1860. – 134 ABBAW, NL Ehrenberg, Nr. 261, Barth an Ehrenberg, 19.4.1860. – 135 Erhardt 1856. – 136 FB Gotha, PGM 39/4, Barth an Petermann, 7.6.1860. – 137 FB Gotha, PGM 39/8, Duveyrier an Petermann, 6.12.1860. – 138 Stabi München, Martiusianae II A 2, Barth an Martius, 2.1.1861. – 139 FB Gotha, PGM 39/5, Barth an Petermann, 9.1.1861. – 140 Ebd., Barth an Petermann, 18.3.1861. – 141 ABBAW, NL Ehrenberg, Nr. 261, Barth an Ehrenberg, 2.1.1862. – 142 Von der Decken 1862. – 143 Stabi HH, NHB 8, Barth an Schubert, 13.1.1862. – 144 StA HH, 622-2 I d 11, Fürstin Pleß an Barth, 6.10.1860. – 145 UB Basel, NL 265: 66, 3-23: 21 Briefe an Jakob Melchior Ziegler, Barth an Ziegler, 8.6.1861. – 146 Uni Jena, Ernst-Haeckel-Haus, Briefarchiv, Barth an Haeckel, 7.2.1862 u. dessen Antwort StA HH, 622-2 IV d 5, Haeckel an Barth, 12.2.1862, worin er ihm nicht viel Hoffnung machte, in Jena jemanden finden zu können. – 147 StA HH, 622-2 I d 6, Wappäus an Barth, 20.2.1862. – 148 Stabi HH, NHB 8, Barth an Schubert, 22.2.1862. – 149 UB Basel, NL 265: 66, 3-23: 21 Briefe an Jakob Melchior Ziegler, Barth an Ziegler, 8.4.1862. – 150 Stabi HH, NHB 8, Barth an Schubert, 22.5.1862. – 151 StA HH, 622-2 II d 12, Hartlaub an Barth, 21.1.1863. – 152 StA HH, 622-2 IV d 1, Rose an Barth, 11.3.1863. – 153 Stabi HH, NHB 11, Barth an Schubert, 19.7.1863; W. D. Cooley 1863; Barths Reaktion findet sich in No. 1866, 1.8.1863, S. 149-150; erneute Antwort Cooleys in: ebd., No. 1867, 8.8.1863, S. 178 f. u. No. 1880, 7.11.1863, S. 609. – 154 StA HH, 622-2 I d 21, Beke an Barth, 8.2.1864, s. auch 622-2 I c 6, Spottiswoode an Barth, 30.3.1864. – 155 StA HH, 622-2 I c 5, Galton an Barth, 30.4.1864. – 156 StA HH, 622-2 I d 11, von der Decken an Barth, 10.12.1864 u.

5.1.1865. – **157** StA HH, 622-2 I d 18, Kersten an Barth, 17.10.1865. – **158** Stabi Berlin, Autogr. I/704, Fleischer an Barth, 16.2.1857. – **159** Heine 1997: 430 für eine Charakterisierung. – **160** Heffernan 1989: 342 f.; Furon 1967: 184 f. – **161** StA HH, 622-2 I d 26, Duveyrier an Barth, 4.11.1857. – **162** Ebd., Duveyrier an Barth, 8.4.1858. – **163** Uni Jena, Ernst-Haeckel-Haus, Briefarchiv, Barth an Haeckel, 22.10.1862. – **164** StA HH, 622-2 I d 26, Duveyrier an Barth, 22.5.1863. – **165** FB Gotha, PGM 39/3, Barth an Petermann, 4.3.1858. – **166** FB Gotha, PGM 39/5, Barth an Perthes, 4.8.1861 u. dessen Dankesbrief: StA HH, 622-2 I d 26, Duveyrier an Barth, 20.9.1861. – **167** BNF, SG Carton, BA-BIE (73), Barth an Beaumont, 13.6.1860. – **168** StA HH, 622-2 I d 26, Duveyrier an Barth, 29.9.1859 u. 18.2.1860. – **169** FB Gotha, PGM 39/4, Barth an Petermann, 7.11.1859. – **170** StA HH, 622-2 I d 26, Duveyrier an Barth, 29.10.1859 u. 19.12.1859. – **171** Heffernan 1989: 344. – **172** StA HH, 622-2 I d 26, Duveyrier an Barth, 23.4.1860. Vgl. Boahen 1964: S. 223 f. – **173** FB Gotha, PGM 39/4, Barth an Petermann, 7.6.1860 u. 11.7.1860; PGM 39/5, Barth an Petermann, 2.10.1860. – **174** StA HH, 622-2 I d 26, Duveyrier an Barth, 22.5.1861. – **175** StA HH, 622-2 II d 16, Malte-Brun an Barth, 28.6.1861. – **176** StA HH, 622-2 I d 26, Duveyrier an Barth, 1.11.1859 u. FB Gotha, PGM 39/4, Barth an Petermann, 30.11.1859. – **177** Gerhard Rohlfs setzte sich mit ihr kritisch auseinander, s. StA HH, 622-2 I d 20, Rohlfs an Barth, Juli 1865. – **178** StA HH, 622-2 I d 26, Duveyrier an Barth, 19.12.1859. FB Gotha, PGM 39/4, Barth an Petermann, 3.1.1860. – **179** Barth 1864d: 270. – **180** Heffernan 1989: 345 ff. – **181** StA HH, 622-2 II d 16, Malte-Brun an Barth, 8.4.1864, er lobte Duveyrier aber schon früher: Malte-Brun an Barth, 10.11.1859. – **182** StA HH, 622-2 I d 26, Duveyrier an Barth, 21.7.1863. – **183** StA HH, 622-2 II d 8, Renan an Barth, 15.8.1863. – **184** StA HH, 622-2 I d 26, Duveyrier an Barth, 1.2.1864; das Buch erschien 1864 in Paris ebenso wie der zweite Band »Mollusques terrestres et fluviatiles«. Zum zweiten Band s. ebd., Duveyrier an Barth, 1.8.1864 u. 622-2 II d 16, Malte-Brun an Barth, 17.11.1865. – **185** Schubert 1909: 386. – **186** Er veröffentlichte vor allem die Briefe seiner »Schützlinge« Beurmann, von der Decken, Munzinger und Steudner in der »Zeitschrift für allgemeine Erdkunde«, die wegen ihrer großen Zahl hier nicht im Einzelnen aufgeführt werden. – **187** Patterson 1974: 649 f. – **188** Ebd.: 647, 659, 661 u. 666. – **189** Barth 1860d. – **190** BL, MC, Additional Manuscripts, Murchison Papers, Add. 46,I25 ff. 121-133, Barth an Murchison, 28.3.1861. Du Chaillu hoffte zu der Zeit noch, Barth bald persönlich kennenzulernen: StA HH, 622-2 I c 6, Spottiswoode an Barth, 22.4.1861. – **191** FB Gotha, PGM 39/5, Barth an Perthes, 31.7.1861 u. Barth 1861c: 472. – **192** Barth 1861b: 431. – **193** Ebd.: 457. – **194** Ebd.: 434. – **195** Ebd.: 453. – **196** Ebd.: 454 f. u. 466; Patterson 1974: 663 f. – **197** Barth 1861b: 457 u. 454. – **198** Ebd.: 452. – **199** Patterson 1974: 648. – **200** StA HH, 622-2 II d 16, Malte-Brun an Barth, 9.4.1862. – **201** Ebd. – **202** Petermann 1862a: 394. – **203** Barth 1862d. – **204** Barth 1862e: 344. – **205** Patterson 1974: 654 ff. – **206** StA HH, 622-2 II d 15, Koner an Barth, 18.3.1860; Borsdorf/Ellger 2003: 67 f. u. 72. – **207** Uni Jena, Ernst Haeckel-Haus, Briefarchiv, Barth an Haeckel, 14.6.1860. – **208** StA HH, 622-2 I d 28, Mueller an Barth, 24.2.1865. – **209** Stabi Berlin, Autogr. I/712, Mueller an Barth,

25.6.1865 u. StA HH, 622-2 I d 28, Mueller an Barth, 25.12.1865. – **210** Stabi Berlin, Autograph I/2410, Barth an Legationsrat, 19.10.1865. – **211** Ebd., Arthur an Barth, 6.10.1864. Eine Liste der Ehrenmitglieder findet sich im Bericht über das 35-jährige Jubiläum der Gesellschaft: Barth 1863e. – **212** StA HH, 622-2 IV a 2, 25.12.1863 u. Gülich an Barth 1.2.1864. – **213** Ebd., Gülich an Barth, 15.7.1864. – **214** Felsch 2011: 177. – **215** FB Gotha, PGM 62/10, Barth an Werner, 24.10.1865. – **216** FB Gotha, PGM 39/6, Barth an Petermann, 6.11.1865. – **217** Ebd., Petermann an Barth, 7.11.1865. – **218** Lenz 1978: 218. – **219** UB Basel, NL 265: 66, 3-23: 21 Briefe an Jakob Melchior Ziegler, Barth an Ziegler, 7.7.1863 u. StA HH, 622-2 I d 14, Ziegler an Barth, 12.7.1863. – **220** StA HH, 622-2 IV a 1, Richthofen an Barth, 15.2.1864. – **221** StA HH, 622-2 II d 1, Perrot an Barth, 24.11.1863. Perrot gab seiner Hoffnung Ausdruck, Barth bald in Paris begrüßen zu dürfen: Ebd., Perrot an Barth, 7.2.1864. – **222** StA HH, 622-2 IV d 1, Negri an Barth, 19.4.1865. – **223** S. seinen Brief an den Präsidenten der Pariser Gesellschaft: BNF, SG Carton, BA-BIE (73), Barth an Jean-Baptiste de Beaumont, 13.6.1860. – **224** StA HH, 622-2 II d 16, Malte-Brun an Barth, 9.7.1863 u. StA HH, 622-2 II d 1, Reinaud an Barth, 15.12.1863. – **225** StA HH, 622-2 IV a 2, Markham an Barth, 14.7.1863. – **226** StA HH, 622-2 I c 5, Galton an Barth, 2.12.1863. – **227** StA HH, 622-2 IV 1 4, Bouthillier de Beaumont an Barth, 22.6.1860 u. UB Basel, NL 265: 66, 3-23: 21 Briefe an Jakob Melchior Ziegler, Barth an Ziegler, 11.7.1860. – **228** StA HH, 622-2 IV a 1, Duruy an Barth, 8.2.1864. – **229** StA HH, 622-2 IV a 5, Osten-Sacken an Barth, 7.2.1862. – **230** StA HH, 622-2 IV a 2, Lenz an Barth, 30.10.1863. – **231** Stabi HH, NHB 9, Barth an Schubert, 27.3.1865.

Barths späte Reisen und sein Wissenschaftsverständnis

1 FB Gotha, PMG 39/3, Barth an Rudolph Besser, 6.7.1859. – **2** FB Gotha, PGM 39/5, Barth an Petermann, 15.8.1860. – **3** Stabi HH, NHB 4, Barth an Schubert, 14.9.1860. – **4** FB Gotha, PGM 39/5, Barth an Petermann, 2.10.1860. – **5** Stabi HH, NHB 4, Barth an Schubert, 14.9.1860. – **6** Stabi HH, NHB 11, Barth an Mathilde Schubert, 14.9.1860. – **7** FB Gotha, PGM, Barth an Perthes, 18.10.1861. – **8** Stabi HH, NHB 9, Barth an Schubert, 7.6.1864. – **9** Ebd., Schubert an Barth, 5.4.1864. – **10** StA HH, 622-2 II d 16, Malte-Brun an Barth, 8.4.1864. – **11** Stabi HH, NHB 8, Barth an Schubert, 29.8.1862. In Bulgarien bezahlte er fünf Musiker, dass sie für ihn spielten: Barth 1864a: 35 f. – **12** Stabi HH, NHB 8, Barth an Schubert, 11.9.1862. – **13** StA HH, 622-2 IV a 2, Bielz an Barth, 3.12.1863. – **14** Stabi HH, NHB 8, Barth an Schubert, 11.9.1862. – **15** Ebd., Barth an Schubert, 29.8.1862. – **16** Ebd., Barth an Schubert, 11.9.1862. – **17** Barth 1864a: 1. – **18** ABBAW, NL Ehrenberg, Nr. 261, Barth an Ehrenberg, 22.9.1862. – **19** Barth 1864a: 6. – **20** Ebd.: 13. – **21** Ebd.: 22 f. u. 30. – **22** Ebd.: 24 u. 41. – **23** Ebd.: 28. – **24** Ebd.: 40. – **25** Ebd.: 54. – **26** Ebd.: 44 u. 50. – **27** Ebd.: 56. – **28** ABBAW, NL Ehrenberg, Nr. 261, Barth an Ehrenberg, 22.9.1862. S. die ausführliche Beschreibung bei Barth 1864a: 44 ff. – **29** Ebd.: 47. – **30** Ebd.: 60. – **31** Ebd.:

63. – **32** Ebd.: 72. – **33** Ebd.: 75. – **34** Ebd.: 81. – **35** Ebd.: 83. – **36** Ebd.: 86. – **37** Stabi HH, NHB 9, Barth an Schubert, 27.3.1864. – **38** Barth 1864a: 90. – **39** Stabi HH, NHB 8, Barth an Schubert, 6.10.1862. – **40** Barth 1864a: 93 u. 111. – **41** Ebd.: 121. – **42** Ebd.: 137 ff. – **43** Ebd.: 142. – **44** Ebd.: 145 ff. – **45** Ebd.: 160. – **46** Ebd.: 163 ff. – **47** Ebd.: 167. – **48** Ebd.: 175. – **49** Ebd.: 178. – **50** Ebd.: 193 f.; s. auch Barth 1865b. – **51** Barth 1864a: 201 ff. – **52** Ebd.: 216 u. 218. – **53** Ebd.: 221 f. – **54** Ebd.: 225. – **55** Uni Jena, Ernst-Haeckel-Haus, Briefarchiv, Barth an Haeckel, 20.11.1862 u. Barth 1864a: 230. – **56** Stabi HH, NHB 8, Barth an Schubert, 20.12.1862. – **57** Barth 1863 f. u. 1864b. – **58** StA HH, 622-2 III 5, Handtke an Barth, 19.6.1863. – **59** StA HH, 622-2 II d 2, Gerhard an Barth, 30.4.1864. – **60** StA HH, 622-2 IV c 1, Curtius an Barth, 10.4.1864. – **61** Circourt 1864: 100. – **62** UB Basel, NL 265: 66, 3-23: 21 Briefe an Jakob Melchior Ziegler, Barth an Ziegler, Anfang 1865. – **63** Koner 1866: 22. – **64** Schubert 1897: 169. – **65** Koner 1866: 11. – **66** Stabi Berlin, NL Hübner, Barth an Hübner, 14.12.1861. – **67** Stabi Berlin, NL Mommsen I 4, Barth an Mommsen, 11.1.1862. – **68** Stabi HH, NHB 9, Barth an Schubert, 27.3.1864. – **69** Stabi HH, NHB 4, Barth an Schubert, 8.5.1860. – **70** Stabi HH, NHB 11, Barth an Schubert, 16.4.1863. – **71** Ebd., Barth an Schubert, 27.6.1863. – **72** Stabi HH, NHB 2, Barth an Schubert, 23.7.1849. – **73** Stabi HH, NHB 9, Barth an Schubert, 24.11.1864. – **74** Chickering 2021: 207 ff. – **75** Barth 1857/8 V: 222. – **76** Oppen 2006: 124 u. Grosz-Ngaté 2006: 138. – **77** Barth 1850c: 9. – **78** StA HH, 622-2 IV d 3, Schleiden an Barth, 16.2.1860. – **79** Barth 1860a: 3. – **80** StA HH, 622-2 IV d 3, Schleiden an Barth, April 1860. – **81** Barth 1860a: 3 ff. Vgl. dazu die Darstellung bei Braudel 1994 I: 176 f. – **82** Barth 1860a: 3. – **83** Ebd.: 4. – **84** Ebd.: 5. – **85** Ebd.: 6. – **86** Ebd.: 8. – **87** Ebd.: 9. – **88** Ebd.: 11 f. – **89** Ebd.: 53. Ebenso beobachtete er später die Gezeiten in Griechenland: Barth 1864a: 225. – **90** Barth 1860a: 14. – **91** Ebd.: 15. – **92** Ebd.: 16. – **93** Ebd.: 17. – **94** Ebd.: 6 u. 18. – **95** Ebd.: 19. – **96** Ebd.: 20 ff. – **97** Ebd.: 22 f. – **98** Ebd.: 24. – **99** Ebd.: 18 u. 26. – **100** Ebd.: 27 ff. – **101** Ebd.: 30 f. – **102** Ebd.: 31. – **103** Ebd.: 16 u. 31 f. – **104** Stabi HH, NHB 14, Barth an Sieveking, 30.6.1845. – **105** Braudel 1992: 58. u. für ein konkretes Beispiel von Struktur (longue durée) und Konjunktur Braudel 1994 II: 221. Zu seiner Sicht auf Algier ebd. III: 449 u. II: 679. – **106** Ebd. II: 572. – **107** Barth 1860a: 30. – **108** Stabi HH, NHB 9, Barth an Schubert, 12.10.1865. – **109** Barth 1860c: 113. – **110** Ebd.: 115. – **111** Ebd.: 117. – **112** Ebd.: 118. – **113** Barth 1862a: 227 f. – **114** Ebd.: 234. – **115** Barth 1860c: 119. – **116** Ebd.: 120. – **117** Ebd.: 121 f. – **118** Ebd.: 122. – **119** Ebd.: 124. – **120** Ebd.: 125. – **121** Ebd.: 127. – **122** Ebd.: 128; Barth 1858 ist nur eine sehr unklare und wenig gelungene Zusammenfassung des oberen. Der erstgenannte Text erregte einiges Aufsehen, denn die deutsche Zeitschrift »Das Ausland« gab eine ausführliche Inhaltsangabe davon: Ausland 1861. – **123** Barth 1857/8 II: 123. – **124** Ebd.: 174. – **125** Barth 1857/8 IV: 155 u. Barth 1862a: 235. – **126** Ebd.: 245. – **127** Stabi HH, NHB 4, Barth an Schubert, 15.1.1860. – **128** Barth 1857/8 V: 94. – **129** Barth 1864h: 522. – **130** Barth 1872: 142. – **131** Barth 1862a: 246. – **132** Ebd.: 247. – **133** Ebd.: 241. – **134** Barth 1857/8 III: 323. – **135** Kirk-Greene 1962. – **136** Barth 1861a:

62 ff., aber S. 65 mit einem gewissen Zweifel, ob sie dafür »organisatorisches Talent und Stätigkeit« genug besitzen. – **137** Barth 1862g: 396 u. 398. – **138** Barth 1857/8 II: 469. – **139** Barth an Gerhard, 31.8.1851, in: Gumprecht 1852: 369-371. – **140** Barth 1862a: 239. – **141** Barth 1857/8 II: 139. – **142** Barth 1857/8 IV: 112, s. auch II: 81. – **143** Barth 1862a: 242. – **144** Ebd.: 240. – **145** Hiribarren 2010: 65. – **146** Marx 1988: 35 ff. – **147** StA HH, 622-2 II d 8, Kaufmann an Barth, 11.6.1863; Barth 1862c u. 1863b: 106 ff. – **148** Barth 1857/8 V: 5 ff. – **149** Barth 1863h: 466. – **150** FB Gotha, PGM 39/2, Barth an Perthes, 16.9.1856. – **151** Ebd., Barth an Petermann, 17.5.1857. – **152** FB Gotha, PGM 39/3, Barth an A. Müller, 25.2.1858. – **153** FB Gotha, PGM 39/4, Barth an Perthes, 21.3.1860. – **154** FB Gotha, PGM 39/5, undatierter Brief an Perthes (frühe 1860er Jahre). – **155** Stabi HH, NHB 4, Barth an Schubert, 9.12.1860. **156** Natriumhydrogencarbonat (NaHCO3), wurde früher u.a. gegen Sodbrennen und zur Darmreinigung benutzt. – **157** Stabi HH, NHB 4, Schubert an Barth, 14.12.1860. – **158** Stabi HH, NHB 8, Barth an Schubert, 29.8.1862. – **159** Stabi HH, NHB 9, Barth an Schubert, 6.4.1865. – **160** Uni Jena, Ernst-Haeckel-Haus, Briefarchiv, Barth an Haeckel, 13.4.1865. – **161** Ebd., Barth an Haeckel, 20.4.1865. – **162** Stabi HH, NHB 9, Barth an Mathilde Schubert, 13.5.1865. – **163** Ebd., Barth an Schubert, 19.4.1865. – **164** Ebd., Barth an Schubert, 22.4.1865. – **165** Ebd., Barth an Schubert, 19.4.1865. – **166** Uni Jena, Ernst-Haeckel-Haus, Briefarchiv, Barth an Haeckel, 20.4.1865. – **167** Stabi HH, NHB 9, Barth an Schubert, 22.4.1865. – **168** Ebd., Barth an Schubert, 22.5.1865. – **169** Stabi HH, NHB 15, Haeckel an Barth, 12.5.1865 u. StA HH, 622-2 IV d 5, Haeckel an Barth, 16.7.1865. – **170** ABBAW, NL Ehrenberg, Barth an Ehrenberg, 20.5.1865. – **171** Stabi HH, NHB 9, Barth an Schubert, 22.5.1865. – **172** Ebd., Barth an Mathilde Schubert, 13.5.1865. – **173** Ebd., Barth an Schubert, 22.5.1865. – **174** Ebd., Barth an Mathilde Schubert, 13.5.1865. – **175** StA HH, 622-2 I c 7, Aristarchi Bey an Barth, 26.6.1865. – **176** StA HH, 622-2 II d 13, Hahn an Barth, 24.10.1865. Während seiner Balkanreise hatte er versäumt, Hahn zu besuchen: Barth 1864a: 231. – **177** Sta HH, 622-2 I a 5, Reade an Barth, 27.6.1865. – **178** Stabi HH, NHB 9, Barth an Schubert, 12.10.1865. – **179** Schubert 1897: 173 f. – **180** Schubert 1909: 172. Auch Barths Schwester Mathilde litt später lange an einer Darmerkrankung, ebd.: 450. Vgl. Weinand 1967: 313. – **181** Schubert 1909: 171. – **182** Ebd.: 173. – **183** Koner 1866. – **184** Schubert 1897: 175 ff.; anonym 1865b. – **185** Murchison 1866: 134-136. – **186** Malte-Brun 1865: 381. – **187** Anonym 1865a: 1224. – **188** Andree 1866: 188. – **189** Petermann 1865: 431. – **190** FB Gotha, PGM 314, Schubert an Petermann, 28.11.1865.

Schlusswort

1 Boahen 1962: 521. – **2** Schubert 1897: IV f. – **3** Stabi Berlin, Slg. Wetzstein, Widmung v. 10.10.1859.

Abkürzungen

ABBAW	Archiv der Berlin-Brandenburgischen Akademie der Wissenschaften
BL	British Library
BNF	Bibliothèque Nationale de France
FB	Forschungsbibliothek
FO	Foreign Office
JRGS	Journal of the Royal Geographical Society
MC	Manuscripts Collection
NA	National Archives (London)
NAV	Nouvelles Annales de Voyages
NHB	Nachlass Heinrich Barth
NL	Nachlass
PM	Petermanns Mitteilungen
RGS	Royal Geographical Society
StA HH	Staatsarchiv der Freien und Hansestadt Hamburg
Stabi	Staatsbibliothek
UB	Universitätsbibliothek
ZAE	Zeitschrift für allgemeine Erdkunde
ZDMG	Zeitschrift der Deutschen Morgenländischen Gesellschaft

Archive

Deutschland

Staatsbibliothek Berlin
Archiv der Berlin-Brandenburgischen Akademie der Wissenschaften,
    Berlin
Transkripte aus dem Familienarchiv der Familie von Schubert
Universitätsbibliothek Freiburg i.Br.
Niedersächsische Staats- und Universitätsbibliothek Göttingen
Forschungsbibliothek Gotha (Archiv des Perthes-Verlags)
Staatsarchiv der Freien und Hansestadt Hamburg
Staats- und Universitätsbibliothek Hamburg
Bayerische Staatsbibliothek München

Großbritannien

National Archives, London
British Library, London
Royal Geographical Society, London
Bodleian Library, Rhodes House, Oxford University
Church Missionary Archive, University of Birmingham

Frankreich

Bibliothéque Nationale de France, Paris

Schweiz

Universitätsbibliothek Basel

Literatur

Anonym, 1850: Dr. Barth's Reise in das innere Afrika, in: Zeitschrift der Deutschen Morgenländischen Gesellschaft, 4, 1, S. 118-119.

– 1852: Les Touareg, ou Touaryg. Note tirée des documents envoyés de l'Afrique Centrale par MM. Barth et Overweg, in: NAV, 3, S. 319-329.

– 1855a: Extrait d'une lettre de M. Barth à M. Jomard, Londres, 21 Septembre 1855, in: Bulletin de la société de géographie (Paris), Juli-Dez, S. 301-312.

– 1855b: Retour du Dr. Barth en Europe, in: Bulletin de la société de géographie (Paris), 55-60.

– 1855c: Sitzung der Berliner Gesellschaft für Erdkunde am 13. October 1855, in: ZAE, 5, S. 512-514.

– 1856a: Dr. Heinrich Barth's Reisen und Entdeckungen in Nord- und Central-Afrika. Verlagsankündigung, in: Hamburger literarische und kritische Blätter, 32, 23, S. 179-181.

– 1856b: Les deux nègres du Docteur Barth, in: NAV, 1, S. 109-111.

– 1858: De Reizen van Dr. H. Barth in Afrika, in: Vaderlandsche letteroefeningen, of tijdschrift van kunsten en wetenschappen, waar in de boeken en schriften, die dagelijks in ons vaderland en elders uitkomen, oordeelkundig tevens en vrijmoedig verhandeld worden, 2, S. 179, 229, 610, 678.

– 1861: Dr. Heinrich Barth über die Ethnographie Nord-Afrika's, in: Das Ausland, 34, S. 427-430.

– 1865a: Heinrich Barth, in: Das Ausland, 38, S. 1223-1224.

– 1865b: Nekrolog zu Heinrich Barth, in: Unsere Zeit. Deutsche Revue der Gegenwart, 1, S. 954-955.

– 1866: Bericht über die Gedächtnissitzung der Gesellschaft für Erdkunde zu Berlin, mit Auszügen aus den Reden, in: Magazin für die Literatur des Auslandes, 69, S. 56.

– 1897: Heinrich Barth en Von Humboldt, in: Tijdschrift van het Koninklijk Nederlandsch Aardrijkskundig Genootschap, 14, S. 781.

– 1903: Sprachwissenschaft und Ethnographie. Max Müller und Heinrich Barth, in: Deutsche Revue, 4, S. 120-125.

– 1966: Heinrich Barth and the opening up of Central Africa, in: The Geographical Journal, 132, S. 72-73.

Abun-Nasr, Jamil M., 1993: A History of the Maghrib in the Islamic period, Cambridge.

Adelberger, Jörg, 2000: Eduard Vogel and Eduard Robert Flegel: The Experiences of Two Nineteenth-Century German Explorers in Africa, in: History in Africa, 27, S. 1-29.

Allen, Edmund Woods, 1958: The Travels of Abdul Kharim in Hausaland and Bornu, Zaria.

Allen, William; Thomson, T. R. H., 1848: A Narrative of the Expedition sent by Her Majesty's Government to the River Niger in 1841, 2 Bände, London.

Anderson, Lisa, 1984: Nineteenth-Century Reform in Ottoman Libya, in: International Journal of Middle East Studies, 16, 3, S. 325-348.

Andree, Karl, 1866: Dr. Heinrich Barth, in: Globus, 9, S. 188-190.

Ayandele, Emmanuel A., 1979a: African Exploration and Human Understanding, in: ders.: African historical studies, London, S. 1-40.

– 1979b: Dr Henry Barth as a Diplomatist and Philanthropist, in: ders.: African historical studies, London, S. 41-55.

Baikie, William Balfour, 1856: Narrative of an Exploring Voyage up the Rivers Kwo'ra and Bi'nue (commonly known as the Niger and Tsádda) in 1854, London.

Barnett, Clive, 1998: Impure and Worldly Geography: The Africanist Discourse of the Royal Geographical Society, 1831-73, in: Transactions of the Institute of British Geographers, 23, 2, S. 239-251.

Barth, Heinrich, 1844: The Adoption of the Athenian Standard in the Coinage of Some Italian and Sicilian Cities, about Olymp. 75 (B. C. 480), Corroborated and Accorded for by Historical Evidence, in: Numismatic Chronicle, 7, S. 156-171.

– 1848a: Casal Crendi, in: Gerhard's Archäologische Zeitung, N. F. 2, 24, S. 388.

– 1848b: Das griechische Theater in Cyrene, in: Gerhard's Archäologische Zeitung, N. F. 2, 15, S. 233-236.

– 1848c: Zur Kunst der Phönicier, in: Gerhard's Archäologische Zeitung, N. F. 2, 21, S. 326-331; 22, S. 346-350; 23, S. 362-367.

– 1849: Wanderungen durch die Küstenländer des Mittelmeeres ausgeführt in den Jahren 1845, 1846 und 1847. Bd. 1: Wanderungen durch das punische und kyrenäische Küstenland, oder Maghreb, Afrik'ia und Bark'a, Berlin.

– 1849a: Notiz über ein Bauwerk zu Tharsos, in: Anzeiger zur Archäologischen Zeitung, 7, 2, S. 20-21.

– 1850a: Dr. Barth's Reise in das innere Afrika, in: ZDMG, 4, S. 118-119.

– 1850b: Aus einem Briefe des Dr. Barth, Tripolie de Barbarie, den 15. März 1850, in: ZDMG, 4, S. 369-374.

– 1850c: Geschichtlicher Abriss der Oelkultur in Nord-Afrika, in: Monatsberichte über die Verhandlungen der Gesellschaft für Erdkunde zu Berlin, N. F. 7, S. 9-16.

– 1850d: Der Kinyps und seine Landschaft, in: Monatsberichte über die Verhandlungen der Gesellschaft für Erdkunde zu Berlin, N. F. 6, S. 87-92.

– 1850e: Römisches im Innern von Afrika (Römisches Grab am Kanal im Wadi Tegidje), in: Anzeiger zur Archäologischen Zeitung, Sp. 187-188.

– 1850f: Ueber seine Reisen im nördlichen Afrika, in Syrien und in Klein-Asien, in: Monatsberichte über die Verhandlungen der Gesellschaft für Erdkunde zu Berlin, 6, S. 43-63.

– 1852: Schreiben des Dr. Barth an Prof. Rödiger, in: ZDMG, 7, S. 123-125.

– 1853a: Account of Two Expeditions in Central Africa by the Furanys. Communicated by Dr. Barth, through Charles Beke, Esq., in: JRGS, 23, S. 120-122.

– 1853b: Kelgeres-Lieder, in: ZDMG, 7, S. 234.

– 1853c: Brief Dr. Barth's an Prof. Dieterici, in: ZDMG, 7, S. 575.

– 1853d: Neueste Berichte über Dr. Barth's Untersuchungsreise in das Innere von Nord-Afrika. 1) Schreiben Barth's an Herrn Alex. von Humboldt; 2) Schreiben Barth's an den Geh.-Ob.-Reg.-Rath Dieterici, in: ZAE, 1, S. 77-80.

– 1854a: Extract of a Letter from Dr. Barth to Dr. Beke, dated Timbuctu, Sept. 7th, 1853. With Routes in Central Africa, in: JRGS, S. 283-288.

– 1854b: Nachrichten aus Timbuktu, in: Bericht über die zur Bekanntmachung geeigneten Verhandlungen der Königlich Preußischen Akademie der Wissenschaften zu Berlin, S. 178-181.

– 1855a: Dr. Heinrich Barth's Reisen und Entdeckungen in Nord- und Central-Afrika in den Jahren 1850, 1851, 1852, 1853, 1854 und 1855 (Plan und Inhalt des Reisewerkes), in: PM, 1, S. 307-310.

– 1855b: Schreiben des Dr. Barth an Prof. Rödiger, Timbúktu den 15. Dec. 1853, in: ZDMG, 9, S. 262-263.

– 1855c: Beiträge zur Geschichte und Geographie des Sudan. Eingesandt von Dr. Barth, nach dem Arab. bearb. von C. Ralfs, in: ZDMG, 9, S. 518-594.

– 1855d: Der verlorene Sohn in der Sprache von Shetu-nku sefe oder der Azeríye-Sprache, wie sie in Ti-shit gesprochen wird, in: ZDMG, 9, S. 846-847.

– 1856a: Aus einem Brief des Ritter Dr. Barth an Prof. Fleischer, in: ZDMG, 10, S. 285-288.

– 1856b: Auszug aus einem Schreiben des Dr. Barth an Dr. Seemann über Barth's Beobachtungen über die wichtigsten Bäume Afrika's, in: PM, 2, S. 381-382.

– 1857a: Aus Dr. Barth's Reise nach Timbuktu (Briefe Barth's an seinen Schwager G. Schubert), in: PM, 3, S. 416-418.

– 1857b: Brief des Herrn Dr. Barth an Prof. Brockhaus, in: ZDMG, 11, S. 561-562.

– 1857/1858: Reisen und Entdeckungen in Nord- und Central-Afrika in den Jahren 1849 bis 1855. Tagebuch seiner im Auftrag der Brittischen

Regierung unternommenen Reise; mit Karten, Holzschnitten und Bildern, 5 Bände, Gotha.

– 1857/1858b: Travels and Discoveries in North and Central Africa. Being a Journal of an Expedition Undertaken under the Auspices of H. B. M.'s Government, in the Years 1849-1855, 5 Bände, London.

– 1858: General Historical View of the State of Human Society in Northern Central Africa, in: Proceedings of the Royal Geographical Society of London, S. 217-220.

– 1858-1860: Lotgevallen en ontdekkingen op eene reis naar het Noorden en midden van Africa. Op last der Britsche Regering in de jaren 1849 tot 1855 gedaan door Heinrich Barth, 6 Bände, 's-Hertogenbosch.

– 1859a: Reise von Assuan über Berenike nach Kosser im October und November 1846, in: ZAE, 7, S. 1-31.

– 1859b: Dr. Barth: On the tribes of Northern Africa; Their Relation with the Phoenicians, and their peculiar Alphabet in use among them, in: Literary Gazette, 2141 (30. Januar), 116-117.

– 1859/1860: Reisen und Entdeckungen in Nord- und Central-Afrika 1849 bis 1855. Im Auszuge bearbeitet nach dem in fünf Bänden erschienenen Tagebuche, 2 Bände, Gotha.

– 1859a: Ueber die Ruinen bei Uejük im alten Kappadocien, in: Archäologische Zeitung, 126, S. 48-59.

– 1859b: Versuch einer eingehenden Erklärung der Felssculpturen von Bogaskoei im alten Kappadocien, in: Monatsberichte der Berliner Akademie der Wissenschaften, S. 128-157.

– 1860a: Das Becken des Mittelmeeres in natürlicher und kulturhistorischer Beziehung. Vorlesung gehalten im Athenaeum in Hamburg, Hamburg.

– 1860b: Reise von Trapezunt nach Skutari (Mittheilungen aus Justus Perthes' Geographischer Anstalt: Ergänzungsheft 3), Gotha.

– 1860c: A General Historical Description of the State of Human Society in Northern Central Africa, in: JRGS, 30, S. 112-128.

– 1860d: Du Chaillu's Reise am Gabun und Nebenflüssen, in: Zeitschrift für allgemeine Erdkunde, 8, S. 324-331.

– 1860-1861: Voyages et découvertes dans l'Afrique septentrionale et centrale pendant les années 1849 à 1855. Traduction de l'Allemand par Paul Ithier, 4 Bände, Paris.

– 1861a: Der Aufschwung der französischen Colonien in Algerien und am Senegal in Bezug auf ihre Beziehungen zum Innern Nord-West-Afrika's, in: ZAE, 10, S. 62-76.

– 1861b: Analyse der Reisebeschreibung Du Chaillu's »Explorations and Adventures in Equatorial Africa« (London, Murray, 1861) und genauere Betrachtung des in derselben enthaltenen geographischen Materials, in: ZAE, 10, S. 430-467.

- 1861c: Kurze Andeutungen einiger der neuesten Fortschritte auf afrikanischem Boden, in: ZAE, 11, S. 472-476.
- 1862a: Neger, Negerstaaten, in: Bluntschli, Johann Caspar; Brater, Carl Ludwig Theodor (Hrsg.): Deutsches Staatswörterbuch. Bd. 7, Stuttgart, S. 219-247.
- 1862b: Die Carl-Ritter-Stiftung, in: ZAE, 12, S. 141-144.
- 1862c: Die Flussschwelle der verschiedenen Arme des Nil-, Niger- und Tsad-Beckens. Durch tabellarische Zusammenstellung beleuchtet von Heinrich Barth [1 Blatt], Berlin.
- 1862d: Dr. August Petermann's vermeintliche Ehrenrettung Du Chaillu's, in: ZAE, 13, S. 27-35.
- 1862e: Dr. August Petermann und die Schneeberge, in: ZAE, 13, S. 342-347.
- 1862f: Einige Bemerkungen von Herrn Dr. Barth zu Herrn v. Beurmann's Kartenskizzen aus Fezzan und Barka, in: ZAE, 13, S. 352-354.
- 1862g: Einige Bemerkungen über den gegenwärtigen Zustand der Neger-Republik Liberia, in: ZAE, 13, S. 393-400.
- 1862h: Dr. H. Barth über Rechtschreibung und Deutung Türkischer Ortsnamen in Kleinasien, in: PM, S. 183-184.
- 1862i: Sammlung und Beschreibung Central-Afrikanischer Vokabularien / Collection of vocabularies of Central-African languages. Abt. 1: Umfassendere Vokabularien der Kanuri-, Teda-, Hausa-, Fufúlde-, Songai-, Lógone-, Wándala-, Bágrimma- und Mbta-Sprachen, Gotha.
- 1863a: Dritter Bericht der Thätigkeit der Carl-Ritter-Stiftung, in: ZAE, 14, S. 77-80.
- 1863b: Dr. Balfour Baikie's Thätigkeit am unteren Niger, mit bes. Berücks. der Flussschwellen dieses Stromes und derjenigen des Tsad- und Nilbeckens, in: ZAE, 14, S. 101-129.
- 1863c: Captain Burton's Besteigung des Kamerún-Gebirges im December 1861 und Januar 1862, in: ZAE, 14, S. 230-245.
- 1863d: Die Aussagen des überlebenden Dieners Dr. Eduard Vogel's über den Tod seines Herrn, in: ZAE, 14, S. 248-264.
- 1863e: Die Feier des fünfunddreißigjährigen Stiftungsfestes der Gesellschaft für Erdkunde in Berlin, in: ZAE, 14, S. 287-288.
- 1863f: Beschreibung einer Reise quer durch das Innere der Europäischen Türkei von Rustchuk über Philippopel, Rilo Monastir, Bitolia (Monastir) und den Thessalischen Olymp nach Selanik oder Thessalonike im Herbst 1862, in: ZAE, 15, S. 301-359.
- 1863g: Captain Speke's Entdeckung des Abflusses des einen Nilarmes aus dem See Ukeréwe, im Zusammenhang mit den ethnographischen Verhältnissen jener Gegend (Vortrag gehalten in der Sitzung am 6. Juni 1863), in: ZAE, 14, S. 430-447.

– 1863h: Rezension: Reise des Freiherrn Adalbert von Barnim durch Nord-Ost-Afrika in den Jahren 1859 und 1860, beschrieben von seinem Begleiter Dr. Robert Hartmann, in: ZAE, 14, S.464-467.

– 1863i: Die Bestätigung der Todesnachricht des Herrn Moritz von Beurmann, in: ZAE, 15, S.538-543.

– 1863k: Sammlung und Beschreibung Central-Afrikanischer Vokabularien / Collection of vocabularies of Central-African languages. Abt. 2: Analyse der Fulfúlde-, Sonyai-, Lógon -, Wándala, Bágrimma- und Maba-Sprachen, Gotha.

– 1864a: Reise durch das Innere der europäischen Türkei von Rustchuk über Philippopel, Rilo (Monastir), Bitolia und den thessalischen Olymp nach Saloniki im Herbst 1862; mit 2 Karten, 4 lithogr. Ansichten auf 2 Tafeln, Berlin.

– 1864b: Beschreibung einer Reise quer durch das Innere der Europäischen Türkei von Rustchuk über Philippopel, Rilo Monastir, Bitolia (Monastir) und den Thessalischen Olymp nach Selanik oder Thessalonike im Herbst 1862 (Forts.), in: ZAE, 16, S.117-208.

– 1864c: Vierter Bericht über die Carl-Ritter-Stiftung, in: ZAE, 16, S.221-224.

– 1864d: Mission de Ghadamès; rapports officiels et documents à l'appui publiés avec l'autorisation de S.E. M. le Maréchal Duc de Malakoff, Gouverneur Général de l'Algérie. Alger 1863, mit besonderer Berücksichtigung der Arbeiten des Herrn Henri Duveyrier: Exploration du Sahara, tome I, les Touareg du Nord, Paris 1864, in: ZAE, 16, S.268-284.

– 1864e: Dr. Schweinfurth's Reise nach Egypten und dem Rothen Meere, in Beziehung zu Miani's projectirtem Unternehmen nach dem Quellgebiet des Nil, in: ZAE, 16, S.295-300.

– 1864f: Rezension: Die Reise des Herzogs Ernst von Sachsen-Koburg-Gotha nach Egypten und dem Lande der Habab, Mensa und Bogos, Leipzig 1864, in: ZAE, 16, S.300-302.

– 1864g: Die Reise des Laptot-Leutnants 'Aliun Sal's vom Senegal bis nach Arauan und Basikunnu in der Nähe Timbuktu's, in: ZAE, 16, S.444-459.

– 1864h: Afrikanische Beiträge; a) Brief Dr. David Livingstone's; b) Auszug aus einem Briefe Capt. Burton's, zur Zeit Engl. Consul auf Fernando Po; c) Die neuesten Beziehungen der Franzosen am Senegal zu Timbuktu, in: ZAE, 16, S.517-526.

– 1865a: Der Olymp und das Verhältniß der Berghöhen im Umkreise des Aegäischen Meeres (Vortrag gehalten in der Novembersitzung 1864), in: ZAE, 18, S.47-54.

– 1865b: Das neue Unternehmen des Herrn Baron Carl v.d. Decken, in: ZAE, 18, S.54-60.

– 1865c: Fünfter Bericht der Carl-Ritter-Stiftung, in: ZAE, 18, S.75-80.

- 1866: Sammlung und Beschreibung Central-Afrikanischer Vokabularien / Collection of vocabularies of Central-African languages. Abt. 3: Nennwörter, Gotha.
- 1872: Sur les expéditions scientifiques en Afrique, in: Bulletin de la Société de géographie (Paris), 6, 4, S. 133-149.
- 1975: The Social Life of Kukawa, Kano in Mid-Century, Adamawa, in: Hodgkin, Thomas (Hrsg.): Nigerian Perspectives. An Historical Anthology, London; Oxford; New York, S. 317-331.
- 2002: Corinthiorum commercii et mercaturae historiae particula, in deutscher und englischer Übersetzung, mit Beiträgen von Christiane Dehl-von Kaenel und Peter Kremer. Dissertatio inauguralis, Köln.

Bastian, Adolf, 1859: Ein Besuch in San Salvador, der Hauptstadt des Königsreichs Congo. Ein Beitrag zur Mythologie und Psychologie, Bremen.

Beck, Hanno, 1967: Voraussetzungen der großen afrikanischen Reise Heinrich Barths, 1849-1855, in: Schiffers, Heinrich (Hrsg.): Heinrich Barth – Ein Forscher in Afrika. Leben, Werk, Leistung, Wiesbaden, S. 148-163.

Benton, Philip Askell, 1968: The Languages and Peoples of Bornu. Being a Collection of the Writings of P. A. Benton. Bd. 1: Notes on Some Languages of the Western Sudan, London.

Boahen, A. Adu, 1962: The Partition of Barth. Rezension von A. H. M. Kirk-Greene, Barth's Travels in Nigeria, in: Journal of African History, 3, 3, S. 521-524.
- 1964: Britain, the Sahara and the Western Sudan 1788-1861, Oxford.

Borsdorf, Axel; Ellger, Christoph, 2003: Herausgeber und Schriftleiter der Zeitschrift der Gesellschaft für Erdkunde zu Berlin DIE ERDE und ihrer Vorgängerzeitschriften, in: Die Erde, Sonderheft 1, S. 66-67.

Bovill, Edward William, 1926: Henry Barth, in: Journal of the Royal African Society, 25, 100, S. 311-320.

Braudel, Fernand 1992: Geschichte und Sozialwissenschaften. Die lange Dauer, in: ders.: Schriften zur Geschichte, Bd. 1, S. 49-87.
- 1994: Das Mittelmeer und die mediterrane Welt in der Epoche Philipps II., 3 Bände, Frankfurt.

Bridges, R. C., 1976a: W. D. Cooley, the RGS and African Geography in the Nineteenth Century. Party I: Cooley's Contribution to the Geography of Eastern Africa, in: Geographical Journal, 142, 1, S. 27-47.
- 1976b: W. D. Cooley, the RGS and African Geography in the Nineteenth Century. Part II: Cooley's Attitudes and Achievements, in: Geographical Journal, 142, 2, S. 274-286.

Brown, David, 2012: Palmerston. A Biography, New Haven (Conn.).

Bruce Lockhart, Jamie; Lovejoy, Paul E., 2005: Hugh Clapperton into the interior of Africa. Records of the second expedition, 1825-1827, Leiden.

Buvry, Leopold, 1856: Exploration de l'Afrique centrale. Voyage du Dr Barth, in: Revue de l'Orient, 3, S. 353-362, 451-468.

Chickering, Roger, 2021: Karl Lamprecht. Das Leben eines deutschen Historikers (1856-1915), Stuttgart.

Church, J. F., 1856: Extracts from the Narrative of Corporal J. F. Church, in: The Anti-Slavery Reporter and Aborigines' Friend, 4, 11, S. 255-259.

Circourt, Adolphe de, 1864: [Rezension zu:] Reise durch das Innere der Türkei. Voyage dans l'Intérieur de la Turquie d'Europe, durant l'automne de 1862, par le Dr H. BARTH, in: NAV, 3, S. 99-109.

Cooley, William Desborough, 1841: The Negroland of the Arabs examined and explained; or, An Inquiry into the early History and Geography of Central Africa, London.

– 1963: Kilima Njaro and the Royal Geographical Society, in: Athenaeum, No. 1864, 18.7., S. 84-85.

Curtin, Philip D., 1964: The Image of Africa: British Ideas and Action 1780-1850, Madison.

Deck, Yvonne, 2006: Heinrich Barth in Afrika. Der Umgang mit dem Fremden. Eine Analyse seines großen Reisewerks. Magisterarbeit, Konstanz.

Decken, Karl Klaus von der, 1862: Brief des Herrn Baron v. d. Decken an Herrn Dr. Barth über seine Reise nach dem Kilimandjâro und dessen wahren Charakter, in: ZAE, S. 73-86.

Demhardt, Imre Josef, 2000: Die Entschleierung Afrikas. Deutsche Kartenbeiträge von August Petermann bis zum Kolonialkartographischen Institut, Gotha.

– 2006a: Der Erde ein Gesicht geben. Petermanns Geographische Mitteilungen und die Anfänge der modernen Geographie in Deutschland. Katalog zur Ausstellung der Universitäts- und Forschungbibliothek Erfurt/Gotha, 23. Juni bis 9. Oktober 2005, Gotha.

– 2006b: Hopes, Hazards and a Haggle: Perthes' Ten Sheet »Karte von Inner-Afrika«.

– 2008: »Rastlos nach dem unerforschten Innern längstgekannter Continente …« – Afrika in den Anfängen von Petermanns Mittheilungen, in: Lentz, Sebastian; Ormeling, Ferjan (Hrsg.): Die Verräumlichung des Welt-Bildes. Petermanns geographische Mitteilungen zwischen »explorativer Geographie« und der »Vermessenheit« europäischer Raumphantasien, Stuttgart, S. 65-74.

– 2011: Aufbruch ins Unbekannte. Legendäre Forschungsreisen von Humboldt bis Hedin, Darmstadt.

Diawara, Mamadou, 2006: Heinrich Barth et les gens du cru, in: ders.; Moraes Farias, Paulo Fernando de; Spittler, Gerd (Hrsg.): Heinrich Barth et l'Afrique, Köln, S. 147-158.

Dike, Kenneth Onwuka, 1970: Dr. Barth und die Erforschung Afrikas, in: Italiaander, Rolf (Hrsg.): Heinrich Barth – Er schloss uns einen Weltteil auf. Unveröffentlichte Briefe und Zeichnungen des großen Afrika-Forschers, Bad Kreuznach, S. 20-23.

Dinomé, Sylvain Emery Achille, 1858a: Précis des résultats et informations obtenus par le Dr. Barth pendant le cours de ses voyages dans l'interieur de l'Afrique septentrional depuis 1849 jusqu'en 1855, in: NAV, 4,2, S. 141-195.

– 1858b: Précis des résultats et informations obtenus par le Dr. Barth pendant le cours de ses voyages dans l'interieur de l'Afrique septentrional depuis 1849 jusqu'en 1855 [Forts.], in: NAV, 4,2, S. 422-561.

– 1858c: Précis des résultats et informations obtenus par le Dr. Barth pendant le cours de ses voyages dans l'interieur de l'Afrique septentrional depuis 1849 jusqu'en 1855 [Forts.], in: NAV, 4,3, S. 137-226.

Dorugu, 1971: The Life and Travels of Dorugu, in: Kirk-Greene, Anthony; Newman, Paul (Hrsg.): West African Travels and Adventures. Two Autobiographical Narratives from Northern Nigeria, New Haven, S. 27-130.

Duveyrier, Henri, 1881: Historique des voyages à Tombouctou, in: Bulletin de la Société de géographie (Paris), Jan.-Juni, S. 195-198.

Engelmann, Gerhard, 1967: Heinrich Barth in Berlin, in: Schiffers, Heinrich (Hrsg.): Heinrich Barth – Ein Forscher in Afrika. Leben, Werk, Leistung, Wiesbaden, S. 108-147.

– 1983: Carl Ritter und seine Nachfolge in Berlin, in: Richter, Hans (Hrsg.): Carl Ritter, Werk und Wirkungen. Beiträge eines Symposiums im 200. Geburtsjahr des Gelehrten, Gotha, S. 159-164.

English, Charlie, 2018: The Book Smugglers of Timbuktu. The Quest for this Storied City and the Race to Save its Treasures, London.

Erhardt, Johann Jakob, 1856: J. Erhardt's Memoire zur Erläuterung der von ihm und J. Rebmann zusammengestellten Karte von Ost- und Central-Afrika, in: PM, 2, S. 19-32.

Essing, Doris, 1967: Die afrikanisch-linguistische Hinterlassenschaft von H. Barth, in: Schiffers, Heinrich (Hrsg.): Heinrich Barth – Ein Forscher in Afrika. Leben, Werk, Leistung, Wiesbaden, S. 371-396.

Essner, Cornelia, 1985: Deutsche Afrikareisende im neunzehnten Jahrhundert. Zur Sozialgeschichte des Reisens, Stuttgart.

– 1987: Some Aspects of German Travellers' Accounts from the Second Half of the 19th Century, in: Paideuma, 33, S. 197-205.

Euting, Julius, 1864: Zwei Briefe aus Afrika über die Ermordung von Eduard Vogel, in: ZDMG, 18, 1/2, S. 323-329.

Felsch, Philipp, 2011: Wie August Petermann den Nordpol erfand, o.O.

Fleischer, H. L., 1850: Rezension zu: Heinrich Barth, Wanderungen durch die Küstenländer des Mittelmeeres, in: ZDMG, 4, S. 275-276.

Foerster, Frank, 2001: Christian Carl Josias Bunsen. Diplomat, Mäzen und Vordenker in Wissenschaft, Kirche und Politik, Bad Arolsen.

Furon, Raymond, 1967: L'amitié de deux princes sahariens: Henri Barth et Henri Duveyrier, in: Schiffers, Heinrich (Hrsg.): Heinrich Barth – Ein Forscher in Afrika. Leben, Werk, Leistung, Wiesbaden, S. 184-193.

Geary, William N. M., 1965: Nigeria under British Rule, o. O.

Gowers, F. W., 1923: A Journey in Air: Discussion, in: Geographical Journal, 62, 2, S. 101-102.

Grad, Charles, 1865: Édouard Vogel, sa vie et ses travaux, in: NAV, 2, S. 185-201.

Gramont, Sanche de, 1975: The Strong Brown God. The Story of the Niger River, Boston.

Grosz-Ngaté, Maria, 2006: Du terrain au texte: réflexions anthropologiques sur Voyages et découvertes dans l'Afrique septentrionale et centrale, 1849-1855, in: Diawara, Mamadou; Moraes Farias, Paulo Fernando de; Spittler, Gerd (Hrsg.): Heinrich Barth et l'Afrique, Köln, S. 133-146.

Gruner, Dorothee, 1989: Islamische Tradition oder autochthones Erbe? Anmerkungen zum Moscheeturm in Westafrika, in: Paideuma, 35, S. 93-113.

Gumprecht, Thaddäus E., 1852: Ueber Dr. H. Barth und Dr. Overwegs Untersuchungsreise nach dem Tschadsee und in das innere Afrika. Zweiter Bericht nach den bis zum 1. Mai 1852 eingegangenen Mittheilungen, in: Monatsberichte über die Verhandlungen der Gesellschaft für Erdkunde zu Berlin, S. 189-396.

– 1853: Neueste Berichte über die Untersuchungs-Expedition in Nord-Afrika, nach A. Petermann, in: ZAE, 1, S. 319-321.

– 1854a: Die neuen Entdeckungen im Innern von Nord-Afrika, in: ZAE, 3, S. 59-69.

– 1854b: Dr. Vogels Aufenthalt am Tsadsee, in: ZAE, 3, S. 69-73.

– 1854c: Barth's Untersuchungsreise im Innern Nord-Afrika's, in: ZAE, 3, S. 223-226.

– 1854d: Die neuesten Untersuchungsreisen im Innern Nord-Afrika's, in: ZAE, 3, S. 392-398.

– 1854e: Barth's Untersuchungsreise im Innern Nord-Afrika's, in: ZAE, 3, S. 516-519.

– 1854f: Nekrolog auf Heinrich Barth, in: Vossische Zeitung, Nr. 302, 305, 307.

– 1855a: Heinrich Barth's Leben und Wirken, in: ZAE, 4, S. 53-89.

– 1855b: Barth's Schicksale und Untersuchungen im centralen Nord-Afrika, in: ZAE, 4, S. 400-414.

– 1855c: Barth's Schicksale und Untersuchungen im centralen Nord-Afrika, Teil II, in: ZAE, 5, S. 97-123.

– 1855d: Barth's Rückkehr nach Europa und Vogel's Arbeiten im nördlichen Central-Afrika, in: ZAE, 5, S. 317-318.

Günther, Siegmund, 1896: Heinrich Barth, der Erforscher des dunklen Kontinents, in: Biographische Blätter, 2, S. 166-185.

Heffernan, Michael J., 1989: The Limits of Utopia: Henri Duveyrier and the Exploration of the Sahara in the Nineteenth Century, in: Geographical Journal, 155, 3, S. 342-352.

– 1994: A State Scholarship: The Political Geography of French International Science During the Nineteenth Century, in: Transactions of the Institute of British Geographers, 19, 1, S. 21-45.

Heine, Heinrich, 1997: Lutetia, in: ders., Sämtliche Schriften, Bd. 5, München, S. 217-495.

Heitmann, Carl, 1883: Zeittafel der Geschichte der Hamburger Turnerschaft von 1816, 1816-1882, Hamburg.

Henze, Dietmar, 1981: Afrika im Spiegel von Carl Ritters »Erdkunde«, in: Lenz, Karl (Hrsg.): Carl Ritter. Geltung und Deutung, Berlin, S. 155-163.

Hiribarren, Vincent, 2010: The Boundaries of Borno in the Nineteenth Century: The Perception of Travellers, in: African Nebula, 2, S. 57-77.

Höcker, Wilma, 1951: Der Gesandte Bunsen als Vermittler zwischen Deutschland und England, Göttingen.

Hodgkin, Thomas (Hrsg.), 1975: Nigerian Perspectives. An Historical Anthology, London; Oxford; New York.

Hodgson, William Brown, 1858: Remarks on the recent travels of Dr. Barth in central Africa, or Soudan: a paper read before the Ethnological Society of New York, November 1858, New York.

Hözel, Emil, 1896: Das geographische Individuum bei Karl Ritter und seine Bedeutung für den Begriff des Naturgebietes und der Naturgrenze, Diss., Leipzig.

Hutchinson, Thomas J., 1967: Ten Years' Wanderings Among the Ethiopeans, London.

Italiaander, Rolf (Hrsg.), 1967: Heinrich Barth. Im Sattel durch Nord- und Zentralafrika. Reisen und Entdeckungen in den Jahren 1849-1855, Wiesbaden.

– 1970: Heinrich Barth – Er schloss uns einen Weltteil auf. Unveröffentlichte Briefe und Zeichnungen des großen Afrika-Forschers, Bad Kreuznach.

– 1973: Einige unbekannte Briefe des deutschen Afrika-Forschers Heinrich Barth (Proceedings of the Third International Congress of Africanists, Addis Abeba), Hamburg.

Jacobs, Alfred, 1858: Les voyages d'exploration en Afrique. III. Expédition du Dr Barth, in: Revue de Deux Mondes, 15, 4, S. 911-954.

Jany, Eberhard, 1967: Heinrich Barths Mitteilungen zur Flora und Fauna Afrikas (1849-1855), in: Schiffers, Heinrich (Hrsg.): Heinrich Barth – Ein Forscher in Afrika. Leben, Werk, Leistung, Wiesbaden, S. 224-307.

Jomard, Edmé-François, 1855: Retour du Dr. Barth, in: Bulletin de la Société de géographie (Paris), Juli-Dez, S. 199-200.

Keienburg, Ernst, 1966: Der Mann, der Abd el Kerim hieß. Heinrich Barths Forscherleben in Wüste und Wildnis, Berlin [Ost].

Kirchberger, Ulrike, 2000: Deutsche Naturwissenschaftler im britischen Empire. Die Erforschung der außereuropäischen Welt im Spannungsfeld zwischen deutschem und britischem Imperialismus, in: Historische Zeitschrift, 271, 3, S. 621-660.

Kirk-Greene, Anthony Hamilton Millard, 1958: Expansion on the Benue 1830-1900, in: Journal of the Historical Society of Nigeria, 1, 3, S. 215-237.

– 1959a: The British Consulate at Lake Chad, in: African Affairs, 58, 233, S. 334-339.

– 1959b: The Death and Burial of Adolf Overweg, in: West African Review, S. 227-228.

– 1962: America in the Niger Valley: A Colonization Centenary, in: Phylon, 23, 3, S. 225-239.

– 1967: Barth's Journey to Adamawa, in: Schiffers, Heinrich (Hrsg.): Heinrich Barth – Ein Forscher in Afrika. Leben, Werk, Leistung, Wiesbaden, S. 194-215.

– 1970: Heinrich Barth: An Exercise in Empathy, in: Deschamps, Hubert; Rotberg, Robert I. (Hrsg.): Africa and its explorers. Motives, Method, and Impact, Cambridge, S. 13-38.

– 1989: The Society and Alexander Laing, 1794-1826, in: African Affairs, 88, 352, S. 415-418.

Klein-Franke, Felix, 1967: Barths Forschungen als Beitrag zur Orientalistik, in: Schiffers, Heinrich (Hrsg.): Heinrich Barth – Ein Forscher in Afrika. Leben, Werk, Leistung, Wiesbaden, S. 402-420.

Kleßmann, Eckart, 1981: Geschichte der Stadt Hamburg, Hamburg.

Klute, Georg, 1998: Begegnungen mit Heinrich Barth, in: Kapfer, Reinhard; van de Loo, Marie-José; Petermann, Werner (Hrsg.): Wegmarken. Eine Bibliothek der ethnologischen Imagination, Wuppertal, S. 206-211.

– 2006: »Le continent noir«. Le savoir des Africains sur l'Europe et les européens dans le récit de voyage de Heinrich Barth, in: Diawara, Mamadou; Moraes Farias, Paulo Fernando de; Spittler, Gerd (Hrsg.): Heinrich Barth et l'Afrique, Köln, S. 159-172.

Koner, Wilhelm, 1866: Heinrich Barth. Vortrag gehalten in der Sitzung der Geographischen Gesellschaft am 19. Januar 1866, in: Zeitschrift der Gesellschaft für Erdkunde zu Berlin, 1, S. 1-31.

Konrad, Walter, 1969: Der erste Weiße bei den »Menschen der Gräser«. Zu Adolf Overwegs Tagebuchfragmenten, in: Schleucher, Kurt (Hrsg.): Frühe Wege zum Herzen Afrikas, Darmstadt, S. 207-225.

Kraft, Rudolf, 1969: Karl Moritz von Beurmann, in: Schleucher, Kurt (Hrsg.): Frühe Wege zum Herzen Afrikas, Darmstadt, S. 266-334.

Kramer, Fritz W., 2011: Als fremd erfahren werden: Eine Lektüre der Reisebeschreibungen von Dorugu und Ham Mukasa, in: Paideuma, 57, S. 37-52.

Kremer, Peter, 1981: Carl Ritters Einstellung zu den Afrikanern. Grundlagen für eine philanthropisch orientierte Afrikaforschung, in: Lenz, Karl (Hrsg.): Carl Ritter. Geltung und Deutung, Berlin, S. 127-154.

Kuba, Richard, 2004: Die Entschleierung des »Dunklen Kontinents«: Zur kartographischen Entdeckung Westafrikas, in: Wolf, Philipp; Rück, Stefanie (Hrsg.): Wir und das Fremde. Nell-Breuning Symposium Rödermark, Oktober 2002, Münster, S. 341-362.

– 2006: Heinrich Barth, une vie de chercheur, in: Diawara, Mamadou; Moraes Farias, Paulo Fernando de; Spittler, Gerd (Hrsg.): Heinrich Barth et l'Afrique, Köln, S. 39-54.

Lange, Henry, 1857: Heinrich Barth's afrikanische Reisen, in: Deutsches Museum. Zeitschrift für Literatur, Kunst und öffentliches Leben, Juli-Dez, S. 341-346.

Lenz, Karl, 1978: The Berlin Geographical Society 1828-1978, in: Geographical Journal, 144, 2, S. 218-223.

Lhote, Henri, 1967: Henri Barth, les gravures pariétales et les Peuls, in: Schiffers, Heinrich (Hrsg.): Heinrich Barth – Ein Forscher in Afrika. Leben, Werk, Leistung, Wiesbaden, S. 397-401.

Linke, Max; Hoffmann, M.; Hellen, J.A., 1986: Two Hundred Years of the Geographical-Cartographical Institute in Gotha, in: Geographical Journal, 152, 1, S. 75-80.

Loimeier, Roman, 2013: Muslim Societies in Africa. A Historical Anthropology, Bloomington.

Lupton, Kenneth, 1980: Mungo Park: 1771-1806. Ein Leben für Afrika, Wiesbaden.

M.M., 1865: Jugenderinnerungen an Heinrich Barth, in: Erste Beilage zur Königl. privilegirten Berlinischen Zeitung, 29.11.

Malte-Brun, Victor Adolphe, 1855: Retour du Dr Barth en Europe; et aperçu général sur l'ensemble de son voyage, in: NAV, 3, S. 370-374.

– 1856: Résumé historique de la grande exploration faite dans l'Afrique centrale de 1850 à 1851, par J. Richardson, H. Barth et A. Overweg, Paris.

– 1865: Mort du Dr H. Barth, in: NAV, 3, S. 380-381.

– 1999: Au lac Tchad entre 1851 et 1856. Richardson, Barth, Overweg, Vogel, Paris.

Marx, Christoph, 1988: »Völker ohne Schrift und Geschichte«. Zur historischen Erfassung des vorkolonialen Schwarzafrika in der deutschen Forschung des 19. und frühen 20. Jahrhunderts, Stuttgart.

– 1997: Die ›Geschichtslosigkeit Afrikas‹ und die Geschichte der deutschen Afrikaforschung im späten 19. Jahrhundert, in: Küttler, Wolfgang; Rüsen, Jörn; Schulin, Ernst (Hrsg.): Geschichtsdiskurs, Band 3: Die Epoche der Historisierung, Frankfurt a. M., S. 272-281.

– 2001: Grenzfälle. Zu Geschichte und Potential des Frontierbegriffs, in: Saeculum, 54, 1, S. 123-143.

Masonen, Pekka, 2000: The Negroland Revisited. Discovery and Invention of the Sudanese Middle Ages, Helsinki.

Moraes Farias, Paulo Fernando de, 2006: Barth, fondateur d'une lecture reductrice des chroniques de Tombouctou, in: Diawara, Mamadou; Moraes Farias, Paulo Fernando de; Spittler, Gerd (Hrsg.): Heinrich Barth et l'Afrique, Köln, S. 215-224.

Moritz, Georg, 1866: Heinrich Barth's Leben, in: Ueber Land und Meer. Allgemeine Illustrirte Zeitung, 15, 2, S. 195-198.

Munzinger, Walther, 1862: Aus einem Briefe des Herrn Prof. Munzinger in Bern an Herrn Dr. Barth vom 27. Juni 1862, in: ZAE, 13, S. 69-70.

Murchison, Roderick, 1856: Presidential Address, Royal Awards, in: JRGS, 26, S. 166-170.

– 1858: Presidential Address: Central Africa, in: JRGS, 28, S. 202-204.

– 1866: Obituary – Dr. Barth, in: JRGS, 36, S. 118-197.

Oppen, Achim von, 2006: The painting and the pen. Approaches to Heinrich Barth and his African heritage, in: Diawara, Mamadou; Moraes Farias, Paulo Fernando de; Spittler, Gerd (Hrsg.): Heinrich Barth et l'Afrique, Köln, S. 105-132.

Osterhammel, Jürgen, 1997: Geschichte, Geographie, Geohistorie, in: Küttler, Wolfgang; Rüsen, Jörn; Schulin, Ernst (Hrsg.): Geschichtsdiskurs, Band 3: Die Epoche der Historisierung, Frankfurt a. M., S. 257-271.

– 2009: Die Verwandlung der Welt. Eine Geschichte des 19. Jahrhunderts, München.

Overweg, Adolf, 1969: Reise zu den Buduma, in: Schleucher, Kurt (Hrsg.): Frühe Wege zum Herzen Afrikas, Darmstadt, S. 176-206.

Päßler, Ulrich (Hrsg.), 2010: Alexander von Humboldt – Carl Ritter. Briefwechsel, Berlin.

Painke, Werner, 1985: 200 Jahre Justus Perthes Geographische Verlagsanstalt Gotha-Darmstadt, Darmstadt.

Patterson, K. David, 1974: Paul B. Du Chaillu and the Exploration of Gabon, 1855-1865, in: International Journal of African Historical Studies, 7, 4, S. 647-667.

Petermann, August, 1851: Mission of Messrs. Richardson, Barth, and Overweg to Central Africa, in: JRGS, 21, 130-221.

– 1853: Die letzten Tage Dr. Adolf Overweg's, in: ZAE, 1, S. 194-214.

– 1854: Nouvelles de l'arrivée du Dr Barth á Tombouctou, in: Bulletin de la société de géographie (Paris), VII, S. 265-271.

– 1855a: African Explorers: Dr. Barth and Dr. Vogel, in: Athenaeum, S. 1062-1063.

– 1855b: Die Expedition nach Central-Afrika; I: Dr. H. Barth's Reise von Kuka nach Timbuktu, in: PM, 1, S. 3-14.

– 1855c: Die Expedition nach Central-Afrika; II: Dr. H. Barth's Rückreise von Timbuktu nach Kano, vom 8. Juli bis 17. Oktober 1854, in: PM, 1, S. 85-89.

– 1855d: Die Expedition nach Central-Afrika; III: Dr. H. Barth's Forschungen in Libtáko und den östlich davon gelegenen Ländern, in: PM, 1, S. 93-97.

– 1855e: Dr. Eduard Vogel's Reise nach Central-Afrika. Erster Abschnitt: Reise von Tripoli (durch Tripolitanien, Fessan, das Land der Teda) bis zum Tsad-See, März 1853-Januar 1854, in: PM, 1, S. 237-259.

– 1855f: Dr. Heinrich Barth's Reisen, in: PM, 1, S. 230-231.

– 1855g: Dr. Heinrich Barth's Reisen und Entdeckungen in Nord- und Central-Afrika, in: PM, 1, S. 307-310.

– 1855h: Expédition de l'Afrique centrale. Nouvelles du Dr Barth et du Dr Vogel, in: NAV, 2, S. 103-106.

– 1855i: Expedition to Central Africa, in: Athenaeum, S. 483.

– 1855k: Meeting of Dr. Barth and Dr. Vogel, in: Athenaeum, S. 521-522.

– 1856: Dr. H. Barth's Reisewerk, in: PM, 2, S. 342.

– 1857: Die Imoscharh oder Tuareg, Volk und Land. Eine ethnographische Skizze nach Dr. Barth's Reisewerk Bd. 1, in: PM, 3, S. 239-260.

– 1858: Die hauptsächlichen Staatengruppen Central-Afrika's. Eine politisch-geographische Übersicht nach Dr. Barth's Reisewerk, in: PM, 4, S. 443-465.

– 1860: Th. v. Heuglin's Expedition nach Inner-Afrika, zur Aufhellung der Schicksale Dr. Eduard Vogel's und zur Vollendung seines Forschungswerks, Gotha.

– 1862a: Dr. H. Barth und P. du Chaillu, in: PM, 8, S. 394.

– 1862b: Ein Brief von Dr. Baikie aus Nupe, in: PM, 8, S. 394-395.

– 1863: Die Verwandtschaftsverhältnisse einiger centralafrikanischer Völker und Sprachen nach Barth's Vokabularien, in: PM, 9, S. 372-375.

– 1865: Dr. Heinrich Barth [Nachruf], in: PM, 11, S. 429-431.

– 1866: Dr. H. Barth's Geburtstag, in: PM, 12, S. 44.

Philips, John Edward, 1989: A History Manuscript in Hausa Ajami from Wurno, Nigeria by Malam Haliru Mahammad Wurno, in: History in Africa, 16, S. 389-395.

Plewe, Ernst, 1959: Carl Ritter. Hinweise und Versuche zu einer Deutung seiner Entwicklung, in: Die Erde, 90, 2, S. 98-166.

– 1963: Heinrich Barths Habilitation im Urteil von Carl Ritter und August Boeckh, in: Die Erde, 94, 1, S. 5-12.

– 1965: Heinrich Barth und Carl Ritter. Briefe und Urkunden, in: Die Erde, 96, 4, S. 245-278.

– 1982: Carl Ritter: Neuere Forschungen, Mannheim.

Polko, Elise, 1863: Erinnerungen an einen Verschollenen: Aufzeichnungen und Briefe von und über Eduard Vogel, Leipzig.

Poppe, Marion; Siegmund; Marion; Tittlepp, Dieter, 2007: Justus Perthes. Geographische Verlagsanstalt Gotha, Gotha.

Pratt, Mary Louise, 1992: Imperial Eyes. Travel Writing and Transculturation, London.

Prothero, Ralph Mansell, 1958: Heinrich Barth and the Western Sudan, in: Geographical Journal, 124, 3, S. 326-337.

– 1967: Barth and the British, in: Schiffers, Heinrich (Hrsg.): Heinrich Barth – Ein Forscher in Afrika. Leben, Werk, Leistung, Wiesbaden, S. 164-183.

Reimann, Sarah, 2017: Die Entstehung des wissenschaftlichen Rassismus im 18. Jahrhundert, Stuttgart.

Reinhard, Wolfgang, 2016: Die Unterwerfung der Welt. Globalgeschichte der europäischen Expansion 1415-2015, München.

Rennell of Rodd, Francis Lord, 1967: A Memoir of Heinrich Barth, in: Schiffers, Heinrich (Hrsg.): Heinrich Barth – Ein Forscher in Afrika. Leben, Werk, Leistung, Wiesbaden, S. 216-223.

Ricard, Alain; Spittler, Gerd, 2006: Sur l'édition française de Barth, in: Diawara, Mamadou; Moraes Farias, Paulo Fernando de; Spittler, Gerd (Hrsg.): Heinrich Barth et l'Afrique, Köln, S. 71-90.

Richardson, James, 1848: Travels in the Great Desert of Sahara in the Years of 1845 and 1846, London.

– 1853: Narrative of a mission to Central Africa performed in the years 1850-52, by the late James Richardson (2 Bde.), London.

Rieke-Müller, Annelore, 1999: »Der Blick über das ganze Erdenrund« – Deutsche Forschungsreisen und Forschungsreisende im 19. Jahrhundert bis zur Deutschen Afrika-Expedition 1860-1863, in: Berichte zur Wissenschaftsgeschichte, 22, S. 113-123.

Ritter, Carl, 1822: Die Erdkunde im Verhältniß zur Natur und zur Geschichte des Menschen, oder allgemeine, vergleichende Geographie, als sichere Grundlage des Studiums und Unterrichts in physikalischen und historischen Wissenschaften, Berlin.

– 1851: Ueber Dr. H. Barths und Dr. Overwegs Begleitung der J. Richardsonschen Reiseexpedition zum Tschad-See und in das innere Afrika, in: Monatsberichte über die Verhandlungen der Gesellschaft für Erdkunde zu Berlin, 8, S. 81-132.

– 1852: Einleitung zur allgemeinen, vergleichenden Geographie, Berlin.

– 1854a: Neue Entdeckungs-Unternehmungen in Afrika, in: ZAE, 2, S. 66-72.

– 1854b: Dr. Vogels Ankunft am Tsadsee und die beabsichtigte Befahrung des Nigerstroms, in: ZAE, 3, 53-56.

– 1856: Neueste Nachrichten von Dr. Eduard Vogel aus Kouka, in: ZAE, 6, 481-488.

– 1862: Allgemeine Erdkunde. Vorlesungen an der Universität zu Berlin gehalten, Berlin.

Robinson, David, 2010: Revolutions in the Western Sudan, in: Levtzion, Nehemia (Hrsg.): The history of Islam in Africa, Athens, S. 131-152.

– 2011: Muslim societies in African history, Cambridge.

Rödiger, E., 1854: Wissenschaftlicher Jahresbericht über die Jahre 1851 und 1852, in: ZDGM, 8, 4, S. 637-719.

Rohlfs, Gerhard, 1869: Zur Erklärung der Tafel. Mohammed der Gatroner und Mohammed Tebaui aus Djebado, in: Zeitschrift für Ethnologie, 1, 363-365.

Roscher, Albrecht, 1857: Ptolemaeus und die Handelsstrassen in Central-Afrika. Ein Beitrag zur Erklärung der ältesten uns erhaltenen Weltkarte, Gotha.

Saad, Elias N., 2010: Social history of Timbuktu. The role of Muslim scholars and notables, 1400-1900, Cambridge.

Salisbury, Edward E., 1853: Barth and Overweg Expedition to Central Africa, in: Journal of the American Oriental Society, 3, S. 491-492.

Schiffers, Heinrich, 1942: Ungedruckte Briefe von Adolf Overweg. Aus der Zeit der klassischen deutschen Sahara-Sudanforschung, in: Decheniania. Verhandlungen des Naturhistorischen Vereins der Rheinlande und Westfalens, 101, S. 64-70.

– 1967a: Heinrich Barths Lebensweg, in: ders. (Hrsg.): Heinrich Barth – Ein Forscher in Afrika. Leben, Werk, Leistung, Wiesbaden, S. 1-57.

– 1967b: Die Hauptwerke von Heinrich Barth, in: ders. (Hrsg.): Heinrich Barth – Ein Forscher in Afrika. Leben, Werk, Leistung, Wiesbaden, S. 58-68.

– 1967c: Beiträge von Heinrich Barth zur Geographie, in: ders. (Hrsg.): Heinrich Barth – Ein Forscher in Afrika. Leben, Werk, Leistung, Wiesbaden, S. 69-92.

– 1967d: H. Barths Stellung in der Geschichte der Durchforschung Afrikas, in: ders. (Hrsg.): Heinrich Barth – Ein Forscher in Afrika. Leben, Werk, Leistung, Wiesbaden, S. 93-96.

– 1967e: Heinrich Barth und die Afrikaner, in: ders. (Hrsg.): Heinrich Barth – Ein Forscher in Afrika. Leben, Werk, Leistung, Wiesbaden, S. 97-107.

– 1967f: Der handschriftliche Nachlaß, in: ders. (Hrsg.): Heinrich Barth – Ein Forscher in Afrika. Leben, Werk, Leistung, Wiesbaden, S. 500-524.

– 1967g: Carnets et lettres de l'explorateur Dr. Heinrich Barth (1821-1865) retrouvé dans la Bibliothèque Nationale de Paris, in: Acta geographica, Sonderheft, S. 1-41.

- 1969a: Heinrich Barth, in: Schleucher, Kurt (Hrsg.): Frühe Wege zum Herzen Afrikas, Darmstadt, S. 73-145.
- 1969b: Adolf Overweg, in: Schleucher, Kurt (Hrsg.): Frühe Wege zum Herzen Afrikas, Darmstadt, S. 146-175.
- 1969c: Eduard Vogel, in: Schleucher, Kurt (Hrsg.): Frühe Wege zum Herzen Afrikas, Darmstadt, S. 225-265.
Schmid, Wilfried, 2005: Einleitung: Martin Theodor von Heuglin, in: Kainbacher, Paul (Hrsg.): Tegetthoff und Heuglin's Reise in Nordost-Afrika, Baden bei Wien, S. V–XXI.
Schmidt, Erwin, 1965: Heinrich Barth zum 100. Todestag, in: PM, S. 284-286.
Schubert, Gustav von, 1897: Heinrich Barth, der Bahnbrecher der deutschen Afrikaforschung. Ein Lebens- und Charakterbild, auf Grund ungedruckter Quellen entworfen, Berlin.
Schubert, Hans von, 1909: Lebenserinnerungen von Gustav von Schubert, Kgl. Sächs. Generalleutnant, Stuttgart-Leipzig.
Schulin, Ernst, 1958: Die weltgeschichtliche Erfassung des Orients bei Hegel und Ranke, Göttingen.
Schulz, H. 1983: Bemerkungen zur Weltanschauung Carl Ritters – Ritter als Repräsentant der deutschen Spätaufklärung im Vorfeld des modernen geographischen Denkens, in: Richter, Hans (Hrsg.): Carl Ritter, Werk und Wirkungen: Beiträge eines Symposiums im 200. Geburtsjahr des Gelehrten, Gotha, S. 45-56.
Schwarz, Ingo, 2006: Briefe von Alexander von Humboldt an Christian Carl Josias Bunsen. Neu ediert von Ingo Schwarz, Berlin.
Sixel, Friedrich Wilhelm, 1967: Heinrich Barth als Ethnologe, in: Schiffers, Heinrich (Hrsg.): Heinrich Barth – Ein Forscher in Afrika. Leben, Werk, Leistung, Wiesbaden, S. 361-369.
Sölken, Heinz, 1965: Der neue »Weg des Sudan«: Heinrich Barths Leistung und Vermächtnis für die humanwissenschaftliche Afrikakunde, in: Erdkunde, 19, S. 177-179.
Spittler, Gerd, 1984: Karawanenhandel und Kamelrazzia bei den Kel Ewey. Die Kontrolle des Salz- und Hirsehandels zwischen Air, Bilma und Kano (1850-1900), in: Paideuma, 30, S. 139-160.
- 1987: European Explorers as Caravan Travellers in the West Sudan: Some Thoughts on the Methodology of Journeys of Exploration, in: Paideuma, 33, S. 391-406.
- 1995: Conquest and Communication: Europeans and Tuareg, in: Willer, Heidtraut; Förster, Till; Ortner-Buchberger, Claudia (Hrsg.): Macht der Identität – Identität der Macht. Politische Prozesse und kultureller Wandel in Afrika, Münster, S. 19-35.
- 1996: Explorers in Transit: Travels to Timbuktu and Agadez in the Nineteenth Century, in: History and Anthropology, 9, 2-3, S. 231-253.

– 2006: Heinrich Barth, un voyageur savant en Afrique, in: Diawara, Mamadou; Moraes Farias, Paulo Fernando de; Spittler, Gerd (Hrsg.): Heinrich Barth et l'Afrique, Köln, S. 55-70.

– 2008: Wissenschaft auf Reisen. Dichte Teilnahme und wissenschaftlicher Habitus bei Heinrich Barths Feldforschung in Afrika, in: Cappai, Gabriele (Hrsg.): Forschen unter Bedingungen kultureller Fremdheit, Wiesbaden, S. 41-67.

– 2014: Dichte Teilnahme und darüber hinaus, in: Sociologus, 64, 2, S. 207-230.

Stoddart, D. R., 1980: The RGS and the ›New Geography‹: Changing Aims and Changing Roles in Nineteenth Century Science, in: Geographical Journal, 146, 2, S. 190-202.

Tiemann, 1966: Zum 100. Todestag des Afrikaforschers Dr. Heinrich Barth (disc. Joh. 1832-1840). Aus der Ansprache des Dr. Tiemann (praec. Joh.) in der Aula des Johanneums am 22. November 1965, in: Das Johanneum. Mitteilungen des Vereins ehemaliger Schüler der Gelehrtenschule des Johanneums, 63 (Januar), S. 2-4.

Todd, R. Larry, 2008: Felix Mendelssohn Bartholdy. Sein Leben – Seine Musik, Stuttgart.

Umar, Muhammad S. 2002: Islamic Discourses on European Visitors to Sokoto Caliphate in the Nineteenth Century, in: Studia Islamica, 95, S. 135-159.

Usman, Y. B., 1982: The Critical Assessment of Sources: Heinrich Barth in Katsina 1851-1854, in: Bello Studies, 2, 3, S. 138-153.

Vogel, Edward, 1854: Mission to Central Africa, in: JRGS, 24, S. 276-283.

– 1855: Mission to Central Africa, in: JRGS, 25, 237-245.

Wagner, Hermann, 1860: Eduard Vogel, der Afrika-Reisende: Schilderung der Reisen und Entdeckungen des Dr. Eduard Vogel in Central-Afrika, in der großen Wüste, in den Ländern des Sudan (am Tsad-See, in Mußgo, Tubori, Mandara, Sinder, Bautschi usw.). Nebst einem Lebensabriß des Reisenden. Nach den Originalquellen bearb. von Hermann Wagner, Leipzig.

– 1924: Das Leben des Geographen Prof. Dr. August Petermann, Berlin.

Warnier, Auguste, 1866: Heinrich Barth's Würdigung durch einen französischen Gelehrten, in: Globus, S. 359-361.

Weber, Wolfgang, 1987: Priester der Klio. Historisch-sozialwissenschaftliche Studien zur Herkunft und Karriere deutscher Historiker und zur Geschichte der Geschichtswissenschaft 1800-1970, Frankfurt a. M.

Weinand, Josef, 1967: Befinden, Heilen, Ernähren. H. Barths Angaben aus dem Gebiet seiner großen Reise, in: Schiffers, Heinrich (Hrsg.): Heinrich Barth – Ein Forscher in Afrika. Leben, Werk, Leistung, Wiesbaden, S. 308-360.

Weis, Hans, 1967: Die Bornustraße – der Weg in das Herz Afrikas, in: Schiffers, Heinrich (Hrsg.): Heinrich Barth – Ein Forscher in Afrika. Leben, Werk, Leistung, Wiesbaden, S. 421-490.

Weller, Ewald, 1911: August Petermann. Ein Beitrag zur Geschichte der geographischen Entdeckungen und der Kartographie im 19. Jahrhundert, Leipzig.

Wright, John, 1989: Libya, Chad and the Central Sahara, London.

– (Hrsg.), 2005: Travellers in Libya, London.

Zebadia, Abdelkader, 1974: The Career and Correspondence of Ahmed Al-Bakkay of Timbuktu: A Historical Study of his Political and Religious Role from 1847 to 1866, Diss., University of London.

Zehnle, Stephanie 2020: A Geography of Jihad. Sokoto Jihadism and the Islamic Frontier in West Africa, Berlin.

Bildnachweis

S. 15, Barths Vater und Mutter; Heinrich-Barth-Gesellschaft

S. 19 Mathilde und Gustav; Heinrich-Barth-Gesellschaft

S. 26 August Boeckh; Lithographie von C. Fischer nach Oscar Begas, WikiCommons

S. 27 Carl Ritter; Gemälde von Friedrich Georg Weitsch, WikiCommons

S. 30 Leopold v. Winter; WikiCommons

S. 35 Hamburger Brand; Illustrated London News 1942

S. 80: Lord Palmerston; WikiCommons

S. 81: August Petermann, Christian von Bunsen; WikiCommons

S. 83, Adolf Overweg; Wikipedia, Gemeinfrei

S. 86 Römisches Grabmal; Barth 1857/8 I: 125.

S. 87 Römisches Grabmal; Barth 1857/8 I: 132.

S. 89 Ruine eines römischen Kastells; Barth 1857/8 I: 135,

S. 91 Tuareg-Reiter; Barth 1857/8 I: 208.

S. 93 Felszeichnung; Barth 1857/8 I: 210

S. 95 Ghat; Barth 1857/8 I: 260

S. 97 Agades; Barth 1857/8 I: 448.

S. 103 Mohammed al-Gatroni; Rohlfs 1869: Tafel VII.

S. 104 James Richardson; Wikipedia, Gemeinfrei

S. 105 Stadtplan von Kuka; Barth 1857/8 II: 389.

S. 107 Ufer des Tschadsees; Barth 1857/8 II: 417

S. 111 Taepe; Barth 1857/8 II: 555

S. 115 Kanem-Krieger; Barth 1857/8 III: 110.

S. 117 Musgu-Land; Barth 1857/8 III: 171.

S. 121 Rückkehr des Sultans von Baghirmi; Barth 1857/8 III: 358

S. 145 Barth zeichnend; Barth 1857/8 I: 211.

S. 157 Markt in Sokoto; Barth 1857/8 IV: 181.

S. 158 Niger bei Sai; Barth 1857/8 IV: 244

S. 159 Songhai-Dorf; Barth 1857/8 IV: 337.

S. 161 Kabara; Barth 1857/8 IV: 404.

S. 163 Ankunft in Timbuktu; Barth 1857/8 IV: 412.

S. 165 Zeltlager al-Bakkais; Barth 1857/8 V: 87.

S. 169 Stadtplan von Timbuktu; Barth 1857/8 IV: 488.

S. 171 Wohnhaus Barths 1908; Wikipedia, gemeinfrei

S. 173 Eduard Vogel; WikiCommons

S. 186 Lord Clarendon; WikiCommons, public domain

S. 191 Francis Galton; 1850er Jahre, Wikipedia, public domain

S. 204 David Livingstone; Photo 1864, Wikpedia, public domain

S. 224 Andreas Mordtmann; Wikipedia, gemeinfrei